5000 Tage Wunderland

Geschichten, Amüsantes und Verborgenes aus 14 Jahren

Impressum

Wir möchten allen Menschen danken, die uns in den letzten 14 Jahren auf unserem Weg begleitet haben – unser ganz besonderer Dank geht an dieser Stelle an alle, die bei der Umsetzung dieses Buches geholfen haben!

Konzeption/Gestaltung
Alexandra Kreutzfeldt, Birte Rüsch, Denise Artmann, Lars Rösenberg

Fotografie/Illustration
Miniatur Wunderland: Frank Zarges, Hiltrud Zinngrebe, Andreas von der Heyde, Lars Rösenberg, Alexandra Kreutzfeldt, Denise Artmann, Jasmin Haron (sofern nicht anders angegeben)

ISBN 978-3-9817111-1-0

Druck
Druckservice Nord Sedelky, 23823 Seedorf/OT Seekamp, www.sedelky.de

Auflage
4. Auflage, 20.000 Exemplare

Miniatur Wunderland GmbH, Kehrwieder 2, 20457 Hamburg, www.miniatur-wunderland.de

„Überall ist Wunderland. Überall ist Leben“

Gedicht *Joachim Ringelnatz*

Dieses Buch entstand ursprünglich zum 10. Geburtstag des Wunderlandes. Inzwischen wurde es um vier Jahre erweitert. Die 14 Jahre vergingen wie im Fluge und haben uns so viele wunderschöne Momente beschert. Wir möchten Sie mit diesem Buch an 5000 aufregenden Tagen Wunderland teilhaben lassen, bei dem kein Tag wie der andere war. Wir haben diese Zeit mit so vielen besonderen Menschen zusammen erlebt. Seien es Mitarbeiter, Partner oder Besucher; sie alle verbindet die Begeisterung für diese besondere kleine, große Welt. Schauen Sie mit ihnen und uns ganz tief in die Seele des Wunderlandes. Verrückte Zahlen, besondere Momente oder einfach nur schöne Bilder. Über 350 Seiten voller Wunderland-Emotionen warten auf Sie.

Ich wünsche Ihnen ganz viel Spaß beim Lesen.

Ihr Frederik Braun

NDERLAND
OCKELMANN
&

Mein persönliches Wunderland!

Das Wunderland ist für mich pures Lebensglück. Wie oft habe ich in meiner Zeit als Auszubildender in einer Leasingfirma morgens meinen Wecker 2-3 mal vorgestellt, weil ich nicht aufstehen wollte. Seit es das Wunderland gibt, stehe ich jeden Morgen mit einem Lächeln auf. Ich kann es kaum erwarten hierherzukommen. Das ist höchste Lebensqualität, wenn man so viel Spaß an seinem Beruf hat. Aber das Wunderland ist noch viel mehr als ein Beruf für mich. Mitarbeiter sind zu Freunden geworden und das Wunderland ist wie meine Familie. Dazu kann ich jeden Tag meiner Kreativität freien Lauf lassen.

Frederik Braun

Die letzten 14 Jahre waren für mich die aufregendsten und schönsten meines Lebens. Das Wunderland ist ein gelebter Traum, auch weil technische Rückschläge die Freude des, fast immer am Ende doch, erreichten Erfolges immer wieder auf das Neue verstärken. Es hat auch nach 14 Jahren für mich nicht an Reiz verloren und ein nicht unerheblicher Teil meiner 'Arbeit' ist für mich vom Gefühl her unvermindert mit Spielen vergleichbar. Das Lachen und die Zufriedenheit unserer Gäste zu erleben, ist jeden Tag wieder eine Bestätigung und Motivation für unser Schaffen.

Gerrit Braun

Hätte man uns damals gesagt, wie groß dieses Projekt wirklich werden würde – wie viele Menschen nicht nur mit Spaß ihrer Arbeit nachgehen, sondern auch davon leben würden – wir hätten vielleicht 'gekniffen' vor der Verantwortung. Aber das Miniatur Wunderland ist mit den Jahren gewachsen und zu etwas ganz Außergewöhnlichem gereift! Jenseits aller Hoffnungen und Vorstellungskraft ist das Wunderland zu einem Lebenswerk geworden und es erfüllt mit Stolz, daran teilzuhaben.

Stephan Hertz

Höchste Eisenbahn

SPIELPLATZ Vier Hamburger bauen in der Speicherstadt eine Riesenanlage. Nur noch acht Tage bis zur Einweihung.

Andreas Burgmayer

Auf der Autobahn müssen noch 62 Meter Leitplanken verlegt werden. Drüben, in der Innenstadt, da bleibt beim Feuerwehreinsatz der Drehleiterwagen immer wieder stehen. Nebenan, im Hochgebirge, liegt der Schnee zwar schon zentimeterdick, aber die Bergbahn will noch nicht so richtig. „Es ist nicht die viele Arbeit, die uns noch verrückt macht", sagt Gerrit Braun, „es ist vielmehr die Gewissheit, dass wir nur noch acht Tage und Nächte Zeit haben." Danach nämlich, am 16. August um 11 Uhr, will Bürgermeister Ortwin Runde vorbeikommen und offiziell die größte digital gesteuerte Miniatureisenbahnanlage der Welt in der Hamburger Speicherstadt einweihen – Maßstab 1:87.

Für die Zwillingsbrüder Frederik und Gerrit Braun (33), ihren Vater Jochen (58) und den Geschäftspartner Stephan Hertz (33) geht ihr „Lebenswerk", ihr „eisenbahnverrückter Kindertraum" in die Endphase der Verwirklichung. 300 der insgesamt 544 Quadratmeter Eisenbahn-Traumlandschaft im vierten Stock des Kultur- und Gewerbespeichers, Kehrwieder 2, sind fertig. 30 000 Arbeitsstunden haben die Zwillinge und ihre etwa 30 Helfer auf dem Buckel.

Nach der Eröffnung werden 500 Züge mit 7000 Waggons auf den insgesamt fünf Kilometer Gleisstrecke rollen. 50 000 Bäume, 30 000 winzige Figuren und 10 000 Plastikautos werden auf der Anlage verklebt sein. 40 Prozent der Anlage werden nach der Eröffnung noch vor den Augen der Zuschauer fertig gestellt.

Gerrit Braun (o.) auf dem Arbeitssteg über der nächtlichen Großstadt des „Miniaturwunderlandes".

FOTOS: INGO RÖHRBEIN

Über dem Wochenmarkt, auf einem Balkon haben sich zwei Damen zum Sonnenbaden bis auf die Unterwäsche entblößt.

Im Industriegebiet der Eisenbahnanlage gehen die Bergleute für ihre Jobs auf die Straße: „Schluss mit der Rationalisierung!"

-LIVE HEUTE

Bildung und Begegnung. Dafür steht das **Seniorenbildungswerk** e.V. (Bahrenfelder Str. 242) seit 16 Jahren. Neue Sprachkurse, Sportangebote, PC-Schulungen und Tagesfahrten stehen u.a. im Herbst auf dem Programm. Anmeldung und Infos unter 391 06 36; das kostenlose Programmheft gibts für 3 Mark in Briefmarken.

Beats und Barbara. Mit Norman (Miami), Betty Bombshell und David Black and the Church of the Subgenius steht Barbara Brockhaus ab 22 Uhr auf der Bühne der **Tanzhalle St. Pauli** (Silbersackstraße 27).

Blues- und Bandfestival. Vom 9. 8. an gibt das **Summer Jazz Festival 2001** in Pinneberg vier Tage einen Überblick über die Szene. Auf vier Bühnen in der Fußgängerzone läuft kostenlos ein Programm, das sowohl eine Hommage an Jimi Hendrix als auch Dixieland und Jazz beinhaltet. Termine: 9. 8. (16–24 Uhr), 10. 8. (16–22 Uhr), 11. 8. (11–22 Uhr), 12. 8. (11–17 Uhr).

Dies ist einer der ersten Artikel, der im August 2001 im Hamburger Abendblatt veröffentlicht wurde.

2000

2001

2002

2003

2004

2005

2006

2007

2008

2009

2010

2011

2012

2013

2014

2015

2000

Bild *Miniatur Wunderland*

30.10.2000

Die Stellenausschreibung 'Modellbauer gesucht'
wird in der Bild-Zeitung und dem Hamburger Abendblatt veröffentlicht

1.11.2000

Der Mietvertrag für die Räumlichkeiten wird unterschrieben

5.11.2000

150 Bewerbungen sind eingegangen,
40 davon kommen in die engere Auswahl

6.11.2000

Die Wanddurchbrüche haben ca. 30 m^3 Schutt produziert

18.11.2000

Die ersten Versorgungsräume entstehen

22.11.2000

Über 100 Stahlsäulen sind nun angeschliffen und angemalt

27.11.2000

17 Bewerber zwischen 20 und 70 Jahren mit 0-50 Jahren
Modellbahnerfahrung werden eingestellt

15.12.2000

Die ersten 5 neuen Modellbauer können unter Anleitung
von Gerhard Dauscher mit ihrer Arbeit beginnen

Der optimistische Blick

Text *Frederik Braun, Mitbegründer des Miniatur Wunderlandes*
Bilder *Miniatur Wunderland*

2000

Wenn mir damals, im Juli 2000, als alles begann, jemand gesagt hätte, dass wir später einmal über 300 Mitarbeiter beschäftigen müssen/dürfen, um diese gigantische Ausstellung zu betreiben, dann hätte ich wohl nur gelächelt und niemals einen weiteren Gedanken an diese verrückte Idee verschwendet. Ich kann mich noch ziemlich genau erinnern, es war der 12. Juli 2000 und ich schlenderte durch die schmalen Gassen der Altstadt von Zürich. Zusammen mit meinen Zürcher Freunden kam ich nichtsahnend an einem kleinen Modellbahngeschäft vorbei. Ich betrat das Geschäft, sah die vielen Loks und erinnerte mich an meine eisenbahnverrückte Kindheit. Damals verbrachten mein Zwillingsbruder Gerrit und ich nahezu jedes Wochenende an Bahnübergängen. Wir katalogisierten alle vorbeikommenden Züge und spielten abends auf unserer eigenen Märklin-Bahn. Ich hatte bestimmt ein Lächeln im Gesicht, als ich in diesem Geschäft stand und die Bilder meiner Kindheit vor mir abliefen. Keine fünf Minuten später hatte ich die Idee: Wie bauen die größte Modelleisenbahn der Welt. Zu der Zeit besaßen wir noch eine Diskothek und ich wollte eigentlich aus dem Nachtleben heraus. Es fehlte nur die Idee für die Zeit danach. Da war sie plötzlich.

In unserer Kindheit ging es oft darum, wer die größte Modellbahn hat. Wir Männer haben nun einmal einen Hang zu Superlativen. Warum nicht diese Macke der Männer ausnutzen und das Hobby zum Beruf machen? Ich rief Gerrit in Hamburg an und erzählte ihm von meiner Idee. Er fragte mich nur, ob es denn heiß in Zürich wäre. Ich hätte wohl einen Sonnenstich. Spätestens nach dem vierten Anruf binnen weniger Stunden hat wohl auch Gerrit verstanden, dass es mir ernst mit dieser Idee war. In den nächsten Wochen sollte sich dieses ungläubige Kopfschütteln und das mitleidige Infragestellen meines geistigen Verstandes übrigens wie ein roter Faden durch mein Leben ziehen. Das ist eigentlich das Schönste an diesem Erfolg, dass kaum einer vorher daran geglaubt hat. Zurück in Hamburg standen wichtige Dinge auf dem Programm. Dass ich meinen Bruder und meinen Partner Stephan Hertz irgendwann von dieser Idee überzeugen würde, stand für mich außer Frage. Daher ging es umgehend an die Realisierung des Projektes Miniatur Wunderland.

Der Name 'Miniatur Wunderland' kommt übrigens von meinem Vater Jochen Braun, der einer der wenigen war, die sich schnell mit dieser Idee infizierten. Das ist sicherlich auch der Grund dafür, dass er auf Anfrage von mir ohne zu zögern als Teilhaber bei uns einstieg. Und da waren sie nun, die drei großen Fragezeichen: Wo bauen wir die Anlage? Wer baut die Anlage? Und vor allem: Wer gibt uns das Geld? Alle drei Probleme wurden ziemlich zeitgleich Anfang September angegangen. Für uns stand fest, dass wir einen Standort benötigten, der gut für die Touristen erreichbar ist. Dass es die Speicherstadt wird, hätten wir nicht zu träumen gewagt. Ich habe bei der Wirtschaftsbehörde angefragt, ob es irgendwo eine geeignete Mietfläche gäbe, die in unser Schema passe. Man gab uns den Tipp, bei der Hamburger Hafen- und Lagerhaus AG (HHLA) anzufragen, es könne sein, dass in der Speicherstadt Möglichkeiten existierten. Innerhalb kürzester Zeit hatten wir unsere Räume gefunden.

Man kann sich jedoch nicht vorstellen, wie es dort aussah, als wir das erste Mal den 4. Boden des Kultur- und Gewerbespeichers in der Speicherstadt betraten. Jahrzehntelang wurde hier Kaffee gelagert. Ehrlich gesagt war ich damals ganz schön ängstlich, ob man diese Räume überhaupt so hinbekommt, dass man eine Ausstellung dieser Art dort unterbringen kann. Nur eines war von Anfang an klar: Diese Räume haben ein unbeschreibliches Flair. Wir standen dort und hatten teilweise Herzklopfen vor Vorfreude auf das, was kommen mochte. Viel schwieriger hatten wir uns dagegen die Beschaffung der kalkulierten zwei Millionen DM vorgestellt.

Wir reichten bei unserem langjährigen Geschäftskunden-Betreuer Herrn Neuendorf unser zweiseitiges Konzept ein und hatten eigentlich kein gutes Gefühl. Umso überraschter waren wir, als nur zwei Wochen später der Anruf von der Hamburger Sparkasse kam, dass man sich sehr gut vorstellen könne, dieses Projekt zu begleiten. Das war der Moment, wo alle Signale auf grün gestellt wurden.

Der pessimistische Blick

Text *Gerrit Braun, Mitbegründer des Miniatur Wunderlandes*

An einem Tag im Juli 2000 sollte sich mein Leben drastisch ändern, was ich zu dem Zeitpunkt allerdings noch nicht wusste. Als der Anruf meines Bruders Frederik kam, sah ich zuerst noch keine Veranlassung, eine Veränderung in meinem Leben zu erkennen. Auch unmittelbar nach dem Anruf wies nichts darauf hin, dass sich bald etwas verändern könnte. Er erzählte mir etwas von 'Größte Modelleisenbahn der Welt', welche er mit mir bauen möchte. Ich hielt das für eine verrückte Idee, die mich in dem Moment nur von meiner derzeitigen Arbeit abhielt. Mit der Bitte, mich um diese weiter kümmern zu dürfen und alle lustigen Unterhaltungen auf einen Zeitpunkt nach seiner Rückkehr aus der Schweiz zu verschieben, verabschiedete ich mich aus dem Telefonat. Wirkliche Gedanken machte ich mir über diese Schnapsidee an der Stelle noch nicht, außer vielleicht: 'Dafür ist es noch zu früh'. Zu früh deshalb, weil wir tatsächlich immer davon geträumt hatten, irgendwann in dem Keller unseres noch zu erwirtschaftenden Zweifamilienhauses eine riesige Modellbahnanlage zu bauen. Das war aber eher als eines unserer 'Endziele' angedacht. Nun gut, heute müssen wir uns ein neues Ziel für unseren Ruhestand ausdenken, denn das Miniatur Wunderland wird mit Sicherheit nicht eines Tages in den Keller eines Zweifamilienhauses umziehen können.

Ich ging also wieder an meine Arbeit, aber der zweite Anruf folgte dann relativ schnell. Frederik wollte wissen, ob es so eine Anlage bereits gäbe und ob ich nicht mal im Internet nachschauen könne. Zu dem Zeitpunkt war ich dann doch schon etwas genervt, weil ich – wie gesagt – in meinen Augen Wichtigeres zu tun hatte. Außerdem sah ich die Chance, nach meiner getanen Arbeit abends noch zu einem Kartrennen zu fahren, immer mehr schwinden. Aber genau dieser zweite Anruf war im Nachhinein dann doch genau der Auslöser für meine 'Infektion' mit der Idee, die weltgrößte Modellbahnanlage der Welt zu bauen.

Ich war nun also gezwungen, mich mit der Idee zu beschäftigen, und stieß bei meiner Recherche sehr schnell auf die Internetseiten verschiedenster Modellbahn- und Modellbau-Hersteller. Das Surfen auf all diesen Seiten weckte Kindheitserinnerungen in mir. Und nach dem dritten oder vierten Telefonat mit Frederik an diesem Tag war dann auch bei mir endgültig das Interesse geweckt. Am selben Abend stellte ich meiner damaligen Freundin (und heutigen Frau) Micky dann auch bereits die Idee vor, die größte Modelleisenbahnanlage der Welt zu bauen. Die erste Euphorie legte sich jedoch sehr schnell, als Frederik mit seiner ersten Kalkulation kam. Zwei Millionen D-Mark Baukosten bis zur Eröffnung, drei Millionen bis zur Fertigstellung. Nicht mit mir! Ich war froh, dass mein drei Jahre altes Auto gerade abgezahlt war und die Diskothek uns gerade ausreichend versorgte. Noch schlimmer war aber die Vorgabe der Gästezahl: 100.000 Besucher im Jahr, nur um den Unterhalt der Anlage zu finanzieren – das war in meinen Augen nahezu unmöglich.

Mein erstes Fazit war also, dass wir mit weniger Gästen und mehr Kosten würden rechnen müssen. In dem Punkt Kosten habe ich bis heute Recht behalten, im Bezug auf die Zahl der Gäste habe ich mich absolut getäuscht. Inzwischen besuchen im Schnitt 1 Million Gäste jährlich das Miniatur Wunderland. Eine noch offene Frage war auch, welche Gäste uns denn besuchen würden. Frederik und unser Vater Jochen gingen davon aus, dass wir mit dem Musical 'König der Löwen', der Reeperbahn, Hagenbeck und anderen Touristenattraktionen würden konkurrieren können. Ich ging davon aus, dass zum einen nur wenige Menschen extra wegen uns nach Hamburg kommen würden, und uns Hamburg-Touristen zum anderen auch nicht in ihrem begrenzten Zeitrahmen berücksichtigen würden. Aus diesem Grunde einigten wir uns, meine Entscheidung von einer Umfrage abhängig zu machen. Mit eben dieser Umfrage schaffte es Frederik dann aber auch, mich zu überzeugen.

Mit der Überzeugung kam dann aber auch die Frage auf, wie wir all unsere Ideen auf der Anlage verwirklichen könnten. Wir dachten zu Beginn, dass wir uns für alle Bereiche Experten 'einkaufen' und dadurch immer nur ein wenig mitbauen, während andere für die technische Realisierung zuständig sind. Schon recht schnell zeigte sich jedoch, dass es zwar für einige Bereiche Experten gab, wie z.B. Gerhard Dauscher im Modellbau, wir in anderen Bereichen aber völliges Neuland betraten. Frederiks und mein Engagement fing an, sich in unterschiedliche Bereiche zu teilen: Er war nun für die organisatorische und ich für die technische Seite zuständig.

So steckte ich schon nach wenigen Wochen voll und ganz in den technischen Vorbereitungen und stellte fest, dass ich leider keinerlei Ahnung von Elektronik hatte und mir die Note 1 im Mathe- und Physikleistungskurs hier überhaupt nicht weiterhalf. Immer wieder gab es unglaubliche Rückschläge und an jedem zweiten Abend (öfter sah sie mich zu der Zeit leider nicht), musste meine Frau mich wieder aufbauen. Sie hat mir enorm dabei geholfen, meinen Teil zum Miniatur Wunderland beizutragen.

Sprung ins kalte Wasser

Text *Stephan Hertz, Mitbegründer des Miniatur Wunderlandes*
Bilder *Miniatur Wunderland*

Gegen Ende der 90er Jahre wurde uns immer klarer, dass wir nicht mehr ewig in unserem damaligen Metier weiter arbeiten wollen würden. Die Nachtschichten (auch wir wurden älter!), aber auch die fehlenden Möglichkeiten für wirklich Neues sorgten dafür, dass sowohl Frederik als auch Gerrit und ich mit offenen Augen nach neuen Wegen und Möglichkeiten suchten.

Im Juli 2000 begab es sich dann, dass Frederik zu einem Urlaub nach Zürich aufgebrochen war und im Verlaufe eines langen 'Shopping-Vormittags' eine Pause brauchte, und so fand er sich in einem Modellbauladen wieder, welcher zufällig in der Nähe war. Was dann in Frederiks Kopf passierte, ist oft genug niedergeschriebenworden. Es hatte 'Klick' gemacht!

Den Laden verlassend, griff Freddy zum Telefon und rief zu allererst einmal seinen Bruder Gerrit an, um ihm von der Idee zu erzählen. Ungläubig hörten wir den Ausführungen von Freddy zu, und noch während des Gesprächs konnte ich der Versuchung nicht widerstehen, die Temperaturen in Zürich per Internet zu überprüfen. Das Ergebnis: 27 Grad Celsius im Schatten. Konnte es sein, dass Freddy einem Sonnenstich erlegen war? Ungläubig diskutierten wir in Hamburg über die Idee.

Frederiks erstem Telefonat mit Gerrit folgten weitere mit uns, denn die Idee nahm sehr schnell konkrete Formen an und so verbrachten wir in Hamburg viel Zeit damit zu recherchieren, während sich Freddy auf der Heimreise befand. Schnell war klar, ein solches Projekt würde nicht nur Hunderttausend kosten.
Schon auf der Heimreise besichtigte Frederik eine Ausstellungs-Anlage und auch in den nächsten Tagen sollte es spannend, ja teilweise hektisch zugehen. Natürlich war die Frage: Wie viel würde so eine Idee kosten? Interessiert das überhaupt jemanden? So kam es unter anderem auch zu der 'Online-Befragung', deren technische Umsetzung bei mir lag, während Frederik damals das AOL-Member-System benutzte, um 'Online' gezeigte User direkt anzuschreiben und sie zu bitten, eben an einer Online-Umfrage teilzunehmen. Schon nach wenigen Tagen hatten wir rund 3000 Teilnehmer mit einem eindeutigen Ergebnis: Um die Männer brauchten wir uns keine Sorgen machen, wichtig sind die Frauen! Würde es uns gelingen, auch die Frauen zu begeistern, dann würde die Geschichte klappen! Selbst ein 'integrierter Frisör- und Kosmetik-Salon' stand mal zum Gespräch. Aber irgendwie erinnerten wir uns dann doch an Erlebnisse aus unsere Jugend, schließlich hatte sich nicht nur bei mir zu Hause vorwiegend meine Mutter um die Ausstattung der Anlage gekümmert, eben um jene Details, die eine solche Anlage zum Leben erwecken.

Dass wir natürlich eine digital gesteuerte Anlage bauen würden, stand von der ersten Minute fest, schließlich waren wir alle drei mit dem Computer aufgewachsen und wussten um die fantastischen Möglichkeiten (wie zum Beispiel die Tag-/Nacht-Steuerung), die sich mit den Rechenknechten umsetzen lassen würden. Schnell war klar, eine solche Anlage würde nicht Hunderttausende kosten, das Projekt ging in die Millionen! Die Idee 'Wunderland' wurde immer konkreter und mit 2 DIN A4-Seiten 'Ideen' zog Frederik los zur Haspa. Natürlich ist man im ersten Moment perplex, wenn man von solch einer Idee hört, ja sie mit tragen soll.

Dazu kommt dann das persönliche Risiko, das wir alle drei eingegangen sind: Alles oder nichts! Ich musste erst einmal zwei Nächte darüber schlafen, nachdem Frederik aus Zürich angerufen hatte, bevor ich erst ganz still und leise für mich und in der Folge auch mehr und mehr öffentlich mit Überzeugung für die Idee eintrat. Im Gegensatz zu Frederik und Gerrit war ich damals bereits verheiratet und meine Tochter war bereits 9 Monate alt. Die kommenden Monate bis zur Eröffnung waren erfüllt mit der quälenden Frage: Wird das alles gut gehen? Wie sich später zeigen sollte, es ist (fast) alles gut gegangen.

2000

Wie die Söhne so der Vater

Text *Jochen Braun, Mitbegründer des Miniatur Wunderlandes*
Bilder *Miniatur Wunderland*

Es war schon ein denkwürdiger Moment an diesem Spätsommertag des Jahres 2000. Nicht, weil das Telefon klingelte, was in unserem Urlaub eigentlich eher die Ausnahme ist. Auch nicht, weil das Wetter in der Toskana so zauberhaft warm und die Luft so samtweich war, denn das genießt man dort regelmäßig. Es war vielmehr der Mann, der hinter dem Anruf stand: Frederik Braun, seines Zeichens einer meiner zahllosen Söhne und in unsere Urlaube lediglich eindringend, wenn es brannte.

Glücklicherweise gab es diesmal jedoch keine Feuer zu vermelden, obwohl beide Zwillinge dazu neigen, mit selbigem übermäßig und beträchtlich jenseits des Bürgerdurchschnitts unserer Bundesrepublik zu spielen und die beiden kurz nach diesem Anruf sogar damit begannen, Szenarios zu bauen, deren Flammen aus dem Maßstab 1:87 hochgerechnet zwanzig oder dreißig Meter spielend überschreiten würden.

Nein, es war 'lediglich' eine Idee. Revolutionär war sie und visionär, wie man heute weiß, sowie unerhört mutig: Frederik erzählte mir, er wolle mit Gerrit (auch einer meiner zahllosen Söhne) und Stephan (nachweisbar nicht einer meiner zahllosen Söhne) eine Modelleisenbahn bauen. Nein, nicht *eine* Modelleisenbahn, sondern die größte der Welt.

Er erläuterte mir am Telefon die bis dato herausgearbeiteten Details, wusste auch schon, dass wir nach Eröffnung des ersten Bauabschnitts mit etwa 15 Mitarbeitern und 300 Besuchern täglich würden überleben können, wobei beide Zahlen falsch sowie glücklicherweise viel zu vorsichtig geplant waren. Und schließlich ordnete er noch an, ich solle mitmachen. Ordnete an?

Anders kann man es kaum ausdrücken, denn ich hatte seinerzeit bereits einen zwar sehr vorzeitigen, aber nichtsdestoweniger überaus angenehmen Vorruhestand angetreten, der durch ausgiebige Recherchen für meine Datenbanken und den in Kürze geplanten Beginn der Buchreihe über Flugzeugunglücke gekennzeichnet war. Warum also sollte ich dieses idyllische Hausleben dem mutmaßlich stressigen Aufbau eines neuen Unternehmens opfern?

Wie gesagt, Frederik ließ da keine Argumente gelten und meinte nur trocken: „Es täte Dir sicher gut, mit Deinen Söhnen zusammen etwas ganz Neues aufzubauen, statt immer nur am Computer zu sitzen!“ Irgendwie hatte er damit Recht und insbesondere zwei Gründe gaben dann doch den Ausschlag dafür, dass ich noch am selben Spätsommertag zusagte: Erstens faszinierte mich der Gedanke, dass in unserem Fall die 'Kinder' den Vater in ihre Firma holen wollten und nicht umgekehrt, wie das sonst überall auf der Welt täglich passiert. Und zweitens, meine Frau Inga meinte auch, mir täte es gut, ein wenig mehr aus dem Haus zu sein.

Zum letzteren Punkt muss man wissen, dass ich gleich in den ersten Tagen meines Vorruhestandes unsere Speisekammer komplett ausgeräumt und sehr logisch wieder neu eingeräumt hatte. Da standen nun die Süßigkeiten, der Honig und die Marmelade schön säuberlich zusammen. Auch die Waschmittel, die meine liebe Frau immer dort platziert hatte, wo gerade Platz war, fanden einen gemeinsamen Ort am Boden der Speisekammer und so weiter.

Nach getaner Arbeit war alles – wie gesagt – total logisch und ich hätte in vollständiger Finsternis jederzeit mit einem Griff die älteste Dose Erbsen gefunden, weil die ja ganz rechts und in jedem Fall ganz vorn stehen würde. Nur Inga gefiel das nicht. Es ist bis heute ungeklärt, was ihr an dieser faszinierenden Ordnung, die mit größter Sorgfalt und einem hervorragenden Ergebnis durchgeführt worden war, nicht behagte. Ich habe es nie herausfinden können, vermute aber, dass es einfach das Eindringen in ihre Domäne gewesen war. Verständlich also nach dieser aus Ingas Sicht unerquicklichen Erfahrung, dass sie mich mehr aus dem Haus haben wollte, um weitere, bereits angedeutete Organisationsvorhaben von vornherein im Keime zu unterdrücken.

Als ich am nächsten Morgen aufwachte, hatte ich plötzlich auch eine Idee für den Namen unserer Modelleisenbahn: Miniatur Wunderland sollte sie heißen und der Vorschlag gefiel den Jungs glücklicherweise so gut, dass wir das kleine Unternehmen am 5. Oktober 2000 auch unter diesem Namen im Handelsregister eintragen ließen.

„Warum also sollte ich dieses idyllische Hausleben dem mutmaßlich stressigen Aufbau eines neuen Unternehmens opfern?"

Was dann begann, kann ich nur als eines der gleichermaßen anstrengendsten wie schönsten Jahre meines Lebens bezeichnen. Frederik hatte schon sehr frühzeitig den 16. August 2001 als Eröffnungstermin festgelegt und es begann eine elende Schufterei, um den zu halten. Aber es war richtig so, denn wenn wir und unsere vielen treuen Helfer nicht immer diesen 16. August vor Augen gehabt hätten, ich glaube, wir wären viel, viel später fertig geworden.

Aber es hat eben auch sehr viel Spaß gemacht, mit all diesen Leuten zusammen etwas völlig Neues zu bauen, etwas noch nie Dagewesenes. Denn das wurde es. Es war am Eröffnungstag keine Modelleisenbahn im engeren Sinne, sondern auch eine Modelleisenbahn. In der Hauptsache aber hatten unsere Deerns und Jungs mit ungeheuer viel Liebe zum Detail die schönsten, niedlichsten und witzigsten Szenen auf den bebauten 500 Quadratmetern installiert, die man sich vorstellen kann.

Hier hatte sich gezeigt, dass zwei Entscheidungen von Frederik richtig waren: Erstens den Mitarbeitern weitgehend freie Hand zu lassen, sich sozusagen selbst verwirklichen zu können. Und zum anderen hatte er von vornherein allen eingeschärft: „Diese Modelleisenbahn muss niedlich werden, damit auch Frauen und Mädchen eines Tages gern zu uns kommen." Visionär war das, denn heute haben wir als wohl einzige Modelleisenbahn ein ausgeglichenes Publikum, je zur Hälfte Frauen und Männer.

Dass das Miniatur-Wunderland so erfolgreich wurde, hat mindestens zehn Gründe, die ich sofort herunterbeten könnte. Aber ich soll nicht immer so langatmig schreiben, hat man mir einst gesagt. Also die drei wichtigsten: die Hingabe und Treue unserer Mitarbeiter, die trotz megahartem Umfeld sehr oft am Anschlag arbeiten und ihr Bestes geben. Dass heute aber noch 16 von 21 Mitarbeitern der ersten Stunde bei uns sind, mag ein Zeichen dafür sein, dass das Miniatur Wunderland trotz aller Mühsal eine Arbeitsstätte ist, die man lieben kann.

Zweitens dann die weltweit völlig neue Tag- und Nachtsteuerung, die Gerrit in mühsamer Pionierarbeit mit dimm-fähigen Leuchtstoffröhren durchgeführt hatte. Und drittens natürlich das von Gerrit weiterentwickelte Carsystem, das zuvor nur 'blödes' im Kreis Fahren ermöglichte. Wer heute die Vielfalt des Autoverkehrs mit Blitzern, Überholmanövern, Feuerwehreinsätzen, Baustellen etc. etc. bewundert, ist stets restlos begeistert, macht sich vermutlich aber keine Vorstellung davon, was für ein ungeheurer Innovations- und Entwicklungsaufwand handwerklicher und systemtechnischer Art dahinter steckt.

Nach anfänglichen Schwierigkeiten mit der Stadt Hamburg ist das Verhältnis heute herzlich und man hört uns gern zu, wenn wir Hilfe benötigen. Nicht vergessen ist das Entgegenkommen der HHLA seinerzeit, als wir diese schönen Räume fanden. Nicht vergessen ist der Mut der Haspa, die uns als einzige Bank einen Millionenkredit gab. Und nicht vergessen sind Ronald, Harry und Richard, denen diese Anlage einen Teil ihrer faszinierenden Vielfalt zu verdanken hat, die aber nicht mehr unter uns sind.

Als Zeichen der guten Zusammenarbeit leuchtet der markante Glaskegel der Haspa-Zentrale auch im Miniatur Wunderland.

Fahrt ins Unbekannte

Text *Holger Eschholz, Direktor und Bereichsleiter Mittelstand, Haspa*
Thomas Neuendorf, Teamleiter Firmenkunden-Center Wandsbek, Haspa
Bilder *Hamburger Sparkasse*

Wir finanzieren ja fast alles – aber eine Modellbahn für mehrere Millionen? Als Frederik Braun anrief und von seiner Idee erzählte, die ihn seit einem Besuch in einem Zürcher Modellbaugeschäft nicht mehr los ließ, waren wir erstmal sprachlos. Wir kannten die beiden sympathischen Brüder schon seit Jahren. Ihre unternehmerischen Qualitäten hatten sie ausreichend unter Beweis gestellt. Dieses Projekt aber war gewagt. Und es gab kaum etwas Vergleichbares. Immerhin, in der Diskothek Voilà, die sie seit Jahren erfolgreich betrieben, hatten sie – ebenfalls in Eigenbau – eine beeindruckende Kulisse geschaffen. Sie wussten, wie man Leute unterhält, und dass sie als Diskothekenbetreiber nicht alt werden wollten, hatten sie schon durchblicken lassen.

Nun aber eine Modelleisenbahn? Woher sollten verlässliche Planzahlen kommen? Auch in dieser Frage wurden wir positiv überrascht. Eine Modellbahn im Harz lieferte erste Eckdaten. Es folgte eine Onlineumfrage, die zutage förderte, dass viele Hamburgbesucher eine Visite bei der weltweit größten Modelleisenbahn einplanen – ungeachtet der Tatsache, dass es sie noch gar nicht gab. Das erste Konzept war dann auch erfreulich detailliert. Die Zahlen erschienen realistisch. Sicherheiten waren vorhanden. Die Pläne des Vermieters, einen Eventspeicher zu errichten, waren ein perfekter Rahmen für das Vorhaben. Dennoch war auch im Hause der Haspa ein gutes Stück Überzeugungsarbeit zu leisten.

„Was gut ist für Hamburg, ist auch gut für die Haspa", pflegen wir zu sagen, und das Miniatur Wunderland ist definitiv gut. Das wurde uns schnell klar. In einem solchen Fall darf ein Projekt nicht an ein paar fehlenden Vergleichswerten scheitern, zumal am Ende stets die Unternehmerpersönlichkeit über den Erfolg entscheidet. Und wir haben uns nicht getäuscht. Die Bauzeit blieb im Plan, die Eröffnungsfeier war spektakulär, die Besucherzahlen stiegen und stiegen. Schon bald kamen weitere Darlehen für den Ausbau hinzu.

Heute sind wir sehr stolz, einen Beitrag zur Entstehung dieser Hamburger Institution geleistet zu haben. Das Miniatur Wunderland ist eine wichtige Referenz unseres Mittelstandgeschäfts geworden. Es demonstriert eindrucksvoll, wie aus einer unkonventionellen Idee, unternehmerischem Mut und klugen kaufmännischen Entscheidungen eine Erfolgsgeschichte entsteht. Möge das Miniatur Wunderland diese Geschichte noch lange fortschreiben.

2000

Ein Hamburger in Bayern

Text *Gerhard Dauscher, Modellbauchef, Miniatur Wunderland*
Bilder *Miniatur Wunderland*

Es ist heiß draußen im Juli 2000, die Sonnenstrahlen knallen auf die Dächer. Ich sitze in Kerkhofen in meiner Werkstatt und bin vertieft in meine Arbeit. Ich gebe der Landschaft für die Modelleisenbahn eines Kunden Form und Gestalt. Hier ein kleiner Bachlauf, dort grüne Wiesen – romantische Erinnerungen an einen Sommerurlaub werden wach und inspirieren die Anlage. Ich genieße die Arbeit in meiner kleinen Werkstatt. Aus dem Fenster schauend denke ich zufrieden an das Großprojekt, das ich gerade abgeschlossen habe.

Ein Jahr Schuften, zahlreiche Überstunden und Urlaubsentzug liegen hinter mir. Nun freue ich mich über das kleine, überschaubare Projekt, das vor mir liegt, und träume von meinem nachzuholenden Urlaub. „Dieses Jahr wird anders!", sage ich mir. Meine Spuren werden dieses Mal nicht in der Modellbahnszene Eindruck hinterlassen, sondern im Sandstrand! Plötzlich ein Klingeln im Hintergrund. Nein, es ist nicht der Eismann in meinen Träumen, sondern es klingelt in der Werkstatt. Eine mir unbekannte Nummer steht auf dem Display. Ein Hamburger will wissen, ob ich der Modellbauer sei, der die Anlage in Lauthental gebaut habe. Kaum Zeit für ein 'Ja' gegeben, kam schon ein Schwall von Ideen und Fragen auf mich zugerollt. Ein sogenannter Herr Braun hat offenbar vor, die größte Modelleisenbahn der Welt in Hamburg zu bauen und auszustellen. „Schon wieder so ein Fantast!", denke ich mir. „Wenn der wüsste, was an Kosten auf ihn zukommen würde, dann würde er es gleich bleiben lassen". Jedenfalls fragt Herr Braun nach einer möglichen Zusammenarbeit. Wenn es ihm wichtig ist, kann er gerne vorbeikommen, sage ich ihm. Gesagt, getan: Am nächsten Tag ruft Herr Braun an und meint, er würde morgen vorbeischauen.

Juli 2000. Ich arbeite in der Werkstatt und erwarte Herrn Braun gegen 14 Uhr. Die Kirchturmuhr schlägt, aber Herr Braun ist noch nicht zu sehen. Wer nimmt auch 7 Stunden Bahnfahrt auf sich, um in ein Dorf mitten in der Oberpfalz zu kommen, zu dem es nur 3-mal täglich eine Busverbindung gibt! Wenig hilfreich zudem sind die modernen Kommunikationsmittel, sprich Handys, denn diese funktionieren in Kerkhofen auch im Jahr 2000 eher schlecht: Funkloch! So mache ich mich auf den Weg und suche einen Großstadtmenschen auf dem Lande. An der Bushaltestelle erspähe ich Herrn Braun tatsächlich und führe ihn direkt in meine Werkstatt. Der Großstadtmensch ist Diskothekenbesitzer, hat mir sofort das 'Du' angeboten und entpuppt sich als sympathisch und unkompliziert. 'Frederik' kommt gleich zum Punkt und berichtet von seinen Ideen und Plänen: In der Hamburger Speicherstadt soll die größte Modellbahnanlage der Welt entstehen und der Öffentlichkeit zugänglich sein. Der erste Bauabschnitt soll Mittel- und Süddeutschland umfassen, weitere Bauabschnitte sollen später noch folgen. Die Anlage soll digital gesteuert werden, auch Autos sollen nach seiner Vorstellung am Verkehrsgeschehen teilnehmen. Ich werde gefragt, ob ich die Planung und Bauleitung der Modellbahnanlage übernehmen möchte. Zudem soll ich eine ungefähre Einschätzung geben, wie viele Leute zum Bau eines solchen Projektes benötigt werden und wie diese zu rekrutieren seien. Bis Ende August 2001 soll der erste Bauabschnitt fertig sein und Eröffnung gefeiert werden.

Frederik hat glasklare Vorstellungen. Die Zahlen und Fakten, mit denen ich konfrontiert werde, zeigen eine sehr gute Vorstellung und Vorbereitung des Großprojektes. Ich bin beeindruckt von seiner Zielstrebigkeit, seinem direkten Vorgehen, seiner Initiative und konkreten Planung. Ich erkenne, dass vor mir ein Mann steht, der genau weiß, was er will und der weiß, was machbar ist. Dies ist kein 'Dampfplauderer'! Viele Ideen, Daten und Fakten fliegen mir um die Ohren und Frederik und ich verbleiben so, dass ich mich mit den Antworten zu seinen Punkten in Kürze melden werde. Ich bringe Frederik zum Bahnhof. Mir brummt der Kopf und jetzt brauche ich erst Mal ein kühles Bier.

In einem Biergarten in Kerkhofen im Juli 2000. Schon oft bin ich in Gedanken solche Szenen durchgegangen: Planen und Entwerfen von Modellanlagen, Ideen weitergeben, Mitarbeiter schulen, Gewerke zusammenführen. Hohe Modellbauqualität in so einer großen Anlage zu gewährleisten, ist eine echte Herausforderung. Ein Traum von mir würde in Erfüllung gehen. Auch die Großstadt Hamburg würde mich reizen. Allerdings erfordert so ein Projekt neben Leidenschaft vor allem viel Zeit und Engagement, und das innerhalb einer sehr kurzen Bauphase. Wie soll ich es schaffen, in so einer kurzen Zeit meine Aufträge in der Werkstatt zu bearbeiten und gleichzeitig ein neues Großprojekt zu stemmen? Wer viel investiert, will auch Erfolg haben. Auf meinen Ideen und Planungen würden sehr hohe Erwartungen liegen. An freie Wochenenden und an einen Urlaub wäre dann nicht mehr zu denken. Ich bin mir unsicher, ob ich die Sache wirklich durchziehen möchte.

Am Vormittag rufe ich bei Frederik an und erteile ihm eine freundliche Absage. Aufgrund meiner derzeitigen hohen Arbeitsauslastung habe ich mich gegen das Großprojekt entschieden. Frederik will das allerdings so nicht einfach hinnehmen und erbittet seinerseits auch Bedenkzeit, um zu überlegen, wie wir die Sache doch gemeinsam angehen könnten. Z.B. mit einem technischen Zeichner, wie er später vorschlägt. Ich würde die Entwürfe für die Gleispläne skizzieren, während ein technischer Zeichner die Entwürfe detailliert aufarbeitet, damit daraus Baupläne werden. So würde die Planungsphase zeitlich halbiert werden. Mit dieser Maßnahme könnten wir das Großprojekt doch gemeinsam stemmen. Mein Traum scheint realisierbar und greifbar nah.

Zusammen mit Gerrit Braun, Stephan Hertz und Dirk Rahe schauen Frederik und ich uns im August 2000 die Räumlichkeiten in der Speicherstadt in Hamburg an und prüfen, inwiefern man dort eine Modellbahnanlage für Ausstellungszwecke bauen kann. Noch ehe ich es bemerke, bin ich schon mittendrin in der Realisation. Ich lasse mich von der Begeisterung der anderen packen und wir planen bereits die nächsten großen Schritte. Mein Vertrag wird mit einem Handschlag von Frederik besiegelt. Meine anfänglichen Zweifel sind verschwunden. Das MiWuLa-Anfangsteam steht fest.

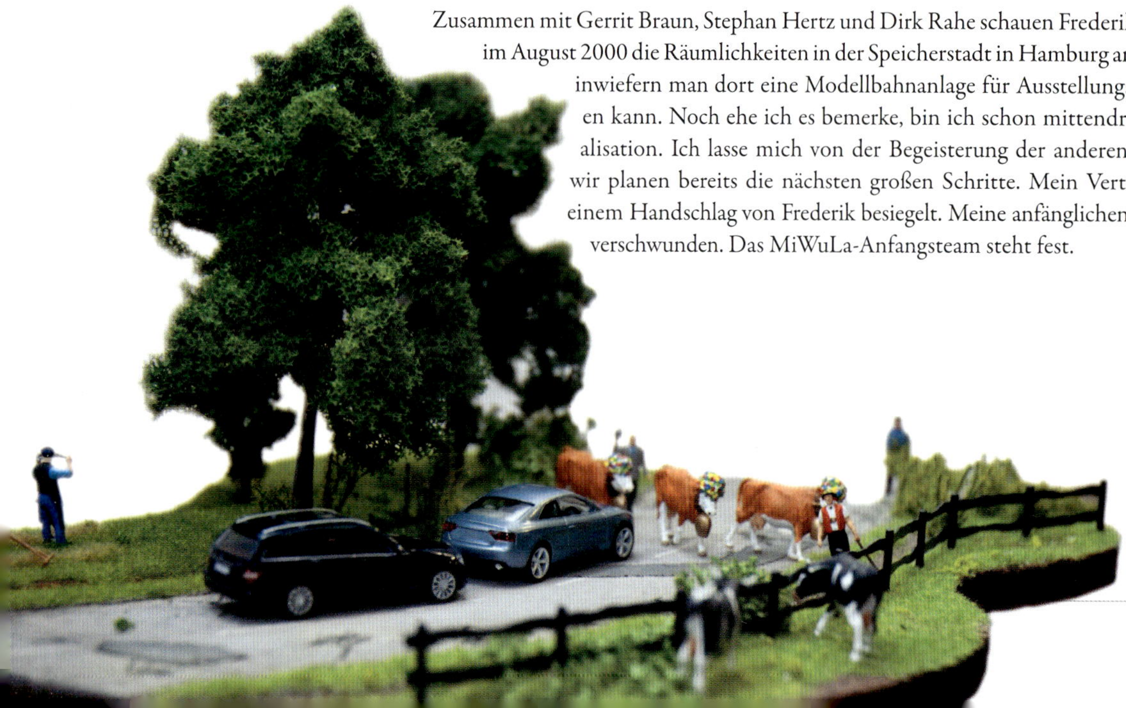

Die Rolle des Wunderlandes für die Entwicklung der Speicherstadt

Text *Dr. Stefan Behn, Vorstand Segment Container, HHLA*
Bilder *Miniatur Wunderland*

Frederik, Stephan, Rainer Nelde, Dr. Stefan Behn und Gerrit

Ende der 90er Jahre verließen immer mehr traditionelle Mieter die Speicherstadt. Die HHLA musste sich intensiv Gedanken machen, wie dieser größte geschlossene Lagerhauskomplex der Welt – noch dazu unter Denkmalschutz – wirtschaftlich langfristig zu betreiben sei. Eine der Ideen war es, im Block D ein gemischtes Veranstaltungs- und Bürozentrum einzurichten. Immerhin hatte an dieser Stelle 1997 bereits erfolgreich die große Titanic-Ausstellung stattgefunden.

Schnell war mit 'Hamburg Dungeon' ein erster Schlüsselmieter gefunden. Wie sollte es weitergehen? Unser Vertriebsleiter, Rainer Nelde, berichtete im August 2000 von einem spannenden Erstkontakt. „Herr Behn, ich habe etwas Tolles für Sie als Eisenbahnfan. Eine Familie Braun, die eine renommierte Diskothek in Hamburg betreibt, möchte in der Speicherstadt die größte Modellbahn der Welt betreiben." Meine spontane Antwort: „Ich kenne Eisenbahnfreunde, die sind meist etwas skurril. Wieviel Quadratmeter möchten die Herren denn anmieten?" „So etwa 500 bis 1.000 m^2", antwortete Herr Nelde. „Herr Nelde, das ist eine riesige Fläche. Ich kann mir überhaupt nicht vorstellen, dass dies eine solide, kommerzielle Basis hat", antwortete ich. Herr Nelde ließ aber nicht locker und sagte: „Die Brauns sind aber einfach gut und überzeugend. Reden Sie doch bitte einmal mit den Dreien."

Wenige Tage später war ein erster Termin vereinbart. Nach kurzen Höflichkeitsfloskeln kam ich nach meiner Vorstellung sofort zur Sache: „Herr Braun, lassen Sie uns mal sehen, ob Sie ein echter Eisenbahnfan sind. Erklären Sie mir bitte die Unterschiede zwischen den Diesellokbaureihen 218 und 220 der DB."

Die Antwort von Frederik Braun lautete: „Keine Ahnung. Ich bin kein Eisenbahnkenner. Mich begeistert nur das Thema Modellbahn, und das treibt mich an." Dies war einfach, aber überzeugend. Schnell zeichnete er ein plastisches Bild von seiner Idee, und der Funke war übergesprungen. Schon fingen wir an, im Geiste Gleise zu verlegen, Wände herauszubrechen und Modellbahnfabrikate gegeneinander abzuwägen. Ganz zum Schluss des Gesprächs fragte ich vorsichtig nach dem kommerziellen Konzept und der Finanzierung. Als er dann als Hausbank die Hamburger Sparkasse nannte, die für extrem solide Prüfungen bekannt ist, war alles klar. Mit den Worten: „Das machen wir schon, das ist eine tolle Idee. Wir bauen einen Containerterminal in Altenwerder, Sie eine Modellbahn in der Speicherstadt – lassen Sie uns mal sehen, wer eher fertig ist," verabschiedeten wir uns. Gut einen Monat später war der durchaus komplexe Mietvertrag abgeschlossen.

Mein Bild von den Herren Braun hat sich seitdem nicht geändert: Höchst kreativ, emotional in der Sache, unheimlich begeisternd und sehr zuverlässig. Zudem bodenständig und immer hamburgisch. Die Zusammenarbeit macht einfach Spaß.

Übrigens: Das Rennen um die Eröffnung hat das Miniatur Wunderland knapp gegen den Containerterminal Altenwerder gewonnen. Beide Eröffnungsfeiern waren aber sehr schwierig. Dies haben nur Eingeweihte bemerkt. Aber das ist eine ganz andere Geschichte.

Das Miniatur Wunderland befindet sich in einem der historischen Speicherstadtgebäude.

Die HHLA und das Miniatur Wunderland

Text *Rainer Nelde, Handlungsbevollmächtigter Segment Immobilien, HHLA*
Bilder *Miniatur Wunderland*

Als ich meinem damaligen Fachvorstand von einem – für mich spannenden und perspektivisch interessanten – Kontakt berichtete, der für mich eine perfekte Ergänzung für das gerade gestartete Projekt 'Kultur- und Gewerbespeicher Block D', also einer gemischten Gewerbenutzung aus Dienstleistung und Kultur, werden könnte, war dieser nicht gerade euphorisch.

„Eisenbahnen? Ist das denn wirklich der große Wurf für unser neues Projekt? Das gibt es doch schon im Harz.“

Zudem stellte er die Frage, was denn das für Leute seien, die diese Idee verfolgten. Ich berichtete von der bereits damals sehr aktiven, vom Projekt tief überzeugten und kreativen Familie Braun, erwähnte um des Vertriebserfolges willen aber nicht die Thematik, dass da zwei Söhne und ein Vater vor mir saßen, davon sprachen, sich aus dem Diskothekenbetrieb zurückzuziehen und sich voll und ganz einer (nach eigenen Aussagen demnächst der weltgrößten) Miniaturwelt zu verschreiben. Ein wenig ungewöhnlich war das schon.

Da wir die erfolgreiche Quartiersentwicklung aber durchaus auch – natürlich immer in Abstimmung mit harten wirtschaftlichen Fakten – mit solch' ungewöhnlichen Nutzungen ergänzen und bereichern, muss man manchmal einfach eine 'Nase dafür haben' was ggf. ein Erfolg werden kann.

Die Herren Braun waren nicht nur überzeugend und zudem wirtschaftlich solide unterwegs, (die Söhne noch konservativer als der Vater) sondern auch beharrlich und hartnäckig.

Bis heute – und sicher noch viele Jahre – ist die Zusammenarbeit erfolgreich, manchmal spontan und emotional, manchmal auch kontrovers, immer aber fair, offen und gedeihlich. Manchmal schon persönlich. In der heutigen Geschäftswelt nicht immer ein Normalzustand. Hier ist sicher bezeichnend, dass bei allem Erfolg immer eine Bodenständigkeit und ein Hamburgbezug gegeben sind.

Heute nach 10 Jahren kann ich der Arbeit der Brauns nur Anerkennung und Respekt zollen, sicher nicht ohne zu bedauern, dass wir auf einem Mietvertrag ohne Umsatzbeteiligung bestanden haben, aber das sei uns als soliden hanseatischen Kaufleuten und vorsichtigen Vermietern nachgesehen und nicht ganz ernst gemeint. Wir haben durch unseren Vertrag sicher eine sehr faire und enge Geschäftsbeziehung, die man mit Fug und Recht als nachhaltig bezeichnen kann.

Die Miniaturwelt der Brauns in der Speicherstadt ist eine, wenn nicht die, der wirklich großen Erfolgsgeschichten.

Der Umbau beginnt

Text *Birte Rüsch, Kreativteam, Miniatur Wunderland*
Bilder *Miniatur Wunderland*

Nach einer Bestandsaufnahme der nun endlich angemieteten Räumlichkeiten wurden die ersten Baustoffe angeliefert. In diesem Fall handelte es sich um Rigips-Platten und so konnte mit der Deckenerneuerung begonnen werden. Beim Transport der Materialien in das dritte Stockwerk kommen uns die Ladeluken an der Front des Speichergebäudes sehr zur Hilfe. Früher wurden hier per Flaschenzug an den Lastenkränen große Mengen an Kaffeesäcken eingelagert. Da die alten Lastenkräne aber nicht mehr funktionstüchtig sind, half uns an deren Stelle ein angemieteter Baukran.

Nachdem ein Großteil der ersten Baumaterialien eingelagert war, wurden die ersten Wanddurchbrüche mit schwerem Gerät vorgenommen. Alleine hierbei entstanden 30 m^3 Bauschutt. Durch die großen Durchbrüche wurden später die einzelnen Abschnitte der Anlage verbunden. Es durften natürlich auch keine Wanddurchbrüche für die Einrichtung der Arbeits- und Servicegänge vergessen werden. Allerdings reißen wir nicht nur Mauern ein, sondern müssen an einigen Stellen auch neue ziehen. Dadurch erhalten die großen Speicherböden nach und nach die gewünschte Raumaufteilung.

Im nächsten Schritt wurde die Decke verkleidet. Rund 1.600 m^2 mussten mit Rigips bedeckt werden. Sobald die Rigips-Platten an der Decke montiert waren, machte sich unser Maler-Team an die Arbeit und begann mit dem Streichen. Auch den wunderschönen alten Stahlsäulen (insgesamt über 100 Stück) ging es an den Kragen. Sie mussten angeschliffen und anschließend neu lackiert werden. So konnte ein zusätzliches schönes Detail für die Entstehung des 'Bahnhofsflairs' entstehen. Wo gehobelt wird, da fallen Späne. Zu diesem Zeitpunkt des Umbaus wurden fast täglich 10 m^3 Container zur Entsorgung von alten Materialien und sonstigem Bauschutt benötigt.

Als nächstes ging es an die Anbringung der riesigen Klimakanäle. Diese sind zwar unglaublich teuer, sind aber die Garantie für ein möglichst langes Leben unserer kleinen Welt. Zum einen wird die Klimaanlage für eine ausgeglichene Temperatur sorgen – sie ist nötig, damit sich die Materialien nicht verziehen – und zum anderen wird die Klimaanlage die Luft einigermaßen staubfrei halten. Denn jeder Modellbauer weiß: Staub ist unser größter Feind!

Nach dem Anbringen der Klimakanäle stand die Bearbeitung der Deckenstahlträger und der Anstrich der Sprinkleranlage auf dem Programm. Währenddessen wurde im Eingangsbereich mit den Vorbereitungen für die ersten Raumeinbauten, wie z.B. Tresen, Kassenbereich, aber auch Lager und Toiletten, begonnen. Ein weiterer Arbeitsauftrag hieß: Sandstrahlen der Mauern! Anschließend leuchteten sie wieder im ursprünglichen historischen Zustand und sahen wunderschön aus!

Ein Baukran leistete beim Umbau unersetzliche Dienste.

Früher wurden hier Kaffeesäcke ein- und ausgeladen. In den nächsten Wochen müssen nun einige Tonnen Baumaterialien für die Umbauten in den Speicher.

In der Hochphase benötigen wir fast täglich 10 m³ Containerfläche zum Entsorgen von alten Materialien.

Erste Vorbereitungen für den Einbau von Versorgungsräumen beginnen.

Nachdem die Fläche endlich vorbereitet ist, kann mit den ersten 'Feinarbeiten' begonnen werden.

Über 100 Stahlsäulen werden zuerst angeschliffen und dann neu lackiert.

2000

Modellbahn^2 + Denkmalschutz^2 = Schwierigkeiten^2

Von den Schwierigkeiten, eine Modellbahnanlage in einem denkmalgeschützten Gebäude unterzubringen

Text *Dirk Rahe, Architekt, Miniatur Wunderland*
Bilder *Miniatur Wunderland*

Im September 2000 zeigte mir Frederik Braun Räume in einem Speicherstadtgebäude, die er für den Aufbau einer Modelleisenbahnausstellung nutzen wollte. Zunächst konnte ich mir unter dieser Idee nicht viel vorstellen, war aber generell – wie wohl die meisten Speicherstadtbesucher – von der einmaligen Architektur begeistert. Zu dieser Zeit lagen die Gebäude noch innerhalb des Zollbereiches und die HHLA begann gerade erst damit, sie für spätere Nutzungen umzubauen. In den einzelnen Böden mit ihrer markanten Stahlfachwerkkonstruktion sah man auf jedem Meter die ursprüngliche Nutzung: In diesen Räumlichkeiten waren es Kaffeebohnen.

So eindrucksvoll diese Räume auch wirkten, als Heimat einer Ausstellungsfläche mit einem Besucheraufkommen, wie es das Miniatur Wunderland haben sollte, waren sie kaum vorstellbar. Diverse baurechtliche Grundanforderungen müssen beachtet werden. So sind z.B. wesentliche Anforderungen an den baulichen Brandschutz und an die Ausbildung notwendiger Brandabschnitte einzuhalten. Die vorhandenen haustechnischen Gegebenheiten, wie Elektro-, Sanitär - oder Lüftungsanlage, waren lediglich für kleinere Insellösungen mit 300 – 400 m^2 ausgelegt worden. Diesen nun völlig veränderten Anforderungen nachzukommen, war für mich die erste eigentliche Herausforderung.

Als Vermieter der Speicherstadtgebäude hatte die HHLA bei ihren Planungen der diversen Installationen natürlich nicht mit einer so großen Ausstellung wie einem Miniatur Wunderland kalkuliert. Zudem waren die im Haus vorhandenen Reserven von unserem Vermieter anderweitig verplant. In der ursprünglichen Gebäudeplanung der HHLA war ein Restaurant mit gehobenen Ansprüchen angedacht und hierauf konzentrierten sich erstmal alle freien Kapazitäten. Was natürlich auch durchaus nachvollziehbar war. Die HHLA schien in unserem Vorhaben erst mal eine nette Spielerei zu sehen, bei der man sehen musste, ob diese auch von Bestand sein würde. Gut nachvollziehbar, immerhin haben fast alle Menschen auf diese Idee mit Skepsis reagiert. Entsprechend verhalten sah zu Anfang auch die Kompromissbereitschaft aus. Allerdings waren die Hürden bei der HHLA schnell überwunden und nach kurzen Anlaufschwierigkeiten entstand auch hier eine sehr fruchtbare Zusammenarbeit.

Ganz anders war das mit den Behörden. Die zuständigen Bauprüfer und auch die Vertreter der Hamburger Feuerwehr fanden die Idee einer Modelleisenbahnausstellung großartig und unterstützten von Beginn an bis heute den Ausbau nach ihren Möglichkeiten.

Die größten Schwierigkeiten waren aber eigentlich hausgemacht – die Planungen 'für den Moment'. Oftmals planten und bauten wir etwas, was nach manchmal schon einem Jahr keinen Bestand mehr hatte. Dies gilt natürlich nicht für die Anlagenfläche, aber für Lüftung, Toiletten, Eingänge, Durchbrüche, Installationen und auch den Küchen- und Shopbereich. Vieles waren erstmal nur Übergangslösungen – inzwischen planen wir den Küchen- und Toilettenbereich Nr. 4 und den Shopbereich Nr. 3. Manchmal war ein Projekt noch nicht ganz abgeschlossen, da wurde es schon wieder abgerissen und neu geplant. Die HHLA ist in allen Anfragen immer sehr bemüht und eine große Stütze in unserem Vorhaben.

Auf die Frage nach Problemen mit dem Denkmalschutz kann ich nur sagen: Alle Veränderungen an oder um die Gebäudehülle sind so gut wie ausgeschlossen. Dies gilt übrigens auch für Werbeanlagen und dennoch konnten wir damals einen bestehenden Schriftzug am Gebäude gegen den des Miniatur Wunderlandes tauschen. Eine von vielen Auflagen war hierbei z.B. die ursprünglich verwendete echte Blattvergoldung des Schriftzuges.

2000

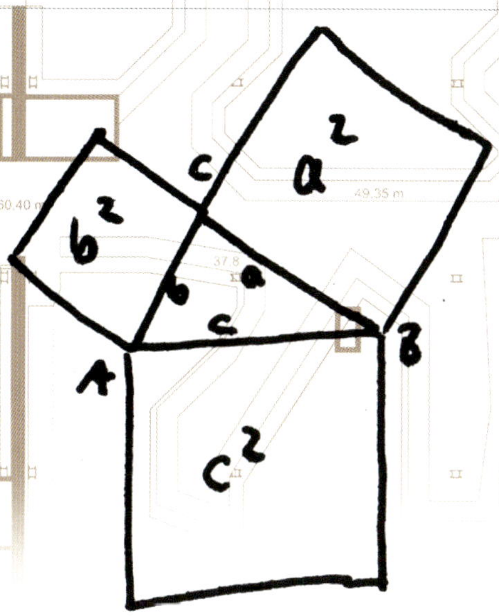

$$a^2 + b^2 = c^2$$

Pro Jahr benötigen wir ca. 1.700.000 Kilowattstunden Strom (wir nutzen von Beginn an Öko-Strom).

10 Lüftungsanlagen versorgen das Wunderland und bewegen ca. 200.000 m^3 Luft pro Stunde. In der Spitze kann man hier von bis zu 1.000 kW Kälteleistung sprechen.

Die heutigen Probleme liegen eher im Bereich der Technik. So ist eines unserer Sorgenkinder die Lüftungsanlage, die zum einen für die Belüftung der Ausstellung und zum anderen zur Herstellung der nötigen 'Kälte' benötigt wird. Wärme brauchen wir so gut wie keine, da die Anlage und unsere Besucher auch im Winter genügend Energie erzeugen, die dann über Wärmetauscher zurück gewonnen wird. Steigen die Temperaturen jedoch über 16°C, so müssen wir bereits anfangen zu kühlen und benötigen dazu dementsprechend viel Luft. Aus Gründen des Denkmalschutzes können wir natürlich keine Kältemaschinen auf das Dach stellen, aber auch eine Innenaufstellung gestaltet sich schwierig, da die Lüftergauben nicht erweitert werden können.

Insgesamt kann man sagen, dass Umweltschutz und auch Nachhaltigkeit gelebte Zielsetzungen im Miniatur Wunderland sind. So wird die bestehende Kälteanlage in Kürze modernster Technik weichen und die Abwärme von Kühlgeräten wird bereits jetzt zur Warmwassergewinnung genutzt. Auch die Motoren der Lüftungsgeräte werden mit modernster Steuerungstechnik versehen. Die Umrüstung der Beleuchtung und Anpassung aller weiteren Verbraucher erfolgt im Rahmen eines speziellen Energiemanagements.

Mit der steigenden Besucherzahl verändern sich auch immer wieder die Anforderungen an die Gebäudegegebenheiten. Hier war die für uns positive Entwicklung der Mietverhältnisse ein großes Glück – der Mieter des dritten Speicherbodens in 'unserem Gebäude' siedelte einen Teil seiner Unternehmung um und dadurch konnten wir 2.000 m^2 Fläche dazu gewinnen.

Das damals ursprünglich angedachte Restaurant der Atlantik-Kette wurde zum Glück nie gebaut, sonst hätte sich das Miniatur Wunderland vielleicht nie zu dem entwickeln können, was es heute ist. Im Laufe der Zeit konnten wir auch den zweiten und einen Teil des ersten Bodens im Speichergebäude übernehmen und zurzeit richten wir unsere Haustechnik im 5. Boden ein. Momentan reicht das noch aus – der Ausbau ist vorerst bis 2018 geplant. Aber was bis dahin beim Miniatur Wunderland passiert, kann man nie vorhersehen.

Das Miniatur Wunderland im weltweiten Netz

Text *Stephan Hertz, Mitbegründer des Miniatur Wunderlandes*
Bilder *Miniatur Wunderland*

Die Internetseite

Der Start der Miniatur-Wunderland-Website ging einher mit der Veröffentlichung des ersten Wochenberichtes, der am 30. Oktober 2000 – 3 Tage nach Beginn des Umbaus – zu lesen war. Hierüber erfuhren alle Interessierten den aktuellen Stand der Arbeiten im Wunderland und konnten hautnah am Geschehen teilnehmen. Die Rückmeldungen zu den Wochenberichten waren enorm und im Gästebuch konnte man immer wieder Diskussionen, Tipps oder Kritik zum Gelesenen finden. Um diese von Anfang an sehr wichtige Unterstützung unserer Besucher zu erhalten aber auch zu strukturieren, wurde übrigens mit dem Relaunch der ersten Internetseite das Forum als Kommunikationsplattform geschaffen.

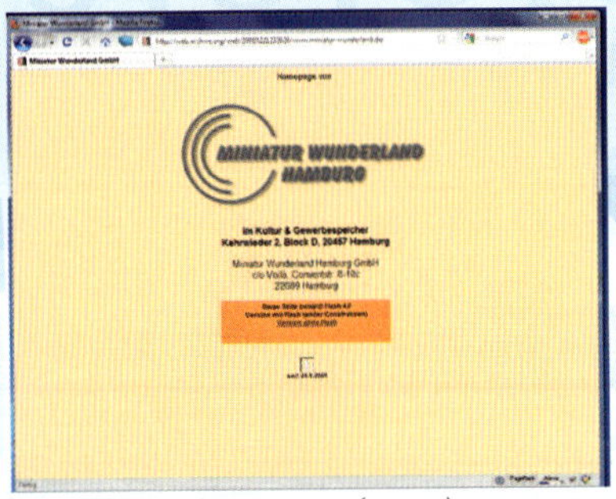

Die Internet-Startseite (2001)

Dieser erste Relaunch der Internetseite erfolgte am 3. Juni 2001 und seitdem verzeichnen wir stetig ansteigende virtuelle Besucherzahlen. Der dritte Relaunch mit dem Design in seiner jetzigen Form fand dann am 27. Juni 2007 statt. Derzeit besuchen uns auf der deutschen Seite täglich zwischen 11.000 und 15.000 Gäste. Im Anschluss an die Ausstrahlung von Fernsehberichten über das Miniatur Wunderland sind es allerdings oft 40.000 und mehr Besucher. Insgesamt können wir mit Stolz sagen, dass unsere Internetseite von bisher über 25 Millionen Menschen besucht wurde.

Die Veröffentlichung der ersten englischen Version unserer Webseite erfolgte am 30.04.2001 und auch hier können wir stetig steigende Zahlen verzeichnen. Dies war jedoch nicht von Anfang an so, aber mit der steigenden Anzahl von ausländischen Fernsehberichten und dem immer stärker werdenden Einfluss des so genannten Web 2.0 (und der damit verbundenen Nutzung von Youtube, Facebook, Twitter oder dem Blog 'Gerrits Tagebuch') hat sich dieses schlagartig geändert. Aus 1.000 bis 2.000 täglichen Besuchern der Seite sind inzwischen 5.000 bis 10.000 Besucher geworden. Seit Oktober 2010 treibt übrigens eine Mail mit einem Link zu dem 5-Minuten-Video des Wunderlandes im World Wilde Web ihr positives Unwesen und diese immer wieder weiter geleitete Mail bescherte uns innerhalb von nur 2 Monaten rund 560.000 Aufrufe des Videos! Soviel zu dem Thema 'virales Marketing'. „Willkommen bei Miniatur Wunderland Hamburg". Das ist die Originalbegrüßung (inkl. Grammatikfehler), mit der am 18. Januar 2001 um 11.37 Uhr das Forum des Miniatur Wunderlandes eröffnet wurde.

Das Forum

Grund für den Schritt zu diesem Kommunikationsmedium war die enorme Anzahl von Einträgen in unser Gästebuch. Ein Mitglied der ersten Stunde war übrigens Herr Heinz-Dieter Papenberg.
Über das Forum konnten unsere Besucher Fragen stellen, Ideen diskutieren und Kritik loswerden. Dem Wunderland war über diesen Weg die Möglichkeit gegeben, Hilfsaufrufe bei Anlagenprojekten zu starten, wie z.B. der benötigten Unterstützung beim Kleben der Sonnenblumenfelder im Mitteldeutschland-Abschnitt oder beim Bemalen der Figuren im Fußballstadion. Aber auch einzelne Unterstützer, die wir zu Beginn z.B. beim Einbau der Beleuchtung einiger unserer Autos benötigten, fanden wir auf diesem Wege.

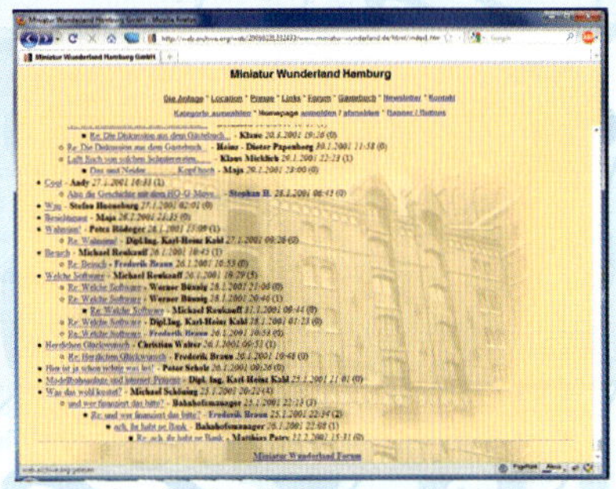

Die Oberfläche des Forums (2001)

Das Forum in seiner jetzigen Form mit verschiedensten Unterkategorien gibt es seit dem Relaunch der Internetseite am 3. Juni 2001 und inzwischen tummeln sich dort täglich zwischen 5.000 bis 10.000 aktive Mitglieder. Als Forumsmitglieder angemeldet sind derzeit 9.500 Personen und wir können bereits 209.000 Beiträge zu 21.000 Themengebieten verzeichnen (Stand Februar 2011).

Der Onlineshop

Die erste Version des Onlineshops war sehr rudimentär gehalten, um genau zu sein, handelte es sich lediglich um ein Bestellformular für Tickets. Einen ersten richtigen Onlineshop konnten wir dann mit der neuen Internetseite am 3. Juni 2001 starten und nochmals verbessert war er natürlich auch auf unserer neuen Internetseite zu finden, die am 27. Juni 2007 an den Start ging.

Durchschnittlich wird unsere Shopseite 1.000 bis 2.000 Mal pro Tag angeklickt, unsere Bestseller sind Eintrittskarten, Wunderland-Bücher und -DVDs. Unser bisher am weitesten entfernte Käufer wohnt übrigens in Australien!

Immer wieder starten wir Sonderaktionen mit tollen Schnäppchen, wie beispielsweise unseren legendären Frühjahrsputz oder auch unsere Adventskalender-Angebote.

Der aktuelle Internetauftritt des Miniatur Wunderlandes. Von der Startseite aus kann sich der Besucher auf eine virtuelle Reise ins Wunderland begeben und eindrucksvolle Bilder der Anlagenabschnitte anschauen. Außerdem bietet die Internetseite eine Wartezeitenprognose und die Möglichkeit, sich im Forum auszutauschen. Entspannt kann man im Onlineshop stöbern und natürlich einfach und bequem Tickets für den nächsten Besuch bei uns buchen.

Die Auserwählten

Text *Gerhard Dauscher, Modellbauchef, Miniatur Wunderland*
Bilder *Miniatur Wunderland*

Wer auf der Suche nach seinem Traumberuf zu einem Vorstellungsgespräch in eine Diskothek eingeladen und gebeten wurde, nicht in wertvoller Kleidung zu erscheinen, der war weder beim falschen Bewerbungstraining noch hat er statt eines Karriereratgebers ein Abenteuerbuch gelesen, sondern er war in unserem Auswahlverfahren für Modellbauer.

Wie findet man geeignete Modellbauer für den Bau unserer Anlage?

Im November 2000 schalteten wir in diversen Zeitungen die Anzeige: 'Modellbauer für den Bau der weltgrößten Modelleisenbahn in der Hamburger Speicherstadt gesucht!' Die Gründer des Miniatur Wunderlands waren fest entschlossen, die größte Modellbahn der Welt zu bauen.

In einem ersten Bauabschnitt sollen 250 m^2 Modellfläche gebaut werden. Eine Person würde dafür 20 Jahre brauchen. Möchte man es in einem Jahr schaffen, so würde man 20 Mitarbeiter benötigen. Wie sind aber Auswahl und Bewerkstelligung zu handhaben, wenn der Fertigstellungstermin der Anlage schon vor Baubeginn feststeht und dazwischen nur 8 Monate liegen? Man muss sich Leute suchen, die neben handwerklichem Geschick auch noch bereit sind, mehr zu geben, als es der geliebten Frau zuhause Recht ist!

Auf unsere Anzeigen in den Hamburger Zeitungen haben sich 150 Personen beworben. In einer Vorauswahl wählten Frederik Braun und ich 40 Kandidaten aus, die die Chance hatten, in das Modellbauteam aufgenommen zu werden. Die Bewerber haben wir in zwei Teams geteilt und uns bei zwei Casting-Veranstaltungen an zwei Wochenenden angeschaut.

Wir wollten relativ schnell Mitarbeiter finden, die bereit waren, mit uns dieses waghalsige Projekt durchzuziehen. Für sehr unterschiedliche Aufgabenbereiche musste die richtige Besetzung gefunden werden. Welche Eigenschaften und Fertigkeiten werden gesucht? Wen braucht man, wenn man die weltgrößte Modelleisenbahn bauen möchte? Vor uns ein buntes Gemisch an Beruflern, die sich beworben hatten: Ein Koch sitzt neben einem Masseur, ein Verwaltungsangestellter neben einem Tischlermeister, ein Vermessungsbeamter neben einem Dachdecker und ein Elektronikmeister neben einem Studenten.

Was aber macht einen Modellbauer aus? Welche Eigenschaften sollte ein guter Modellbauer mitbringen?

Wir haben nach vielen verschiedenen Eigenschaften, Charaktermerkmalen und Fertigkeiten gesucht:

1. Funktionalität, Realitätssinn: Trotz freier Gestaltungsmöglichkeit müssen Maße, Radien und Steigungen für Gleistrassen eingehalten werden, ohne die kein störungsfreier Zugbetrieb möglich ist.

2. Affinität zu PC und Elektronik: Ohne einen Computer, der den Elektronen im Kabel den Weg weist, setzt sich kein Zug in Bewegung.

3. Beobachtungsgabe, Imitation: Natur und Architektur als Vorbild nehmen und regionale Eigenheiten erkennen ist für die Nachgestaltung einer 'typischen' Landschaft wichtig.

4. Mut: Einen Berg zu bauen ist wie ein Lied zu schreiben - man weiß vorher nicht, ob es gefällt. Ob die Gefühle des Adressaten berührt werden oder nicht – jeder Weg beginnt mit einem Schritt.

5. Zwischenmenschliches Gespür: Wer erzählen will, braucht Geschichten und die bietet das Leben. Ein offenes Auge für das menschliche Dichten und Trachten, Ruhen und Jagen, Lieben und Hassen ist Voraussetzung für eine Modelllandschaft, in der sich die Figuren des realen Lebens widerspiegeln. Wie Schlagzeilen einer Zeitung, so reihen sich die Ereignisse in der Miniwelt aneinander.

6. Phantasie, Kreativität, Leidenschaft: Man sollte immer den Wunsch wecken: Dort in dieser Miniaturwelt möchte ich einen Tag mal miterleben.

2000

Wie 'testet' man die Bewerber? Welche Aufgaben werden gestellt?

Für uns war es wichtig, den Menschen kennen zu lernen und zu sehen, für welche Aufgabe er am besten geeignet ist. Unserer Meinung nach gelingt dies am besten, wenn die Bewerber Spaß haben zu zeigen, was in ihnen steckt. Man muss während des Bauens erkennen können, welche Kreativität in einem Menschen steckt, wie seine Leidenschaft fürs Gestalterische aussieht, wie er Aufgaben löst und wie groß die Bereitschaft vorhanden ist, Neues zu lernen.

Es sollte also kein Wettkampftag werden, sondern ein gemeinsames Lernen und Bauen rund um die Modelleisenbahn. Die Rollen entsprechen nicht dem typischen Klischee. Man sitzt weder in einem Designerbüro noch an einem edlen Nussbaum-Besprechungstisch. In Anzug und Krawatte gekleidete Manager oder Personalreferenten sucht man vergeblich. Stattdessen sitzt man gemeinsam mit 20 Bewerbern in der Diskothek 'Voilà' auf der Tanzfläche in lässigen Sweatshirts direkt neben dem Tresen.

Auf dem Tisch liegen keine Zeugnisse und Personalfragebögen, sondern Handwerkszeug, das an eine Wohnungsrenovierung erinnert: Holz, Säge, Gips, Spachtel und Kleber. In unserem Bewerbungsgespräch geht es nicht um Reden, Bildung und Zertifikate. Der Mund schweigt, die Hände reden.

Zunächst erkläre ich Schritt für Schritt, wie aus einem Stapel Holz und einem Eimer Gipspulver eine kleine Landschaft entsteht, auf der noch ein Zug fahren soll. Die Augen der Bewerber folgen aufmerksam meiner Demonstration. Kann dies auch jemand gestalten, der noch nie was mit Modelleisenbahn zu tun hatte?

Disco-Chefs bauen größte Modell-Eisenbahn der Welt

Von MAIK BRODERSEN

Wer hat als kleiner Junge nicht schon mal mit einer Modell-Eisenbahn gespielt und davon geträumt, später mal eine ganz große zu haben. Jetzt werden Männerträume wahr!

Kein Witz: Die Diskotheken-Besitzer vom **„Voilà"** (älteste Disco Hamburgs) bauen die **größte Modelleisenbahn der Welt** (H0, von Märklin)! Im Kultur- und Gewerbespeicher (Kehrwieder 2/3) über dem „Hamburg Dungeon" werden schon die Wände rausgerissen.

Wahnsinn: Auf über **450 Quadratmetern** sollen dann **500 Züge** auf insgesamt **fünf Kilometer** Gleisen fahren! **2000 Kilo Gips** sollen verbraucht, **100 000 Kunstbäume** gepflanzt werden. Und **8000 beleuchtete Wiking-Autos** sollen auf unsichtbaren Leitspuren fahren. Dazu kommen **4000 Mini-Häuser**, Berge, Brücken, Wasserfälle und eine Feuerwehr, die ausrückt, weil es brennt. **Zehn Computer** steuern alles.

Freddy (32) und **Gerrit Braun** (32), **Stephan Hertz** (33) und Papi **Jochen Braun** (57) haben aus der Schnaps-Idee Wahrheit gemacht und investieren für den Bau rund **zwei Millionen Mark**. Freddy: „Im **August 2001** werden wir eröffnen, dazu brauchen wir rund **30 000 Arbeitsstunden**. Eine echte Attraktion für kleine und große Kinder."

ACHTUNG: Es werden noch Modellbauer und Hobby-Bastler gesucht, die in zwei Schichten (Tag + Nacht) mitbauen! ☎ 040/250 53 86 (ab Montag zwischen 9 Uhr und 17 Uhr).

Disco-Boß Freddy Braun und Papi Jochen Braun haben im „Voilà" eine kleine Modelllandschaft aufgebaut – zum Üben (v. l.). Foto: Brodersen

Die Stellenausschreibung 'Modellbauer gesucht' wird in der Bild-Zeitung (oben) und dem Hamburger Abendblatt veröffentlicht. Daraufhin melden sich 150 Bewerber, von denen 40 in die engere Auswahl kommen.

Nun kommt es auf räumliches Vorstellungsvermögen an. Was ist mit demjenigen, der das nicht kann? Dem wird selbstverständlich geholfen. Denn man muss es nicht können, aber man muss es lernen wollen. Holzteile so zu schneiden, dass darauf Gleise verlegt werden können, ein Tunnelportal Platz finden kann und ein Berg den Hintergrund bildet. Maße müssen eingehalten werden, eine sichere Führung der Säge, stabiles Verschrauben und dabei die Finger da lassen, wo sie hingehören; unnötiges Blutvergießen vermeiden! Es stellt sich heraus, dass der Gleisbau besonders schwierig ist. Die Gleise müssen mit einer Miniflex auf Länge geschnitten werden und mit Blechlaschen, kleiner als eine Büroklammer, verbunden werden. Mit Nägeln, halb so lang wie eine Stecknadel, werden die Gleise auf der Holzunterkonstruktion befestigt. Ein Tunnelportal aus Hartschaum wird zurecht geschnitzt und mit seitlichen Flügelmauern am Untergrund festgeklebt. Die Schwierigkeit besteht darin, das Portal symmetrisch und rechtwinklig am Gleis zu platzieren.

Für die 'nichttechnischen' Bewerber wird es nun interessant. Leicht ist erklärt, wie man mit Fliegendraht und Gips umgeht. Aber es gehört mehr dazu, als eine Landschaft 'nur' maßstabsgetreu und realitätsnah abzubilden („Bau mir mal einen schönen Berg."): Man muss die Schönheit auch spüren und seiner Intuition folgen. Sich von Bildern und vom Original verzaubern lassen. Nur so schafft man es, einen Fels nachzubauen, der zum Klettern einlädt oder eine Wiese zu gestalten, auf der man ruhen will. Oder wie ich immer sage: „Nur der, der sich dort sieht, wo er hinguckt, hat Modellbau verstanden!"
Wer hat es ins Modellbauteam geschafft?

Wir haben an zwei Wochenenden 40 motivierte Menschen kennen gelernt. Es war sehr schwer zu entscheiden, wer ins Team kommt. Letztlich haben wir uns für eine Mischung aus 10 Modelleisenbahnern und 10 Modellbahnunerfahrenen entschieden. Die einen haben ein wertvolles Fachwissen, die anderen bringen mit ihrer Unvoreingenommenheit und Offenheit eine Lebendigkeit und Frische in die Fachwelt, dass daraus eine blühende Modellbahn entstanden ist, die auf einem fachsicheren Fundament steht.

Alle Teilnehmer helfen mit, die Werkstatt wieder in eine Tanzfläche umzuwandeln, denn am Abend schwingt man hier wieder das Tanzbein. Und bei uns kann schon bald das erste Modellbauteam antanzen.

Bild *Miniatur Wunderland*

8.01.2001

Die ersten Fernsehteams fragen nach einer Dreherlaubnis

24.01.2001

Eröffnung der Internetseite. In den ersten 48 Stunden
verzeichnen wir knapp 2.000 Besucher

5.02.2001

Der erste Zug fährt seine Testkilometer auf der Anlage

12.02.2001

20.000 Preiser-Figuren sind angekommen

18.03.2001

Die letzten Verkabelungen im ersten Abschnitt sind erledigt

Mai 2001

Das erste Carsystem-Auto fährt

21.05.2001

Sat.1 sendet den ersten großen Fernsehbericht über das Miniatur Wunderland

8.06.2001

Der 11-stöckige Gleiswendel verbindet Knuffingen und
Österreich auf 2,2 Meter Höhe und ist nun fast fertig

16.08.2001

Eröffnung der ersten drei Abschnitte durch den damaligen 1. Bürgermeister Hamburgs, Ortwin Runde

Roman, Drama & Satire

Text *Dieter Hinz, Entwicklungsleiter 'Railware'*
Bilder *Miniatur Wunderland, Nordkurier-Zeitung*

Ganze Bücher könnte ich mit meinen Erlebnissen im Wunderland füllen. Roman, Drama und Satire – alles wäre dabei. Ich entscheide mich für eine Art Tagebuch mit prägenden Erlebnissen.

Im April 2001 habe ich durch Kunden von dem Bau einer Modellbahn der Superlative in Hamburg – meiner Heimatstadt – gehört. Ob ich nicht mit meiner Steuerungssoftware 'Railware' dabei bin? Nein, bin ich nicht. Hmmh: also waren das doch keine 'Spinner', die uns im vergangenen Herbst auf unserem Messestand in Köln besuchten!

Drei Monate später ruft mich Peter Littfinski von LDT fast wöchentlich an. Er möchte gerne, dass ich mit den Betreibern des Wunderlandes spreche. Nein, das will ich nicht. Meine Software ist für Modellbahner gemacht und nicht für Schauanlagen. Außerdem fehlt es mir nach eigenem Ermessen an der nötigen Erfahrung, die Andere doch wohl haben. Er lässt nicht locker (Zitat: „Wir müssen sowieso miteinander reden") und vereinbart mit mir einen Termin im September. Am Nachmittag würden wir dann mal ganz unverbindlich ins Miniatur Wunderland fahren. Er würde das schon alles organisieren und ich solle auch gar nichts vorbereiten. Das tue ich aber doch, finde alte interne Strategiepapiere und arbeite sie zu einer kleinen Präsentation um.
Zwei Monate später ist es dann soweit, Peter und ich fahren ins Wunderland. Wir werden ins Bistro gebeten – leider gibt es gerade ein technisches Problem und der Termin wird sich etwas verschieben. Räumlich sah es dort zu dem Zeitpunkt übrigens ganz anders aus als heutzutage!

Wir trinken Kaffee. Nein, die Modellbahn interessiert mich nicht wirklich – ich bin kein Modellbahner. Mehrere Leute wieseln um die Anlage. Züge werden von der Anlage genommen, auf Tabletts irgendwo hin gebracht und wieder aufgestellt. Sind die Gleise kaputt? Vielleicht kann ich ja doch etwas für das Wunderland tun. Freddy und Gerrit schauen mehrfach vorbei und bitten um Geduld. Wir könnten uns doch in der Zwischenzeit den Feuerwehreinsatz ansehen, den Gerrit entwickelt hat. Machen wir – ist schlicht genial! Nach 2,5 Stunden geht es dann wirklich los. Gerrit fragt mich nach ein paar Details zum Aufbau meiner Software. Ich erkläre ihm die vollkommen andere Arbeitsweise meiner Software, die ich selbst für ziemlich 'schräg' und 'abgefahren' halte. Am Tisch wird klar, dass eine Zusammenarbeit einen deutlich reduzierten Aufwand bedeuten würde und sogar die Basis für ein grenzenloses Wachsen der Modellbahnanlage wäre. Ja, wenn die das so sehen. Ich kann dem nicht folgen und bitte um eine Woche Bedenkzeit. Dann wollen wir eine Pilotinstallation machen.

Eine Zwischenübernachtung in Göttingen wird fällig. Ich sitze ganz allein in einer Hotelbar und spreche am Telefon mit meiner Frau über die Chancen und Risiken einer Zusammenarbeit. Kann unser Railware die Forderungen erfüllen? Habe ich das nötige Know How? Wieviel Zeit kostet es und was bringt es? Das Wunderland scheint eine einzige Herausforderung zu sein. Und ich liebe neue Herausforderungen! In meinem Kopf ist die Entscheidung längst gefallen. Alle anderen erfahren sie trotzdem erst in ein paar Tagen.
Im November 2001 starten wir dann eine vierwöchige Pilotinstallation mit Railware auf der 'Nebenbahn 3', den Alpen. Es wird meine Schicksalsbahn. Sie liegt ein wenig abgelegen, ist nicht besonders groß und wir können sogar tagsüber arbeiten. Natürlich gibt es technische Probleme. Mal liegt es an meiner Software und mal an der Technik der Bahn. Ich versuche, meine eigenen Schwachstellen zu verschleiern. Muss ich aber gar nicht, denn später erfahre ich, dass diese Bahn unter sehr starkem Zeitdruck gebaut wurde und noch einige technische Fehler enthält, die man dann während der Tests beseitigen wollte. Zwar sind die Tests nie völlig problemfrei gelaufen, aber das Wunderland ist zufrieden und ich habe mehrere Monate Zeit zur Beseitigung der Schwachstellen. Dann nämlich soll der 2. Bauabschnitt begonnen werden: Hamburg.

Im Februar 2002 warte ich dann auf den Startschuss, aber zunächst ruft keiner an. Als wir dann doch wieder in Kontakt treten, dienen mehrere kurze Termine vor Ort der Abstimmung wichtiger technischer Veränderungen. Ziel ist die Verwendung offener Standards statt proprietärer Systeme einzelner Hersteller.

Drei Monate später befindet sich der neue Bauabschnitt noch im Rohbau. Ich mache erste Fahrversuche und mit den Modellbauern werden die Zeiten abgestimmt. Trotzdem bleiben die Loks immer wieder in herunterhängenden Kabeln von neu installierten Straßenlaternen stecken, stehen in Häufchen von Sägespänen, kommen nicht an den Farbtöpfen vorbei oder bleiben in herunter getropften Klebstoffseen stehen. Für einen Softwareentwickler eine ganz neue Erfahrung. Aber ich liebe ja Herausforderungen. Freddy kommt vorbei und hat eine kleine Frage. Ein seltsames Geräusch unter der Anlage stört unser Gespräch. Ein Zug hängt von der Anlage bis zum Boden. Dort liegt eine zerschmetterte '103'. „Das war meine Lieblingslok", höre ich von Freddy und „Lange Zeit nicht lieferbar" von anderen. Grund für das Desaster war ein Gleisbauer, der ein mit Kabeln versehenes Gleis kurz abgelegt hatte, ohne auf die Kabelenden zu achten.

Der Leitstand – die Kommandozentrale

„Wie alles funktioniert, kann nur der Rechner verstehen“

Größte computergesteuerte Modelleisenbahn-Anlage entsteht

Von ddp-Korrespondentin Silja Streeck

Hamburg. Die Fahrt beginnt an der Küste Amerikas. Unter Wasser geht es nach Europa. Die Strecke verläuft an Seen, Wäldern und Dörfern vorbei, schlängelt sich durch typisch deutsches Gebirge. Über eine Brücke führt sie schließlich in die Schweizer Hochalpen. Kurvenreich windet sie sich zu den schneebedeckten Gipfeln hinauf.

Gigantisches Projekt

„Das könnte die größte computergesteuerte Modelleisenbahn der Welt werden“, sagt der 33-jährige Frederik Braun, „wir sind jetzt fast fertig.“ Im vierten Stock eines alten Lagerhauses der Hamburger Speicherstadt wird mit Hochdruck an den letzten Feinheiten des gigantischen Projekts gearbeitet. Eine Flucht von Räumen ist mit Plastikplanen abgehängt, es riecht nach Farbe und Leim. Auf schmalen Holzbänken liegen Modellbauer über einer Miniaturwelt, die sich über mehrere Räume des Lofts erstreckt. Mit vorsichtigen Handgriffen kleben die Männer winzige Figuren auf, besprühen Kunststoff-Bäumchen, löten Schienen und verkleiden Bahnhöfe. Am 16. August wird die Traumlandschaft erstmals für Besucher geöffnet.

„Bis dahin haben wir 300 Quadratmeter Fläche bebaut“, sagt Frederik Braun, der gemeinsam mit seinem Zwillingsbruder Gerrit, Vater Jochen und dem gemeinsamen Freund Stephan Hertz für das ehrgeizige Mega-Projekt verantwortlich ist. Rund 2,5 Millionen Mark kostete allein der erste Bauabschnitt. Bis Mai 2002 soll die Modellwelt auf 560 Quadratmeter anwachsen. Die 1600 Quadratmeter große Hallenetage ist für 15 Jahre an die Modellbauer vermietet.

Eine hochkomplexe Technik lenkt Bahnen und Abläufe im Miniaturland: 21 Computer hauchen dem Geschehen Leben ein. 500 nummerierte Züge können mit digitalen Rechnern einzeln beschleunigt oder verlangsamt werden. „Der Mensch wird niemals verstehen, wie das funktioniert“, sagt Braun. Allein die Programmierung der Rechner nahm 3000 Arbeitsstunden in Anspruch. Insgesamt flossen bisher 35 000 Arbeitsstunden in die Anlage. „Allein letzte Woche habe ich 110 Stunden hier verbracht“, sagt der Modellbauer, der in seiner restlichen Zeit eine Hamburger Diskothek betreibt.

Das Fundament der Anlage bilden 20 000 Sperrholzplatten, die auf Hüfthöhe zu einer riesigen Fläche montiert sind. Darüber bettet sich die in mühsamer Handarbeit gefertigte Landschaft. Mehr als 50 000 Bäumchen, 10 000 Autos und 30 000 Figuren sind auf den Gebirgen, Flusstälern und Straßen verteilt. „Wir kaufen das Material in Zehn-Kilo-Säcken“, lacht Braun.

Wie von Geisterhand

Die Landschaftsgestaltung lebt von der Liebe zum Detail. Selbst Autos fahren wie von Geisterhand gelenkt. Mikrochips und eine selbstgeschriebene Car-Software lassen die winzigen Wagen an Ampeln halten, beim Abbiegen blinken und sogar für die Feuerwehr bremsen. Mehr als 20 000 Lämpchen illuminieren das Modellbau-Land. „Wir simulieren einen Tag in fünfzehn Minuten“, verkündet Braun stolz. In der Dämmerung sollen alle Lichter auf der Anlage einzeln an- und ausgehen.

Die Idee für das Mega-Projekt entstand vor einem Jahr in Zürich. Zufällig hatte Frederik Braun dort eine kleine Modellbahn-Schau besucht. „Als ich da wieder herauskam, war mein Leben plötzlich verändert“, entsinnt er sich. Noch am selben Abend fasste der Hamburger den Entschluss, eine

Bei den Modelleisenbahnen-Bauern lebt vieles von der Liebe zum Detail. Das betrifft die Züge und die Landschaft. Foto: Archiv

der weltgrößten Modelleisenbahnen zu bauen. Er sei „irgendwie r infiziert gewesen“, glaubt Braun, der sich schon als Kind für „eisenbahnverrückt“ hielt.

Profi-Modellbauer Gerhard Dauscher stimmte kurz darauf zu, das Riesenprojekt in die Tat umzusetzen. Innerhalb kürzester Zeit zeichnete der aus Franken stammende Mann die gesamte Anlage und entwarf Baupläne und Gleispläne am Computer. „Für mich ist er ein Gott“, betont Braun.

Die Begeisterung für Eisenbahnen stammt offenbar vom Vater der Braun-Zwillinge. Der 58-Jährige, der selbst täglich auf der Anlage mithilft, erinnert sich: „Ich habe in der Nachkriegszeit meine erste eigene Modelleisenbahn geschenkt bekommen. Das war damals das Höchste für mich.“ Jede freie Minute verbrachten Frederik und Gerrit früher außerdem an Bahnübergängen.

„Wir haben gewunken und abgewartet, wie die Lokführer darauf reagierten“, erklären sie, „die haben dann zurückgewunken, gehupt oder das Licht angemacht.“ Jede Lok-Nummer notierten die Brauns in Hefte. „Beim nächsten Mal haben wir nachgeschaut, ob uns dieselbe schon mal begegnet ist“, sagen sie.

www..miniatur-wunderland.de

Erschienen im Nordkurier (Neubrandenburg) am 11./12. August 2001

Ab Juni 2002 bin ich dann regelmäßig alle 14 Tage in Hamburg. Die Anlage wächst. Ich lerne, dass alle nur wenig Zeit haben. Wegen der Schwierigkeiten während des Baus sollte man Anlagenteile immer zu zweit fahren – einer überwacht den PC und der zweite schubst stehen gebliebene Züge an, entfernt Dreck oder stellt sie wieder auf die Gleise. Also fahre ich die Bahnen alleine – und renne nur noch den Zügen hinterher. Modellbahn per Adidas. Krisensitzung: Die Lichtsignale wurden nur mit 4-adrigen Kabeln verdrahtet statt der geforderten 8 Adern. Für neue Kabel reicht die Zeit nicht mehr. Was für eine Herausforderung! Quasi im Nachtsprung erfinden wir einen neuen stark vereinfachten Signalplan und die dafür nötigen Softwareanpassungen.

Einen Monat später liegen die Nerven blank. Im Wunderland gibt es viele Kreative und jeder darf dies auch ausleben. Zeitplanung und Kreativität sind aber ein Widerspruch in sich – ich kenne das aus eigener Erfahrung. Aus Platzmangel habe ich immer einen kleinen eigenen Arbeitstisch dabei. Jemandem stinkt es, dass überall leere Tassen und Flaschen herumliegen, er sammelt sie und stellt sie auf die einzig freie Fläche – auf meinen Tisch! Das reicht! Mit einer kräftigen Armbewegung fliegt alles durch den Raum. Umgehend suche ich einen großen Besen und fege alles wieder zusammen. Der Tisch bleibt künftig frei.

Während der Arbeiten in Hamburg erkrankt meine Frau. Für mehrere Monate kümmere ich mich nun um unseren kleinen Sohn – das Wunderland steht jetzt erstmal nur noch an zweiter Stelle. Doch eine Woche vor der Eröffnung bin ich wieder da. Am Vorabend werde ich gefragt, was man denn bei der Bedienung der 5 neuen Bahnrechner beachten müsse. Mir wird klar, dass ich wohl fast der einzige bin, der regelmäßig Tests gefahren hat und weiß, ob nun wirklich alles auch im Dauerbetrieb klappen würde. Ich beschließe, ein paar Tage länger in Hamburg zu bleiben.

Etwas später folgt dann das 'dunkle' Jahr: Im Wunderland wollen sie jetzt alles selber machen. Mein Wissen wird kaum noch abgefragt. Weil ich Herausforderungen liebe, arbeite ich nun an einer anderen Großanlage mit. Dort scheint sich die Kreativität jedoch auf das Sparen von Geld zu beschränken. Nur wenige wissen, das ich zeitgleich selbst schwer erkranke und mich durch verschiedene Kliniken schleppe. Frederik reist mir hinterher und versucht, mich wieder zur Zusammenarbeit zu bewegen. Einige Wochen später sitze ich bei ihm im Büro. Wir treffen per Handschlag eine Vereinbarung, an die wir uns bis heute halten. Ja, unter Hamburgern gilt noch das gesprochene Wort! Es ist der Neubeginn einer umfassenden und vertrauensvollen Zusammenarbeit.

Bis heute sind viele neue Ideen in Software und Verfahren umgesetzt worden, und die Zusammenarbeit geht weit über das Steuern von Zügen hinaus. Die Nebenbahn 3 ist unsere gemeinsame Schicksalsbahn, und ich bin zu einem Bindeglied zwischen Bahntechnik, Bahnfahrer und IT geworden, was nicht immer leicht ist. Aber das Miniatur Wunderland ist und bleibt eine einzige Herausforderung - und ich liebe neue Herausforderungen!

Vielen Dank allen, die mit ihren Ideen und handwerklichem Können maßgeblich zum Erfolg des Miniatur Wunderlandes beigetragen haben. Ohne Euch wäre die Steuerung einer solch riesigen Modellbahnanlage nicht möglich.

Unser erster Hafengeburtstag

Text *Frederik Braun, Mitbegründer des Miniatur Wunderlandes*
Bilder *Miniatur Wunderland*

Wie Sie bereits in einem der anderen Kapitel gelesen haben, ist mein Optimismus kaum zu bremsen. Aber auch ich musste feststellen, dass man anfängt, den einen oder anderen schlechten Gedanken zuzulassen, wenn man pausenlos gesagt bekommt, dass man einen Fehler macht. Im April 2001 konnte man bereits an einigen Stellen sehen, wie gut das Ergebnis werden wird. Trotzdem gab es immer wieder diese vielen Stimmen, die nicht an einen Erfolg glaubten. Also entschlossen wir uns, mal einen ersten Test zu machen. Zum Hafengeburtstag im Mai 2001 kündigten wir einzig und alleine auf unserer Internetseite einen Tag der offenen Tür an. Die Tage vor dem Wochenende räumten wir so weit wie möglich auf. Berge von Materialien und Werkzeuge lagen überall herum.

Wir schufen provisorische Tresen für Kaffee und Kuchen und stellten die sanitären Anlagen in der letzten Nacht fertig. Die alles entscheidende Frage stand über allen: Was wird an diesem Wochenende wohl passieren? Die Pessimisten sprachen von 50-100 Besuchern. Ich hoffte auf 500, bestenfalls begeisterte Besucher. Auch ich war an diesem Morgen im Mai 2001 richtig nervös. Stehen schon Besucher um 10 Uhr vor der Tür? Werden sie lange bleiben oder nur einen kurzen Blick über die ersten ca. 100 fertigen Quadratmeter werfen? Wecken wir mit dem Erschaffenen Emotionen oder schaffen wir es nicht, unsere potenziellen zukünftigen Besucher zu berühren? Was werden sie 'in die Welt' tragen? Es könnten immerhin unsere ersten Werbeträger werden. Wenn diese Besucher begeistert nach Hause gehen, werden sie 'unsere Welt' wie ein Lauffeuer verbreiten. Genauso aber auch umgekehrt. Wenn keine Emotionen entstehen, wird auch nicht über uns geredet, und wenn gar unerfüllte Erwartungen mitgenommen werden, dann kann es fürchterlich enden.
Sogar ich hatte mich völlig verschätzt. Weit über 1000 Leute kamen neugierigen Blickes in den 4. Boden, um zu schauen, was dort entsteht. Sie blieben teilweise über mehrere Stunden, diskutieren mit uns und klopften uns so sehr auf die Schulter, dass wir völlig euphorisiert am Montag in die letzten drei Monate starteten.

Es war Balsam für meine geschundenen Nerven. Ich habe viele Nächte wach im Bett gelegen und gedacht, dass dies wirklich mein finanzieller Ruin werden könnte. Nach dem Tag der offenen Tür konnte ich zumindest für ein paar Wochen wieder besser schlafen... Die Gespräche mit den ersten echten Gästen waren so erfrischend. Natürlich gab es weiterhin diese vielen pessimistischen Stimmen. Aber sie hatten sich verändert. Während mir früher alle sagten, dass man mit einer Modelleisenbahn niemals so viele Menschen begeistern kann, hörten sich die Pessimisten jetzt anders an. Es sei großartig, was wir hier schaffen, aber man könne sich nicht vorstellen, dass über 300 Gäste am Tag kommen würden. Ich war mir sicher; wenn wir etwas 'Großartiges' schaffen, dann werden die Gäste kommen. Und zwar in Scharen.

Heute

Das MiWuLa-Inferno

Text *Karl-Heinz Kahl, Bahntechnik- und Bahnsteuerung, Miniatur Wunderland*
Bilder *Miniatur Wunderland*

Endlich war es soweit, morgen, am 16. August 2001 um 10 Uhr, sollte nach kurzer 9-monatiger, harter Arbeit der erste Bauabschnitt des Miniatur Wunderlandes eröffnet werden. Bis zuletzt hatten meine, bis dahin schon fast 40, Kollegen und ich hart an der Fertigstellung der Abschnitte Mitteldeutschland, Knuffingen und Alpenlandschaft gearbeitet. Ich hatte damals die dankbare Aufgabe, die einzelnen Züge, insgesamt ca. 150 an der Zahl, so vorbildlich wie möglich zusammenzustellen und dabei auch für entsprechende Abwechslung zu sorgen. Damit war ich natürlich auch mit den einzelnen Zuggarnituren bestens vertraut, was sich im Laufe des Vorabends der Eröffnung, also dem 15. August 2001, auch noch als ausgesprochener Glücksfall herausstellen sollte. Aber nun der Reihe nach.

Schwere Entgleisung eines Durchgangsgüterzuges.

Hier sehen Sie riesengroßen Gnampf.

Am Abend des 15. August 2001 arbeiteten noch ca. 10 Kollegen an der Anlage, um zur Eröffnung am nächsten Tag alles so perfekt wie möglich vorzubereiten. Mein Kollege Werner B. und ich legten letzten Schliff an die Programmierung und die Zugzusammenstellung für die Garnituren unserer zwei Hauptbahnen, während mein Kollege Joachim Jürs und noch ein weiterer Mitarbeiter das Gleiche für unsere drei Nebenbahnen durchführte. Gegen ca. 21 Uhr meldete Joachim dann Vollzug und sagte, dass von seiner Seite her alles bereit sei für die morgige Eröffnung. Werner und ich waren an sich auch so weit durch, wir entschlossen uns aber, noch ein bis zwei weitere Testrunden zu drehen.
Dass dieses ein sehr verhängnisvoller Entschluss war, wurde leider ca. 15 Minuten später schreckliche Realität. Bei der Verabschiedung von Joachim in seinen wohlverdienten Feierabend schaltete er natürlich auch alle elektrischen Geräte, die seine untersuchten Nebenbahnabschnitte betrafen, aus, d.h. Computer, Beleuchtung, Weichendecoder u.ä. wurden über eine einzelschaltbare Steckdosenleiste stromlos gemacht. Er, und selbstverständlich wir auch, wussten aber nicht, dass über besagte Steckdosenleiste alle Weichendecoder der gesamten Anlage abgeschaltet wurden! (Ein Umstand, der übrigens bereits am nächsten Morgen umgehend geändert wurde).

Damit waren auch die Weichen der Hauptbahnen, die Werner und ich gerade testeten, funktionslos. Nur der Computer und die Stromzufuhr der Hauptbahnen funktionierten einwandfrei! In Null-Komma-Nix hatten wir ein Desaster auf der Anlage, das nahezu unbeschreiblich war. Ich will es aber ansatzweise versuchen. Durch die Tatsache der einwandfreien Stromzufuhr für die Züge fuhren diese zwar weiter, aber nicht in die Richtung, die der Computer vorgab und die Weichen entsprechend gestellt hatte, sondern dahin, wo die stromlos gemachte Weiche zuletzt gestellt war. Somit lösten die Züge dann Kontakte aus, die an sich für andere Züge galten, die dadurch natürlich losfuhren oder anhielten, was beides nicht gerade förderlich war. Wir hörten es nur von allen Seiten scheppern, rumsen, poltern, wenn Züge von den Gleisen geschubst wurden und auf den Boden fielen. Strafverschärfend kam noch hinzu, dass die damals verwendete Software 'Softlok' zwar ein sehr

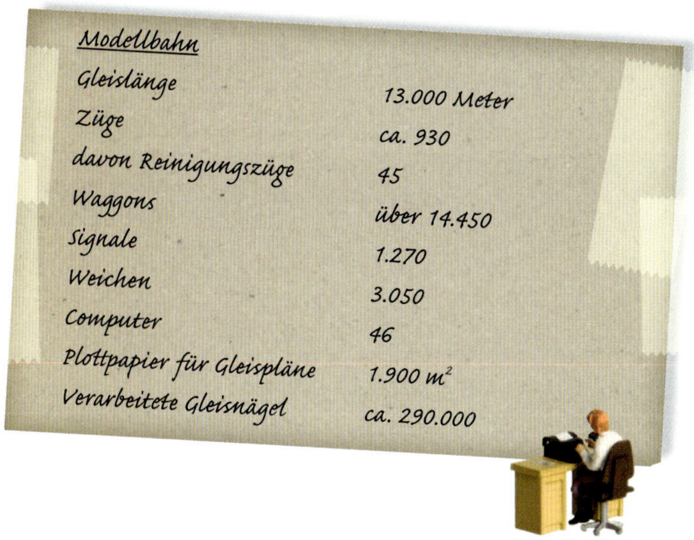

stabil laufendes Programm war, aber in Bezug auf Fehlererkennung null bzw. nur minimale Funktionen aufwies. Selbst eine Notaus-Funktion war nicht vorhanden, uns nicht bekannt und nun war es sowieso zu spät. Somit hatten wir innerhalb von ca. 5 Minuten die Apokalypse auf der Anlage. Von den 80 Hauptbahnzügen waren durch die 'Softlok'-Beschränkung (max. 38 Züge pro Abschnitt) ca. 35 aktiviert und im Einsatz. Von diesen 35 Garnituren waren bestimmt, gezählt habe ich sie nicht, ca. 30 entgleist, getrennt, umgefallen, von der Anlage gestürzt, wie eine Ziehharmonika gefaltet, kurzum nicht mehr fahrfähig. Anfangs waren Werner und ich wie gelähmt von der Tatsache, dass man kurz vor dem Ziel so ein Desaster erleben musste.

Resignation machte sich breit, da man ja auch in den Wochen davor relativ lange gearbeitet hatte. Erschwerend kam hinzu, dass wir bis dahin keine Zeit hatten, die Züge entsprechend zu beschriften. Somit wusste keiner, welchen verunglückten Zug er gerade vor sich hatte. Ich hatte die Züge zwar zusammengestellt, war aber in die Testphase erst die letzten zwei Wochen eingebunden, so dass mir die Adressierung der Züge auch noch nicht geläufig war. Glücklicherweise hatte ich in der Vorwoche meine bis dahin erstellten Zuglisten, aus der die Zugreihung mit den entsprechenden Lok- und Wagentypen hervorgingen, um die entsprechenden Lokadressen erweitert, womit uns ein verlässliches Nachschlagewerk für jeden einzelnen Zug zur Verfügung stand. Nach der anfänglichen Agonie, in der wir schon überlegt hatten, alle verunglückten Züge von der Anlage zu räumen und die Eröffnung nur mit den Paargarnituren zu fahren, hat uns dieser Umstand dann doch beflügelt, die Sache beherzt anzugehen und den Schaden zu beseitigen. Zum Glück sind Werner und ich langjährige Modellbahner. Somit fiel es uns auch nicht sehr schwer, die kaputten Lokomotiven und Waggons in Kürze zu reparieren und entsprechend neu aufzugleisen. Entgegen unseren anfänglichen Befürchtungen hatten wir aber auch dabei großes Glück. Lediglich ca. 8 Waggons und eine Lokomotive waren so stark beschädigt, dass wir Ersatzteile benötigten, die natürlich jetzt noch nicht zur Verfügung standen.

Gegen 2 Uhr morgens war das dann endlich geschafft: Alle Züge waren repariert, aufgegleist und fahrbereit. So weit, so gut. Jetzt kam die Kehrseite der Medaille. Das Programm 'Softlok' benötigte zum damaligen Zeitpunkt zur einwandfreien Funktion einen definierten Start- bzw. Endpunkt. Das war natürlich im vorliegendem Fall nicht gegeben. Daher haben wir beide, damals auch noch ohne Funkgeräte, ca. 30 Züge durch Zuruf manuell in ihre Heimatposition zurück gefahren. Einige Teamkollegen vom Modellbau haben uns dabei tatkräftig unterstützt, so dass wir ca. gegen 2.30 Uhr die Testrunde, die für 21:15 geplant war, starten konnten. Die war gegen 3 Uhr erfolgreich zu Ende. Mein Kollege Erhard B. hat mich dann freundlicherweise noch nach Trittau gefahren, um 4 Uhr war ich im Bett, zur Eröffnung mit Bürgermeister Ortwin Runde um 10 Uhr aber wieder vor Ort.

Wetten möchte ich, dass unsere Chefs bis heute nicht wissen, wie knapp sie einer Katastrophe zur Eröffnung des ersten Bauabschnitts am 16. August 2001 entgangen sind.

Die 1974 eingeweihte Köhlbrandbrücke gehört zu den bekanntesten Wahrzeichen Hamburgs. Die 3.940 Meter lange Brücke ist die zweitlängste Brücke Deutschlands. Genau wie im echten Hamburg gehört die Brücke auch im Wunderland zu den Wahrzeichen und war eine aufwendige Konstruktion. Die weit in den Himmel ragenden Pylonen überspannen einen großen Teil des Wunderländer Hafens und die darunter verlaufenden Bahnlinien.
Die nach Originalplänen gebaute Brücke, wurde in 270 Arbeitsstunden gefertigt und in 48 Stunden eingebaut. Die Brücke ist 6,66 Meter lang und die Pylonen ca. 1,40 Meter hoch. Ca. 350 Radfahrer fahren im Rahmen der Vattenfall-Cyclassics über die Brücke. Diese hat Gastons Frau noch in der Nacht vor der Eröffnung in 8,5 Stunden zusammengebaut, bemalt und auf die Brücke gesetzt. Umweltaktivisten haben dieses Ereignis genutzt, um mit großen Plakaten auf das Schicksal von Elefanten in Afrika aufmerksam zu machen.

Alles aus Holz

Interview *Gaston Burkhardt, Modellbau, Miniatur Wunderland*
Bilder *Miniatur Wunderland*

Gaston, wie bist Du zum Team des Miniatur Wunderlandes gekommen?

Meine Frau hat in der Zeitung gelesen, dass handwerklich begabte Mitarbeiter für den Bau einer Modelleisenbahnanlage gesucht werden. Mir kam das alles zuerst etwas komisch vor – Casting in einer Diskothek – ich als gelernter Intarsienschreiner unter lauter Modellbaubegeisterten? Ich wollte mit Holz arbeiten, hatte keine Lust auf Anweisungen nach Plan, und mit dem ganzen Fusselkram wollte ich eigentlich gar nichts zu tun haben.

Du bist aber trotzdem dabei geblieben und dann tatsächlich irgendwie zum Modellbau gekommen?

Ja, ich fing mit Schreinerarbeiten an – habe Unterbaukonstruktionen erarbeitet und Spanten gesägt. Irgendwann kam Kalli dann zu mir und hat mich bei dem Bau einer Stützmauer im ersten Abschnitt um Hilfe gebeten. Die kleinen Stützpfeiler von 6mm mal 4mm habe ich dann mit einer Tischkreissäge auf 45 Grad Gärung gesägt und das Ganze mit Furnier abgedeckt. Alle haben mich für verrückt erklärt, aber mit der Kreissäge konnte ich gut umgehen und so habe ich meine erste Modellbauarbeit angefertigt.

Inzwischen bist Du im Wunderland der Brückenspezialist – wie ist es dazu gekommen?

Als wir mit dem Bau des Hamburgabschnittes begonnen haben, wollte ich unbedingt, dass dort auch die Köhlbrandbrücke gebaut wird – sie ist für mich eines der Wahrzeichen Hamburgs. Ich bin auch privat ein 'Brückenliebhaber' und mag vor allem das, wofür Sie stehen – das Verbinden von Menschen, Ländern und Kulturen, und insofern war für mich klar, dass ich diese Brücke im Miniatur Wunderland gerne selber bauen möchte. Sie ist insgesamt 6,66 Meter lang, die Brückenpylonen sind 1,48 Meter hoch und ich habe 270 Stunden daran gearbeitet. Das war ein richtiges Großprojekt und nur in der Storebeltbrücke im Skandinavien-Abschnitt mit 10,35 Metern Gesamtlänge und einer Bauzeit von 435 Stunden steckt mehr Arbeit. Tja – und so bin ich zum Brückenspezialisten geworden. Ich baue aber natürlich auch Burgen, Schlösser oder Landstriche – aber Brücken am liebsten. Und meine Bauwerke sind immer alles Unikate!

Welche Materialien verwendest Du für den Brückenbau?

Ich arbeite nur mit Holz! Diesen ganzen Plastikklump kannst Du vergessen – das mag ich überhaupt nicht! Ich bin ein Holzwurm!

Bei Deinen Landschaftsarbeiten sieht man auch immer wieder ganz spezielle Szenen – lässt Du da Deiner Phantasie freien Lauf?

Ich recherchiere immer sehr genau und schaue, ob ich Besonderheiten zu dem finde, was ich bauen möchte. So z.B. die Kamele in unserem neuen Abschnitt – dem Allgäu. Da wird so mancher stehen und sagen: Der spinnt doch, der Gaston! Aber es gibt dort wirklich welche! Bei Sieg im Allgäu bietet ein Mädel Kameltrekking an, bei ihr gibt es auch Lamas und Alpakas.

Oder die Hanf- und Mohnfelder! Die Modellbaufirma Busch bietet seit neuestem solche Pflanzen an und da habe ich angefangen zu recherchieren. Und siehe da: der erste Hanf kam aus Basel über die Berge ins Allgäu! Deshalb gibt es nun im Allgäu einen Biobauernhof mit Hanffeld. Mein Allgäu ist übrigens ganz umweltbewusst – außer dem Auto des Tierarztes gibt es dort nur Fahrräder (oder mal ein Moped), und Solaranlagen sind ebenfalls zu finden.

Ich möchte den Besuchern bei ihrer Besichtigung Denkanstöße geben, ich möchte, dass sie Geschichten hinterfragen und sich ihre ganz eigenen Gedanken machen. Aber für meine liebsten Besucher, die Kleinen, denke ich mir gerne auch Geschichten aus, die sie entdecken können. So wie z.B. 'das letzte Einhorn' und 'die sieben Zwerge', die ebenfalls dort zu finden sind.

Was hat sich innerhalb der letzten zehn Jahre in Bezug auf Deine Arbeit verändert?

Wir haben heutzutage viel besseres Arbeitsmaterial! Zum einen haben wir heute natürlich andere finanzielle Mittel als noch vor 10 Jahren. Es gibt inzwischen aber auch einfach viel schöneres Arbeitsmaterial. Gerade im Bereich der Modellbauartikel hat sich eine ganze Menge getan. Ich bin gespannt, was die nächsten 10 Jahre bringen.

Eins möchte ich noch unbedingt loswerden: ich möchte alle meine Fans grüßen und mich für die vielen netten Kontakte bedanken! Und ganz besonders freue ich mich immer wieder über meine vielen kleinen Fans!

Vielen Dank für das Interview!
Das Interview führte Birte Rüsch.

Mitteldeutschland

1. Abschnitt
Eröffnung 08/2001, 120 qm
ca. 20.000 Arbeitsstunden

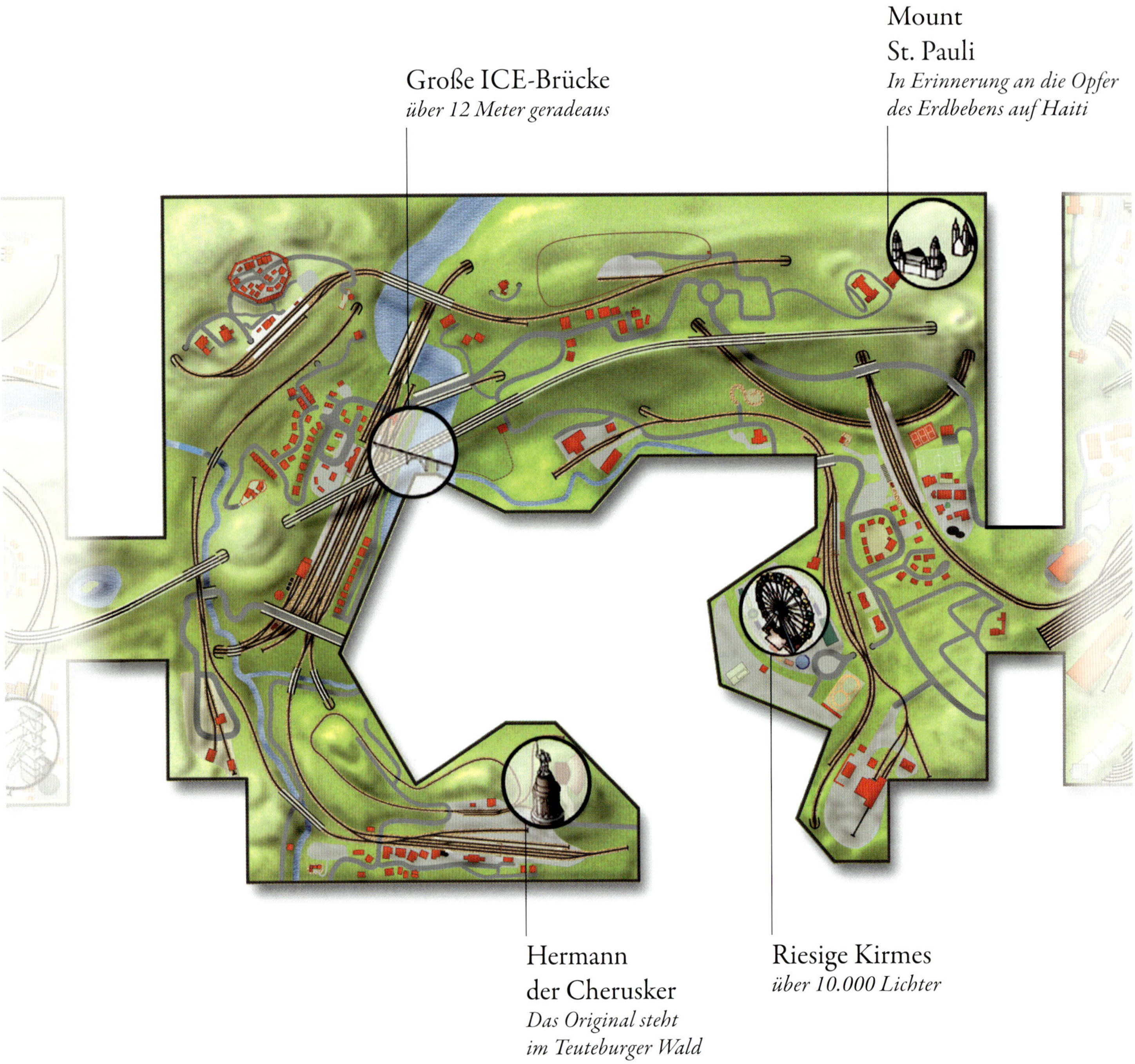

Das vertraute Paar im Sonnenblumenfeld ist eines der bekanntesten Details in diesem Abschnitt.

Gemütliche Gesellschaft beim Zelten rund ums Lagerfeuer.

Auf einem Acker überprüft ein Landwirt die Reife seiner Kohl- und Salatköpfe.

Mitteldeutschland

Mitteldeutschland gehört zu den ältesten Landstrichen im Miniatur Wunderland. In der ersten Bauphase wurde Mitteldeutschland gemeinsam mit den Abschnitten Österreich und Knuffingen gebaut und ist zu einem wichtigen Teil der heutigen Modellbaurenaissance geworden. Die vielen Geschichten und Details, die sich in diesem Abschnitt verbergen, waren genauso wegweisend wie das Lichtermeer der Kirmes im Ostharz und die Aktionsknöpfe.

So wird auf einer Freilichtbühne (unter dem Arminius-Denkmal) in Mitteldeutschland dem Wunderländer Bürger Unterhaltung geboten. Der schmachtende Romeo ist beim Tanz unter Julias Balkon zu beobachten. Andere Wunderländer Jugendliche interpretieren Shakespears Liebesgeschichte moderner im Sonnenblumenfeld. Mitteldeutschland beheimatet aber auch eine endlos wirkende ICE-Hochgeschwindigkeitstrasse und rund 130 Züge.

Bei diesem Abschnitt konnten die Modellbauer nicht auf Erfahrungswerte zurückgreifen.

1. Bauabschnitt: Mitteldeutschland

Bauphase	9 Monate (12/2000 - 08/2001)
Modellfläche	120 qm
Arbeitsstunden	ca. 20.000
Gleislänge	1.400 Meter
Züge	130
Waggons	1.400
Signale	80
Weichen	120
Computer	4
Lichter (LED)	ca. 26.000
Häuser und Brücken	205
Figuren	13.500
Autos	420
Bäume	26.000

Das Kloster zum gleichnamigen Berg. Er ist 2010 zu Gunsten der Erdbebenopfer auf Haiti versteigert worden und trägt den Namen 'Mount St. Pauli'.

Jupiter

Das größte Wunderländer Volksfest findet in Mitteldeutschland statt.

Es gibt viele bewegte Attraktionen. Ca. 10.000 LEDs sorgen für eine spektakuläre Beleuchtung.

Die Bewohner in Mitteldeutschland gelten allgemein als fröhliche und feierfreudige Menschen. So ist es nicht verwunderlich, dass das größte Wunderländer Volksfest hier stattfindet. An 365 Tagen im Jahr wird sich hier in den Fahrgeschäften der Kirmes amüsiert. Besonders beliebt sind das Riesenrad, der Freefalltower und die 'Wilde Maus'.

Auf der Freilichtbühne wird 'Romeo & Julia' aufgeführt. Es ist eine der beliebtesten Knopfdruckaktionen im Wunderland.

Fast alle nachgebildeten Fahrgeschäfte sind funktionstüchtig, fünf der Kirmes-Attraktionen lassen sich sogar per Knopfdruck vom Besucher starten. Jedes einzelne Fahrgeschäft stellte eine große technische Herausforderung dar, da die marktüblichen Komponenten nicht für den Dauerbetrieb entwickelt wurden. Die Wunderländer Fahrgeschäfte sind aus diesem Grund mit speziellen Motoren, Kugellagern und eigens entwickelten Metallgetrieben gebaut. Neben den Fahrgeschäften beeindruckt das bunte Lichtermeer der Kirmes. Allein im Riesenrad wurden 4.811 LEDs verkabelt, insgesamt sind im Bereich der Kirmes ca. 10.000 LEDs verbaut, die alle einzeln angesteuert werden können.

Rollende Züge sind seit langem eine Selbstverständlichkeit in der Modellbahnbranche. Im Miniatur Wunderland zählen aber auch fahrende, bremsende und blinkende Autos sowie das Meer kreuzende Schiffe zur Sensation unter Laien und Fachleuten. Sogar das Laufen haben einige Figuren gelernt und die Feinmechanikerschmiede des Wunderlandes zaubert immer wieder Neues aus dem Hut. Auf engstem Raum vollführen oftmals komplizierte Konstrukte aus Hebeln, Zahnrädern, Seilzügen und kleinsten Motoren harmonische Bewegungen der Männlein und Fräulein an der Oberfläche.

Die Freilichtbühne ist ein kulturelles Muss für jeden Wunderländer. Nachdem sich der Begrüßungsapplaus gelegt hat, vernimmt man das Stimmen der Instrumente im Orchestergraben. Kurz danach öffnet sich dann unter Flutlichtbeleuchtung der Vorhang. Auf leichten Füßen tänzelnd, um sich selber drehend erscheint auf den Brettern, die die Welt bedeuten, Romeo. Mit lieblichem Gesang lockt er seine angebetete Julia aus ihrem Gemach. Ohne zu zögern eilt sie auf den Balkon, doch – oh Schmach – der verträumte Liebhaber hat die Leiter vergessen. So bleibt ihm nur der sehnsuchtsvolle Blick nach oben, und der Weg führt ihn wieder hinfort in die Einsamkeit. Noch lange hallt der Applaus der Opernfreunde durch die Felskulisse, bis sich der Vorhang endgültig schließt und die Gäste ergriffen nach Hause gehen.

Auf der ICE Hochgeschwindigkeitstrasse durch Mitteldeutschland herrscht reger Betrieb. Sie führt über eine der längsten Brücken im Wunderland.

Ein absolutes Highlight aus modellbahnerischer Perspektive stellt die ICE-Hochgeschwindigkeitstrasse in Mitteldeutschland dar. Sie verläuft quer durch den Anlagenabschnitt. Die ICEs im Maßstab 1:87 erreichen auf dieser Trasse hochgerechnet Spitzengeschwindigkeiten von rund 280 km/h.

Genau wie das reale Hermannsdenkmal im Teutoburger Wald, steht auch das Wunderländer Hermannsdenkmal, historisch gesehen, nicht am richtigen Platz. Wissenschaftler gehen mittlerweile davon aus, dass die Varusschlacht gar nicht im Teutoburger Wald, sondern am Kalkrieser Berg bei Bramsche in Niedersachsen stattgefunden hat. Im Wunderland sind wir dem Bundesland treu geblieben und haben das Arminiusdenkmal im Niedersächsischen Westharz errichtet.

Das Denkmal wurde in mühsamer Handarbeit in luftiger Höhe über der Freilichtbühne erbaut. Die Schwertspitze sticht in rund 69,6 Wunderländer Metern in den Himmel hinein. Insgesamt hat der Nachbau 160 Arbeitsstunden gedauert.

Das Denkmal zu Ehren von Arminius, dem Cherusker, steht 80 cm über der Freilichtbühne.

Das namensgebende Kloster thront über dem Ort Bad Klosterberg.

2001

Der Bungeejumper steht auf einem Telekran und stürzt sich auf Knopfdruck tollkühn in die Tiefe.

Eine Kuhherde blockiert die enge Straße.

Eine Straßenbaustelle in der Nähe des Bahnhofs Schwarzburg.

Im Sägewerk wird emsig gearbeitet und das Holz für das Verladen auf die

Bahn vorbereitet. Rechts daneben warten eine 628 Doppeltraktion und ein Doppelstockwendezug auf Fahrgäste nach Rotenbach und Bad Schwarzburg.

In schwindelnder Höhe über einem großen Rockkonzert in Mitteldeutschland steht ein mutiger Wunderländer auf einem Telekran. Als Besucher des Rockkonzertes hat er den Hauptpreis der großen Rock'n'Win Tombola gewonnen. Angespannt wartet er darauf, dass einer der großen Gäste auf den Druckknopf an der Anlagenkante drückt und den Bungee-Sprung frei gibt. Auch wenn er es nicht zugeben will und es keinen rationalen Grund dafür gibt – in seinen Augen kann man erkennen, dass er ein wenig Angst vor dem Sprung hat. Doch diese Angst ist völlig unbegründet. Die Techniker des Miniatur Wunderlandes haben lange an der Mechanik hinter diesem Sprung gefeilt und sie für den Dauerbetrieb perfektioniert.

Die ICE-Neubaustrecke führt elegant über bergige Landschaften hinweg. Bei Tee im Speisewagen kann kurz dem munteren Treiben auf der Minigolf-Anlage zugeschaut werden.

Minigolf: Eine der (fast) schönsten Freizeitbeschäftigungen.

In der letzten Zeit haben sich die Berichte von Besuchern gemehrt, die ein unbekanntes Flugobjekt über dem Harz gesichtet haben. Über einem belebten Sonnenblumenfeld soll in regelmäßigen Abständen ein von Außerirdischen gesteuertes UFO schweben. Das Team des Miniatur Wunderlandes ist dieser Erscheinung nachgegangen. Fotografen des Wunderlandes gelang es, dieses sogar zu dokumentieren. Mittlerweile wurde von offizieller Stelle bestätigt, dass es sich um ein unbekanntes Flugobjekt handelt. An dieser Stelle möchten wir Ihnen das erste von höchster Stelle auf Authentizität überprüfte Bild eines UFOs zeigen. Damit ist wohl bewiesen, dass E.T. und Co nicht nur Produkte von Science-Fiction Autoren sind.

Über einem Sonnenblumenfeld im Wunderländer Harz soll regelmäßig ein UFO auftauchen – heißt es.

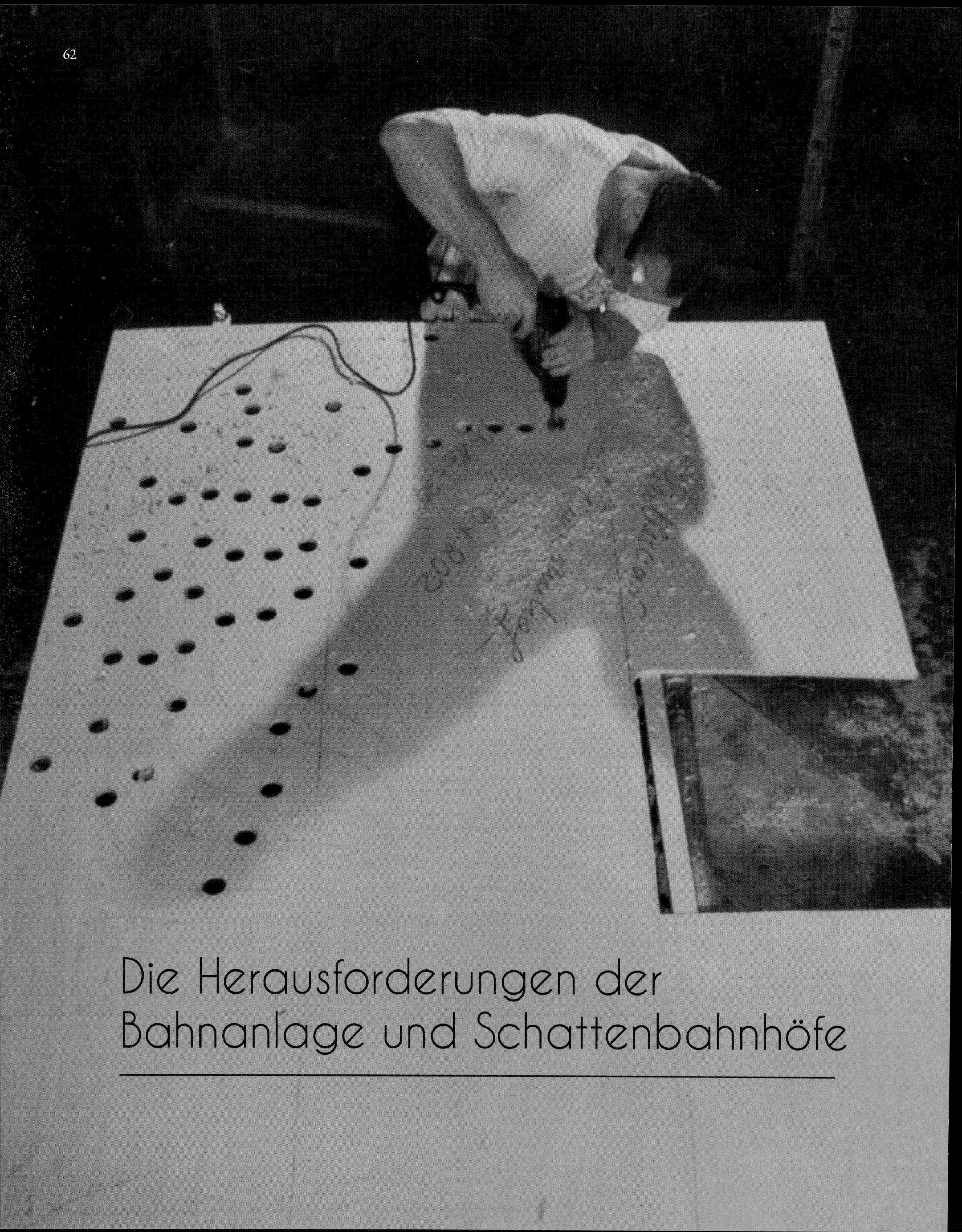

Die Herausforderungen der Bahnanlage und Schattenbahnhöfe

– oder über die Blauäugigkeit, die größte Modelleisenbahn der Welt bauen zu wollen

Text *Joachim Jürs, Technischer Leiter, Miniatur Wunderland*
Bilder *Miniatur Wunderland*

Derjenige, der glaubt, dass man einfach alles mit einem Faktor X mal nimmt, um Dinge überproportional zu bauen, wird bei einer Modelleisenbahn wie dem Miniatur Wunderland schnell eines besseren belehrt. Man kann nicht einfach in einen Laden gehen und sagen: „Packt mir alles ein, ich baue die größte Modelleisenbahn der Welt." Diese Anlage ist so groß, dass man so etwas wie Logistik einführen muss, um sie zu beherrschen. Logistik ist dem 'gemeinen Modellbauer' in seinem Bastelkeller meist völlig fremd. Das ist dort aber auch nicht wichtig, man kennt seine kleine, feine Anlage in- und auswendig, schließlich hat man ja alles selber gemacht!

Anders im Miniatur Wunderland: Schnell wurde klar, dass hier alles anders gemacht werden muss als im Modellbahnkeller. Die Unmengen an Weichendekodern, Schaltdekodern, Rückmeldemodulen usw. brauchen Einbauorte unter der Anlage. Und zwar nicht irgendwelche, sondern logische und technisch sinnvolle Einbauorte. Außerdem musste das Ganze in irgendeiner Form so dokumentiert sein, dass jederzeit ein schnelles Nachvollziehen der Arbeit und Reparieren möglich wäre. Zuhause guckt man, warum etwas nicht geht – vielleicht noch kurz das Kabel verfolgt und den Fehler gefunden. Ein Kabel im Wunderland zu verfolgen, kann ein abendfüllendes Programm werden. Also mussten Normen her: Wie wird verdrahtet, wie umfangreich wird dokumentiert, auf welche Farbcodes einigt man sich; einfach technisch sinnvolle Regeln. Es wurden Kabelwege geplant, damit sich die vielen verschiedenen Leitungen nicht gegenseitig stören. Es wurden Stromeinspeisepunkte für die Gleise festgelegt, um die Betriebssicherheit zu gewährleisten. Ähnlich wie bei einem Energieversorgungsunternehmen musste man sich Gedanken machen über Verluste in den Leitungen. Außerdem wurde das gekaufte Material auf Herz und Nieren geprüft. Vieles davon ist für den privaten Gebrauch zwar gut, für unsere Zwecke aber einfach nicht geeignet oder der Größe der Anlage nicht gewachsen. So wird mittlerweile fast jedes Kaufteil vor dem Einbau modifiziert. All das ist dem Hobbymodellbahner zu Recht völlig fremd. Wozu soll er es auch tun? Privat erfüllt das meiste seinen Zweck.

Die Dimension dieser Anlage setzte einfach andere Maßstäbe, ein gutes Beispiel hierfür ist die Erreichbarkeit jedes Anlagenteiles: Zuhause kein Thema, man langt kurz mit gestrecktem Arm in die Platte – im Wunderland dagegen gibt es bis zu 18-gleisige Schattenbahnhöfe, für die selbst der längste Arm zu kurz ist. Teile unter den Alpen in der Schweiz werden nur noch über hohe Leitern erreicht, und in unserem Skandinavienabschnitt hat sich schon fast jeder Bahnfahrer nasse Hosen geholt, um einen entgleisten Zug wieder auf die Schienen zu stellen. Aber wir haben viel gelernt! Immer wieder fließen Anregungen und Verbesserungsvorschläge vom Team in den Bau der Anlage mit ein. Jeder Bauabschnitt ist eine neue Herausforderung, in dem auch die Erfahrungen der vorherigen Abschnitte zum Vorschein kommen.

Neue Bauabschnitte; ursprünglich gab es diese Planungen eigentlich nicht, aber plötzlich waren sie da. Mit der Zeit mussten dadurch immer wieder Kapriolen gedreht werden, um einen weiteren Bauabschnitt irgendwie logisch an die bestehende Anlage anzubinden. Aus diesem Grund entstand zum Beispiel der 'Eurotunnel' vom Hamburg-Abschnitt in den USA-Abschnitt. Topografisch war er auf jeden Fall eine Meisterleistung. Oder es wurde ein Loch in die Wand zwischen den Abschnitten 'Österreich' und 'Schweiz' gestemmt, um mal eben einen 1,5 Meter breiten und 8 Meter langen Schattenbahnhof hinein zu hieven. Von der sich noch in Bau befindlichen Schweiz musste er durch die Wand unter die bestehende und natürlich fahrende Anlage auf der anderen Seite geschoben werden, das ganze in 3 Meter Höhe.

Hinzu kommt die Erkenntnis: andere Länder andere Sitten. Dies gilt auch für Modelleisenbahnen, die nun mal an das große Vorbild angelehnt sind. Dort gibt es andere Signalregeln, andere Streckenverläufe, völlig andere Fahrzeuge, man fährt auf der linken Seite, man fährt extrem lange Züge, die Gleise sind schmaler, und so weiter und so weiter und so weiter. Hat man die erste Blauäugigkeit der Bauphase überstanden, rennt man förmlich in die nächste: Wer glaubt, so eine Anlage wird morgens eingeschaltet, dann macht sie ihren Job und abends schaltet man das Ganze wieder ab, der irrt!

Machen wir uns nichts vor, wir verlangen hier 'Kinderspielzeug' eine Siebzig-Stunden-Woche ab, da sind die Probleme vorprogrammiert. Angefangen mit immer neuen Technologien, die verbaut werden und erst ihren Kinderschuhen entwachsen müssen, über das Bereitstellen aller gängigen Ersatzteile bis hin zum Know-how-Übertrag auf die Mannschaft (denn irgendjemand muss das alles ja auch überwachen, was die 'paar' Computer da so veranstalten) ist das Bauen, Erweitern und Betreiben einer derartig großen Modelleisenbahn jeden Tag aufs Neue eine ganz besondere und riesige Herausforderung.

Bunter Kabelsalat

Text *Lars Rösenberg, Elektroniker, Schreiberling, Film, Miniatur Wunderland*
Bilder *Miniatur Wunderland*

Der Europäer ist ein Meister der Normen, Regeln und Gesetze. Vor nichts macht er hiermit Halt. So gehören sie auch zum Bau einer Modelleisenbahn dazu, denn wir Konstrukteure versuchen nichts anderes, als ein möglichst originalgetreues Abbild der Wirklichkeit zu erschaffen. Aber auch bei uns unterliegen wir manchmal der Macht des (Miniatur)-Größenwahnsinns, der sich im ständigen Erweitern der Anlage widerspiegelt. Und eine der Normen europäischer Modelleisenbahnen (NEM) mussten wir in diesem Zusammenhang für unseren Gebrauch leider ein bisschen umgestalten, beziehungsweise massiv erweitern: die Kennfarben der elektronischen Leitungen.
Jetzt zeigen wir erstmalig unsere, teils sehr unterschiedlichen, Vergaben von Kabelfarben. Der Bereich 'sonstige Leitungen = restlicher Farbvorrat' der NEM ließ uns schmunzeln, sehen doch diese Tabellen im Wunderland ungefähr so aus (Tendenz steigend):

Leitungsart	**Kennfarbe**
(Tabelle der Kennfarben für Leitungen mit verschiedener Funktion, laut NEM 605)	
Stromversorgungsleitungen	
Gemeinsamer Rückleiter, Masseleiter, GND	schwarz/blank
Gleichstromversorgungsleitung positiv	rot
Gleichstromversorgungsleitung negativ	blau
Wechselstromversorgungsleitung	grau
Stellsignalleitungen	
Fahrstromversorgungsleitung positiv	weiss
Fahrstromversorgungsleitung negativ	gelb
Stellsignalleitungen für Weichen, Bahnsignale, sonstiges Zubehör	grün
Melde- und Rückmeldeleitungen	
allgemeine Kennfarbe	braun/orange
sonstige Leitungen	**restlicher Farbvorrat**

Leitungsart		**Kennfarbe**
(Tabelle der Kennfarben für Leitungen mit verschiedener Funktion, laut MiWuLa)		
Stromversorgungsleitungen Bahn		
Gemeinsamer Rückleiter, Masseleiter, GND		schwarz
Gleichstromversorgungsleitung positiv		rot
Gleichstromversorgungsleitung negativ		schwarz
Dekoderleitungen pro Bauabschnitt und Bahn		
BA 1+2 +3 - Harz, Knuffingen und Österreich		
Hauptbahn 1	Dekoderstrom	gelb - grau
	Dekoderdaten	rot - schwarz
Nebenbahn 1+2	Dekoderstrom	gelb - schwarz
	Dekoderdaten	blau - schwarz
Hauptbahn 0	Dekoderstrom	gelb - grau
	Dekoderdaten	rot - schwarz
Nebenbahn 3	Dekoderstrom	gelb - schwarz
	Dekoderdaten	blau - schwarz
BA4 - Hamburg		
Hauptbahn 2	Dekoderstrom	gelb - grau
	Dekoderdaten	rot - schwarz
Hauptbahn 3	Dekoderstrom	gelb - weiss
	Dekoderdaten	orange - schwarz
Hauptbahn 4	Dekoderstrom	gelb - rot
	Dekoderdaten	grau - schwarz
Nebenbahn 4	Dekoderstrom	gelb - schwarz
	Dekoderdaten	blau - schwarz

Leitungsart — Kennfarbe
(Tabelle der Kennfarben für Leitungen mit verschiedener Funktion, laut MiWuLa)

Zweileiter (S-Bahn, U-Bahn, Straßenbahn, Hafenbahn)		
S-Bahn	Dekoderstrom	gelb - orange
	Dekoderdaten	weiss - schwarz
U-Bahn	Dekoderstrom	gelb - grün
	Dekoderdaten	braun - schwarz
Straßenbahn	Dekoderstrom	gelb - rosa
	Dekoderdaten	grün - schwarz
Hafenbahn	Dekoderstrom	gelb - violett
	Dekoderdaten	violett - schwarz
BA5 - USA		
USA 1	Dekoderstrom	gelb - blau
	Dekoderdaten	rosa - schwarz
USA 2	Dekoderstrom	gelb - violett
	Dekoderdaten	violett - schwarz
Hauptbahn 4 (siehe Hamburg)		
BA6 - Skandinavien		
Hauptbahn 5	Dekoderstrom	gelb - blau/weiss
	Dekoderdaten	blau/weiss - schwarz
Hauptbahn 6	Dekoderstrom	gelb - violett/weiss
	Dekoderdaten	violett/weiss - schwarz
Nebenbahn 5	Dekoderstrom	gelb - braun/weiss
	Dekoderdaten	braun/weiss - schwarz
BA7 - Schweiz		
Hauptbahn 7	Dekoderstrom	gelb - grün/weiss
	Dekoderdaten	grün/weiss - schwarz
Hauptbahn 8	Dekoderstrom	gelb - gelb/weiss
	Dekoderdaten	gelb/weiss - schwarz
Schmalspur	Dekoderstrom	gelb - orange/weiss
	Dekoderdaten	orange/weiss - schwarz
Nebenbahn 6	Dekoderstrom	gelb - rot/weiss
	Dekoderdaten	rot/weiss - schwarz
BA8 - Flughafen		
Hauptbahn 9	Dekoderstrom	gelb - schwarz/weiss
	Dekoderdaten	schwarz/weiss - schwarz
Stellsignalleitungen (bis zu achtadrig)		
Fahrstromversorgungsleitung positiv		braun
Fahrstromversorgungsleitung negativ, je Beschaltung und Menge der Signalbilder (bis zu 7 begriffig)		
	Fahrt / LED gn	grün
	Halt / LED rt	rot
	langsamFahrt/ LED ge	gelb
	Rangierfahrt/ LEDs ws	weiss
	restliche Signalbeschaltung	grau
		rosa
		blau

Leitungsart — Kennfarbe
Tabelle der Kennfarben für Leitungen mit verschiedener Funktion, laut MiWuLa

Weichenstellleitungen		
Dreileitergleis		
(z.B. Märklin)	Stellung (links)	grün
	gemeinsame	gelb - braun
	Stellung (rechts)	weiss
Zweileitergleis		
(z.B. Roco, Peco)	Stellung (links)	grün - weiss
	Stellung (rechts)	gelb - braun
Herzstück Umschaltung für Zweileiter-Weichen		grün
Melde- und Rückmeldeleitungen		
Belegtmeldeleitungen (Phase, Masse)		rot, schwarz
Rückmeldeleitungen		grau
Highspeedinterface (HSI S88)		
Datenbus für Melde- und Rückmeldemodule	Daten rein/raus	weiss
	Masse GND	braun
	Takt	grün
	Parallel/Seriell	gelb
	Rücksetzen	grau
	Versorgung +5V	rosa

Dies ist jedoch auch nur die halbe Wahrheit, denn die zwei Seiten für weitere Kabelfarben bei Anlagenbeleuchtung und Carsystem unterschlagen wir in dieser Auflistung aus Platzgründen komplett. Sie sehen, wir ziehen durchaus bis zu achtadrige Kabel zu den Bahnsignalen, um dort sieben verschiedene Signalbilder darstellen zu können. Vielleicht denkt jetzt der ein oder andere, dass Signalbilder Dinge sind, die die wenigsten Besucher wirklich interessieren. Aber Vorsicht, es gibt nun mal auch die alten Eisenbahner, die ganz genau hinsehen und uns mit Verachtung und Spott strafen, wenn gerade diese Dinge nicht umgesetzt werden. Glücklicherweise kann sich niemand über unsere, nicht der Norm entsprechenden, Leitungsfarben beschweren. 'Auf' der Anlage bekommt sie schließlich kein Zuschauer zu Gesicht – die Kabel befinden sich darunter.

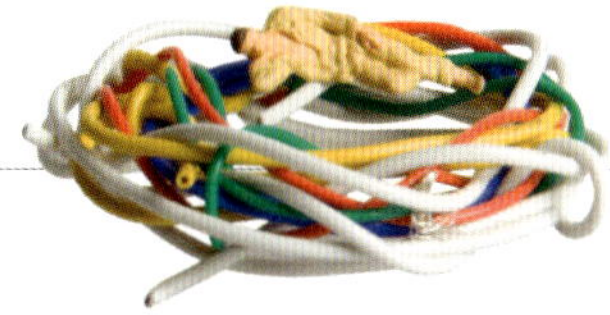

Knuffingen

2. Abschnitt
Eröffnung 08/2001, 120 qm
ca. 28.000 Arbeitsstunden

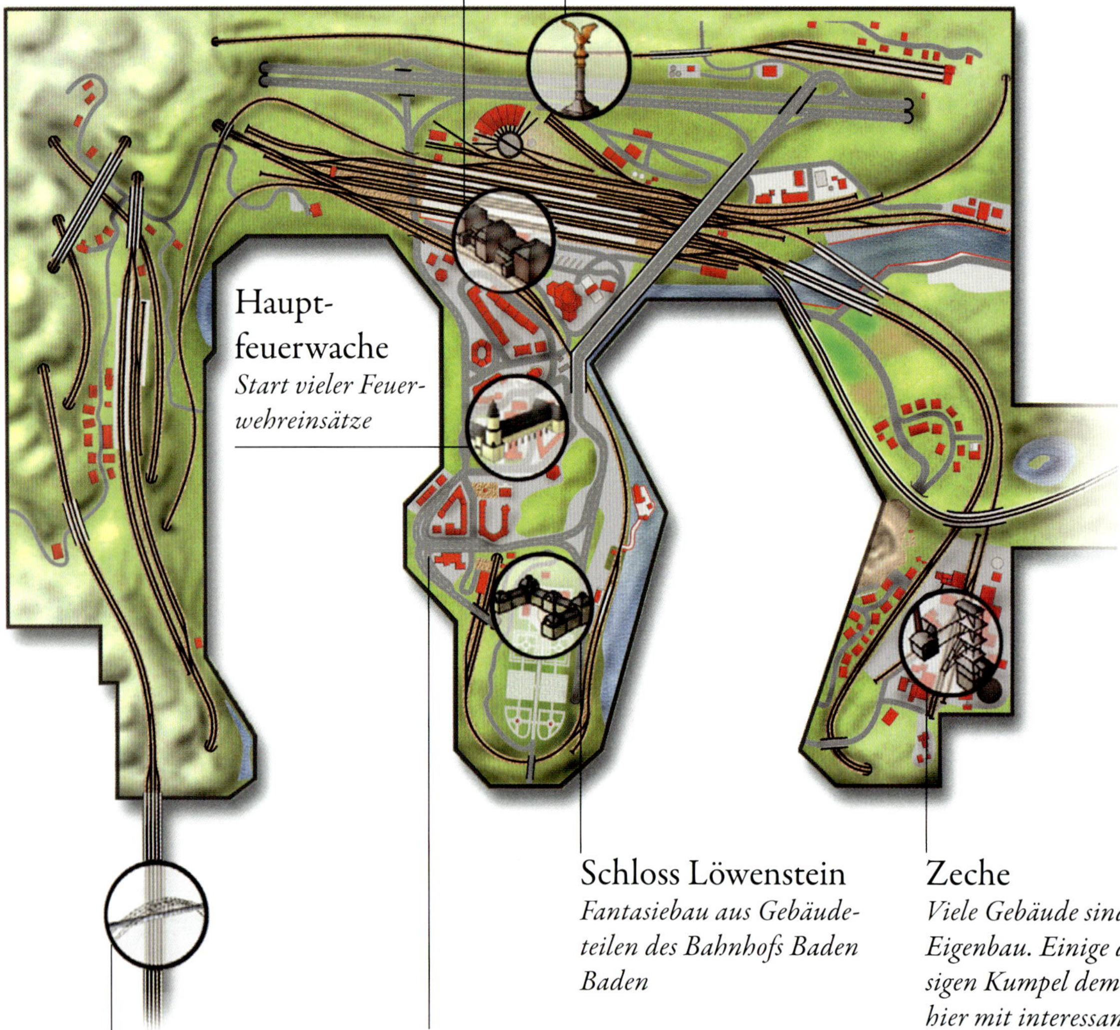

Eine archäologische Ausgrabung sorgt für große Aufregung in Knuffingen.

Am Blumenstand gibt es eine bunte Auswahl.

Das Kürbisfeld leuchtet herbstlich schön.

Knuffingen

Neben den Abschnitten Österreich und Mitteldeutschland gehört Knuffingen zu den ältesten Abschnitten im Miniatur Wunderland. Die ca. 6.000 Einwohner zählende Stadt, idyllisch zwischen Mitteldeutschland und Alpen gelegen, gehört zu den größten Städten im Miniatur Wunderland. Knuffingen gilt über die Grenzen des Wunderlandes hinaus als Innovationshochburg und genießt, wie manch andere süddeutsche Stadt, weltweiten Ruhm in der Autoindustrie.

Das wegweisende Carsystem im Miniatur Wunderland wurde zuerst in Knuffingen installiert und ist mit knapp 90 fahrenden Autos immer noch das größte im ganzen Wunderland. Die Polizei in Knuffingen ist bestens ausgerüstet. Hochmoderne Radaranlagen überführen regelmäßig Raser.

Am stärksten ausgelastet ist jedoch die Feuerwehr. Das zentrale Computersystem der Stadt Knuffingen ist seit Jahren vom Feuerteufel befallen und so brennt es im 15 Minutentakt an verschiedenen Stellen im Stadtgebiet. Zum Leid der Feuerwehr und zur Freude der Besucher konnten wir den Feuerteufel bisher nicht 'dingfest' machen. So wird auch zukünftig das Martinshorn eines der charakteristischsten Geräusche in Knuffingen bleiben. Erwähnenswert ist auch die Partnerschaft zwischen dem Hamburger und dem Knuffinger THW, die in vielerlei Hinsicht eng zusammenarbeiten.

Ein Wendezug mit einer Diesellok der Baureihe 280 fährt durch die Schlucht bei Knuffingen.

Blick durch die Straßen von Knuffingen mit der Kirche im Hintergrund.

2. Bauabschnitt: Knuffingen

Bauphase	9 Monate (12/2000 - 08/2001)
Modellfläche	120 qm
Arbeitsstunden	ca. 28.000
Gleislänge	1.000 Meter
Züge	60
Waggons	600
Signale	120
Weichen	250
Computer	4
Lichter (LED)	ca. 30.000
Häuser und Brücken	500
Figuren	10.000
Autos	400
Bäume	16.000
fahrende Autos	ca. 90

In Knuffingen kommt im Durchschnitt ein Feuerwehrauto auf 300 Einwohner.

Garten - Center
Damen-Coiffeur
ROSSMANN
ROSSMANN
Otto Wulff
112 FEUER

Mitten auf dem Marktplatz steht der große Uhrenturm.

Auf Knopfdruck kann der Zuschauer hier die Lorenseilbahn in Betrieb setzen.

In Knuffingen gibt es zwei Radarfallen. Bei einer werden die Fahrzeuge erst geblitzt und dann auch raus gewunken, bei der zweiten bekommen die Fahrzeughalter das Ticket 'nur' per Post. In beiden Fällen wird hier die Geschwindigkeit wirklich gemessen und in Echtzeit umgerechnet. Neben den beiden Autobahnmaut-Anlagen sind die Radarfallen wichtige Einnahmeträger der Stadt Knuffingen. Eine weitere Geschwindigkeitsanzeige ist mittlerweile installiert. Dort wird dem Fahrer die exakte Geschwindigkeit auf einem Display präsentiert.

Eine Entwicklung, die das Miniatur Wunderland nicht gut heißen kann, aber trotzdem nicht ganz unerwähnt bleiben soll, findet in einiger Entfernung von der Feuerwache statt. Einige Damen, die offensichtlich im horizontalen Gewerbe tätig sind, haben sich dort in ihren Wohnwagen niedergelassen und kümmern sich mit großem Engagement um die Bedürfnisse der alleingelassenen Knuffinger Männer. Dass dieses Gewerbe nicht von jedem großen und kleinen Zuschauer akzeptiert wird, haben die Knuffinger Kunden – die nicht viel von Diskretion gehalten haben – wiederholt schmerzlich zu spüren bekommen. Mehrfach wurden sie von großen und kleinen Schaulustigen entführt. In der Vergangenheit konnten zwar diverse vom Knuffinger SEK erfolgreich befreit werden, jüngst jedoch gab es wieder einen Vermissten und bisher ohne jegliche Art von Spuren. In diesem Zusammenhang verweisen wir auf eine Fahndung der SoKo Knuffingen, die nach Augenzeugen des Tatherganges sucht.

Auch bei den beiden Mönchen macht die Knuffinger Polizei keine Ausnahme: Wer zu schnell fährt, wird zur Kasse gebeten.

Das Tanzkaffee in Knuffingen ist stimmungsvoller Ort feierlustiger Besucher.

Der Wurststand in Knuffingen – auch ein Platz größter Beliebtheit.

Fleißige Arbeiter bei einer Fassadenrenovierung.

Im prächtig angelegten Schlosspark sind eine Menge Gärtner damit beschäftigt, dass alles wächst und gedeiht.

Oldtimer-Liebhaber nutzen das Schloss als Rastplatz: Welch feudaler Anblick.

Knuffinger Heckenlabyrinth: Gerüchteweise soll hier schon der ein oder andere verloren gegangen sein.

Brand des Knuffinger Schlosses	ca. 626.115 Mal
Gerüttelte Hübe des Baustellen-Rüttlers in Knuffingen (hoch/runter)	243.612.833
Ampelphasen der Knuffinger Ampel	2.870.000

Ein F-Zug mit einer Diesellok der Baureihe 221 hat sich wegen einer Umleitung nach Hartenstein verirrt.

Hartenstein
Hartenstein

DMS
DB
216 059-6
Hartenstein

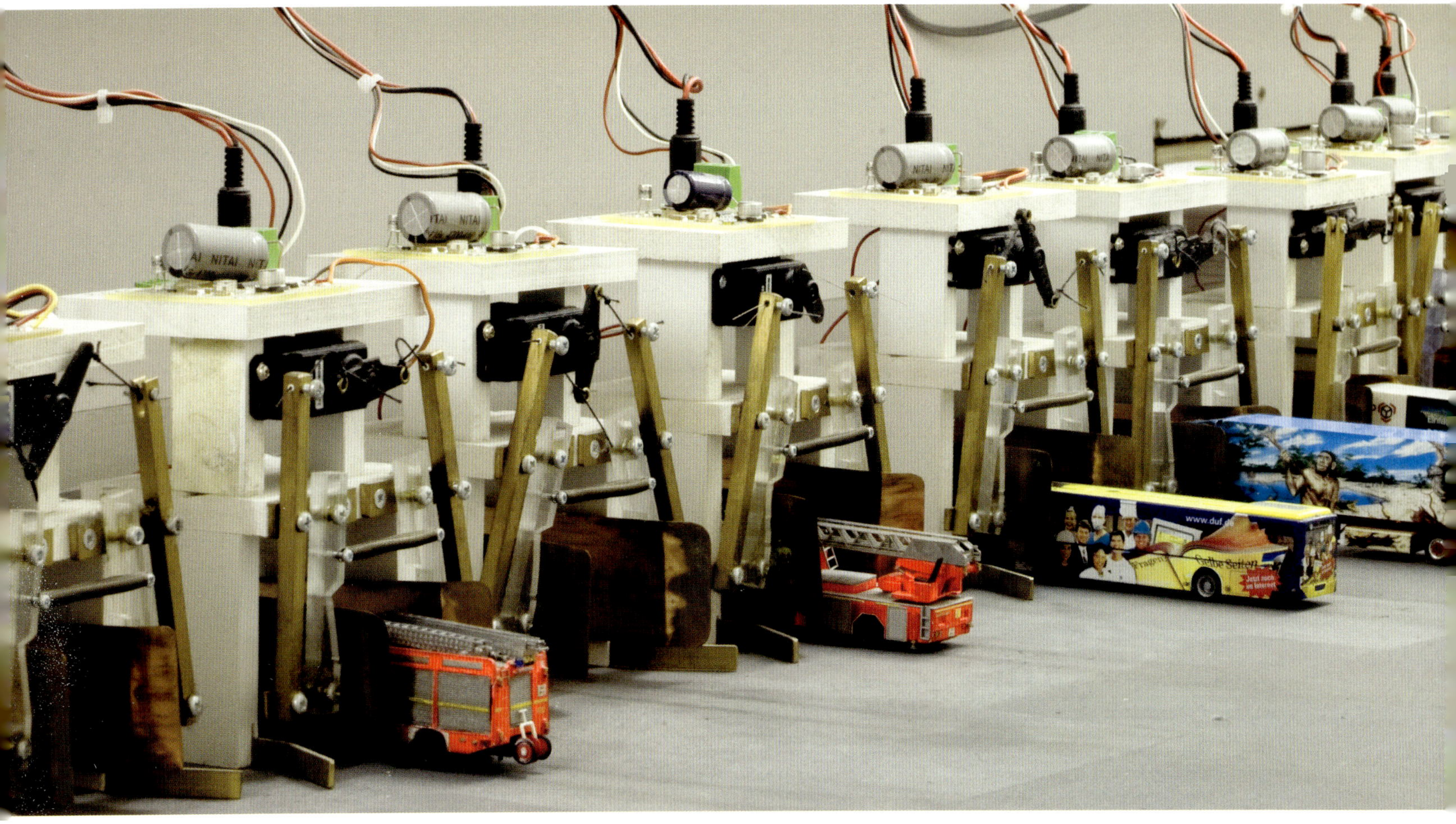

Das Carsystem

Text *Gerrit Braun, Mitbegründer des Miniatur Wunderlandes*
Bilder *Miniatur Wunderland*

Mein Hauptaugenmerk habe ich von Beginn an auf das Carsystem gelegt, welches ich im November 2000 bei dem Besuch einer Messe am Stand der Firma Faller das erste Mal gesehen habe. Dieses System basiert auf einer einfachen, aber sehr beeindruckenden Technik: Die Autos werden über einen kleinen Magneten geführt, der seine Spur durch die in die Fahrbahn eingelassenen Metalldrähte findet. Die Magnete sind an den lenkbaren Vorderachsen der Fahrzeuge angebracht. Sowohl ein Akku zur Stromversorgung, als auch Motor und Getriebe finden sich in den Modellen.

Da man aufgrund der Größe der Fahrzeuge nur einen sehr begrenzten Platz zur Verfügung hat, war es eine große Herausforderung, diese gesamte Technik in den Fahrzeugen unterzubringen. Aus diesem Grund gab es zuerst auch nur relativ große LKW- und Busmodelle, inzwischen findet man jedoch auch für die Baugrößen TT (Maßstab 1:120) und N (Maßstab 1:160) Carsysteme. Der Wunsch, auch im Wunderland ein Carsystem zu haben, war mit dem ersten Kennenlernen desselben geboren. Hierfür wollte ich das System von Faller umfassend weiterentwickeln und mit einer Computersteuerung ergänzen. Allerdings sollten bei uns bis zu 100 Autos mit einer Vielzahl von Nebenfunktionen fahren und aus diesem Grund machte ich mich direkt an die Arbeit, eine Software zu programmieren, die dazu in der Lage war.

Was anfangs jedoch nur als eine kleine Ergänzung gedacht war, entpuppte sich bis zur Eröffnung des Wunderlandes als ein 2.500 Stunden Projekt. Von August 2001 bis heute (Stand 2011) verschlang die Weiterentwicklung mindestens noch mal 5.000 Stunden und der Fahrzeugbau (anfangs sehr unterschätzt) zusätzliche 3.000 Stunden.

Als ich mit der Programmierung der Feuerwehrautos begann, wurde mir nämlich klar, dass diese nicht ohne Blaulicht und Sirene fahren dürften. Das Gespräch mit unseren Elektronikern zeigte, dass hierzu eine Platine eingesetzt werden musste, die ein Blaulicht generieren würde. Aber auch hier gab es noch Feinheiten zu berücksichtigen: auf der Rückkehr vom Einsatz zur Feuerwehrwache durften Blaulicht und Sirene natürlich nicht weiterhin angeschaltet bleiben!

Nach einigen Tagen des Tüftelns und der Umprogrammierung hatte ich es dann geschafft und stellte fest, dass sich plötz-

lich eine Flut von neuen Funktionsmöglichkeiten bot. Nun war es plötzlich möglich, eine beliebige Anzahl von Befehlen an ein einziges Fahrzeug zu übermitteln, und der Schritt, diese Datenmenge mit einer Infrarot-Technik zu übertragen, lag nahe. Da diese Art der Technik jedoch sehr störungsanfällig und die zu übermittelnde Anzahl der Daten stark begrenzt ist (ich wollte einfach zu viele Autos gleichzeitig fahren lassen), musste eine neue Lösung her.

Bereits nach vier Wochen standen wir vor einer Alternative. Es folgten allerdings noch weit mehr als 1.000 Stunden der Verbesserung. Schlussendlich ist dieses über punktuelle, induktive Datenübertragung funktionierende System jedoch bis heute erfolgreich im Einsatz. Allerdings sei an dieser Stelle erwähnt, dass wir das System immer wieder umfassend erweitert und mittlerweile auch um die Infrarotdatenübertragung ergänzt haben, da diese Technik in den letzten 12 Jahren rasant fortgeschritten ist und sich enorm verbessert hat.

Die Basis bildet nach wie vor die Technik der Firma Faller; die Hard- und Software in den Fahrzeugen, sowie die Steuerung per PC sind aber eine Eigenentwicklung. Die Fahrzeuge unseres Carsystems unterscheiden sich in einem ganz wesentlichen Punkt von denen der Firma Faller: der Funktionsvielfalt. Unsere Steuerungssoftware wurde so konzipiert, dass es sich nicht um eine feste Schrittkettenprogrammierung handelt, sondern dass das PC-Programm für jedes Fahrzeug ein eigenes 'Gehirn' bereitstellt. Momentan ist dieses System übrigens auf 6.500 Fahrzeuge begrenzt. Von der Rechenleistung her sind für die Anlage des Wunderlandes jedoch lediglich ca. 1.000 Fahrzeuge realistisch. In den Grunddaten ist die Strecke mit ca. 12.000 Parametern für Knuffingen und ca. 14.000 für den USA-Abschnitt eingegeben.

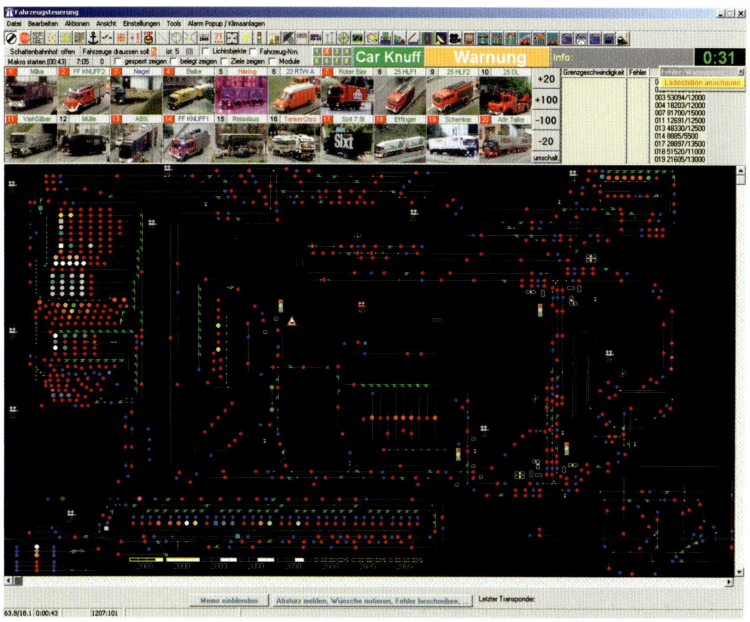

Der Carsystem Monitor am Leitstand überwacht den Verkehrsbetrieb.

Für unsere Fahrzeuge gibt es keine vorgegebenen Routen. Sie suchen sich Ihre Fahrtstrecken nach verschiedenen Kriterien selbst aus. Staus oder Feuerwehreinsätze können auf diese Weise umfahren werden, beim Abbiegen wird geblinkt und die Vorfahrt anderer Fahrzeuge, aber auch rote Ampeln, werden natürlich berücksichtigt. Jegliche Art von Einsatzfahrzeugen hat Vorrang und sowohl der Müllwagen, als auch die Busse halten an den für Sie vorgesehenen Stellen.

Jedes Fahrzeug hat seine ganz eigene Beleuchtung – neben Scheinwerfern, Rückleuchten, Blinkern, Warnblinkern und Bremslichtern, kann man auch verschiedenste Blaulicht-Varianten, Frontblitzer, Nebelscheinwerfer, Kabinenbeleuchtung oder sogar Flutlichtstrahler entdecken.

Das Programm rechnet derzeit 20mal in der Sekunde die gesamten Situationen für ein Fahrzeug durch, unabhängig davon, ob dieses willkürlich durch die Gegend fährt, ein festes Ziel vor Augen hat, eine feste Tour (wie z.B. Busse oder die Müllabfuhr) oder einen Einsatz fährt (z.B. Feuerwehr oder Schwertransporter). Für das Fahrzeug wird jederzeit berechnet, wo es sich befindet und wann es zur nächsten Entscheidung kommt. Es gibt unterschiedlichste Arten von Entscheidungen wie z.B. die Annäherung an ein anderes Fahrzeug, an eine Kreuzung mit oder ohne Vorfahrtregelung, aber auch das Auffahren auf die Autobahn. Dieser Vorgang ist relativ kompliziert, weil hier eventuell einem anderen Fahrzeug ein Spurwechsel mitgeteilt werden muss – falls dieses es noch nicht selbst bemerkt hat. Aber auch die Feststellung, dass der Akku sich leert, verlangt eine Entscheidung. Ein Fahrzeug (bzw. das Carsystem-Programm) entscheidet an jeder Abzweigung selbst, welchen Weg es nimmt, und berücksichtigt dabei mehrere Kriterien. Grundsätzlich gibt es die Möglichkeit, dass ein Fahrzeug völlig ohne Ziel, also nach Zufallsprinzip 'durch die Gegend' fährt, oder aber dass ein bestimmtes Ziel erreicht werden soll – eine feste Wegstrecke vorgegeben wurde oder aber auch die Fahrt mit einer definierten Schrittkette erfolgt.

Dies ist z.B. bei Einsatzfahrten wie der Feuerwehr oder Müllabfuhr der Fall. Das Fahrzeug prüft an einer Abzweigung zuerst, ob die Strecke für diesen Fahrzeugtyp erlaubt ist, ob sie zu dem vorgegebenen Ziel führt (an jeder Kreuzung stehen also sozusagen virtuelle 'Wegweiser'), ob sie frei ist (zumindest so, dass das Fahrzeug nicht anhalten muss wenn es diese Strecke wählt), oder ob der Weg durch einen Feuerwehr-Einsatz gesperrt ist. Sollte eines davon der Fall sein, prüft das Fahrzeug andere Wege und ob diese im Rahmen einer Umleitung für seinen Fahrzeugtyp erlaubt sind. Sollten mehrere Wege diese Kriterien erfüllen, so entscheidet das Fahrzeug nach Zufall, welchen es nimmt. Hierbei werden jedoch für jeden Weg unterschiedliche Wahrscheinlichkeiten definiert, damit z.B. das Abbiegen eines LKW in ein Wohngebiet möglichst selten auftritt. Hat das Fahrzeug seinen Weg gewählt, wird überprüft, ob und wann der Blinker gesetzt oder angehalten werden muss. Erfolgt ein Anhalten auf der Autobahn, so wird z.B. der Warnblinker eingeschaltet. Ist der Weg für das Fahrzeug frei, wird er mit einer für ihn definierten Fahrgeschwindigkeit befahren.

Die Fahrzeuge überprüfen grundsätzlich die Vorfahrtsregelung, halten sich auf der Autobahn an das Rechtsfahrgebot, stoppen an geschlossenen Bahnübergängen, beachten Ampeln, gewähren einem Feuerwehrfahrzeug auf Einsatzfahrt Vorfahrt, lassen bei einem Stau auch mal ein Fahrzeug aus einer Seitenstraße vor, halten an Fußgängerüberwegen, warten geduldig hinter einem immer wieder an- und abfahrenden Müllwagen oder rasen auch schon mal in eine Radarfalle. Dann müssen sie kurz darauf natürlich unfreiwillig der Haltekelle eines Polizisten folgen.

Alle Fahrzeuge schalten nachts ihr Licht ein und außer in Skandinavien wird es morgens wieder ausgeschaltet. In den Deutschland-Abschnitten sind übrigens mittlerweile 10% der Autos für den Tag mit Licht programmiert, dieses wird ebenfalls nach Zufall gesteuert. Neben dem alltäglichen Individualverkehr wird beim Carsystem ein großer Schwerpunkt auf fest programmierte Szenarien gelegt. Zum größten Teil sind das Feuerwehreinsätze. Es kann aber auch mal ein großer Schwertransport mit Polizeibegleitung und Absperrmaßnahmen zu sehen sein.

Die Geschichte des Wunderländer Carsystems ist insgesamt aber ein Weg mit vielen Hindernissen und einigen herben Rückschlägen. Immer wieder gab es Momente, in denen ich am liebsten alles hingeschmissen hätte, aber da waren zum Glück immer wieder meine Frau und unsere Mitarbeiter Stephano und Sven, die mich wieder aufbauten und neu motivierten.

Mein persönlich schönster Moment in dieser ganzen Zeit war der Augenblick, in dem ich den ersten Feuerwehreinsatz startete (es gab zu dem Zeitpunkt 5 Fahrzeuge) und tatsächlich alles einwandfrei funktionierte! Da mittlerweile Tag und Nacht an der Anlage gearbeitet wurde, war vorher kein Testlauf möglich und dementsprechend unsicher war ich darüber, ob alles klappen würde. Frederik erzählt mir übrigens heute noch, dass dieses der Augenblick war, an dem er endgültig vom Erfolg des Miniatur Wunderlandes überzeugt war.

Bis zum heutigen Tage ist der Hauptinhalt meiner Tätigkeit, immer wieder aufs Neue tolle Ideen und Herausforderungen verwirklichen zu dürfen. So stellte auch unser neuester Anlagenabschnitt, der Flughafen, eine wahnsinnige Herausforderung für mich und mein Team dar. Ob es uns gelungen ist, diese erfolgreich zu bewältigen? Am besten überzeugen Sie sich vor Ort selbst davon!

Arbeitspensum Gerrit Braun	ca. 39.660 Stunden
Gefahrene (echte!) Kilometer	1.299.200
Feuerwehreinsätze (Knuffingen, USA, Skandinavien)	728.000
Gesamte Carsystemstrecke	1,6 km Länge
Geblitzte Autos in der Knuffinger Radarfalle	7.779.300
Ausgelöste Rückmelder in den 3 Carsystem-Anlagen	2.027.600.000

Die Wunderländer Brandserie

Der Anlagenabschnitt Knuffingen ist derzeit mit 11 verschiedenen Einsatzstellen ausgestattet. Weitere 9 Einsätze und Brandszenarien sind im USA-Abschnitt programmiert und 2 Rettungswageneinsätze in Skandinavien zu finden. Wenn in Knuffingen aus einem Wohnhaus Qualm dringt und erste Flammen zu erkennen sind, ertönt schon in der Feuerwache der Stadt Knuffingen der Alarm. Selbst bei nachtschlafender Zeit ist sofort die Innenbeleuchtung angeknipst und kurz darauf schalten bereits die ersten Fahrzeuge eines Löschzuges Licht, Blaulicht und Frontblitzer ein. Der Löschzug bestehend aus bis zu fünf Fahrzeugen, setzt sich in Richtung der Einsatzstelle in Bewegung. Nach und nach können je nach Größe des Feuers bis zu 34 Fahrzeuge zu einem Großalarm ausrücken. Dabei werden im Extremfall auch einzelne Wehren aus Vororten hinzugezogen. Polizeiautos sperren währenddessen bestimmte Zufahrtsstrassen im Gefahren- und Einsatzbereich. Passieren die Einsatzfahrzeuge Kreuzungen, so ertönt rechtzeitig vorher ihr Martinshorn und sie werden von den anderen Verkehrsteilnehmern verantwortungsbewusst vorgelassen. Nachdem die Feuerwehr an der Einsatzstelle angekommen ist, wird der Brand bekämpft und schließlich erfolgreich gelöscht. Danach rücken alle dazu gerufenen Fahrzeuge nacheinander wieder ab. Die Arbeit ist geschafft, wieder haben sie Leben gerettet.

2001

WWW.FALLER.DE
FALLER
IM KLEINEN GROSS
Aufregender als selber fahren!
Innovative Produkte für noch
mehr Dynamik und Fahrspaß.
CAR SYSTEM DIGITAL
Mehr Bewegung für Ihre Miniaturwelten.

SAVE
THE
CLIMATE
GREENPEACE
railtrans

Österreich

3. Abschnitt
Eröffnung 08/2001, 60 qm
ca. 12.000 Arbeitsstunden

Schauertalbrücke
Sie verbindet Knuffingen mit den Alpen

St. Wendelberg
Der große Gleiswendel mit 10 Etagen befindet sich hier und kann vom Besucher eingesehen werden

Gefängnis
Wunderländer Knast

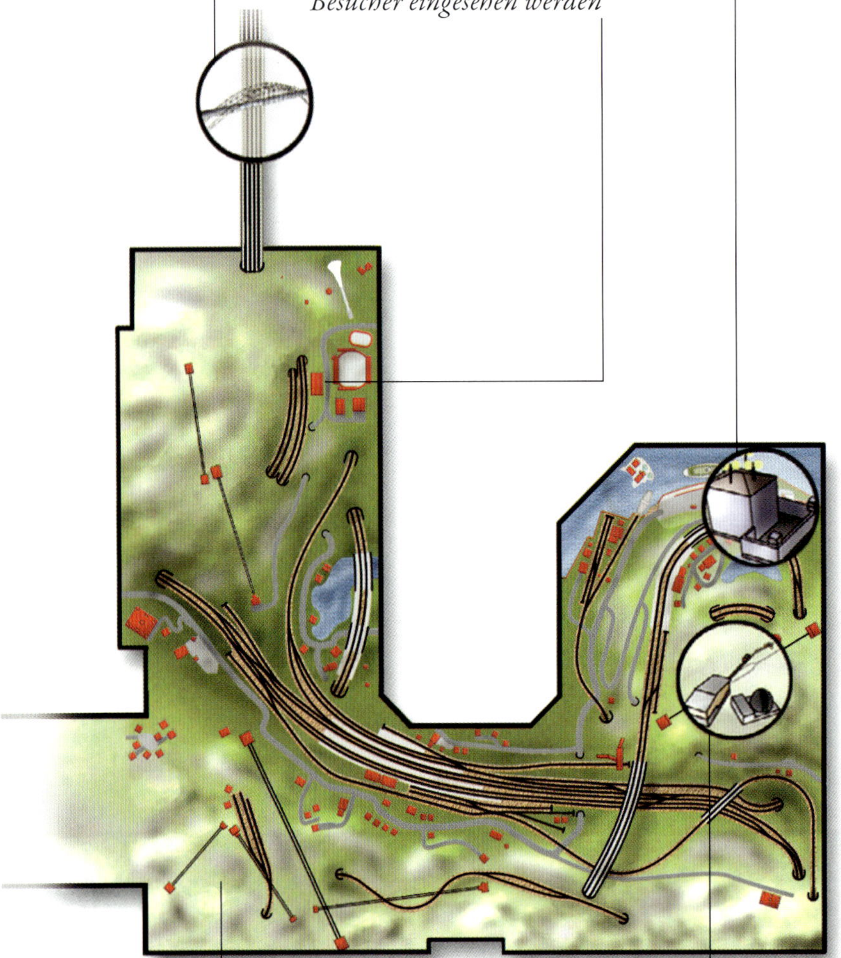

St. Wendel
Skigebiet mit Liftanlage

Standseilbahn
Sie bringt die Feriengäste vom Hauptbahnhof St. Wendel ins höher gelegene Skigebiet

Klimabotschafter unterwegs in einem Fesselballon.

Hier fühlt sich aber jemand sauwohl.

Zum Glück nur leichte Blessuren bei diesem Sturz.

Mit vielen idyllischen Gasthäusern ist diese Region gut auf den Tourismus eingestellt.

Österreich

Die Alpen in Österreich sind zwar bei weitem nicht so hoch wie die Alpen in der Schweiz, jedoch deutlich älter. Dieser Abschnitt gehört zu den Urabschnitten des Miniatur Wunderlandes und stellte das Erbauerteam im Jahr 2000 vor große Herausforderungen. Zum einen stand für die Gebrüder Braun (zwei ausgesprochene Flachländer) fest, dass die Hamburger Alpen auch den Ansprüchen von Alpenbewohnern gerecht werden müssten, zum anderen sollten sie jeden Fischkopp authentisch in eine Bergwelt entführen.

Einige Tonnen Gips wurden in unzähligen Arbeitsstunden aufgetragen, mit dem Meißel in Form gebracht und später bemalt, begrünt und ausgeschmückt. Um ein authentisches Bergleben darzustellen, wurden viele typische Merkmale integriert. In den Wunderländer Alpen vermischen sich die verschiedenen Jahreszeiten. So gibt es neben Wintersportlern auch Kletterer und Wanderer auf traumhaft grünen Almen.

Ein Schienenbus fährt an den grünen Feldern vorbei, auf denen Bauern anstrengende Arbeit verrichten.

3. Bauabschnitt: Österreich

Bauphase	9 Monate (12/2000 - 08/2001)
Modellfläche	60 qm
Arbeitsstunden	ca. 12.000
Gleislänge	600 Meter
Züge	40
Waggons	400
Signale	20
Weichen	80
Computer	3
Lichter (LED)	ca. 14.000
Häuser und Brücken	150
Figuren	6.500
Autos	180
Bäume	28.000

Der Knast in Österreich beherbergt die meisten Wunderländer Fieslinge.

Manchmal versucht der ein oder andere Zellengenosse auszubrechen, doch meistens ist die Flucht zwecklos.

Eine Kurklinik am Rande der Skigebiete. Davor ist eine Straßenmeisterei gelegen.

Auch im Wunderland gibt es Kriminelle und so beschloss die Wunderländer Regierung schon im Gründungsjahr 2001, ein Hochsicherheitsgefängnis zu bauen. An drei Seiten ist das Gefängnis von Wasser umgeben, die vierte Seite ist durch eine Steilwand gesichert. Dies hat sich später jedoch als Fehler erwiesen, denn regelmäßig versuchen Häftlinge, waghalsig über die Steilwand zu entkommen. Glücklicherweise können die Wachleute die Flüchtigen mit Hilfe der Besucher häufig stellen – per Knopfdruck werden die Suchscheinwerfer aktiviert. Die Besucher können aber auch etwas für die Häftlinge tun, denn hier beginnt per Knopfdruck der Freigang im Innenhof der Strafanstalt . Bekanntester Häftling ist übrigens ein Wildpferd im Knastoutfit, schwarz-weiss gestreift – in Fachkreisen trägt es auch den Namen 'Zebra'.

Ein Städteexpress (linkes Bild) der Österreichischen Bundesbahnen mit einer Ellok der Baureihe 1141 und 'Jaffa'-Wagen ist auf dem Weg nach St. Wendel.

Die Idee, den Besuchergang mit einer Brücke zu überqueren, kam uns, weil wir Ihnen gerne das Erlebnis vermitteln wollten, unter vorbeirauschenden Zügen hindurch zu schlendern. Außerdem sollten alle Abschnitte miteinander verbunden sein. Die Anforderung an eine stabile Konstruktion und eine nötige Spannweite von 3 Metern führten uns zu der Entscheidung, diese Brücke komplett aus Metall zu fertigen. Als Vorbild diente übrigens die Kanalhochbrücke Grünental über den Nord-Ostsee-Kanal. Insgesamt wurden 60 Meter Messingprofil in 250 Einzelteile zerlegt, welche wiederum mit 1 Kilogramm Heißlot zu einer feinen Fachwerkkonstruktion verschmolzen wurden. Die Brückenköpfe zu beiden Seiten müssen ein Gewicht von je 15 Kilogramm tragen.

Aus der Vogelperspektive sieht man den Wunderländer Knast.

Einen tollen Blick hat man von dem Zug auf diesen idyllischen See.

Ursprünglich hieß unser Österreich übrigens Bayern! Kurz vor der Eröffnung des Schweiz-Abschnittes erhielten wir einen Anruf des österreichischen Generalkonsuls, der sich darüber beschwerte, dass die Schweiz bei uns derartig groß präsentiert sei, während Österreich komplett ausgeblendet werde. Das konnten wir so natürlich nicht stehen lassen und kurzerhand wurde 'Bayern' annektiert und in 'Österreich' umbenannt. Ein paar Veränderungen mussten daraufhin in Bezug auf z.B. die Beflaggung, die Nummernschilder und vor allem die Signalbeschilderung des Gleisnetzes erfolgen. Viele österreichische Züge fahren seither in diesem Abschnitt.

Da unser Modellbauer Gerhard Dauscher als waschechter Bayer aber über das Verschwinden seiner Heimat sehr traurig wurde, schenkten wir ihm kurzerhand mit dem Allgäu neben dem Knuffinger Flughafen seine geographische Herkunft im Wunderland zurück. Es brachte als Nebeneffekt, das Dreiländereck (Deutschland, Österreich, Schweiz) auch auf der Anlage geschlossen zu haben.

Ein TEE-Zug mit einer Ellok der Baureihe 103 befindet sich auf dem Weg von St. Wendel nach Knuffingen.

In Österreich gibt es fünf Skilifte und eine Standseilbahn. Drei Lifte gehen aus der Gegend rund um den Bahnhof Kitzstein hoch in die Skigebiete, die Pisten des Wendelbergs erreichen die Alpinisten über zwei verschiedene Lifte. Die Standseilbahn führt zur Spitze des Ecksteinhorns und wird eher von Wanderern genutzt. Alle Seilbahnen wurden aus Standardbausätzen gefertigt. Jedoch wurde das komplette Innenleben ausgetauscht, um sie für den Dauerbetrieb fit zu machen. So haben diese zum Beispiel neue Antriebe, Kugellager und spezielle Drahtseile.

Miniatur Wunderland	
Bauphase (05/2001 - 04/2015)	14 Jahre
Modellfläche	1.300 qm
Anlagen-Abschnitte	8
Arbeitsstunden	ca. 580.000 Stunden
Wasser	ca. 30.000 Liter
Baukosten	ca. 12 Millionen Euro

Im hochgelegenen Bahnhof des Skigebietes in Österreich ist seit dem Bau der Schweiz eine Anbindung (rechtes Gleis) an die Zahnradbahn geschaffen worden.

Viele funktionstüchtige Liftanlagen befördern die Wintersportler auf die Pisten.

Wäre das Wasser kein Gießharz, würde eventuell sogar die Eisenbahn hier von der Fähre weitertransportiert werden.

Der Musik-Raddampfer sorgt bei den Gästen für stimmungsvolle Abwechslung.

Aus dem Abschnitt Knuffingen arbeiten sich die Züge …

… über beeindruckende Brücken hoch in Richtung Österreich-Abschnitt.

Güterwaggons gezogen von einer Elektrolokomotive (Ellok) der Baureihe 194 sind auf dem Weg nach Knuffingen.

Im Inneren des St. Wendelberg gibt es ein Geheimnis, das man nur durch eine kleine Öffnung an der vorderen Bergflanke entdecken kann. Als Außenstehender sieht man die Züge im Schlund der Tiefe verschwinden und hoch oben, knapp unterhalb des Gipfels, wieder herauskommen. Schaut man jedoch in das Innere dieses Bergmassivs, kann man den größten Gleiswendel im Wunderland bestaunen. Er verfügt über eine 170 Meter lange zweispurige Gleisstrecke, die sich, verteilt auf 11 Gleisringe mit 1,6 m Durchmesser, wie ein Gewinde nach oben schraubt. Durch diesen Wendel können die Züge auf einer Länge von über 65 Metern eine Höhe von 1,4 Meter überwinden. Das entspricht einer Fahrdauer von etwa 4 Minuten. Ein Schattenbahnhof und Ausweichstrecken sorgen für ständigen Betrieb. Durch Hilfe von 16 Millimeter starken Stahlgewindestangen und Schraubmuttern können die einzelnen Ebenen in der exakten Steigung justiert werden.

Ein Staudamm mit kleinem Speichersee.

Die Suche nach der Erleuchtung

Text *Karl-Heinz Kahl, Bahntechnik- und Bahnsteuerung, Miniatur Wunderland*
Bilder *Miniatur Wunderland*

Nach der Eröffnung unserer Anlage am 16. August 2001 lief der Zuglaufprozess zunächst ohne große Schwierigkeiten ab, aber dann häuften sich die Probleme mit den Kontaktschwierigkeiten. Jeder, der eine Modellbahn betreibt, kennt die Schwierigkeiten, wenn Züge stehen bleiben und nur durch Anschubsen bereit sind, weiter zu fahren. Daheim ist das vielleicht zu tolerieren, auf einer Schauanlage aber tödlich. Es galt also, ein geeignetes Schienenreinigungsmittel zu finden.

Ich selbst und andere Modellbahnkollegen hatten bisher sehr gute Erfahrungen mit Brennspiritus gemacht. Dieser 100% reine Alkohol entfernt alle Fettrückstände und somit auch 99,99% aller Gleisverschmutzungen und greift kaum die Struktur irgendwelcher Materialien an, verfliegt sehr schnell und bildet daher keine Rückstände. Kurzum, ein ideales Reinigungsmittel, welches nur einen Nachteil hat: Es ist extrem leicht entflammbar. Wir haben deshalb auch Brennspiritus zur Reinigung empfohlen, verbunden mit der Warnung, ihn sparsam zu verwenden und Funkenflug zu vermeiden, d.h. keine Verwendung bei laufendem Betrieb des Wunderlandes. Nach der erfolgreichen Eröffnung und Konsolidierung wurden neue Kollegen für die Zugsteuerung eingestellt und so stieß u.a. auch Alex D. zu uns, ein relativ risikofreudiger junger Mann, der aber leider auch unsere Warnungen bezüglich des Brennspiritus in den Wind schlug.

Eines Tages wurde ich Zeuge, wie er im Bahnhof Knuffingen das vorderste Gleis mit einem spiritusgetränkten Lappen bei vollem Zugverkehr reinigte. Auf meine Vorhaltung der Gefahr reagierte er zwar mit einem Lächeln, dieses gefror aber in seinem Gesicht, als ein vorbei fahrender Zug einen Funken verursachte und das gesamte Gleisbett in Brand setzte. Alex war zwar risikofreudig, aber glücklicherweise auch reaktionsschnell. Er hat dann, mit mir zusammen, das Feuer mit bloßen Händen erstickt, so dass keine Schäden an der Anlage zu verzeichnen waren. Brennspiritus schied aber daraufhin für die Reinigung aus, was manchmal zu bedauern ist.

Auch hier am Finanzamt ist die Feuerwehr schnell zur Stelle und kann den Brand löschen.

Ein Tag im Leben von Karl Quick

Text *Sebastian Drechsler, Leiter Kreativteam, Miniatur Wunderland*
Bilder *Miniatur Wunderland*

Karl Quick, Feuerwehrhauptmann der Knuffinger Feuerwehr, steht stolz vor seiner Wache im Herzen von Knuffingen. Um ihn herum Hunderte von Schaulustigen, die die neueste Errungenschaft der Knuffinger Feuerwehr, ein hochmodernes Eurofire-Löschfahrzeug, bestaunen. Die Inbetriebnahme ist hier ein besonderes gesellschaftliches Highlight, denn die Knuffinger sind sehr stolz auf ihre Feuerwehr. Nirgendwo sonst auf der Welt brennt es so regelmäßig, ohne dass Menschen oder Gebäude dabei zu Schaden kommen.

Alle 15 Minuten gibt es einen Brand zu löschen und das an 365 Tagen im Jahr! Seit der Gründung der Stadt Knuffingen im Jahr 2001 mussten Quick und seine Kollegen bereits mehr als 300.000 Mal ausrücken, um Feuer im Schloss, in Mehrfamilienhäusern und auf offener Straße zu löschen. Ein Ende dieser Brandserie scheint nicht in Sicht und so gehört Quicks Arbeitsplatz zweifelsohne zu den sichersten im ganzen Miniatur Wunderland, der größten Modelleisenbahn der Welt.

Die Einsatzleitung der Feuerwehr

Aber auch die Ausstattung der 9-torigen Feuerwache läßt keine Wünsche offen. 16 Löschfahrzeuge, 5 Rettungswagen und 7 Sonderfahrzeuge, wie z.B. Befehlswagen, Sattelzüge oder Wechselladerfahrzeuge, bringen die Augen eines jeden Feuerwehrmannes zum Leuchten! Nur wenige Sekunden nachdem ein Brand entstanden ist, setzen sich die Knuffinger Feuerwehrfahrzeuge wie von Geisterhand in Bewegung und fahren mit tönendem Martinshorn zum Ort des Geschehens.

Aber nicht nur die Sicherheit der Miniaturmenschen, sondern auch die der Besucher wird hier ganz groß geschrieben. Ein hauseigener Sanitäter, eine klare Beschilderung der 16 Fluchtwege, 85 Feuerlöscher, 380 Rauch- und Brandmelder und eine großflächige Sprinkleranlage sind nur einige Faktoren, die dem Besucher ein größtmögliches Gefühl von Sicherheit vermitteln. Außerdem besitzt das Miniatur Wunderland als eines der bundesweit ersten Unternehmen einen automatisierten externen Defibrillator (AED). Es sind also nicht nur die Augen von Feuerwehrmännern oder anderen Rettungskräften, die im Miniatur Wunderland anfangen zu leuchten – keiner der inzwischen mehr als 7 Millionen Besucher kann sich der Faszination dieser Miniaturwelt entziehen. Sie liegt direkt an der Elbe in der Hamburger Speicherstadt und ist inzwischen eine der größten Touristenattraktionen Deutschlands. Tagtäglich tauchen große und kleine Besucher in die Welt aus Träumen, Illusionen und Unfassbarem ein.

Die Einsatzfahrzeuge der Feuerwehr

Im Wunderland erlebt man in nur wenigen Stunden viele Tage und Nächte in den unterschiedlichsten Regionen dieser Erde. Ob Zocken in Las Vegas, Klettern in den Alpen oder Rudern in Norwegischen Fjorden – hier ist alles möglich. Auf über 1.400 qm erstreckt sich die Miniaturwelt inzwischen von Skandinavien bis in die USA, von der Waterkant bis ins Hochgebirge. Und sie wächst immer weiter! Bereits im Mai 2011 wird der 8. Abschnitt, der Knuffinger Flughafen, eröffnet. Dieser stellt die bisher größte technische und modellbauerische Herausforderung dar. Insgesamt 40 Flugzeuge starten und landen, suchen und finden ihre Parkposition auf dem Rollfeld und werden interaktiv be- und entladen. Ein besonderes Highlight ist allerdings der Anblick des Lichtermeeres bei Nacht!

Derzeit gibt es 215.000 Minibewohner, 930 Züge, 8.850 Fahrzeuge (161 fahrende Autos) und Schiffe sowie ein einmaliges Lichtermeer aus über 335.000 einzelnen LEDs. Sie sehen also – sollte Karl Quick einmal mit dem Gedanken spielen, aus Knuffingen weg zu ziehen, so wird er auch außerhalb dieser schönen Ortschaft genügend zu tun bekommen.

Eine gemeinsame Leidenschaft

Text *Peter Braun, Pressesprecher der Hamburger Feuerwehr*
Bilder *Miniatur Wunderland*

Über was berichten die Medien in Hamburg? 'Zwei tatkräftige junge Unternehmer eröffnen eine Modellbahnanlage in der Speicherstadt' und 'Die Feuerwehr Hamburg hat einen neuen Pressesprecher'. Was haben diese Neuigkeiten an Gemeinsamkeiten? Zunächst einmal den Namen. Die Betreiber des Miniatur Wunderlandes, Frederik und Gerrit Braun, und der neue Pressesprecher, Peter Braun. Auf jeden Fall aber teilen alle zusammen die Begeisterung für die Feuerwehr Hamburg. Diese Begeisterung zeigen die drei Brauns auf unterschiedliche Weise.

Die Gebrüder Frederik und Gerrit Braun bauen in ihre Modellbahnanlage einen Einsatzort der Feuerwehr Hamburg ein, in dem sie nicht nur die Fahrzeuge, sondern auch das Einsatzgeschehen mit Liebe zum Detail so realistisch darstellen, als wären sie selbst Feuerwehrmänner.

Diese Liebe zur Feuerwehr Hamburg teile ich mit Ihnen. Zehn Jahre durfte ich über die Einsätze der Feuerwehr in Hamburg berichten, bevor ich vor einigen Jahren in den Ruhestand ging. In dieser Zeit haben Millionen von Menschen das Miniatur Wunderland besichtigt und auch den nachgestellten Einsatz der Hamburger Feuerwehr bestaunt. Für diese positive Darstellung der Feuerwehr Hamburg und die Betreuung der Gäste möchte ich mich bei Ihnen bedanken. Ich wünsche Ihnen, dem Miniatur Wunderland und der Feuerwehr Hamburg, dass sie das bleiben, was sie sind: Die Nummer 'Eins' in dieser Stadt.

Eine halbe Ewigkeit

Text *Dieter Farrenkopf, Chef der Hamburger Feuerwehr a.D.*
Bilder *Miniatur Wunderland*

Als Vorsitzender der Geschichtskommission des 1900 in Paris gegründeten, altehrwürdigen Weltfeuerwehrverbandes CTIF – Comite Technique International de Prevention et d'Extinction du Feu – darf ich Dir recht herzlich auch im Namen unseres Schweizer Präsidenten Walter Egger, der ein großer Feuerwehr- und Eisenbahnfan und damit auch ein ganz großer Fan von Dir ist, zum Geburtstag gratulieren. Während es in der Bibel im 2. Petrusbrief 3.8 noch heißt, dass vor dem Herrn 1000 Jahre wie ein Tag sind, spricht man heute davon, dass 10 Jahre im Internet eine halbe Ewigkeit sind. Deine 10-jährige Erfolgsgeschichte, die ihresgleichen sucht, ist eine Geschichte, aus der man viel lernen kann. Nicht zuletzt deswegen mussten viele Dutzend an der Hamburger Feuerwehr Akademie ausgebildete Führungskräfte des Europäischen Katastrophenschutzes mehrere Stunden bei Dir in der Speicherstadt verbringen, um die Verflechtungen einer großen Zivilisation wie bei einem Planspiel bei Dir kennen zu lernen.

Mit 10 Jahren ist man heute noch jung, dynamisch und aktiv und ich hoffe, Du kannst mit dieser Aktivität als größte Modelleisenbahn der Welt und Supertourismusmagnet in Hamburg auch die eine oder andere schon in die Jahre gekommene Hamburger Attraktion mitreißen und aus dem Dornröschenschlaf wecken. In der Geschichtskommission fragen wir uns z.B., wie müssen Feuerwehrinformationszentren, wie müssen Feuerwehrmuseen heute aussehen, damit sie nicht nur den Museumsfachleuten gefallen, sondern auch einen gesellschaftlichen Sinn erfüllen. Oder was muss ein Museum tun, um Jung und Alt und nicht nur den Bildungsbürger anzusprechen? Hat das Museum eine Zukunft? Wer geht in das Museum? Hat sich das Medium Ausstellung überholt? Darf man Museen mit kommerziellen Maßstäben messen? Gehört das Museum ebenso selbstverständlich zu unserer Kultur, wie Schule, Theater oder das Fernsehen? In Deutschland steigen die Besucherzahlen in Museen, gleichzeitig werden Museen geschlossen, was folgt daraus? Was folgt für Einrichtungen, wie der Deinen daraus? Wirst Du irgendwann mal ein kultiges Museum? Oder bist Du schon so etwas?

Mit 10 hat man die Zukunft voll vor sich, man kann Zeichen auch für andere setzen, das wünsche ich Dir von ganzem Herzen zum Geburtstag. Und zum Schluss: Lass nicht nur immer das Finanzamt brennen, denk auch an die jüngeren Besucher, wie wäre es mit: „Hurra, die Schule brennt“?

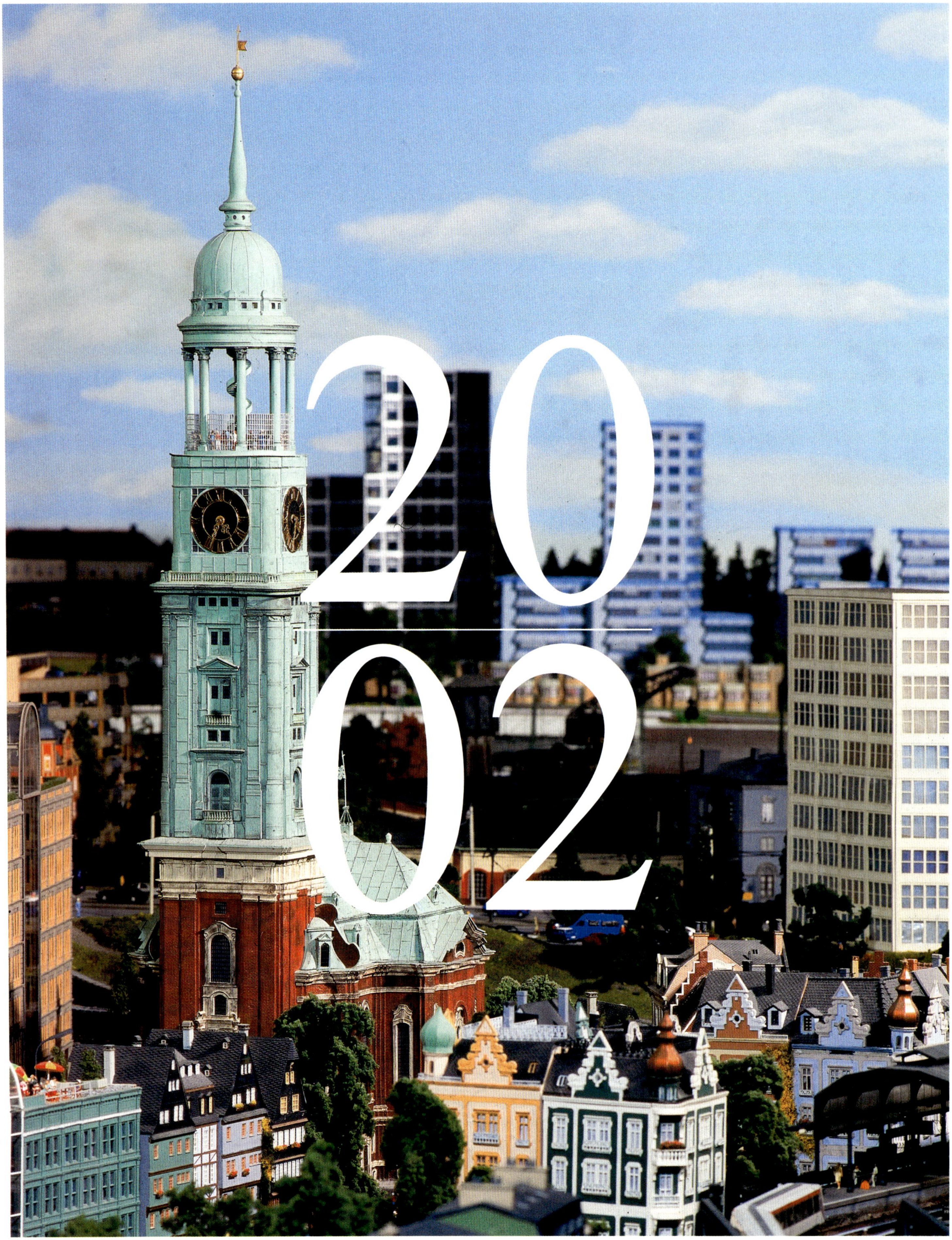

Bild *Miniatur Wunderland*

21.01.2002

Die ersten Zugtestfahrten finden im Hamburg-Abschnitt statt

11.03.2002

Die erste Carsystem-Datenbank wird veröffentlicht

22.03.2002

Wladimir Klitschko besucht das Miniatur Wunderland

10.06.2002

Die 3-Leiter Nebenbahn und 2-Leiter S-/U-Bahn gehen in Betrieb

16.08.2002

1. Geburtstag des Miniatur Wunderlandes

14.10.2002

Der Bistrobereich wird verlegt und vergrößert

28.10.2002

Beginn der Arbeiten am Amerika-Abschnitt

18.11.2002

AOL-Arena und Köhlbrandbrücke werden in den Hamburg-Abschnitt eingebaut

27.11.2002

Eröffnung des Hamburg-Abschnittes

Das Miniatur Wunderland und sein Forum
– engster Freund und größter Kritiker

Text *Jörg Thyroff, Forumsmitglied des Miniatur Wunderlandes*
Bilder *Miniatur Wunderland*

Tja, wie begann das eigentlich damals? Ich saß vor den Abendnachrichten und sah einen kurzen Nachrichtenausschnitt über ein paar Brüder, die vor dem Hamburger Amtsgericht bezüglich ihrer Aussage: 'Wir bauen die größte digitale Modelleisenbahn der Welt!' gewonnen hatten. Da hatte mich das 'MiWuLa-Virus' schon etwas infiziert. Kurze Zeit später war der Hamburger Hafengeburtstag und das Miniatur Wunderland hatte, trotz Baustelle, das erste Mal für Publikum geöffnet. Innerhalb von zwei Tagen waren ca. 2.000 Gäste über die Baustelle geströmt und das bei 5,– DM Eintritt. Ich war mit drei Kumpels da und habe nur gedacht: „Wow, was sind die cool!" Ich traf Harry Schmull, der über 'Modellbahn und man solle bitte aufpassen, dass man nichts kaputt machen möge' sprach. Daraufhin führte er uns hinter das Holzgerüst von Knuffingen. Es ist leider doch etwas kaputt gegangen, denn es war dort sehr eng. Mit einem Wort: Es war eine mega coole Nummer, dort gewesen zu sein. Und da, glaube ich, wurde ich endgültig mit dem 'MiWuLa-Virus' infiziert.

Wieder zu Hause angekommen suchte ich im Internet mit 56-Kbit-Höchstgeschwindigkeit nach dem Miniatur Wunderland. Das war mein erster Kontakt mit einem Internet-Angebot, in dem es so etwas wie ein Forum, neudeutsch eine Internet-Community, gab. Ich schaute mir natürlich zu allererst die Fotogalerie an und machte dann den Schritt, dem ich meine spätere Zugehörigkeit zur Community des Miniatur Wunderlandes zu verdanken hatte: Ich meldete mich an. Ich schrieb einen meiner ersten Kommentare und erlebte dann, wie mir sogar aus dem Netz heraus geantwortet wurde. Damals war die Homepage natürlich noch nicht so komfortabel wie heute, aber sie genügte den damaligen Ansprüchen. Jeden Montag gab es neue Bilder und sofort wurde heiß und innig darüber diskutiert, wie wohl die vorgestellten Bilder im Wochenbericht in der Realität aussehen mögen. Und so bekam man allmählich einen Eindruck vom Miniatur Wunderland.

So begannen also die viralen Aktivitäten des 'MiWuLa-Virus' in mir zu reifen und auszubrechen. Natürlich musste ich die Anlage zur Eröffnung im August 2001 live erleben. Ich besuchte das Wunderland das erste Mal persönlich. Damals war der Eingang noch im Erdgeschoss in der Mitte des Gebäudeteiles und es hatte sich eine lange Schlange gebildet. Ich stellte mich hinten an und wartete. Dabei konnte ich dann schon das Besondere des Miniatur Wunderlandes erleben. Es wurden kostenfrei Softdrinks und 'Bonschen' ausgeteilt. Die Stimmung war gelöst. In der Warteschlange wurde sich unterhalten. Und man wurde immer gespannter, was einen im vierten Stockwerk erwarten würde. Dann fuhr ich endlich in einem der beiden Aufzüge nach oben und kam zu einem, für heutige Verhältnisse, recht kleinen Empfangstresen mit der Kasse. Auch schon damals gab es so etwas wie den Shop-Bereich, jedoch viel kleiner als heute. Man stand sofort in der Anlage, direkt im Mitteldeutschland-Abschnitt, dort, wo sich heute der technische Leitstand mit all seinen Kontroll-Monitoren befindet. Und ich war sofort gefangen in der Welt des Miniatur Wunderlandes.

Nun möchte ich aber wieder auf das Forum des Miniatur Wunderlandes zurückkommen. Dieses ist die Kommunikationsplattform des MiWuLa, wie es bei Insidern genannt wird. Zum damaligen Zeitpunkt war das Forum wirklich die Kommunikationsplattform, um sich mit anderen Interessierten auszutauschen. Sofort nach meinem ersten Besuch berichtete ich im Forum und erhielt zahlreiche Kommentare und viele Fragen wurden gestellt, zu diesem oder jenem Bauteil, wie es wohl in live aussähe.

Im Laufe des folgenden Jahres entstand dann eine richtige Community. 'Die Forumanen' waren entstanden! Es begann eine einzigartige Erfolgsgeschichte aus dem Zusammenspiel zwischen den Betreibern der Anlage und seinen Fans. Die Forumanen wurden das Sprachrohr des 'MiWuLa' im Netz. Sie begannen heiße Diskussionen mit weniger freundlich gesonnenen Zeitgenossen, aber auch mit anderen 'Forumaniacs', wenn es ihrer Ansicht nach um das Miniatur Wunderland ging. Ab und zu musste dann der 'freilaufende' Administrator dazwischenfunken, wenn mal wieder verbal zu massiv über die Stränge geschlagen wurde. Jedoch wurde von Seiten der Community in den Anfangsjahren eigentlich jeder wieder eingefangen, auch wenn mancher sich auch mal persönlich betroffen fühlte.

Dann kam der August des Jahres 2003. Am ersten Wochenende fand das erste 'MFM' statt. 'MFM' bedeutet Miniatur Wunderland-Forumanen-Meeting. Ein ganz schön langer Begriff dachten sich einige und so entstand dann das 'MFM'. Man traf sich das erste Mal persönlich. Etwa 40 Forumanen kamen aus ganz Deutschland nach Hamburg. Zu den Avatar-Namen kamen nun die realen Gesichter und man fand recht schnell zueinander und hatte viel Spaß. Es wurde diskutiert, lamentiert und geführt – und zwar hinter die Kulissen. Von Erhard Baltrusch, 'der Drecksau', so titulierte er sich bei seinem Fernsehauftritt von Spiegel TV selber.

„Wir tun alles dafür, dass der Besucher die Ausstellung lächelnd betritt und begeistert verlässt."

Frederik Braun, Mitbegründer des Miniatur Wunderlandes

Schließlich verschmutzte er von Berufs wegen her die Fahrzeuge professionell mit Kreide, Farbe und Lack, zumindest zu diesem Zeitpunkt. Auch Frederik Braun, sein Bruder Gerrit und Stephan Hertz, als Inhaber und kreative Köpfe, engagierten sich sehr bei diesem 'MFM'. Es gab Currywurst, 'Pommes-Schranke' und Getränke. Gerrit gab Tipps zum Carsystem und sonstigen elektronischen Problemen. Und Stephan Hertz, der 'freilaufende' Webmaster, war ein idealer Ansprechpartner zum Thema 'Forum' und was man alles noch darin veranstalten könnte. Mit einem Wort: Es war eine sehr gelungene Veranstaltung. Man versprach, sich im folgenden Jahr wieder zu treffen. Diese Treffen haben sich jetzt im Miniatur Wunderland so manifestiert, dass sie seitdem jedes Jahr im Sommer (i.d.R. im August) stattfinden.

Es gibt aber auch noch ein paar Anekdoten zu erzählen: Zum Beispiel, dass diejenigen, die sich immer dienstags treffen, auch mal dort 'übernachten' wollten. Also verabredeten wir uns mit Schlafsack, Kasten Bier und etwas zu Essen, das man auf einem Esbit-Kocher erwärmen musste. Des Weiteren gab es natürlich auch eine Gitarre, auf der dann schöne Fahrtenlieder gespielt werden sollten. Diese ganze 'Aktion' wurde dann auf Bilder gebannt und im Forum veröffentlicht. Einige waren sehr enttäuscht, nicht dabei gewesen zu sein. Dass die ganze Aktion natürlich nur ein Fake war, wurde erst ein paar Tage später per Forum aufgeklärt und das Gezeter war ziemlich groß.

Oder auch die Geschichte, wie es denn sei, wenn die kleinen Preiserlein-Figuren nachts lebendig werden würden. Da schaltete sich sogar die Geschäftsführung ein, weil sie so etwas schon immer vermutet hatte, und auch Physikstudenten gaben ihr Bestes bezüglich der 'negativen Beschleunigung' und dem Zustand der Besucher, die dann ein Teil der Anlage werden würden.

Ebenso entstanden aus denjenigen, die sich dienstags immer treffen (das ist der einzige Tag der Woche, an dem das Miniatur Wunderland regulär bis 21 Uhr geöffnet hat), die so genannten 'Geländergötter'. Das kam daher, dass es ein Interview im 'Hamburger Abendblatt' mit einem der Dienstags-Club-Mitglieder gab und die Journalistin folgenden Ausdruck prägte: „Er lehnte sich an das Geländer und schaute sich die kleine Welt an, so, wie ein Gott sich sein Werk ansieht, das er geschaffen hat." Ruck zuck wurde von den Dienstags-Club-Mitgliedern der Begriff 'Geländergott' geprägt und auf T-Shirts gedruckt.

Es war natürlich auch nicht alles Gold, was im Forum glänzte bzw. diskutiert wurde. So gab es hin und wieder ein paar Ausreißer, die sich auf recht persönliche Art und Weise geäußert haben, so dass ihre Kommentare wirklich unter die Gürtellinie gingen. Dieses Verhalten wurde natürlich vom 'freilaufenden' Administrator sofort unterbunden. Ein Vorteil, dessen sich das MiWuLa-Forum wiederum rühmen kann. Es wird sofort versucht, einen aufkommenden, persönlich werdenden Streit zu unterbinden bzw. in vernünftige Bahnen zu lenken. Das fruchtbare Zusammenwirken von 'Forumanen' und Anlagen-Betreibern verdeutlichte sich auch in den Vorab-Befragungen zu neuen Bauabschnitten. Hier wurde sich über neue Möglichkeiten intensiv ausgetauscht. Für den Skandinavien-Abschnitt wurde sogar ein Wettbewerb ausgelobt, an dem sich alle Interessierten beteiligen konnten. Natürlich haben sich auch die 'Forumanen' am Wettbewerb beteiligt. Es wurden zwei Häuser mit Szenen gebaut,

Sonnabend, 10. August 2002 HAMBURG

126 „Tote“ im Staubsauger

Modellbahn Miniatur-Wunderland zieht erfolgreiche Ein-Jahres-Bilanz

Außer gefahrenen Kilometern, Besuchern und Wartezeiten wurden auch die zwei Zentimeter großen „Einwohner“ erfasst.

Von Corinna Rohde

Zwei Züge halten in Knuffingen, das irgendwo bei Berlin liegen muss – zu erkennen an der Siegessäule. Das Miniatur-Wunderland hat bereits 300 000 Besucher angelockt. Foto: Frank Zarges

Hamburg. Von Hamburg aus zweimal um die Welt innerhalb eines Jahres – das ist die Bilanz der Modellbahn Miniatur-Wunderland, die am 16. August 2001 erstmals die Signale auf Grün gestellt hatte. Jetzt haben die Eisenbahner aus der Speicherstadt ihre erste Jahresbilanz vorgestellt.

Seit der Eröffnung haben die 500 Züge mit ihren 7000 Waggons 80 141 Kilometer zurückgelegt. In dieser Zeit ist die Sonne 29 325 Mal auf- und untergegangen – denn ein Miniatur-Wunderlandtag hat nur 15 Minuten. Die Lichter sind währenddessen fast zwei Milliarden Mal an- und ausgegangen. Die Autos entlang der Bahnstrecke fuhren 25 277 Kilometer, und die Mini-Feuerwehr musste 15 122 mal ausrücken.

Auch die Bevölkerung im Miniatur-Wunderland hat sich entwickelt: Die Zahl der durchschnittlich 2,2 Zentimeter großen Einwohner ist von 30 582 auf 32 410 gestiegen. Trotz der Zuwanderung von 2368 Personen seien Verluste zu beklagen, teilten die Betreiber mit: 126 Todesfälle durch Staubsauger sowie 414 vermisste Personen, die von Kindern entführt wurden.

Dennoch ist Eingreifen erwünscht: „Durch Drücken der rund 100 Schalter können unsere Gäste witzige und überraschende Dinge geschehen lassen“, sagt Gerrit Braun, einer der vier Wunderland-Macher. Mit seinem Vater Jochen und seinem Bruder Frederick sowie Stephan Hertz hat der 34-Jährige im Dezember 2000 begonnen, sich einen Lebenstraum zu erfüllen. 100 000 Arbeitsstunden und 2,5 Millionen Euro haben die Vier und ihre Helfer investiert.

Die 300 000 Besucher, davon ein Drittel Kinder, die die Modellbahn innerhalb des ersten Jahres besichtigten, mussten im Schnitt eine Stunde auf Einlass warten. Die Zeit wurde ihnen mit 21 152 Litern Erfrischungsgetränken, 2758 Litern Kakao und 4155 Litern Glühwein sowie 1,3 Millionen Bonbons und 35 168 Eis am Stiel versüßt – und das gratis.

Und immer noch wird gebaut: Der zweite Abschnitt soll im Oktober fertig sein – er zeigt eine Hamburg nachempfundene Küstenstadt und vervollständigt damit die Landschaft „von der Küste zu den Alpen“. Im September wird mit dem letzten Bauabschnitt, einer amerikanischen Landschaft, begonnen. Anfang 2003, wenn alles fertig ist, kann Hamburg stolz auf die größte H0-Modelleisenbahn Europas sein, die schon jetzt die größte digitale Modelleisenbahn der Welt ist.

Das Miniatur-Wunderland, Kehrwieder 2, Block D, in der Hamburger Speicherstadt ist wochentags von 10 bis 18 Uhr, dienstags bis 21 Uhr, sowie am Wochenende und an Feiertagen von 9 bis 20 Uhr geöffnet. Eintritt: 8 € für Erwachsene, 4 € für Kinder.

@ *Aktuelle Wartezeiten und mehr unter www.miniatur-wunderland.de*

Erschienen in den Elmshorner Nachrichten am 10. August 2002

die von den 'Forumanen' selber ausgedacht und gebaut wurden. Hierbei entstanden Szenen mit hohem persönlichen Wiedererkennungswert. D.h. diejenigen, die als Benutzer im 'MFM' angemeldet sind, können sich auf der Anlage verewigen. Für den Schweiz-Abschnitt wurden die Mitglieder des Forums befragt, wen man sich denn als Schweizer Persönlichkeit im MiWuLa vorstellen könne. Es gab verschiedene Vorschläge hierzu, u.a. Emil, Yello oder auch DJ BoBo, der es dann auch wurde. Von ihm wurde ein Open Air-Konzert mit ca. 21.000 Figuren in 3 Wochen nachgebaut. Außerdem wurde ein akustisches Feature eingesetzt, ein Audio-Ausschnitt aus dem Konzertprogramm von DJ BoBo. Dieses kann alle paar Minuten per Knopfdruck ausgelöst werden. Die nahegelegene Werkstatt des MiWuLa war total entnervt. DJ BoBo ließ es sich jedoch nicht nehmen, sein Mini-Konzert und damit den Schweiz-Abschnitt persönlich zu eröffnen.

Es fährt auch ein 'MFM-Truck' durch den Amerika-Abschnitt. In seinem Container kann man die unterschiedlichen 'Forumanen' erkennen, die dort ein rauschendes Fest feiern. Und im Hamburg-Abschnitt fährt eine Barkasse, auf der sie eine Hafenrundfahrt machen. Im Schweiz-Abschnitt gibt es einen 'MFM-Zug' auf der Schmalspurbahn, auch wieder mit 'Forumanen' besetzt. Der Flughafen wird etwas Besonderes erhalten, voraussichtlich ein Standmodell einer A 380 der 'MFM-Air'.

Überhaupt wurden für den Flughafen sehr umfangreiche Recherchen durchgeführt. Es wurden Hobbypiloten sowie Physiker und Programmierer aus dem Forum befragt. Also ein sehr hoher Aufwand betrieben, damit der Flughafen ein voller Erfolg werden kann.

Im Laufe der Jahre entwickelten sich das Forum und seine Mitglieder immer weiter. Es gab immer wieder ein paar Relaunches und auch die Art und Weise, wie sich die Mitglieder im Forum unterhalten, hat sich geändert. Außerdem hat sich die Anzahl der Community-Mitglieder dank Socialnetworking erhöht. Im Forum gab es von Beginn an 9.400 Mitglieder, während sich auf der Facebook-Seite innerhalb von ca. 2 Jahren bereits 23.000 Personen angemeldet haben.

Abschließend möchte ich festhalten, dass durch das Forum eine große Fan-Community für das Miniatur Wunderland entstanden ist. Manche von uns treffen sich auch außerhalb dieses Forums zu gemeinsamen Aktivitäten. Seien es gemeinsame Bahnreisen durch das innereuropäische Ausland oder Treffen zwecks gemeinsamen 'Teppichbahnings'. Doch das Beste ist, dass man sich einmal im Sommer mit Gleichgesinnten trifft und viel Spaß bei diesen 'MFMs' hat. Ich als 'Forumane' möchte mich, auch im Namen der anderen 'Forumanen', auf diesem Wege recht herzlich für 10 Jahre 'MiWuLa' bedanken.

Hamburg

4. Abschnitt
Eröffnung 11/2002, ca. 200 qm
ca. 95.000 Arbeitsstunden

ICE-Betriebswerk
Anlage zur Wartung und Instandhaltung von ICE-Zügen

Michel
Nachbau nach Originalplänen aus 15.000 Einzelteilen

Güterbahnhof
Umschlagplatz für Handelsgüter aus aller Welt

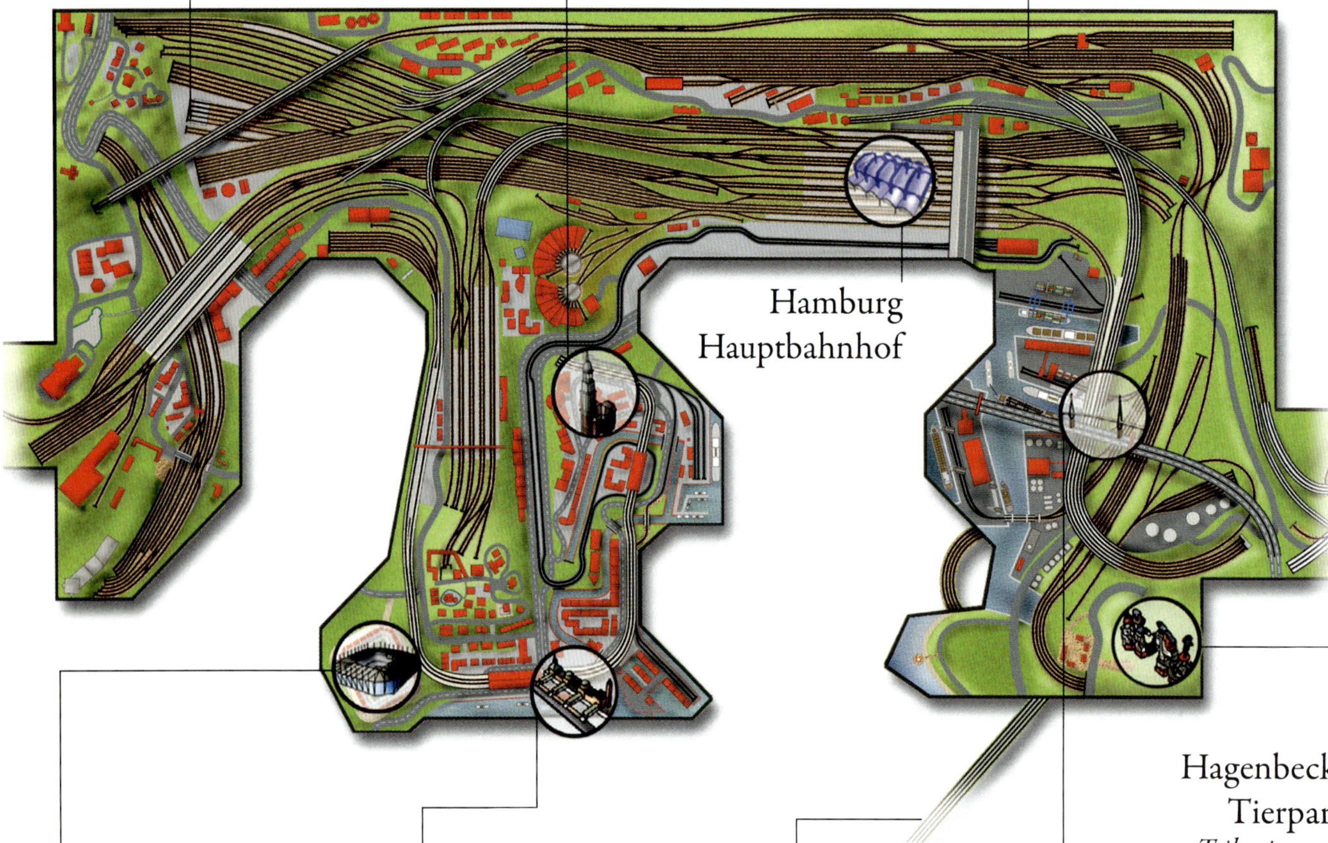

Hagenbecks Tierpark
Teilweise nach Originalplänen des Parks entworfen

Imtech-Arena
Maßstab nur 1:150, da sie sonst zu groß wäre, 12.500 Zuschauer, Bauzeit: ca. 2.000 Stunden

Landungsbrücken
Touristenattraktion und zentral gelegener Verkehrsknotenpunkt von S-Bahn, U-Bahn und Schiffen am Hamburger Hafen

Wunderländer Eurotunnel
verbindet Hamburg mit Amerika

Köhlbrandbrücke
Hamburgs größte Brücke Bauzeit: ca 1.000 Stunden

Wer kennt sie nicht, die netten Erdbeerstände!?

Ein Hafenarbeiter auf dem Weg zu seinem Arbeitsplatz.

Diese Giraffe kennzeichnet auch in der Realität den Eingang zu Hagenbecks Tierpark.

Hamburg

Hamburg ist die Heimatstadt des Miniatur Wunderlandes und die größte und am dichtesten bevölkerte Stadt im ganzen Wunderland. Hier leben im Schnitt ca. 250 Einwohner pro Quadratmeter. Knapp ein Viertel der insgesamt rund 50.000 Einwohner versammeln sich täglich im Volksparkstadion, um den knappen Sieg des HSV gegen den Stadtrivalen St.Pauli zu beobachten. Aber Hamburg hat auch viele andere Attraktionen zu bieten - sowohl für die Wunderländer Einwohner, als auch für die Besucher an der Anlagenkante. Die Stadt ist mit ihren bekanntesten Bauwerken auf rund 200 qm nachgebildet.

Täglich erreichen über 1.500 Züge aus Skandinavien, Knuffingen oder der Schweiz, gefüllt mit den Reisenden des Wunderlandes, den Hamburger Hauptbahnhof. Von dort brechen sie auf zu den zahlreichen Sehenswürdigkeiten, wie Hagenbecks Tierpark, der Köhlbrandbrücke, dem Michel oder zum winzigen Wunderland im Miniatur Wunderland. Dort fährt übrigens auf Knopfdruck, im Maßstab von 1:900, der kleinste Zug der Ausstellung.

Der Michel ist das wohl berühmteste Gebäude der Hansestadt und gilt auch als Wahrzeichen Hamburgs. Seine bewegte Geschichte begann bereits im 16. Jahrhundert und erreichte ihren traurigen Höhepunkt, als der Turm 1906 bei einem schweren Brand völlig vernichtet wurde. Der Entschlossenheit der Hamburger Bürgerschaft ist es zu verdanken, dass er 1912 wieder aufgebaut und eingeweiht werden konnte. Das aufwendige, von der Kirchenleitung genehmigte Wunderländer Architekturmodell ist ein vollständiger Eigenbau. Als Vorlagen dienten Originalpläne und zahlreiche Detailfotos. Hunderte kleiner Kunststoffteile wurden mit der Hand zurechtgesägt und passend gefeilt, bis daraus in 1000 Stunden dieser Prachtbau erstand.

Ein Trompeter erklimmt mehrmals täglich den Hamburger Michel und spielt aus luftiger Höhe den Choral 'Gott zum Lobe, den Menschen zur Freude'. Genau wie beim Vorbild pflegt auch bei uns ein Miniatur-Trompeter die jahrhundertealte Tradition.

Die Kehrwiederspitze in der HafenCity mit Blick auf das Columbushaus und Elbphilharmonie.

4. Bauabschnitt: Hamburg

Bauphase	13 Monate (11/2001 - 11/2002)
Modellfläche	200 qm
Arbeitsstunden	ca. 95.000
Gleislänge	2.600 Meter
Züge	190
Waggons	2.200
Signale	260
Weichen	550
Computer	9
Lichter (LED)	ca. 60.000
Häuser und Brücken	1.000
Figuren	50.000
Autos	1.300
Bäume	15.000

Beim Torjubel auf Knopfdruck bringt gleichzeitig ein Blitzlichtgewitter die Stimmung in der Arena zum Kochen.

Wenn Sie den Hamburg-Abschnitt betreten, kommen Sie direkt auf die 'Imtech Arena' zu. Dieses Modell (ursprünglich Volksparkstadion) ist ein ganz besonderer Bau und mit Sicherheit eines der großen Wahrzeichen des Wunderlandes. Der Bau des HSV Fußballstadions dauerte rund 1.200 Arbeitsstunden und kostete über 20.000 €. Die Umrüstung des beleuchteten Schriftzuges dauert stets einige Arbeitstage. Auf den Tribünen sitzen und stehen 12.500 Figuren, die alle per Hand eingeklebt wurden. 90 Fotografen erzeugen auf Knopfdruck ein Blitzlichtgewitter. Insgesamt sorgen ca. 2.000 LEDs für eindruckvolle Beleuchtung.

Die Arena wurde übrigens im Maßstab 1:150 gebaut, da ein maßstabsgetreues Modell in 1:87 knapp viermal so groß geworden wäre. Sie wurde seit ihrem Bau im Wunderland bereits dreimal umbenannt. Zur Zeit der Fertigstellung im Jahr 2002 hieß sie 'AOL-Arena'. Mit einem realen Miniatur Feuerwerk wurde der Name am 4. Juli 2007 in Vorwegnahme tatsächlicher Ereignisse auf 'HSH-Nordbank-Arena' umbenannt und am 1. Juli 2010 der Schriftzug 'Imtech Arena' enthüllt.

In der 'Imtech Arena' findet regelmäßig, genau genommen jeden Tag, das legendäre Derby zwischen dem Hamburger SV und dem FC St.Pauli statt. Das Stadt-Derby wurde bisher 227.806 mal ausgetragen. Der HSV führt das Spiel übrigens mit 948.701 zu 711.525 Toren an. Stand 02/2015.

Die Imtech-Arena ist eines der Modelle, auf die wir besonders stolz sind!

Wenn auch in 1:150 wesentlich weiter eingeschrumpft, bietet sie Platz für 12.500 Besucher.

Ein Liedchen zur Einstimmung auf das Spiel.

'Das ist wie fliegen ..'

Lotto und Pape geben das 'Go'.

DAS PRINZIP DER UNWIRTSCHAFTLICHKEIT

Erfolg durch unwirtschaftliches Handeln

Text *Sebastian Drechsler, Leiter Kreativteam, Miniatur Wunderland*
Bilder *Miniatur Wunderland*

Mittlerweile wurde das Miniatur Wunderland von rund 11.000.000 Menschen aus allen fünf Kontinenten besucht. Damit ist die weltgrößte Modelleisenbahn zur erfolgreichsten Dauerausstellung Norddeutschlands geworden und gehört mittlerweile zu den 10 erfolgreichsten in Europa. Die Stadt Hamburg hat dem Wunderland allein im Jahr 2011 rund 200.000 Übernachtungen zu verdanken. Für das Jahr 2012 deuten die Prognosen abermals auf einen Besucherrekord hin. Zum ersten Mal wird wahrscheinlich die 1.200.000 Besuchermarke geknackt. Rein von der Nachfrage her wären schon im Jahr 2012 rund 1.6 Millionen Besucher möglich gewesen, was jedoch durch eine besucherfreundliche Einlasspolitik verhindert wurde. Die Gebrüder Braun wurden im Jahr 2006 zu Hamburgs Unternehmern des Jahres gewählt, im Jahr 2010 waren sie Finalisten vom bundesweit wichtigsten Entrepreneurs-Preis und mittlerweile gibt es aus verschiedenen Teilen der Welt Anfragen von Investorengruppen, die dieses Hamburger Erfolgsprojekt auch in ihren Städten etablieren wollen. Bisher wurden jedoch alle Anfragen abgelehnt. Wieso die Welt erobern, wenn man das schönste Stück schon um sich hat?

Frederik sagt häufig, dass es anderen Unternehmern und Investoren sehr schwer zu vermitteln ist, dass sich der Erfolg des Wunderlandes nicht auf wirtschaftliche Kennziffern reduzieren lässt, da gerade das aus wirtschaftlicher Sicht irrationale Handeln zu einem großen Teil für den Erfolg verantwortlich ist.

Der Bau des Miniatur Wunderlandes hat bisher rund 600.000 Arbeitsstunden verschlungen und ca. 15 Millionen Euro an Investitionen erfordert. Mittlerweile arbeiten rund 300 Menschen an diesem Projekt und genau das unterscheidet das Miniatur Wunderland von anderen Unternehmen. Das Wunderland setzt auf den Faktor Mensch. Unternehmensberatungen würden wahrscheinlich behaupten, dass die gleiche Anzahl an Bäumen, Menschen, Gebäuden und Zügen mit der Hälfte an Mitarbeitern zu betreiben wäre, aber dann wäre die Anlage nach unserer Meinung kein Wunderland mehr. Gerrit beschreibt den Erfolg, dass alle Mitarbeiter die Freiheit haben, eigenverantwortlich an der Anlage zu arbeiten, auch wenn das sehr zeitintensiv ist. Und genau das spüren die Besucher beim Betrachten der Anlage, wenn sie auch noch an den entlegensten Ecken liebevoll nachgebildete Details entdecken.

Aber nicht nur die modellbauerische Hingabe ist aus unserer Sicht für die Begeisterung vieler Besucher verantwortlich. Genauso wichtig wie die modellbauerische Perfektion ist der Service. Wir versuchen immer alles dafür zu tun, dass der Besucher die Ausstellung lächelnd betritt und begeistert verlässt. Diese Maxime lässt sich in allen Teilen des Wunderlandes entdecken. So werden die Gäste zum Beispiel schon direkt in der Warteschlange mit Getränken und Snacks versorgt.

Der anhaltende Erfolg bei den Besuchern hat das Wunderland auch wirtschaftlich erfolgreich gemacht. Klar ist Wirtschaftlichkeit wichtig, schließlich wollen wir rund 300 Mitarbeiter jeden Monat unser Gehalt bekommen. Alles andere wäre geheuchelt. Aber fast wichtiger ist die Tatsache, dass wir uns nie so fühlen, als ob es bei unserer Arbeit ums Geldverdienen geht, sondern wir gemeinsam mit Gerrit, Frederik und Stephan an einem großen realen Traum spinnen.

Top 10 europ. Dauerausstellungen*
** www.trivago.de, 2009*

1. Wachsfigurenkabinett, Madame Tussauds, London **2. Louvre, Paris, 3. British Museum, London, 4. Nationalmuseum Prado, Madrid** *5. London Dungeon* **6. Miniatur Wunderland, Hamburg** *7. Anne Frank Museum, Amsterdam* **8. Galeri Uffizi, Florenz** *9. Sexmuseum, Amsterdam* **10. Centre pompidou**

Am Hamburger Hauptbahnhof herrscht stets ein reges Treiben.

2002

Am 7. Mai 1907 eröffnete Carl Hagenbeck jun. am jetzigen Standort den ersten Tierpark der Welt mit gitterlosen Gehegen.

Tierisches Wunderland

Text *Dr. Carl Claus Hagenbeck, geschäftsführender Gesellschafter Carl Hagenbeck GmbH*
Bilder *Miniatur Wunderland*

Mein Stichwort steckt schon im Namen: 'Miniatur Wunderland'. Ich habe mich schon gewundert, wie man die ganze Welt – na ja fast die ganze Welt, Hagenbeck's Tierpark ist jedenfalls vertreten – in einem alten Hamburger Kaispeicher unterbringen kann. Eine Welt, in der die Züge pünktlich fahren, das Finanzamt mehrmals täglich abbrennt, die Feuerwehr allerdings immer sofort zur Stelle ist und auch sonst so manche Szene aus dem wirklichen Leben zu bestaunen ist. Man kann! Wenn man eine Idee hat, und die mit Enthusiasmus und Beharrlichkeit in die Wirklichkeit umsetzt. Und dafür bewundere ich die Zwillinge Gerrit und Frederik Braun. Wer das unternimmt, ist Unternehmer in bester hanseatischer Tradition.

Herzlichen Glückwunsch an das Miniatur Wunderland,
die Chefs und alle Mitarbeiter.

Die Fütterung der Tiere ist seit jeher ein großes Highlight bei Hagenbecks.

Ein kleiner Museumshafen mit historischen Schiffen.

Schlepper und Frachtschiffe haben im Hafen fest gemacht.

Die Landungsbrücken sind ein beliebtes Ausflugsziel.

PANNGALAKTISCHER DONNERGURGLER

Gegen Ende des 19. Jahrhunderts wurde auf der Hamburger Brookinsel südlich des Zollkanals ein neuer Speicherbereich (die Speicherstadt) für den Hamburger Freihafen gebaut.

Die langgestreckten Speicherblöcke mit Straßen- und Fleetfronten bilden mit bis zu siebenstöckigen Ziegelbauten eine eindrucksvolle Geschlossenheit. Die Speicher dienen zum Teil auch heute noch der Lagerung von hochwertigen Importgütern, wie Tabak, Kaffee, Kakao, Tee, Rum, Trockenfrüchten, Nüssen, Gewürzen u.v.a. Aber auch Konserven, elektronische Geräte sowie Rohseide und orientalische Teppiche werden hier gelagert.

Die Wunderländer Speicherstadt ist im so genannten 'Kitbashing' entstanden. Das bedeutet, dass aus verschiedensten Serienbausätzen diverse Fassaden und Dächer verwendet werden, um dann durch Zuschnitte und Einfärbungen ein anderes Gebäude entstehen zu lassen. In mühevoller Handarbeit wurden sogar kleinste Erker und Simse nachgebildet. Um möglichst originalgetreu zu bleiben, steht im Wunderland eine Gebäudezeile am Fleet, die andere auf der gegenüberliegenden Straßenseite mit holprigem Kopfsteinpflaster. Eine besondere Attraktion ist die 'Modellbahn in der Modellbahn' – der 4.Stock eines Modellspeichers beherbergt die kleinste Eisenbahn der Welt (Maßstab 1:900), und dort dreht sie auf Knopfdruck munter ihre Runden.

Durch die kleinen Fleete manövrieren Barkassen mit ihren Gästen.

Teile der Speicherstadt sind ebenfalls nachempfunden.

Die Landungsbrücken und im Hintergrund sieht man die historischen Gebäude der Speicherstadt.

Das Wunderland setzt schon seit langem auf regenerative Energien. Lange bevor die Diskussion um den Klimawandel in der Öffentlichkeit angekommen war, hat sich das Miniatur Wunderland dafür entschieden, auf erneuerbare Energien zu setzen. Da die Anlage pro Jahr ca. 1.400.000 kW/h verbraucht, ist es nach Meinung von Gerrit und Frederik eine Selbstverständlichkeit, dieses Volumen umweltschonend zu decken.

Diese Einstellung spiegelt sich auch auf der Anlage wieder. Es gibt kein Atomkraftwerk, dafür aber einen großen Windpark. Dort stehen selbstgebaute Modelle der Firma Nordex, die aufwendig in Handarbeit gefertigt wurden und sich durchaus mit den Originalen messen können.

Der Blick von oben auf die Speicherstadt.

Ein auf Knopfdruck zu startender Windpark inmitten der Gleisanlagen.

Beim Hamburger Radrennen geht es hoch auf die Köhlbrandbrücke.

Im Wunderland der Superlative

Text *Dietrich von Albedyll, Vorsitzender der Geschäftsführung Hamburg Tourismus GmbH*
Bilder *Miniatur Wunderland*

„Aus vielen, die uns anfangs nicht für voll genommen haben, sind mittlerweile große Wunderlandfans und -verfechter geworden", so resümierte Frederik Braun die Sinneswandlung vieler anfänglicher Skeptiker. Diese revidierten ihre Meinung schnell, als sich das Miniatur Wunderland mit großen Schritten zur meistbesuchten Dauerausstellung Norddeutschlands entwickelte.

Ich möchte noch weitere Superlative hinzufügen: Die größte Modelleisenbahn der Welt ist auch eine der wichtigsten Touristenattraktionen Hamburgs. Sie ist mit mehr als einer Million Besuchern jährlich nicht mehr wegzudenken aus dem touristischen Angebot der Stadt. Das Miniatur Wunderland ist ein Botschafter der Herzen und begeistert Jung und Alt in Deutschland und der ganzen Welt.

Was die weltoffene Metropole Hamburg im Großen, stellt das Miniatur Wunderland im Kleinen dar: Die ganze Welt an einem Ort. Das ist für mich das verbindende Element der Stadt Hamburg mit dem Miniatur Wunderland. Ich wünsche den Gründern Frederik und Gerrit Braun und dem gesamten Team eine Fortführung der Erfolgsgeschichte Miniatur Wunderland und weiterhin viele inspirierende Ideen bei der Ausgestaltung ihres 'wahr gewordenen Traums'.

Ausgelassene Stimmung in einem Hamburger Freibad.

2002

2003

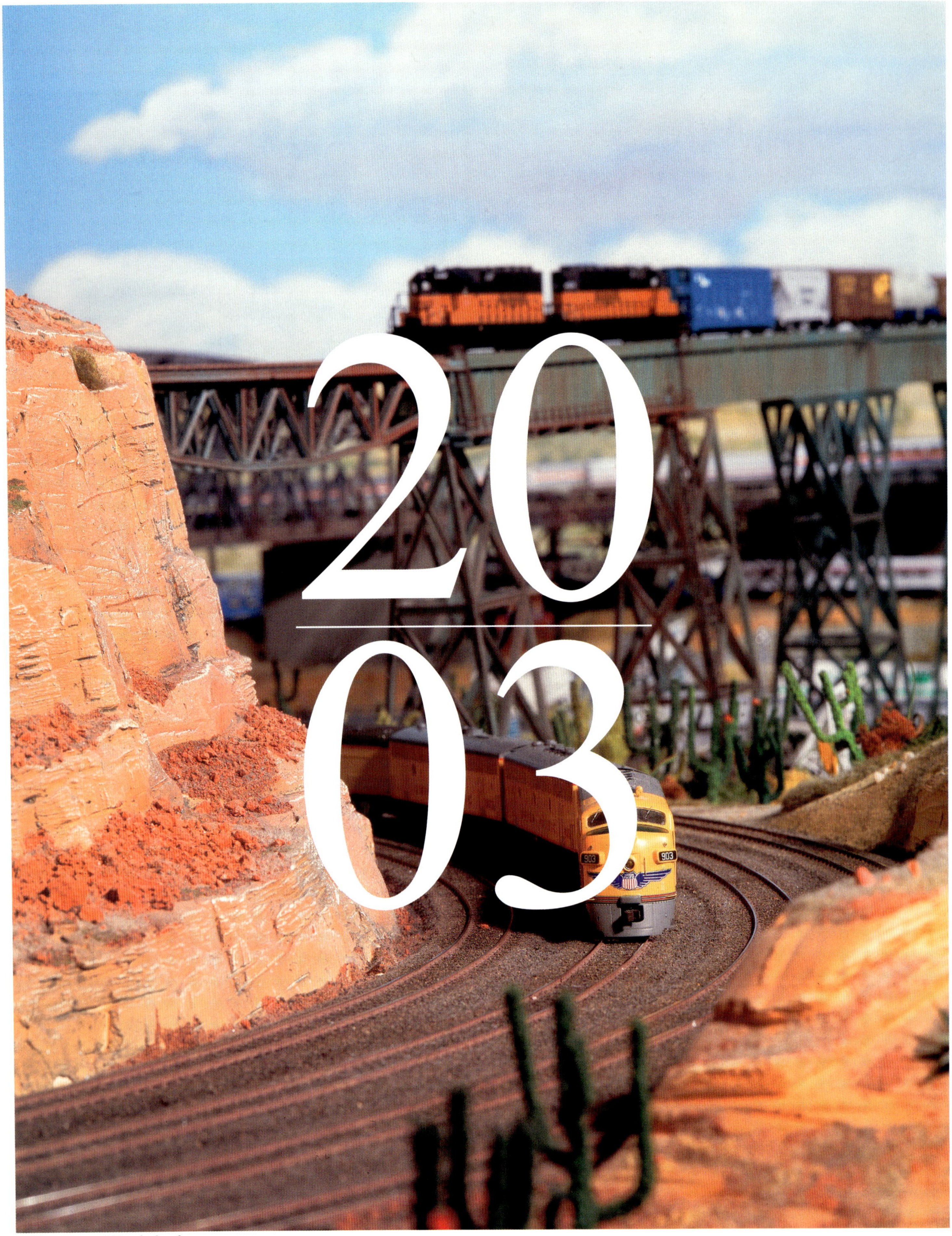

Bild *Miniatur Wunderland*

3.08.2003

Erstes MiWuLa-Forumanen-Meeting

16.08.2003

2. Geburtstag des Miniatur Wunderlandes

23.08.2003

Aufbau der ersten Schließfächer

14.10.2003

Die Straßenbeleuchtung von Miami ist fertig gestellt

25.10.2003

Fertigstellung des Leitstandes

8.12.2003

Eröffnung des Amerika-Abschnittes

Cafe
Domino
sugars
LUXOR
CAFE

Amerika

5. Abschnitt
Eröffnung 12/2003, ca.100 qm
ca. 80.000 Arbeitsstunden

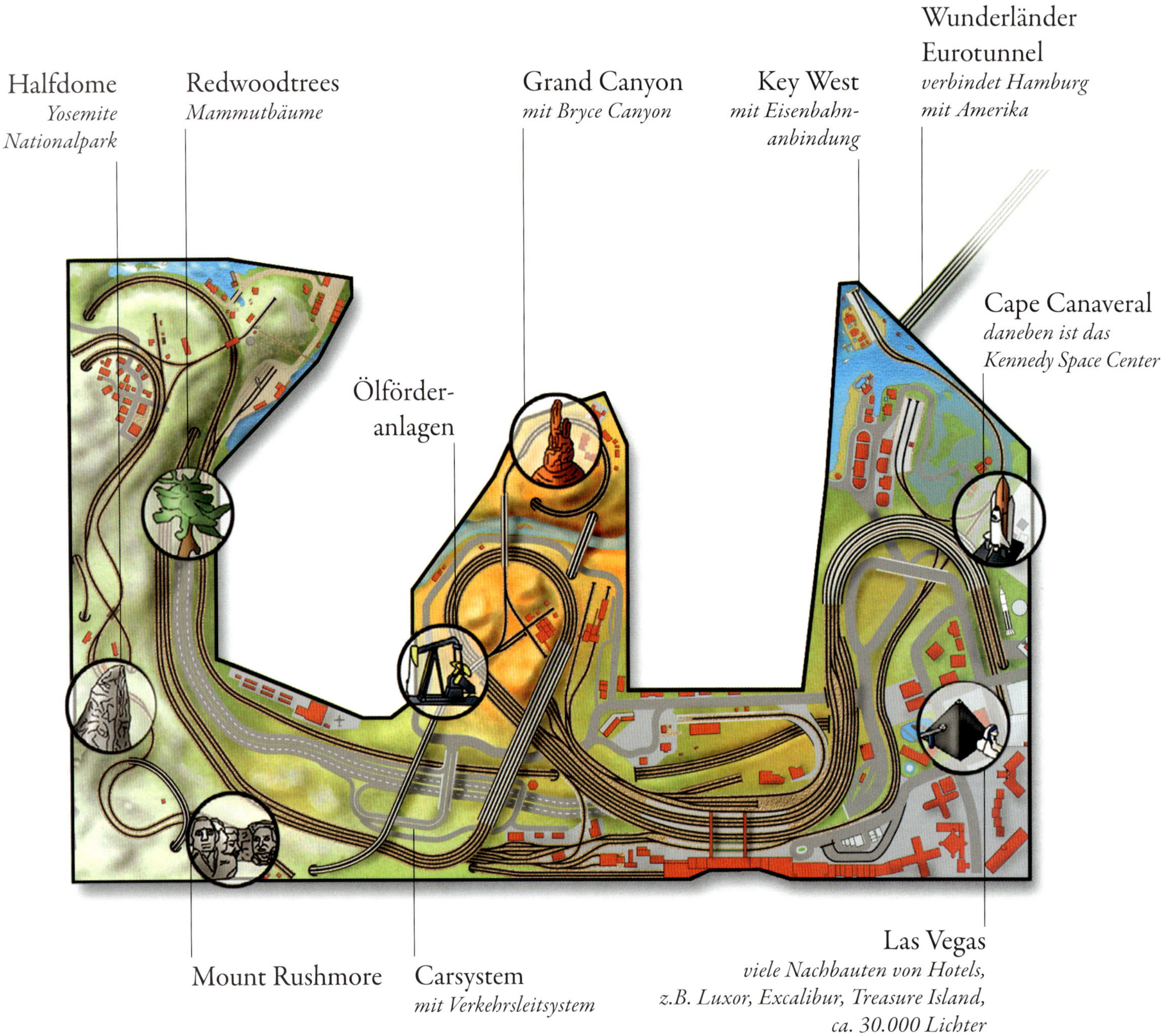

Der tolle Ausblick lädt zu einer Pause ein.

Auch die Show von 'SeaWorld' darf natürlich nicht fehlen!

Auf dem alten Bahnhofsgelände ereignet sich eine Schießerei, das Gebäude ist bereits umstellt.

Eine amerikanische Lokomotive (General Electric Dash 8-40BW) steht in einem Bahnhof in der Nähe der Everglades.

Amerika

Der im Jahr 2003 eröffnete Abschnitt 'Amerika' ist bezeichnenderweise von der Fläche her kleiner als sein "Nachbarstaat" Hamburg, jedoch in keinem Falle ärmer an Attraktionen! Die Wüsten- und Zockermetropole Las Vegas ist der leuchtendste Fleck Erde im Wunderland. In dieser weltbekannten Stadt sind gut 1/10 aller Wunderländer Lichter installiert – rund 30.000 Stück.

Aber auch die anderen Gebiete sind landschaftlich atemberaubend. So gehen die Keys und Cape Canaveral direkt in Las Vegas über und der Grand Canyon ist nur durch einen befahrenen Highway vom Mount Rushmore und dem Yosemite Nationalpark getrennt. Die Vereinigten Staaten von Wunderland sind, gemessen an anderen Abschnitten, von der Fläche her nicht so groß wie andere Abschnitte – jedoch ebenfalls voller Sehenswertem!

Als größte Stadt im US-Bundesstaat Nevada ist sie vor allem wegen ihrer immensen Anzahl an Kasinos berühmt. Diese Tatsache war es auch, die uns zu der Entscheidung verhalf, im Amerika-Abschnitt Las Vegas und nicht etwa New York oder Hollywood modellbauerisch umzusetzen. In Las Vegas wurde durch die rund 30.000 eingebauten und verkabelten LEDs ein eigener Rechner zur Steuerung benötigt. Alle Lichteffekte zu erzielen, die es auch in der Realität zu bestaunen gibt, hat dafür gesorgt, dass die Stadt bei Nacht von einem Lichtkegel eingehüllt ist.

5. Bauabschnitt: Amerika

Bauphase	11 Monate (01/2003 - 12/2003)
Modellfläche	100 qm
Arbeitsstunden	ca. 80.000
Gleislänge	1.400 Meter
Züge	140
Waggons	2.800
Signale	120
Weichen	300
Computer	6
Lichter (LED)	ca. 70.000
Häuser und Brücken	450
Figuren	30.000
Autos	800
Bäume	30.000

Key West mit seinem, auf Holzpfählen errichteten, Bahnhof im Sumpfgebiet.

2003

Reißende Wasserfälle demonstrieren unwegsames Gelände. Durch eine solche Landschaft eine Bahnstrecke zu bauen, bedeutet immer eine besondere

Der Zug, der Santa Fe passiert, fährt auf einem der schönsten Streckenabschnitte. In gewaltigen Kaskaden stürzt das Wasser an mehreren Stellen an den Felsen hinunter.

Wasser ist ein markantes Stilmittel auf einer Modellbahnanlage. Es bedarf immer besonderer Sorgfalt, eine Wasserfläche so nachzuempfinden, dass sie dem natürlichen Abbild entspricht. Die bereits modellierten und farblich gestalteten Untergründe werden mit Kunstharz ausgegossen. Strukturen, Wellen und kleine Strömungen des Wassers können dabei mit etwas Übung während des Aushärtens nachempfunden werden.

Doch die Bergwelt der Rocky Mountains ist, wie auf dem Foto zu sehen, dominiert von Wasserfällen. Einen stehenden und trotzdem scheinbar lebendig wütenden Wasserfall zu entwickeln, ist besonders kompliziert. Hier waren unsere ersten Versuche aus Silikon. Anfänglich sehr zufrieden stellend, vergilbt dieses Material aber im Laufe der Zeit und wirkt dann dreckig und unwirklich. Mittlerweile bauen wir unsere Wasserfälle aus Filtermatten, ursprünglich gedacht für Klimaanlagen. Diese weißen Matten lassen sich gut zurechtrupfen und in die gewünschte Form auf der Anlage bringen. Anschließend werden Sie mit Kunstharz eingepinselt, um die Festigkeit zu erhöhen und den optischen Eindruck zu perfektionieren.

Herausforderung für die Eisenbahningenieure und eine große Freude für den Modellbauer.

Der längste Zug im USA-Abschnitt misst 14,51 Meter und besteht aus 66 Wagen und 5 Loks.

Der Mount Rushmore in South Dakota gehört zu den bekanntesten Wahrzeichen Amerikas und durfte daher natürlich auch im Wunderland nicht fehlen. Das Original wurde in den Granit gesprengt, gehämmert und gemeißelt. Das Nachbilden der Köpfe der amerikanischen Präsidenten Washington, Jefferson, Roosevelt und Lincoln hat insgesamt 14 Sommer gedauert.

Die Abbildung dieses Monuments der vier großen amerikanischen Persönlichkeiten verlief im Wunderland viel filigraner. Die Köpfe wurden in mühevoller Kleinarbeit und etlichen Arbeitsstunden vorab modelliert und dann in die Rockys eingegipst.

Das amerikanische Monument aus South Dakota durfte im Wunderland nicht fehlen. Es thront bei uns in den Rocky Mountains über den Gleisstrecken und dem etwas tiefer verlaufenden Car-System-Highway.

Der Grand Canyon liegt original im US-Bundesstaat Arizona, ist 450 Kilometer lang und in Millionen von Jahren gewachsen. Der Grand Canyon im Wunderland ist zwar nicht ganz so lang und brauchte zum Wachsen auch nicht Millionen von Jahren – stellte die Erbauer jedoch vor eine sehr große Herausforderung. Vor dem Bau des großen Canyon gab es noch keine Erfahrungen mit der Erstellung dieser charakteristischen roten Felsen und so musste lange an einem Testfelsen geprobt werden, bis der Bau endlich beginnen konnte. Vor allem, weil das von Postkarten bekannte Rot in der Realität nur bei bestimmter Sonnenanstrahlung während der Dämmerung zu sehen ist, musste hier ein Kompromiss gefunden werden.

Auf der Brücke über den Grand Canyon ist ein Zug in Doppeltraktion unterwegs. Eine EMD SD 40-2.

Am Miami Beach wird auch bei Nacht ausgelassen gefeiert.

Die sechsspurige Hauptstraße in Las Vegas führt zwischen den großen Hotels mit ihren spektakulären Attraktionen hindurch.

Ein Tag dauert 15 Minuten

Text *Gerrit Braun, Mitbegründer des Miniatur Wunderlandes*
Bilder *Miniatur Wunderland*

Neben dem Carsystem sind die Lichtsteuerung und die damit verbundene Tag- und Nachtsimulation absolute Highlights des Miniatur Wunderlandes. Über 250.000 Lichter gehen alle 15 Minuten dynamisch und den unterschiedlichen Tagesrhythmen der Wunderländer Bewohner angepasst an. Wenn der Tag zur Nacht wird, erzeugen unendlich viele Lichter eine einzigartige Stimmung. Damit ist nicht gemeint, dass alle Laternen eines Straßenzuges bei Dämmerung gleichzeitig angehen, sondern dass jede Laterne einzeln angesteuert wird. Schließlich flackern Neonleuchten beim Einschalten erstmal und das natürlich unabhängig voneinander! Ebenso unrealistisch wäre es, wenn in einer Wohnung alle Lichter gleichzeitig angehen würden.

Dieser Wunsch nach Perfektion und die damit verbundenen Ansprüche konnten nicht von den auf dem Markt vorhandenen Lichtsteuerungen erfüllt werden und so entwickelten wir unsere eigene Lichtsteuerung: 'Switchkarte', das später in 'MiWuLight' umbenannt wurde. Hier waren allerdings besonders im Bereich der Programmierung hohe Hürden zu überwinden. Es galt nun, bis zu 10.000 gleichzeitig anzusteuernde Schaltausgänge am Computer zu schaffen, während die Software parallel dazu immer aufwendiger wurde und immer wieder nachgebessert werden musste. Dies lag unter anderem daran, dass die Geschwindigkeit der Rechner damals nur knapp ausreichte, um die Inszenierung der Beleuchtung ruckfrei zu realisieren.

Es musste immer wieder an der Kommunikation zwischen den anfänglichen 11 und mittlerweile 40 Rechnern gefeilt werden. In der Testphase kämpften wir zusätzlich mit Problemen in Bezug auf den Timer, so z.B. bei der Radarfalle in Knuffingen, die immer etwas zu spät blitzte.

Ein absolutes Highlight in Bezug auf die Lichtsteuerung findet sich übrigens in unserem Amerika-Abschnitt: Las Vegas! Diese Stadt ist vor allem auch wegen ihrer großen Anzahl an Kasinos als 'City of Lights' berühmt und genau dieser Umstand war es auch, der uns zu der Entscheidung verhalf, nicht etwa New York oder Hollywood als Thema modellbauerisch umzusetzen. In Las Vegas wurden mehr als 30.000 LEDs verbaut und es braucht alleine in diesem Abschnitt einen kompletten Rechner für die Steuerung der Lichter. Die Gebäude wurden dem Original nachempfunden und man kann das Hotel/Casino 'Luxor', 'MGM', 'Treasure Island' mit der Piratenshow und dem sinkendem Schiff, 'New York', umringt von der spektakulären Achterbahn, und noch viele weitere Highlights bewundern. An dem im Vordergrund stehenden Casino Royal wird deutlich, warum zur Beleuchtung der gesamten Stadt 5 Elektroniker ein Jahr löten mussten: Alleine in diesem kleinen Gebäude wurden sechs Wochen lang LEDs verlötet und von der Menge der feinen Kupferlackdrähte könnte man sich eine Mütze oder ein Paar Socken stricken.

Das kleine, gemütliche Weihnachtsdorf liegt im Wunderland idyllisch auf einem Hochplateau am Rande der Rocky Mountains. Es ist das ganze Jahr weihnachtlich geschmückt und bunte Lichter an den Fassaden sorgen für feierliche Stimmung. Das Dorf ist eine Hommage an Weihnachten und eine Respektbekundung an die Weihnachtsmänner, deren Leistungen häufig unterschätzt werden.

In den letzten 14 Jahren haben die Steuerungsrechner des Licht- und Carsystems untereinander 1.415.166.000 Befehle ausgetauscht.

Lichter (LED) gesamt	ca. 347.000
Lichter in las Vegas	30.000
Verlegte Kabellänge (auf der gesamten Anlage)	ca. 6.000 Kilometer

Im Hintergrund des Hotel 'Luxor' sieht man das Hotel und Casino 'New York' mit seiner berühmten Achterbahn.

In den zahlreichen Casinos rund um Las Vegas soll schon so mancher Wunderländer sein Konto hemmungslos überzogen haben. Die wenigsten gingen als Millionäre.

Vor dem Hotel 'Luxor' macht eine Einschienenbahn Halt.

Ein Schwerlasttransport wird von einem Polizeiwagen begleitet.

Der Glastunnel unter den Füßen der Wunderlandbesucher verbindet Hamburg und Las Vegas miteinander.

Im Tunnel von Hamburg nach Las Vegas

Amerika-Abschnitt im Miniatur-Wunderland

Hamburg (lno). Das Miniatur-Wunderland, eine der größten Modelleisenbahn-Landschaften der Welt, hat gestern in Hamburg einen neu gestalteten Amerika-Abschnitt eröffnet. Er ist rund 100 Quadratmeter groß und zeigt unter anderem den Grand Canyon und Florida. Mehr als 900 000 Besucher haben bereits die Landschaften und Eisenbahnen in der Speicherstadt besichtigt, sagte Geschäftsführer Stephan Hertz. Im kommenden Jahr erwartet Hertz rund 450 000 Besucher.

Ein Eurotunnel verbindet den Hamburg-Abschnitt mit Las Vegas. Noch fehlen einige der 20 000 Lampen, um die Stadt zu erleuchten. Wenn es für zwei Minuten Nacht wird in der Ausstellung, strahlt aber schon ein weihnachtliches Dorf. Liebhaber seien allerdings schon wegen des Modells der größten Dampflokomotive der Welt „Big Boy" begeistert, die sich stampfend und pfeifend über die Gleise schiebt.

Die US-Generalkonsulin Susan Elbow startet in der Kulisse des Grand Canyons den Amerika-Abschnitt der Schau.

Die Superlative sammeln sich in dem Amerika-Abschnitt: Hier steht die größte Brücke mit 2,80 Metern im Grand Canyon. Der längste Zug fährt hier mit 13,5 Metern und 60 Waggons auf insgesamt 1,6 Kilometer langen Gleisen.

Dieser Zeitungsartikel ist zur Eröffnung des Amerika-Abschnittes am 9. Dezember 2003 in der Bergedorfer Zeitung erschienen.

Wer unerwartet ein Vibrieren unter den Füßen spürt, könnte gegebenenfalls auf einigen unserer Züge stehen, denn nur 15 cm unterhalb der Besucher-Fußsohlen rauschen sie entlang. Dieses ehrgeizige und aufwändige Projekt ist die weltweit erste Eisenbahnverbindung zwischen Hamburg und Amerika. Doch keine Angst, die filigranen Züge werden durch eine 20 Millimeter starke Panzerglasscheibe geschützt. Mit schwerem Baugerät wurde der Betonfußboden auf einer Länge von 5 Metern ausgehöhlt und die Seitenwände mit 400 LEDs bestückt. Besonderes Augenmerk wurde auf die Dichtungen der Fugen gelegt, damit bei der täglichen Fußbodenreinigung kein Wasser in den Tunnel dringt. Aber was passiert, wenn dort ein Zug entgleist? Der längste Arm unseres größten Mitarbeiters misst gerade mal einen Meter. Da hilft dann nur ein 'Räumzug' mit mehreren Lokomotiven, der den Unfallverursacher – notfalls mit Gewalt – aus dem Tunnel schiebt.

Auf dem Highway gibt das Verkehrsleitsystem Auskunft über Stau, Unfälle oder einen regelmäßig auftretenden Steppenbrand (unten links im Bild).

Die Diesellok PA1 der Union Pacific passiert eine viel befahrene Straße in Las Vegas.

2003

Das Carsystem in Amerika

Für den Bau eines Carsystem-Autos werden 10 bis 52 Arbeitsstunden benötigt.

Text *Gerrit Braun, Mitbegründer des Miniatur Wunderlandes*
Bilder *Miniatur Wunderland*

Der Amerika-Abschnitt beherbergt das zweitgrößte Carsystem des Miniatur Wunderlandes. Das Herz der Anlage stellt ein riesiger Schattenbahnhof dar, der über einen vierspurigen Freeway (Autobahn) erreicht wird. Die Highlights auf diesem Highway sind neben hohem Verkehrsaufkommen, Buschbrände oder Verkehrsunfälle. Hier können bis zu 52 Fahrzeuge betroffen sein und einen bis zu 8 Meter langen Stau verursachen! Auf dem Highway gibt es erstmalig auch ein Verkehrsleitsystem für das Carsystem. Hier werden bei einem Brand oder Unfall die betroffenen Fahrspuren gesperrt und die Autos auf andere Spuren umgeleitet. Die Hinweise werden über elektronische Anzeigetafeln über dem Highway übermittelt.

Über eine Freeway-Abfahrt können die Fahrzeuge auf eine Interstate in Richtung Las Vegas fahren oder sie nutzen eine andere Strecke und durchqueren den Grand Canyon. Aufgrund der Fahrbahnenge müssen sich entgegenkommende Fahrzeuge hier miteinander arrangieren. Interessant anzusehen ist auch die extrem schmale Holzüberquerung durch die Everglades.

Im Amerika-Abschnitt wurde auch erstmals eine computergesteuerte LKW-Verladung auf einen Zug, die so genannte 'rollende Straße', verwirklicht. Bis zu 5 LKW fahren selbständig auf den Zug. Nachdem dieser beladen ist, fährt er mit seiner schweren Fracht los. Zu einem späteren Zeitpunkt kehrt er zurück, um die LKW wieder zu entladen. Übrigens mussten wir, um die für die USA typischen 'Roadtrains' (LKW mit bis zu drei Anhängern) kollisionsfrei über die Straßen zu steuern, unsere Steuerungssoftware umfassend anpassen.

Der Amerika-Abschnitt verfügt über eine 16er-Ladestation, und genau wie der Anlagenabschnitt Knuffingen, über 200 Abzweigungen und eine Streckengesamtlänge von 305 Metern. Ohne nennenswerte Staubildungen können in diesem Abschnitt ca. 80 Fahrzeuge gleichzeitig fahren.

Das nächtliche Treiben auf dem Strip in Las Vegas.

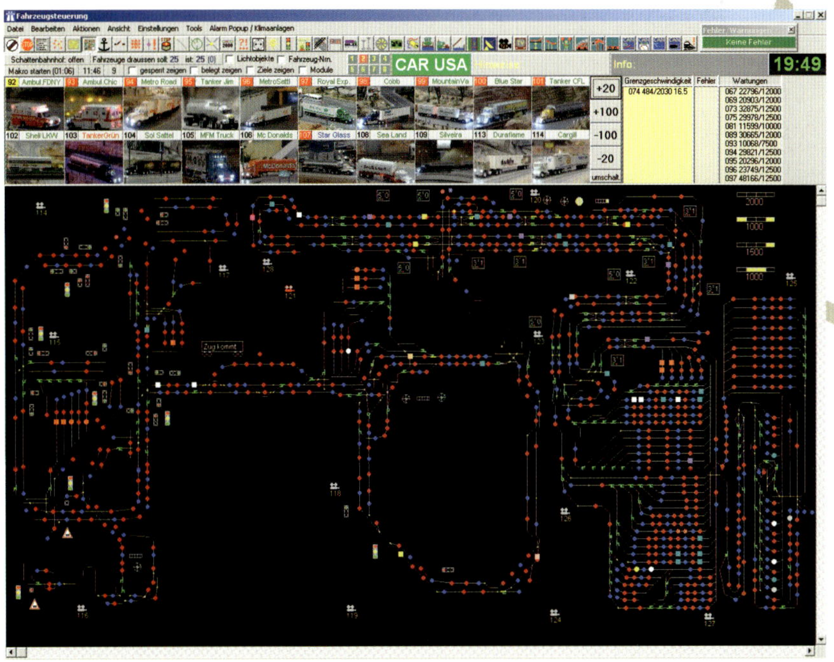

Der Überwachungsmonitor der Carsystem-Steuerung am Leitstand. Die bunten Quadrate zeigen einzelne Fahrzeuge, die gerade im Amerika-Abschnitt unterwegs sind.

Eine ausgediente Rakete auf dem Gelände des 'Kennedy-Space-Centers'.

Auch das Space-Center durfte im Amerika-Abschnitt nicht fehlen. Nebenan startet hier das Space Shuttle auf Knopfdruckbefehl des Zuschauers und fliegt empor in die Weiten des Alls. Richtung Umlaufbahn unterwegs ist der Betrachter dabei, wie es mit leuchtenden Düsen die Erdanziehung überwindet. Seit Eöffnung dieses Bauabschnittes ist es im Wunderland 13.809.299 mal (Stand 02/2015) in die Höhe gestiegen. Drei Totalabstürze gab es allerdings auch, verbunden mit aufwendigen Reparaturarbeiten für das Team aus Modellbau und Technik.

Am 'Kennedy-Space-Center' gibt es viel zu besichtigen. Eine Lok der Baureihe Alco-425 transportiert Güterwaggons in Richtung Centralstation.

Exklusive Bilder aus den unterirdischen Anlagen von 'Area 51'.

Die Existenz der 'Area 51', einem Sperrgebiet im Luftwaffenübungsgelände Nellis im südlichen Nevada, wurde von der US-Regierung lange verleugnet. Der Legende nach sollen dort in unterirdischen Anlagen ungewöhnliche Dinge geschehen: Kontakte zu extraterrestrischen Lebensformen, Forschung an abgestürzten UFOs und die Entwicklung von Geheimwaffen. Dank intensiver Recherche ist es dem Wunderland-Team gelungen, Informationen und Unterlagen für einen Nachbau der 'Area 51' zu erhalten. Sie befindet sich seit einiger Zeit im Amerika-Abschnitt.

Im Modell besteht die 'Area 51' aus drei verschiedenen Stockwerken. Sie sind aus Kunststoff entstanden und teilweise mit Schleifpapier verkleidet worden, um eine realistisch wirkende Betonoberfläche zu erzielen. Für die Ausstattung wurden modellbauerisch überwiegend ungewöhnliche Materialien verwendet. Strohhalme z.B. stellen hervorragend den einen oder anderen Lüftungskanal dar.

Einige Beispiele ungewöhnlicher Materialien:

Stargate: Bildbetrachter-Lampe vom Röntgenarzt
Fußböden im Kontrollzentrum: Akkukoffer- Innenverkleidung
Wände im Kontrollzentrum: Lamellen einer Camping-Gasheizung
Rotor: Zahnriemenscheibe und Kabelpanzerung
Alien-Spinne: Abguss einer echten Spinne in Silber
Steuerpulte: feine Glasfaserkabel mit LED-Beleuchtung
Monitor: MP3-Player umgebaut und selbst bespielt.

Für die einzelnen Funktionen wie Stargate, UFO und Rotor wurden spezielle Motoren verwendet. Rund 300 LEDs zur Beleuchtung sind ebenfalls installiert. 30 Personen bewachen das Gelände, es gibt 50 Mitarbeiter, 20 Aliens und 2 Wachroboter.

TOP SECRET

Mittagspause mit Freunden

Die USA versuchen unter strengster Geheimhaltung die Wahrheit zu verschleiern.

Der schönste Arbeitsplatz der Welt

Text *Stefan Dombrowski, Feinmechaniker, Miniatur Wunderland*
Bilder *Miniatur Wunderland*

Für die meisten ist das Miniatur Wunderland eine der größten Hamburger Attraktionen, für mich ist es seit mehr als 6 Jahren der schönste Arbeitsplatz der Welt. Warum ich mir da so sicher bin? Ganz einfach, weil ich hier immer wieder aufs Neue meiner Kreativität und Phantasie freien Lauf lassen kann. Kein Tag ist wie der vorherige, so dass es nie langweilig für mich wird. Nicht zuletzt tragen dazu auch meine netten Kollegen bei. Der Spaß bei der Arbeit lässt nicht selten die besten Ideen bezüglich neuer Projekte sprudeln.

Zum Glück geht trotz meines großen Ehrgeizes, alles bis ins kleinste Detail zur Perfektion zu planen und zu bauen, nie die spielerische Freude an einer neuen Aufgabe verloren. Wenn ich damit am Ende des Tages den Besuchern ein Lachen ins Gesicht zaubern kann, dann kann ich zufrieden nach Hause gehen und voller Motivation die nächsten kleinen oder größeren Problemchen gedanklich in Angriff nehmen.

Zu meinen Aufgaben gehört unter anderem das Bauen, Warten und Reparieren von technischen Details. Ich bin also ständig auf der Anlage unterwegs, häufig aber auch an der Drehmaschine oder in der Lackierkabine zu finden. An meinem eigenen kleinen Arbeitsplatz bin ich vor allem beschäftigt, wenn es etwas zu löten oder zu kleben gibt oder wenn ich, mit der Airbrush-Pistole bewaffnet, einem neuen Projekt Farbe und Spuren des Alltags verleihe – der Phantasie sind dabei keine Grenzen gesetzt. An spezielle Vorgaben muss ich mich glücklicherweise nur selten halten.

Für alles, was mit Feinmechanik und Elektrotechnik zu tun hat, bin ich der richtige Ansprechpartner, insbesondere, wenn es um Sonderlösungen jeglicher Art geht oder wenn mal wieder spontan etwas aus dem Hut gezaubert werden muss. Bei mir wird dann aus dem Problem eine Herausforderung, deren Lösung oftmals erst zu Hause kurz vorm Einschlafen plötzlich gefunden wird. So zum Beispiel beim Bau der Flugzeuge, als es darum ging, eine Möglichkeit zu finden, die Maschinen in die Hubstangen einzufädeln und zu arretieren. Den größten Teil meiner Arbeit nehmen allerdings die Knopfdruckaktionen in Anspruch. Dies ist zudem das Feld, in dem ich mich am liebsten auslasse. Hier kann ich lauter Dinge aus dem Alltag verwenden und zwar sowohl Situationen, die man irgendwo mitbekommt und die sich dann einige Tage später im Maßstab 1:87 auf unserer Anlage wiederfinden und bestaunen lassen, als auch Materialien. Häufig kommen Gegenstände, die andere als Schrott bezeichnen würden, zum Einsatz oder auch Fundstücke. Das Stargate beispielsweise, aus der Area 51, habe ich aus der Irisblende einer Röntgenbild-Betrachtungslampe gebastelt, die ich Jahre zuvor, während meiner damaligen Tätigkeit als Röntgentechniker, geschenkt bekommen habe. Je mehr Material ich zur Verfügung habe, desto mehr Möglichkeiten bestehen. Kein Wunder also, dass es an meinem Platz gerne mal etwas chaotisch aussieht, da mein Materiallager inzwischen durchaus messiartige Züge annimmt.

Das gut bewachte Stargate der 'Area 51' im Amerika-Abschnitt.

Aus einer fernen Galaxie kommen Fremde zu Besuch.

Zu meinen besten Freunden wurden mit der Zeit Magneten, die in sehr vielen meiner Knopfdruckaktionen ihren Dienst leisten und Dinge in Bewegung setzen. So kam ich dann irgendwann zu meinem Spitznamen 'Magneto'. Für die Knopfdruckaktionen gibt es in der Regel keine fertig kaufbaren Teile, daher muss alles selbst durchdacht und gebaut, und nicht selten dann wieder komplett über den Haufen geworfen und neu konstruiert werden. Querdenken ist hierbei alles. Ich muss sowohl Aspekte der Feinmechanik und der Elektrotechnik beachten, als auch in den Bereichen Modellbau und 'künstlerisches Gestalten' tätig werden. Zum Teil ist es kaum vorstellbar, was, für eine relativ kleine Bewegung auf der Anlage, an großen Mechaniken unter der Anlage erforderlich ist.

Eine besondere Herausforderung besteht dabei in der Langlebigkeit der Dinge, weil aufgrund der geringen Größe oft nur winzige Bauteile eingesetzt werden können. Vieles, was an Material für den Hobbymodellbau auf dem Dachboden ausreichend ist, kann bei uns nicht verwendet werden, da alle Bewegungsaktionen mit einer Laufzeit von 365 Tagen im Jahr einer riesigen Belastung ausgesetzt sind. Mit der Zeit und dem Bau von inzwischen mehr als 150 Knopfdruckaktionen entwickelt sich allerdings ein gewisses Gespür dafür, welche Materialien sich gut eignen und was besser nicht verwendet werden sollte. So arbeite ich zum Beispiel auch sehr gerne mit Messing, was man wohl am deutlichsten an der Schokoladenfabrik in der Schweiz sieht. Damit möchte ich nun den kleinen Ausflug in meinen Alltag beenden. Ich hoffe, dass meine Arbeit auch weiterhin vielen Menschen Freude bereitet.

Schoki auf Knopfdruck gibt es in der Lindt-Schokoladenfabrik.

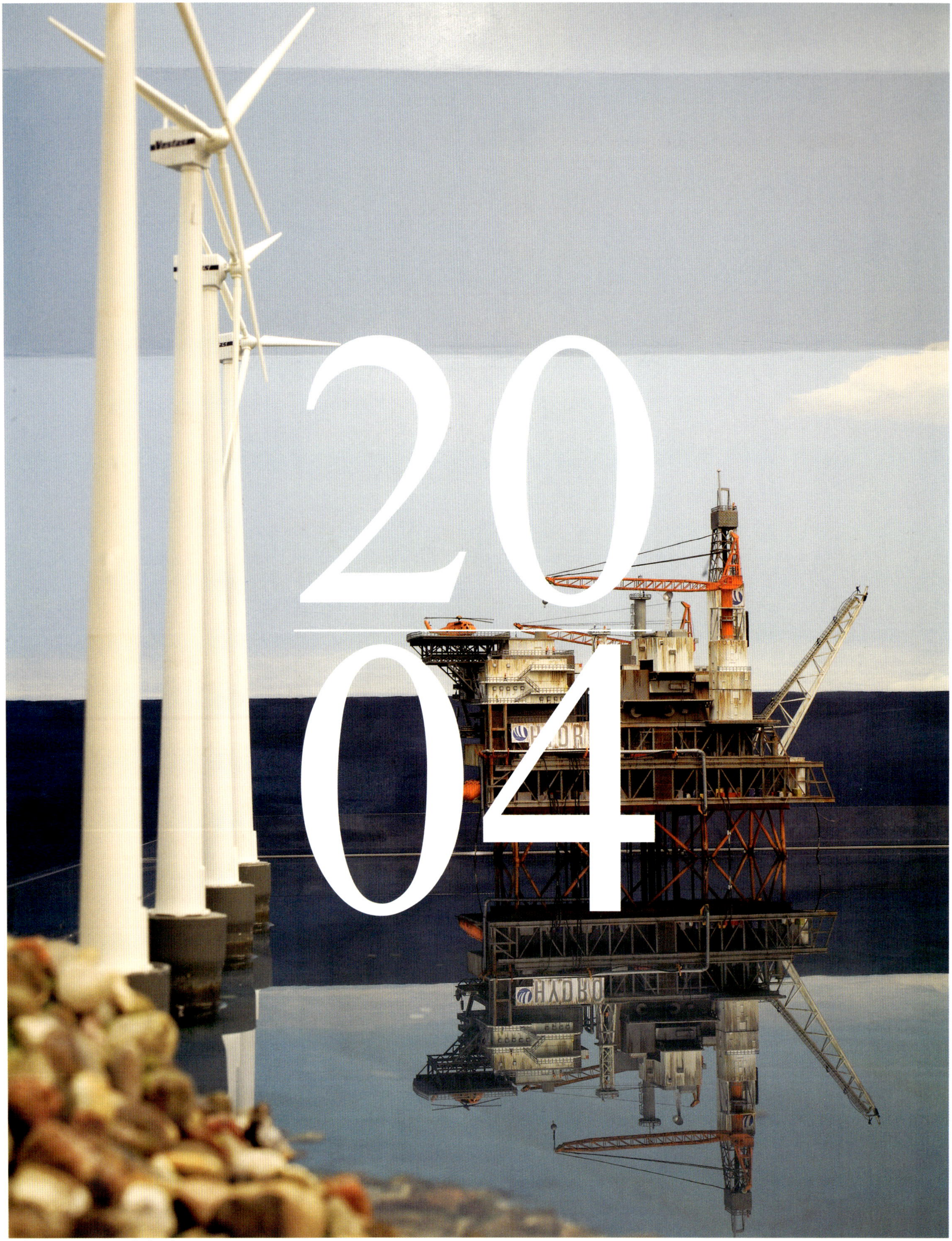

2004

Bild *Miniatur Wunderland*

Januar 2004

Begrüßung des 1.000.000sten Besuchers im Miniatur Wunderland

29.01.2004

Die erste Zugmitfahrt wird gedreht

5.04.2004

Das erste funktionsfähige Schiff steht in der MiWuLa-Werft

10.06.2004

Besuch von Hartmut Mehdorn im Wunderland

12.06.2004

Zweites MiWuLa-Forumanen-Meeting

21.06.2004

Das Verkehrsleitsystem im Amerika-Abschnitt ist fertig gestellt

5.07.2004

Eröffnung des neuen Bistrobereiches im dritten Stock

16.08.2004

3. Geburtstag des Miniatur Wunderlandes

16.08.2004

Baubeginn des Skandinavien-Abschnittes

19.10.2004

Eintrag ins Guinnessbuch der Rekorde

Lufthansa-Express

Zuglänge	126 cm
Anzahl Wagen *(inkl. Lok)*	4
KW *(Original)*	3.480 KW
Festgeklebte Passagiere	108
Geschwindigkeit *(Original)*	220 km/h

Golden Pass

Zuglänge	107 cm
Anzahl Wagen *(inkl. Lok)*	4+1
KW *(Original)*	2.400 KW
Festgeklebte Passagiere	51
Geschwindigkeit *(Original)*	100 km/h

ICE 3

Zuglänge	228 cm
Anzahl Wagen *(inkl. Lok)*	8
KW *(Original)*	8.000 KW
Festgeklebte Passagiere	193
Geschwindigkeit *(Original)*	300 km/h

Das kleine 1x1 unserer Züge

Text *Karl-Heinz Kahl, Maik Costard, Lars Rösenberg, Miniatur Wunderland*
Bilder *Miniatur Wunderland*

Beginnen wir mit den Kriterien, nach denen der wir die Züge zusammenstellen:

1. Zugkonzept

Da wir auch bei den Zügen einen hohen Wiedererkennungswert erzielen wollen, legen wir uns bei der Zugauswahl auf keine bestimmte Epoche fest, sondern setzen lediglich Themen-Schwerpunkte. Wir sind aber bemüht, die einzelnen Züge epochenrein aufzustellen.

2. Zugbildung

Entsprechend der einzelnen Bauabschnitte verkehren dort hauptsächlich die Züge, die stilecht zu den entsprechenden Bahnverwaltungen passen. Ausnahmen sind aber zugelassen, sofern sie glaubwürdig erscheinen und fahrtechnisch bedingt sind (z.B. dänische Zuggarnituren in Norwegen). Neben den 'normalen' Zügen versuchen wir stets auch besondere Züge auf den einzelnen Routen fahren zu lassen.

3. Zugbesonderheiten

Auf Grund der Dimensionen unserer Anlage sind wir zwar in der Lage, durchweg längere Züge als gewohnt zu fahren, aber auch wir haben mit Platzproblemen zu kämpfen, die eine 100%ige Nachbildung bei unseren Zügen verhindern

ICE-Flotte

Die ICE-Flotte ist bei unserem Publikum sehr beliebt. Sie besteht aus:
a) ICE 1 Züge mit 12 bis 13 Wagen (anstatt 14) und 401-Triebköpfen
b) ICE 2 Züge mit vorbildgerechten 8 Wagen (nur die ICE 2-Doppeltraktion mit 2 x 6 Wagen = 12 statt 16 Wagen) und 402-Triebköpfen
c) ICE 3 Garnituren mit 8 Wagen der Reihen 403 bzw. 406

Güterzüge

Güterzüge sind auf Grund der Vielfältigkeit kaum maßstabgerecht nachzubilden. Trotzdem wurde versucht, besondere Akzente zu setzen. So besteht unser längster Zug im Amerika-Abschnitt mit 14,51m aus 66 Erz- oder Kohlewaggons, die von 4 EMD-Loks Dash 8-40B sowie einer B-Unit (führerstandslos) gezogen werden. Er entspricht damit einer knappen Meile in Natura.

Längster Zug auf unseren deutschen Abschnitten ist der 'Hansaport-Express' von Hamburg nach Peine-Salzgitter, gezogen von 2 E-Loks der Baureihe 151. Aus Platzgründen aber nur mit ca. 5,0m (statt ideal 7,0m) Länge. Die schwedischen LKAB-Erzzüge von Kiruna nach Narvik fahren im Original und bei uns mit 52 Waggons. Auch der gemischte Güterzug in den USA mit 2 Union Pacific Dampfloks 'Big Boy' (Doppeltraktion) und ca. 9 m Länge dürfte damit an die Vorbilddimensionen herankommen.

Unsere Schweizer Güterzüge mit den E-Loks der Baureihe Be 6/8 bzw. Ce 6/8 'Krokodil' haben auch ansehnliche Längen. Wem die Zuggarnituren zum Teil zu modern erscheinen, sei daran erinnert, dass die Bahngesellschaft SBB-Historic ihre Oldtimer ab und an vor Regelzügen zu Testzwecken einsetzt, um die Verfügbarkeit zu erhöhen.

Schnellzüge

Schnellzüge gibt es in großer Vielfalt. Sie reicht z.B. von einem 10 Waggons starken Vorkriegs-Rheingold mit einem Packwagen am Zuganfang bzw. -ende, gezogen von einer Dampflok der Baureihe 03 (hat es gegeben!), bis zum Rheingold der Epoche IV mit 103 und immerhin 8 Wagen (statt bis zu 14) mit Bar-Wagen am Zugschluss! Und es gibt ferner: ICs in Schweden mit der schweizerischen Re 460 im Versuchsbetrieb bis zum Lizenznachbau der gleichen Lokomotive für die NSB als Baureihe El 18, lange Triebzüge in der Schweiz mit E-Loks der Baureihe Re 460 und Doppelstockwagen, ein Nostalgie-Zug der Rhätischen Bahn (RhB) mit 'Krokodil' RhB Ge 6/6, dem Erlebniszug 'Golden Pass' sowie dem langsamstem Schnellzug der Welt, dem 'Glacier-Express'. Im Flughafenbauabschnitt wird dann auch der legendäre 'Entenschnabel', der Triebwagen der Baureihe 403 (1. Besetzung) 'Donald Duck' zum Einsatz kommen.

Nahverkehrszüge

Nahverkehrszüge stellen das Gros der verkehrenden Züge dar. So verkehren bei uns Schienenbusse der BR VT 98, 628-Nahverkehrstriebwagen, GmPs, Hamburger Dampf-S-Bahnzüge mit BR 78 und 4-achsigen Abteilwagen, E-Loks u. a. der Baureihe 140 mit dem Nahverkehrswaggon überhaupt, dem 'Silberling', Ruhrgebiets S-Bahnen, in Skandinavien u. a. Züge der 'Lollandsbahnen' mit Nohab 'Rundnasen' und weitere mit den DSB-Reihen Mx und My und Triebwagen der Reihe Mo

Natürlich ist es schwer, bei ca. 800 Zügen auf der Anlage die wirklich wichtigsten zu erwähnen, aber einen Versuch war es allemal Wert! Und wer weiß, vielleicht kommt es ja doch irgendwann auf den Markt – das Miniatur Wunderland Bahnquartett.

EL 18

Zuglänge	230 cm
Anzahl Wagen *(inkl. Lok)*	7+1
KW *(Original)*	5.400 KW
Festgeklebte Passagiere	146
Geschwindigkeit *(Original)*	200 km/h

TEE with 103

Zuglänge	275 cm
Anzahl Wagen *(inkl. Lok)*	8+1
KW *(Original)*	7.440 KW
Festgeklebte Passagiere	220
Geschwindigkeit *(Original)*	200 km/h

Big Boy

Zuglänge	680 cm
Anzahl Wagen *(inkl. Lok)*	37+2
KW *(Original)*	2 x 4.560 KW
Festgeklebte Passagiere	**2 engine drivers, 2 boilermen, 1 conductor, 2 vagabonds, 2 bulls**
Geschwindigkeit *(Original)*	130 km/h

Wie das Miniatur Wunderland ins Fernsehen kam

Text *Mate Spörl, damals Autor bei Spiegel TV*
Bilder *Miniatur Wunderland*

An einem dieser nasskalten Hamburger Tage saß ich mit meinem Redaktionsleiter in der Kantine des Spiegel Verlags. Wir stocherten lustlos im Essen und starrten auf den Verkehr. Mein Chef hatte schlechte Laune. In vier Wochen sollten zwei Reportagen fertig sein und bis jetzt gab es noch nicht einmal ein Thema. Regen prasselte gegen die Fenster. Schweigen. Verschwommen konnte man die Speicherstadt erkennen. Vorsichtig startete ich einen Versuch. „Die bauen doch in der Speicherstadt an der größten Modelleisenbahn der Welt. Also vielleicht könnte man..." „Das ist es. Mach es!", unterbrach er mich. Noch nie hatte ich ein Thema schneller 'verkauft'.

Zwei Tage später stand ich in einem verstaubten Stockwerk der Hamburger Speicherstadt. Kreissägen heulten, Akkuschrauber quietschten und es roch nach Lötzinn. In der Etage konnte man bereits die Umrisse einer gewaltigen Modelllandschaft erkennen. Dort das Gerippe einer Stadt, da ein halbfertiges Gebirge. Dutzende Schienenstränge verschwanden in schwarzen Löchern. Dazwischen klebte jemand versunken hunderte kleine Plastikbäumchen auf gefärbten Gips und eine zierliche Frau nagelte mit stoischem Gleichmut Gleise auf eine große Spanplatte. Eine bunt zusammen gewürfelte Truppe aus Studenten und älteren Herren war hier versammelt, um ein ehrgeiziges Projekt zu verwirklichen. Es war die sonderbarste Baustelle, die ich je gesehen habe.

Mitten in diesem scheinbaren Chaos setzte ein konzentriert wirkender Mann ein blinkendes Feuerwehrauto in die Anlage einer Kleinstadt. Wie von Geisterhand fuhr es los, kam in der ersten Kurve von der Straße ab und landete in einem Tannenwäldchen. Mit einer Speisegabel fummelte er in den bunten Drähten des Vehikels herum und schickte es wieder auf die Straße. Erneute Kollision; dieses Mal rammte das Fahrzeug eine falsch geparkte Dose 'Red Bull'. „Das ist mein Bruder Gerrit; er übt noch", hörte ich eine Stimme hinter mir sagen. Ich drehte mich um und blickte in das Gesicht eines freundlichen Mittdreißigers, der sich fürs Fernsehen noch schnell in ein zerknittertes weißes Hemd geworfen hatte. „Ich bin Freddy". Mit schnellem Schritt und noch schnellerer Sprache führte mich 'der Chef' durch seinen 'Kindheitstraum'. Freddy Braun war eloquent und absolut begeisterungsfähig und hatte überhaupt nichts mit meinen Klischeevorstellungen eines 'Modelleisenbahnverrückten' gemeinsam. Seine Arme ruderten und umschrieben, was man noch nicht sehen konnte. Er riss einen Karton nach dem anderen auf und zeigte mir, welche Materialflut hier in den nächsten Wochen noch verbaut werden sollte. Das war meine erste Begegnung mit dem Miwula.

Die Dreharbeiten begannen eine Woche später. Es war eine Herausforderung, dieser noch unfertigen Anlage Leben einzuhauchen. Es fuhr noch kein einziger Zug, Knuffingen war eine Geisterstadt ohne Autos und an die vielen kleinen Mimiken, die auf Knopfdruck Kinderaugen zum Leuchten bringen, war noch nicht zu denken. Aber es gab diese – im positiven Sinn – verrückten Menschen, die mit unheimlicher Liebe zum Detail Tag und Nacht an dieser Anlage schraubten, hämmerten und sägten.
Echte Typen eben. Und es gab Freddy Braun, der einfach nur über seine Pläne zu reden brauchte, um sie lebendig werden zu lassen. Aber würde das für eine Reportage reichen? Wir konnten nicht warten, der Sendetermin saß uns im Nacken.

In Rekordzeit wurde gedreht und geschnitten und das Ergebnis konnte sich sehen lassen. Kurzweilig, ein wenig schräg und sehr unterhaltsam. Mein Chef war zufrieden und die Quote war ein Traum. 26% Marktanteil – das gab es nie wieder. In der Nacht der Ausstrahlung ist der Mailserver des Miwula zusammengebrochen. Die Braun-Zwillinge meinten nur: 'Mega' – ein Begriff höchster Wertschätzung. Es hat wohl funktioniert.

Insgesamt habe ich dann noch weitere vier Reportagen über das Miwula gedreht. Wir erlebten spektakuläre Zugunfälle, die Eröffnung Amerikas, Schiffskollisionen in Skandinavien, den Relaunch der Schweizer Alpen mit politischer Prominenz, waghalsige Helikopterflüge und die Wutausbrüche eines bayerischen Brückenbauers, dessen Namen mittlerweile jedem bekannt sein dürfte.

Ich erinnere mich noch an eine lustige Anekdote. Eine Zeitlang lief unmittelbar vor der Spiegel TV Reportage das TV Format 'Toto & Harry': eine Dokusoap über den Alltag zweier Streifenpolizisten aus Bochum. Nach einer Reportage über das Miwula erhielten wir einen handgeschriebene Zuschauerpost. Der Verfasser bat darum, dass man ihm den Mitschnitt der Sendung schicken möchte, in der zwei Streifenpolizisten aus Bochum in ihrem Keller eine große Modelleisenbahnanlage betreiben. Don't drink and watch TV.

Modelleisenbahnen und Privatfernsehen

Text *Thomas Furch, Chef vom Dienst, 'Galileo'*
Bilder *Miniatur Wunderland*

Modelleisenbahnen und Privatfernsehen sind zunächst einmal zwei Dinge, die nicht unbedingt zusammenpassen. Und so war ich auch nicht wirklich überrascht, als ich vor vielen Jahren im Papierkorb meines damaligen Chefs bei 'Galileo' ein kleines Faltblatt fand. Mit Bildern von Zügen, Häusern und vielen kleinen Püppchen. Und der Frage, ob es nicht toll wäre, wenn 'Galileo' nicht einmal vorbeischauen würde. Unterzeichnet von einem gewissen Frederik Braun.

Was wäre wohl passiert, wenn ich dieses Blättchen nicht aus der Tonne geholt und genauer angeschaut hätte? Denn das, was ich sah, hat mir gefallen. Irgendwie machte das Lust auf mehr. Irgendetwas war anders. Lustiger. Verspielter. Charmanter. Aber noch war mein Chef nicht wirklich überzeugt.

Modellbahnen, das waren nicht nur in seiner Vorstellung vollschlanke Männer im Keller, die mit Schrankenwärtermützen auf dem Kopf und der Trillerpfeife im Mund kleine Dampfloks – pünktlich nach Fahrplan, versteht sich – in Miniatur-Bahnhöfe im Schwarzwald-Look einfahren lassen. Und von oben ruft die Frau: „Karl-Heinz, komm endlich hoch. Das Essen wird kalt."

Am Ende waren es zwei Drehtage. Und mein Versprechen, dass das ein guter Fernsehbeitrag für 'Galileo' werden könnte. Daraus geworden sind bis heute fast 20 Beiträge, mehrere Spezialsendungen und tolle Aktionen. Wir haben unzählige Tage und vor allem Nächte im Miniatur Wunderland verbracht. Wir haben Rekordzüge durch Elbtunnel und Fußballstadien fahren lassen, 150 Mini-Loks haben eine große Lok gezogen und und und.

Konnte man das damals ahnen? Wohl kaum. Wie klein mutet heute der erste Bauabschnitt an, verglichen mit dem, was dort mittlerweile steht. Und trotzdem kam mir das Miniatur Wunderland schon damals riesig vor. Und was es alles zu sehen und filmen gab! Da ein fahrendes Auto, hier eine Wasserleiche. Und gleichzeitig brennt es an drei Stellen! Wahnsinn. Wir sind mit dem Drehen kaum nachgekommen.

Nur dann und wann gab es kurz Zeit zum Verschnaufen. Und zwar immer dann, wenn gerade einmal nichts ging. Züge entgleisten, tauchten nicht wieder aus Tunneln auf oder fuhren einfach in die falsche Richtung. Ich werde die müden, aber trotzdem funkelnden Augen der Jungs nicht vergessen, die hektisch unter der Anlage rumkrabbelten, weil wieder irgendwo irgendwas irgendwie nicht ganz so funktionierte, wie es eigentlich sein sollte. Zeit für einen kleinen Snack an der winzigen Bistrokasse im 50er Jahre Chic. Gerade groß genug für eine Handvoll Schokoriegel und fünf Schokocroissants.

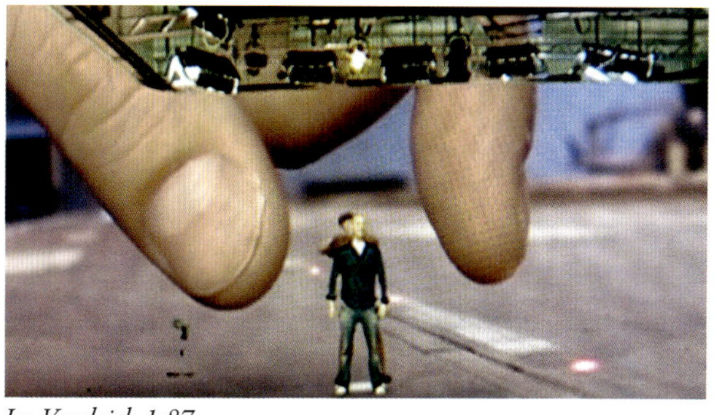

Im Vergleich 1:87

Ungeklärte Todesfälle gibt es auch im Wunderland.

Und so sind 10 Jahre daraus geworden. Und aus Bahnverrückten der etwas anderen Art gute Freunde. Und aus einer Modellbahnanlage in Hamburg irgendwie auch ein Stück 'meine Anlage'. Gibt es noch Fleckchen im Wunderland, die ich nicht kenne? Wohl wenige. Zumindest muss ich mir zuhause sicher keine Anlage in den Keller stellen. Nur manchmal, da wünsche ich mir, dass Miniatur Wunderland noch einmal wie 'zum ersten Mal' zu sehen.

Auf die nächsten 10 Jahre. Aber eine kleine Bitte hätte ich doch noch: Frederik und Gerrit, in 20 Jahren hört ihr bitte auf zu bauen, denn dann geh ich in Rente!

Mein Wunderland-Tag

Text *Frederik Braun, Mitbegründer des Miniatur Wunderlandes*
Bilder *Miniatur Wunderland*

Oft frage ich mich abends, wenn ich im Bett liege: Was hast Du heute eigentlich gemacht? Was hast Du erreicht, was lief gut und was lief schlecht? Es vergeht kein Abend, an dem ich ganz konkret sagen kann: „Das war ein typischer Tag in meinem Leben". Gibt es den eigentlich? Natürlich habe ich wiederkehrende Ereignisse, Aufgaben, die man erledigen darf oder muss. Aber was soll ich schreiben, wenn ich einen typischen Tag skizzieren soll? Einigen wir uns wie folgt: Mein Tag beginnt immer mit dem Klingeln des Weckers und einem tollen Gefühl: Gleich geht es ins Wunderland.

Auch nach zwölf Jahren kann ich es in der Regel nicht erwarten, ins Wunderland zu kommen. Das ist eigentlich schon alles. Alles andere gleicht sich einfach nicht, weil ich so viele verschiedene Dinge mache. Dabei habe ich schon mindestens 50% meiner Aufgaben an mein Team abgegeben. Meistens mit der Erwartung, dass das Wunderland zusammen bricht, wenn ich es nicht mehr selbst mache. Aber nein, es steht noch. Mein Team ist einfach traumhaft gut. Daher fangen sie auch die meisten Dinge des Alltags geschickt ab. Bis zu 100 Menschen wollen mich jeden Tag sprechen. Modellbahnhersteller, Modellbahnclubs, Modellbahnfans, Lieferanten, Mitarbeiter, Verkäufer, Investoren, glückliche Gäste, unzufriedene Gäste (ja, die gibt es auch mal), VIPs, vermeintliche Freunde, echte Freunde und all die anderen, die einen Geschäftsführer eines inzwischen so bekannten Unternehmens sprechen wollen. Einen großen Anteil meiner durchschnittlich 10-11 Stunden am Tag füllen sich tatsächlich mit solchen Gesprächen. Oft entstehen daraus neue Ideen oder gemeinsame Aktivitäten, häufig muss ich allerdings Menschen unglücklich machen, da wir keinen Bedarf, keinen Platz oder kein Interesse an ihren Produkten, Wünschen oder Ideen haben. Das ist eine kleine Schattenseite des Erfolges.

Wenn ich also morgens im Büro ankomme, schaue ich erstmal, was uns erwartet. Sind irgendwo Ferien, dann wird es voll. Oder haben wir besondere Termine, wie Pressekonferenzen oder TV-Drehs? Ich passe morgens immer noch einmal die Wartezeiten im Internet an, falls es z.B. unerwartet regnet. Ansonsten habe ich ganz wenige Rituale. Ohne mein Red Bull am Morgen geht allerdings nicht viel. Das war es aber auch schon. Ich habe keine feste Mittagszeit und liebe es eigentlich, wenn nicht viele Termine meinen Tatendrang einschränken. Wenn ich einen guten Tag ohne Termine habe, bin ich kreativ. Ich gehe dann durchs Wunderland und schaue mich um, lasse die Gäste auf mich wirken, beobachte sie und ziehe daraus meine Schlüsse, was man noch verändern kann. Manchmal ärgere ich damit spontan meine Mitarbeiter, weil ich leider sehr emotional bin und immer alles perfekt sein muss. Dann kann ich schon mal etwas zickig werden, wenn etwas nicht so läuft wie geplant. Aber die meisten meiner Leute wissen mich zu nehmen und wissen, dass ich letztendlich harmoniesüchtig bin und sie sehr schätze.

Zwischendurch auf meinem Rundgang werde auch ich vom modernen Zeitalter der Kommunikation gestört. Ca. 300 E-Mails am Tag sowie Facebook & Co halten mich gut auf Trab. Manchmal frage ich mich, wie viel Post wir täglich bekommen würden, wenn es kein Internet und keine E-Mails gäbe. 1-2 mal am Tag habe ich meist sehr spannende Termine mit Journalisten. Ob TV, Radio oder Zeitung, es sind bestimmt 500-600 Termine im Jahr, die unser Team mit Journalisten hat. Ich bin sehr dankbar dafür, dass ich mein Team habe, das diese Termine koordiniert und perfekt vorbereitet. Ein weiterer Grund, warum wir inzwischen über 200 Mitarbeiter haben. Es ist unvorstellbar, wie viele Menschen das Wunderland täglich berührt. Ein Traum! Aber manchmal auch schwer zu bewältigen. Und vor allem nicht planbar.

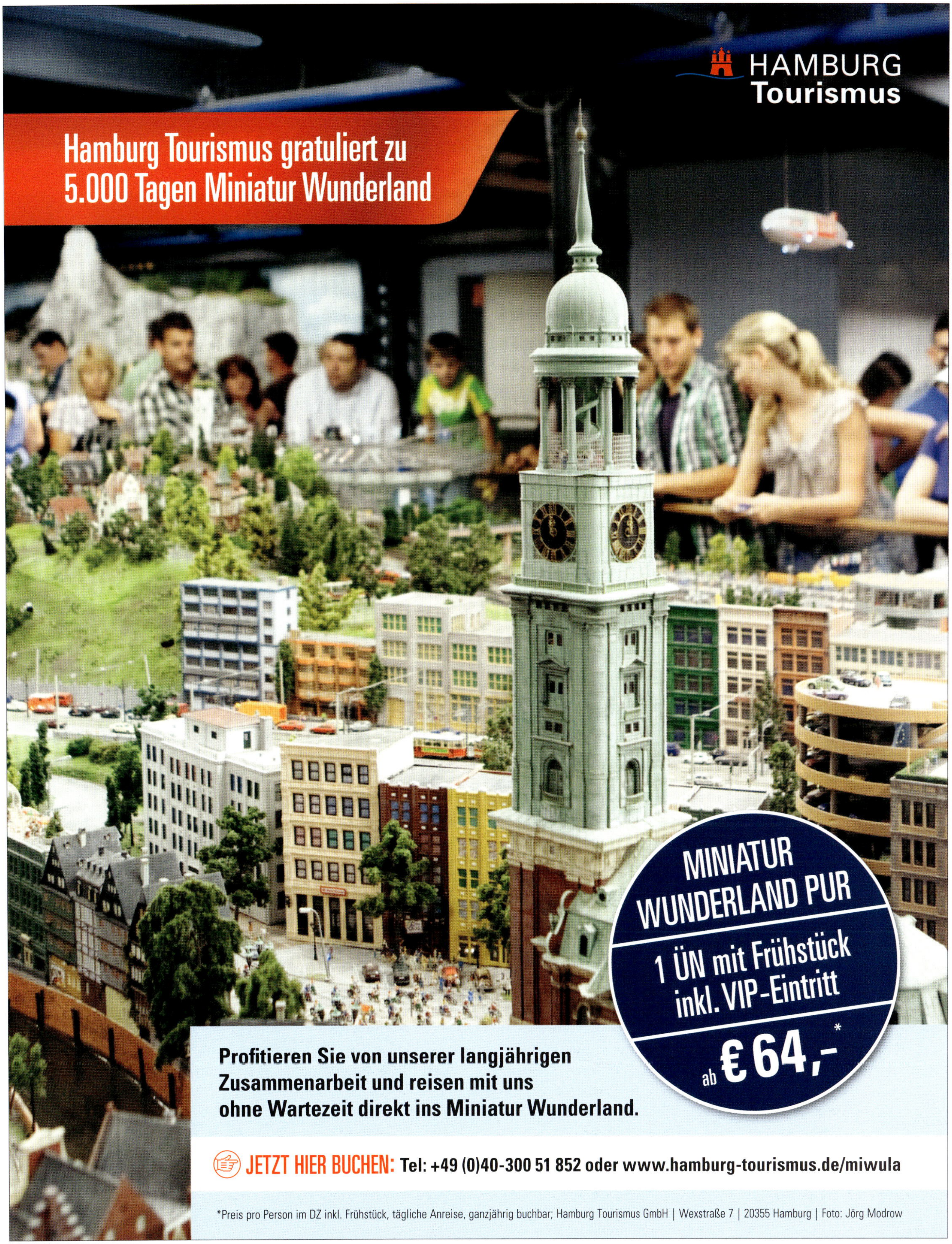

HAMBURG
Tourismus
Hamburg Tourismus gratuliert zu
5.000 Tagen Miniatur Wunderland
MINIATUR
WUNDERLAND PUR
1 ÜN mit Frühstück
inkl. VIP-Eintritt
ab € 64,-*
Profitieren Sie von unserer langjährigen
Zusammenarbeit und reisen mit uns
ohne Wartezeit direkt ins Miniatur Wunderland.
JETZT HIER BUCHEN: Tel: +49 (0)40-300 51 852 oder www.hamburg-tourismus.de/miwula
*Preis pro Person im DZ inkl. Frühstück, tägliche Anreise, ganzjährig buchbar; Hamburg Tourismus GmbH | Wexstraße 7 | 20355 Hamburg | Foto: Jörg Modrow

Bild *Pia Malmus*

4.02.2005

Begrüßung des 2.000.000sten Besuchers im Miniatur Wunderland

28.02.2005

Testbefüllung des Wasserbeckens in Skandinavien

7.05.2005

Das Wunderland erhält den MOBA 'Innovationspreis Modellbahn'

9.07.2005

Drittes MiWuLa-Forumanen-Meeting

13.07.2005

Eröffnung des Skandinavien-Abschnittes

15.08.2005

Vierjähriges Jubiläum der Stadt Knuffingen

16.08.2005

4. Geburtstag des Miniatur Wunderlandes

5.09.2005

Verlust des Eintrages ins Guinnessbuch der Rekorde vom 19.10.2004

Oktober 2005

Beginn der Bauarbeiten im Schweiz-Abschnitt

23.11.2005

Der finnische Weihnachtsmann besucht das Miniatur Wunderland

EINE KLEINE FLASCHE SCHREIBT
GROSSE GESCHICHTE.
Coca-Cola
Schutzmarken
Coca-Cola
FEIERN SIE MIT UNS 100 JAHRE
COCA-COLA KONTURFLASCHE
Coca-Cola, die dynamische Welle und die Konturflasche sind eingetragene Schutzmarken der The Coca-Cola Company.

Noch immer kein Impfstoff gegen das MiWuLa-Virus

Text *Malte Wettern, Landesvorsitzender 'Die Jungen Unternehmer', BJU Nord und Jurymitglied bei der Wahl zum Unternehmer des Jahres 2005 - 2011*
Bilder *Miniatur Wunderland*

Ich weiß es genau: Am 29. Juni 2005 war ich das erste Mal im Miniatur Wunderland. Mit großen Kinderaugen bestaunte ich die Anlage, von der ich in den Medien erfahren hatte. Und so selbstverständlich, wie man als Hamburger den Tierpark Hagenbeck besucht, den Michel bestiegen und den alten Elbtunnel durchlaufen haben musste, musste man auch diese Hamburger Attraktion zwingend besichtigen. Das Datum erinnere ich, da es der Geburtstag meiner jetzigen Frau war.

Wir gingen also staunend durch die Anlage und als wir in 'Skandinavien' angekommen waren, krabbelte ein rastloser Gerrit Braun unter der Anlage hervor. Da meine Frau und Gerrit sich aus den gemeinsamen Diskothekzeiten des 'Voilà' kannten (es mag bekannt sein, dass Gerrit und Frederik die Betreiber dieser Diskothek waren), wurde ein kleiner familiärer Smalltalk eingelegt. Man redete über Kind und Kegel, doch Gerrit wollte sich zeitnah auch wieder um sein wichtiges Projekt kümmern – Modellschiffe, die ohne Menschenhilfe eigenständig über die Anlage fahren. Ein Pionierprojekt, welches den Tüftler Gerrit herausforderte, begeisterte, aber auch den Schlaf kostete. So ist es aktuell der Flughafen Hamburg und bald wohl eine neue Herausforderung. Und so wurden wir an diesem Tag mit dem MiWuLa-Virus infiziert. Später erfuhren wir, dass der Ursprung dieses Erregers in Zürich vor einem Eisenbahngeschäft liegt, aber die Gründungsgeschichte ist wohl bekannt.

Entscheidend an dem MiWuLa-Virus ist das Wuchersyndrom. Dieses Syndrom zeichnet sich dadurch aus, dass unter der Führung von Frederik und Gerrit Braun ein außergewöhnliches Team plant, baut, umbaut, an Details bastelt, neue Visionen entwickelt, Kreativität entfaltet und das alles mit einem eigentlich schnöden Kinderspielzeug. Dabei handelt es sich um ein Unternehmen, welches maßgeblich die Tourismuswirtschaft in Hamburg prägt. Als die Hafencity noch nicht strahlte, positionierte sich das Miniatur Wunderland an genau diesem weltweit bekannten Fleck Hamburgs. Diverse Aspekte sprachen also dafür, Frederik und Gerrit Braun der Jury zur Wahl des 'Hamburger Unternehmer des Jahres' vorzustellen. Schnell waren wir uns einig und ähnlich der Papstwahl kann nur der ausgezeichnet werden, der einstimmig gewählt wird. So lag es bei mir, diese frohe Botschaft zunächst telefonisch zu übermitteln und man spürte während der Autofahrt am anderen Ende des Telefonhörers eine große Dankbarkeit in der Stimme. Frederik fühlte sich vor allem sehr geehrt, da hier andere Hamburger Unternehmer, unter ihnen auch beispielsweise Albert Darboven sowie der NDR und die WELT, ihn und seinen Bruder zum Unternehmer des Jahres auszeichnen wollten. So gab es am 6. April 2006 eine festliche Gala der Wirtschaftsverbände DIE FAMILIENUNTERNEHMER – ASU und DIE JUNGEN UNTERNEHMER – BJU, um die Preisverleihung offiziell zu verkünden. Und man mag es nicht glauben, aber der Medien erfahrene Frederik Braun war an diesem Tag seinem Zwillingsbruder Gerrit wirklich sehr dankbar, der ihm wenige Sekunden vor der Preisübergabe im Publikum noch Mut zusprach, um gemeinsam auf die Bühne zu gehen und vor den 500 geladenen Unternehmern den Preis entgegenzunehmen. Vielleicht eine kleine Nebenwirkung vom MiWuLa-Virus.

Doch zu jeder Zeit bestätigte sich uns, die richtige Wahl getroffen zu haben, und so reihen sich Frederik und Gerrit Braun in die Riege der ehrenvollen Unternehmer des Jahres in Hamburg ein. Es dürfte uns übrigens nicht verwundern, wenn der Virus sich weiter entfaltet, kein Impfstoff gefunden wird und man irgendwann, irgendwo im Urlaub nicht mehr 'Reeperbahn' als Gruß erwidert bekommt, wenn man sich als Hamburger outet, sondern 'MiWuLa'. In diesem Sinne: bleibt alle infiziert, Ihr seid ein vorzeigefähiges Familienunternehmen und aus einem außergewöhnlichen Start-Up ist nun schon ein kleiner Teenager geworden.

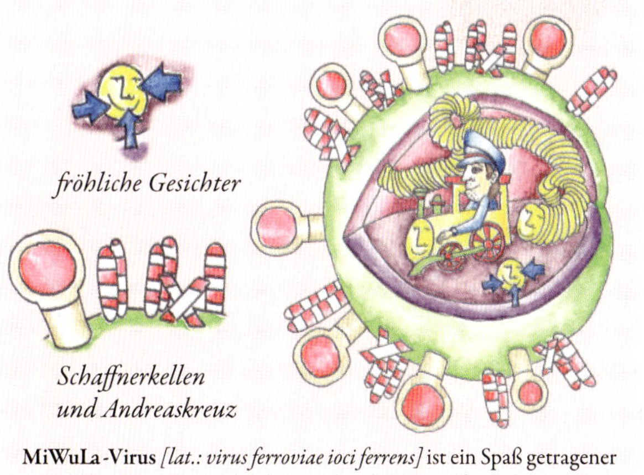

MiWuLa-Virus *[lat.: virus ferroviae ioci ferrens]* ist ein Spaß getragener Eisenbahn-Virus. Dieser hoch ansteckende Virus infiziert bereits nach einmaligem Besuch im Miniatur Wunderland mit Begeisterung. Die RNA-Segmente, in Form einer *Eisenbahn,* bestehen aus vielen aneinander gereihten *fröhlichen Gesichtern.* Die Andockstellen des Virus bestehen aus *Schaffnerkellen,* die sich an Besuchern anheften und sie mit Leidenschaft für das Miniatur Wunderland infizieren. Das *Andreaskreuz* trägt hierbei die Aufgabe, die schlechten Emotionen aufzuhalten und sie dann in fröhliche Emotionen umzuwandeln. Zusätzlich sorgen die *Schranken* für eine immerwährende Schwärmerei.

SBB CFF FFS
2000

Skandinavien

6. Abschnitt
Eröffnung 07/2005, ca. 300 qm
ca. 105.000 Arbeitstunden

Ein Pferde-Springplatz in der Nähe des Schloss Egeskov

Eine typische Schäreninsel darf in diesem Abschnitt natürlich nicht fehlen

Ist das die Blue-Man-Group, die hier etwas zum Besten gibt?

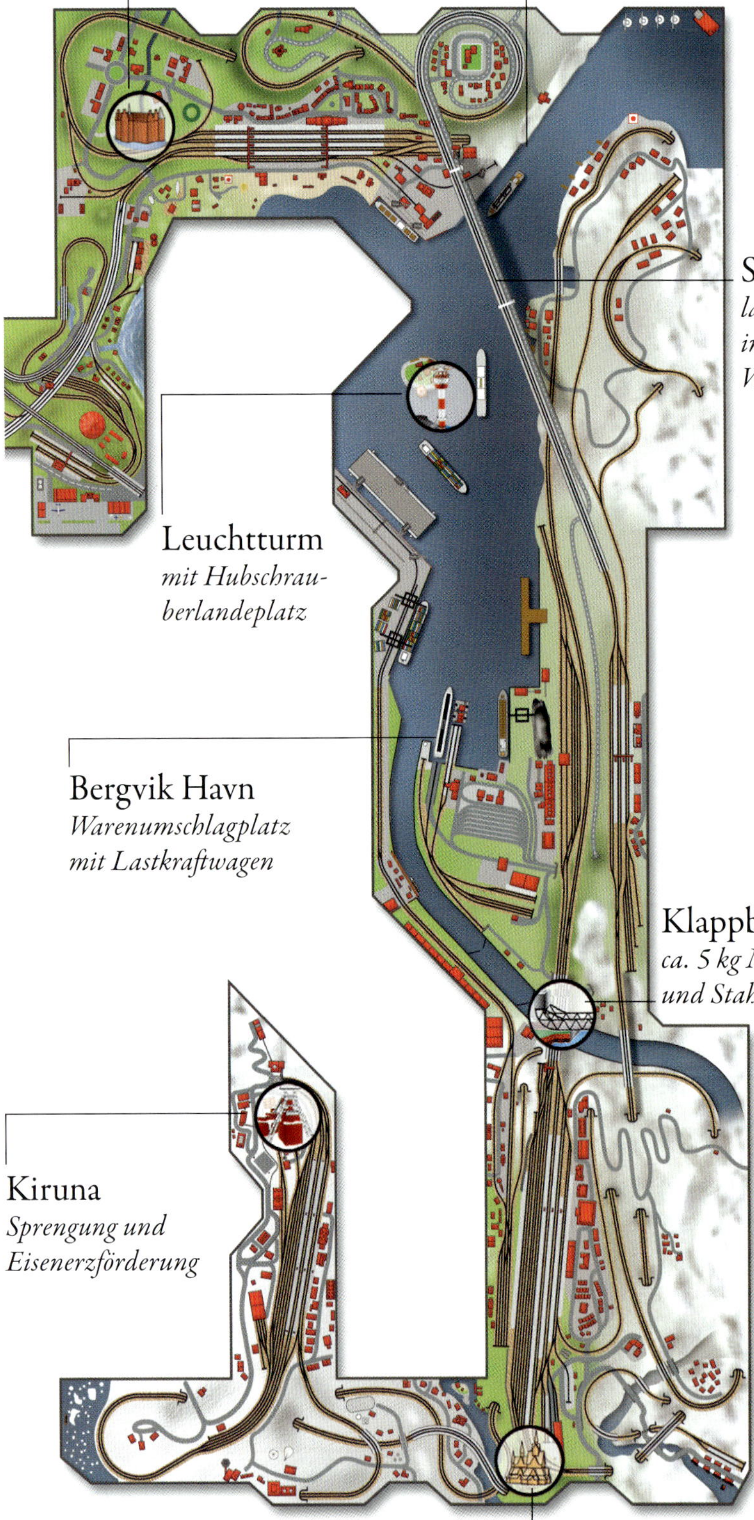

Skandinavien

Der Abschnitt Skandinavien ist der bisher größte und technisch vielseitigste Abschnitt im Miniatur Wunderland. Skandinavien wurde im Jahr 2005 durch die Konsulen der abgebildeten skandinavischen Staaten eröffnet. Die mit rund 30.000 Litern Echtwasser gefüllte Nordostsee steht im Mittelpunkt dieses Abschnittes. Das Meer wird von verschiedenen Schiffen befahren. Zurzeit umfasst die Nord-Ostsee-Flotte rund 25 Schiffe. An dem Ziel, die Schiffe computergesteuert fahren zu lassen, wird seit Jahren intensiv geforscht. Dies soll in hoffentlich naher Zukunft ermöglichen, dass 15-20 Schiffe eigenständig durch die Nord- und Ostsee schippern können. Bis es soweit ist, werden die Schiffe noch manuell gesteuert.

Aber auch ohne die revolutionäre Schiffssteuerung ist Skandinavien voller Highlights. Das Zusammenspiel zwischen Wasser, Bergen, weiten Landschaften, verschneiten Gebieten und Licht ist einmalig. Die regelmäßige Simulation von Ebbe und Flut war im Bau wegweisend. Es gibt aber noch viele weitere Sehenswürdigkeiten, wie einen hinter einer Düne, vor Kinderaugen versteckten Videodreh, fliegende Elfen oder ein Geisterschiff, das durchs Eismeer irrt. Der 300 qm große Abschnitt gehört zu den Lieblingsabschnitten vieler Besucher und Mitarbeiter.

Das Sibelius-Denkmal im Wunderland (das einst umstrittene, heute weithin bekannte Vorbild steht im Sibelius-Park in Helsinki).

6. Bauabschnitt: Skandinavien

Bauphase	12 Monate (07/2004 - 07/2005)
Modellfläche	ca. 300 qm
Arbeitsstunden	ca. 105.000
Gleislänge	2.000 Meter
Züge	150
Waggons	2.950
Schiffe	16
Signale	300
Weichen	600
Computer	7
Lichter (LED)	ca. 50.000
Häuser und Brücken	500
Figuren	40.000
Autos	600
Bäume	50.000
Wasser	30.000 Liter

Ein Personenzug bahnt sich seinen Weg durch die Schneelandschaft in der Nähe des Eismeeres. Im Hintergrund sieht man das Geisterschiff, das in diesen Gewässern sein Unwesen treibt.

SANDER

Das größte Bauwerk im Miniatur Wunderland ist der freie Nachbau der Storebæltbrücke im Skandinavien-Abschnitt. Diese Brücke ermöglicht Zügen und Fahrzeugen über die Meerenge zu fahren. Im Bild sieht man die Lyntog Doppeltraktion der Baureihe Ma, die gerade auf ihrem Weg von Padborg nach Roa ist.

Der Durchlaufträger für diese 8 Meter lange Hängebrücke wurde in Kastenbauweise aus Holz hergestellt und in diesem dünnen Träger mussten die Kabel für Beleuchtung, Zugsteuerung und Komponenten des Faller Carsystems untergebracht werden. Um Verwindungen zu vermeiden, waren allein zum Wenden des flexiblen 8 Meter Trägers auf der Werkbank 4 Personen nötig. Beim Bau der Pylonen fiel die Wahl aus Stabilitätsgründen auf Holz, da sie formstabil im Rahmenunterbau verschraubt werden mussten. 8 Mitarbeiter halfen, den Durchlaufträger über das Wasserbecken zu hieven und in die Pylonen einzufädeln. 100 einzelne Hängeseile halten die Brücke auf den zwei Haupttragseilen über Wasser. Um diese insgesamt 80 Meter Angelschnüre zu verarbeiten, benötigten wir 14 Tage.

Die hölzerne Storebæltbrücke ist die längste Brücke des Wunderlandes und misst mit Zu- und Abfahrt insgesamt 10,35 Meter. Gaston Burkhardt hat 435 Stunden an dieser Brücke gearbeitet.

In der Ziegelei werden Baumaterialien aus gebranntem Ton gefertigt.

Die einsame und in vielen Regionen unwirkliche Bergwelt Norwegens ist die Heimat eines sagenumwobenen Trolls.

Das Original Schloss Egeskov steht in Dänemark auf der Insel Fünen inmitten eines riesigen Sees. Der Überlieferung zufolge soll der Bauherr Frands Brogenhuus das Fundament des Schlosses aus einem ganzen Eichenwald gebaut haben (daher der Name Egeskov).

Das Wunderländer Schloss Egeskov hat zwar bei weitem nicht so viel Eichenholz in Anspruch genommen, ist aber aus modellbauerischer Sicht eines der ganz großen Werke im Wunderland. Das Schloss wurde originalgetreu in rund 250 Arbeitsstunden gefertigt. Jedes Teil wurde einzeln gefräst und mit Fingerspitzengefühl an die anderen gefügt.

Das Schloss Egeskov in Skandinavien gehört fraglos zu den modellbauerischen Highlights im Abschnitt.

Nicht weit entfernt vom Schloss Egeskov trifft man auf eine der typischen Rundkirchen. Links, auf der anderen Straßenseite, sind die Hünengräber zu sehen.

Es muss ein heißer Tag sein. Wie sonst lässt sich der große Andrang an dem Kiosk im Strandbereich erklären?

LINIE888

Möglicherweise ist dieses Geisterschiff der 'Fliegende Holländer', um das sich die Legende von einem verfluchten Kapitän und seinem geisterhaften Segelschiff rankt.

Die nördlichsten Gefilde im Miniatur Wunderland sind mit dichtem Schnee bedeckt, nahe der Mine Kiruna beginnt das Permafrostgebiet im Miniatur Wunderland. Rund 50 m^2 Skandinaviens sind mit Schnee bedeckt.

Die weiße Pracht wurde aus Gips modelliert und mit weißer Farbe bemalt. Dann kam der wichtige und entscheidende Teil: Millionen zermalene Glassplitter wurde darauf gestreut und verklebt. So sieht diese Winterlandschaft täuschend echt aus. Gerade bei Nacht, wenn im Eishotel die roten und blauen Lichter leuchten und die Menschen in den Dörfern schlafen gehen, entwickelt sich eine traumhafte Atmosphäre.

An dieser Stelle noch ein Tipp für alle Besucher: Fassen Sie den Schnee lieber nicht an – auch wenn die Glassplitter winzig sind, scharf sind sie trotzdem!

Diese Sehenswürdigkeit sollte kein Schwedenbesucher versäumen: die Villa Kunterbunt von Pippilotta Viktualia Rollgardina Pfefferminz Efraims Tochter Langstrumpf.

Fast am nördlichsten Punkt des Wunderlandes befindet sich diese große Wetterstation. Gerade wird einer der Ballons startklar gemacht, mit denen die Messgeräte in große Höhen gebracht werden können.

Das Eishotel lädt zu einem Aufenthalt der besonderen Art ein.

Miniatur Wunderland

Multilateraler Bund der Weihnachtsmänner I Sitz der Exilregierung im Miniatur Wunderland
Kehrwieder 2-4 I Block D I 205457 Hamburg

Multilateraler Bund der Weihnachtsmänner
Sitz der Exilregierung im Miniatur Wunderland
Kehrwieder 2-4, Block D
205457 Hamburg

Tel. +49 (0)40 - 300 6 80 - 0
Fax +49 (0)40 - 300 6 80 - 99

PRESSEINFORMATION

7.12.2006

Der Multilaterale Bund der Weihnachtsmänner (MBW) fordert einen eigenen Staat.

Die Amerikaner gewähren ihren Weihnachtsmännern Exil am Nordpol, die Dänen in Grönland, die Schweizer im Schwarzwald, die Finnen in Lappland, die Niederländer in Spanien und die Russen nirgendwo. „Wir Weihnachtsmänner sind geduldet, im Dezember erwünscht, aber im Endeffekt sind wir heimatlos", bemerkt der Vorsitzende des MBW Dr. Claus.

„Das muss sich ändern", fügt die russische Gesandte Snegurotschka (auf dt. Schneeflöckchen) hinzu. In den letzten Tagen haben sich Weihnachtsmänner aus allen Teilen der Welt im Miniatur Wunderland zusammengefunden und leben seitdem auf gut 900qm. Nach Jahrhunderten der Heimatlosigkeit und Einsamkeit im Exil, haben die Weihnachtsmänner hier nun ihr gelobtes Land gefunden. „Hier wollen wir bleiben, hier wollen wir unseren eigenen Staat errichten", fügte sie hinzu.

Dem Miniatur Wunderland liegt nun ein Antrag des MBW vor. Dieser Antrag enthält, neben der Bitte um Land zur Errichtung einer Weihnachtsrepublik, einen vom weihnachtsländischen Konvent erarbeiteten Verfassungsvorschlag. In diesem Vorschlag wird u.a. folgendes gefordert.

- Monatliche Bescherung für Kinder
- Keine Geschenke über 50 Kg
- Rentierjagd strikt verboten
- Bartpflicht aufheben
- Bartpflegemittel werden vom Staat gestellt
- Keine Rentiersteuer
- Abschaffung der Schenkungssteuer
- Schlittenführerschein schon ab 16 Jahren
- Alle roten und weißen Stoffe gibt es für die Bewohner umsonst
- Rehabilitationsmaßnahmen dementsprechend auch kostenfrei

Das Miniatur Wunderland lässt durch seinen Sprecher Frederik Braun verlauten, dass der Antrag genau geprüft werde. Allgemein stünde einem Staat aber nichts im Wege. Darüber hinaus fügte er hinzu: „Wir wollen um jeden Preis verhindern, dass es zur Weihnachtszeit zu weiteren Demonstrationen und Streiks kommt und werden von daher den Dialog suchen."

Mal sehen ob es schon bald 195 anerkannte Staaten auf dieser Welt geben wird.

Geschäftsführer: Frederik Braun,
Gerrit Braun, Stephan Hertz
Sitz: Freie und Hansestadt Hamburg

Amtsgericht: Hamburg HRB 78633
Hamburger Sparkasse: BLZ 200 505 50
Konto: 1 236 126 221

FA: Hamburg-Mitte-Altstadt
Steuer-Nr.: 48/709/02021
Ust-ID-Nr.: DE 213604364

Eine Presseinformation zum weihnachtlichen Ausschmücken des Wunderlandes. Seitdem wird regelmäßig zur Adventszeit die Anlage festlich dekoriert.

In den Weihnachtsmannwerkstätten wird rund um die Uhr gearbeitet.

Wer im Wunderland eine Reise tut, so kann er was erzählen.

2005

Auch zu später Stunde kehrt am Bahnhof in Padborg keine Ruhe ein. Im Hintergrund sind die Lichter der Stadt zu sehen.

Ostbanen

Dem Zug seine Schiene, dem Auto seine Strasse und dem Schiff sein Wasser. Hinter dem Wasserbecken im Skandinavien-Abschnitt steckt eine Hightech-Wasserinstallation, die mit ihren zahlreichen Fühlern, Sensoren, Pumpen und Abläufen nur von einer komplizierten SPS-Steuerung bewältigt werden kann. Luftfeuchtigkeit, Wasser- und Raumtemperatur, Füllstand sowie Filteranlagen müssen überwacht werden. Und damit im Falle eines Falles die Untermieter keine feuchten Füße bekommen, muss auch gewährleistet sein, dass bei einer Leckage das Becken in kürzester Zeit leer gepumpt wird. Das Becken misst 80 qm, insgesamt zirkulieren im System 30.000 Liter. Durch die Simulation von Ebbe und Flut und den Schiffsverkehr ist dieser Abschnitt eine einmalige Attraktion im Miniatur Wunderland. Allein für die Gezeiten müssen 2.500 Liter Wasser in nur acht Minuten zwischen dem Pufferbecken im 3.Stock und der Anlage im 4. Stock hin- und hergepumpt werden.

Seit dem Jahr 2004 arbeitet das Team um Gerrit Braun an einer vollautomatischen Schiffssteuerung. Mit vielen Rückschlägen, aber dennoch optimistisch, die Probleme irgendwann alle im Griff zu haben, ist unser Ziel, dass ein Computer mehrere Schiffe gleichzeitig über die Nord-Ostsee steuert. Nach der Fertigstellung und ersten Phase im Dauerbetrieb des Knuffingen Airports, wird hier mit den Programmierarbeiten fortgefahren. Die zivile Binnenschifffahrt arbeitet seit mehr als 20 Jahren an einem Autopiloten für Schiffe in Binnengewässern, vielleicht ist das Team um Gerrit Braun ja schneller. Aber auch hier wurde über die Jahre klar, wie kompliziert ein solches System zu konzipieren ist. Die Schiffe auf ein bis zwei Zentimeter genau zu steuern, automatisch an- und ablegen zu lassen und nicht durch den Luftzug der Klimaanlage aus dem Kurs zu bringen, sind nur einige Probleme, die es zu bewältigen gibt. Hierfür wurden schon 48 kleine Satelliten über dem Wasserbecken installiert, die die Daten an die einzelnen Schiffe übermitteln sollen.

Die ausgedehnten Hafenanlagen an der Nord-Ostsee werden im Wunderland von den skandinavischen Staaten gemeinsam genutzt. An diesem Kai werden Container und Stückgut umgeschlagen.

Nach getaner Arbeit erholen sich die norwegischen Fischer, während Hafenarbeiter den Fang sortieren und mit Eis kühlen, das in einem Handkarren bereit steht.

Ein Schiffer wartet darauf, dass er die Schleuse passieren darf.

Der Sage nach erbaute der Troll Finn, der im Svintruberg unweit Heddals wohnte, das Gotteshaus im Laufe von nur drei Tagen. Im Wunderland dauerte es natürlich etwas länger. Dietmar, der über ein TV-Casting zum Wunderland-Team kam, baute ca. 5 Wochen an der Kirche. Leider ist er nach einem Jahr wieder zurück nach Kempten gegangen.

Die Stabkirche Heddal ist die größte ihrer Art in Norwegen. Der Nachbau im Wunderland besteht wie das Original aus Holz.

Der Blick von oben auf einen kleinen Teil des gewaltigen Erzabbau-Industriekomplexes.

Unweit des Bahnhofs von Kiruna beginnen die ausgedehnten Anlagen der LKAB – der Gesellschaft, die im Norden Schwedens das Eisenerz abbaut und zu den Erzhäfen Narvik und Lulea befördert (im Wunderland dargestellt durch den Erzhafen der Stadt Bergvik).

Im Skandinavien-Abschnitt ist eine etwas kleinere Ausführung des Carsystems eingebaut worden. Mit 8 Ladestationen und einem Schattenbahnhof mit 50 Parkplätzen. Die in Dänemark stationierten Rettungswagen fahren hier über die Storebæltbrücke ihre Einsätze bis nach Norwegen. Doch um bei einem Einsatz dort hinzugelangen, müssen sich die Fahrzeuge auf der Brücke durch einen langen Stau schlängeln.

Die tief verschneite finnische Grenze ist erreicht. Nun ist es nicht mehr weit bis ans Eismeer.

Modellbau

Häuser und Brücken	3.660
Einwohner	215.000 (Durchschnittsgröße 2,2cm)
Bäume	228.000
Sonnenblumen	5.000
Autos	8.850
Fahrende Autos	ca. 275
Flugzeuge	44
Schiffe	13

Der Frachter Heike wurde zur Reparatur in das Schwimmdock der Bergvik Waerft AB gebracht.

Die Schiffssteuerung

Text *Sascha Grewe, Entwickler, Miniatur Wunderland* **Bilder** *Miniatur Wunderland*

Das bislang umfangreichste und schwierigste Technikprojekt im Wunderland ist zweifellos die Schiffssteuerung für unser Wasserbecken im Skandinavien-Abschnitt. Die Grundidee ist, die Schiffe dort vollautomatisch durch eine Computersteuerung zu dirigieren. Nicht nur einfache Überfahrten, sondern auch Anlegemanöver soll der Computer mit großer Präzision durchführen. So die Theorie.

Im Jahre 2004 mit viel Enthusiasmus und Zuversicht begonnen, ist heute nach 6 Jahren immer noch keine zufriedenstellende Lösung in Sicht. Doch aufgeben? – Fehlanzeige! Die Schiffe werden mittels bewährter Fernsteuerungen von Mitarbeitern über das Wasser bewegt, um unseren Gästen eine bewegte Nordostsee präsentieren zu können. Im Hintergrund wird an den Lösungen weiter gearbeitet.

Im Laufe der Zeit sind viele Ideen entwickelt und wieder verworfen worden. Viele Stunden theoretischer Überlegungen und Berechnungen und viele Vorschläge vom Team und besonders von unseren Gästen haben wir in den Jahren bewertet und aussortiert. Übrig blieben drei Ansätze, von denen wir einen sehr weit entwickelt haben.

Bei der Schiffsteuerung muss man unterscheiden zwischen dem reinen Fahren der Schiffe und der Ortung von Schiffen auf dem Wasserbecken, das immerhin ca. 15 m lang und ca. 7 m breit ist (incl. der 2 Schattenhäfen). Das Fahren der Schiffe ist dabei das kleinste Problem und gilt als gelöst. Unsere Steuerung in den Schiffen ist in der Lage, die Schrauben, Ruder, Strahlruder sowie diverse Zusatzfunktionen sicher anzusteuern und ermöglicht damit das manuelle Steuern vom Computer aus. Die Datenübertragung zum Schiff funktioniert dabei über Infrarot, wie auch beim neuen Carsystem. Man kann sogar sagen, dass die neue Carsystemsteuerung auf dem System basiert, das wir für die Schiffe entwickelt haben.

Unser großes Problem ist und bleibt die präzise Ortung der Schiffe auf dem Becken. Wir haben angenommen, dass wir für die Anlegemanöver eine Genauigkeit von 1mm bei der Positionsermittlung brauchen. Und als ob dies die Schwierigkeitslatte nicht schon hoch genug legen würde, diese genaue Position muss natürlich mehrmals pro Sekunde für jedes Schiff ermittelt werden, um ein quasi Echtzeit gesteuertes System zu bekommen.

Der erste Gedanke war: eine Ortung über Kameras an der Decke. Grobe Schätzungen im Jahr 2004 gingen von 6 schnellen Computern aus, die die nötigen Bilderkennungsalgorithmen abarbeiten. Dieser Gedanke wurde recht schnell verworfen, weil die geringe Deckenhöhe in unseren Räumen eine nicht unerhebliche Verzerrung im Kamerabild ergeben hätte, die erst aufwendig ermittelt und dann herausgerechnet werden müsste. Beim Tausch einer Kamera müsste diese erst wieder eingemessen werden. Alles in allem ein recht großer Aufwand mit unsicheren Erfolgsaussichten.

Die Rangierdiesellokomotive der NSB 2.819 liefert der Werft Material an.

Ein Frachter ist in die funktionsfähige Schleuse eingelaufen. Dahinter sieht man einen Teil der ebenfalls beweglichen Hubbrücke, über die vier Gleise verlaufen.

Der zweite Ansatz waren Laserfächer, die von Leuchttürmen aus über das Wasserbecken streichen und einem Empfänger auf dem jeweiligen Schiff die nötigen Informationen liefern, damit das Schiff seine Position ermittelt und an den Steuerungsrechner zurückmeldet. Diese Idee wurde nicht weiter verfolgt, weil dazu Motoren erforderlich sind, die den Laserfächer mit sehr großer Gleichlaufgenauigkeit drehen. Kleinste Abweichungen im Gleichlauf bedeuten in 15m Entfernung vom Laser gleich mehrer Millimeter Abweichung.

Die am weitesten verfolgte Idee ist die einer Kreuzpeilung mittels Ultraschallsignalen, ähnlich wie beim GPS im Auto. Dazu werden von 'Satelliten', also kleinen Sendeeinheiten, die über dem Wasserbecken hängen, neben den Infrarotsignalen zur Steuerung auch Ultraschallimpulse gesendet, die von den Schiffen empfangen werden. Empfängt ein Schiff mindesten 3 Signale, kann es seine Position berechnen. Je mehr Signale empfangen werden, desto höher ist die Genauigkeit. Dieses System ist inzwischen so weit, dass wir die Position eines Objekts auf 9 mm genau ermitteln können. Große Probleme bereiten uns neben den physikalischen Gesetzmäßigkeiten des Ultraschalls auch die Geschwindigkeit des Gesamtsystems. Inzwischen gibt es neue Typen von Mikrocontrollern, die bei höheren Taktraten noch weniger Strom verbrauchen (Energie ist bei einem akkubetriebenen Modell immer ein Thema) und damit ergeben sich auch neue Möglichkeiten.

Zur Fertigstellung des Flughafens, dem technisch aufwändigsten Bauabschnitt, ließen wir viele Bemühungen vorerst ruhen. Doch eins ist sicher: wir haben die Hoffnung noch nicht aufgegeben, die Schiffe irgendwann automatisch zu steuern und werden uns nach der Eröffnung des Flughafens mit neuem Schwung und den neuen Erkenntnissen, die wir in der Zwischenzeit gesammelt haben, dieser Herausforderung stellen.

Der Überwachungsmonitor des Carsystems in Skandinavien. Die Schiffe sollen später ebenfalls von dort kontrolliert werden.

Der Platzmeister und die Werft

Das Becken misst 80 qm und fasst 25.000 Liter Wasser, insgesamt zirkulieren im System 30.000 Liter. Durch die Simulation von Ebbe und Flut und einer funktionierenden Schleuse, ist der Schiffsverkehr eine einmalige Attraktion im Miniatur Wunderland. Allein für die Gezeiten müssen 2.500 Liter Wasser in nur acht Minuten zwischen dem Pufferbecken im 3. Stock und der Anlage im 4. Stock hin- und hergepumpt werden.

Text *Holger Ballasch (Leo), Werft (Schiffservice), LED-Beleuchtung, Führungen, Modellbau, Miniatur Wunderland*
Bilder *Miniatur Wunderland*

Als ich im Jahre 2002 im Miniatur Wunderland anfing, die Kirmes um ein paar Fahrgeschäfte zu erweitern, hätte ich nicht daran gedacht, hier einmal hauptberuflich zu arbeiten. Was als Nebenjob begann, ist jetzt mein Beruf, oder soll ich sagen meine Berufung? Hier im Wunderland ist das Modellbauleben ganz anders. Was zuhause noch mit einem Faller-Kirmesmodell aus dem Karton und den darin befindlichen Glühlämpchen funktioniert, funktioniert im Wunderland so nicht! Zumindest nicht lange. Lämpchen sind nach spätestens drei Monaten durchgebrannt, Plastikmechaniken nach zwei Tagen aufgerieben und die Laufrollen der 'Wilden Maus' z.B. nach zwei Wochen total mit Staub zugesetzt. Da war Umdenken angesagt.

Alles was sich bewegt, musste also aus Metall gefertigt (Kugellager, Wellen, Lagerböcke, Zahnräder), und was leuchten soll, mit LED (Leuchtdioden) bestückt werden. Und möglichst groß sollen die Mechaniken sein, damit sie weniger staubanfällig sind. So entstanden, mit Hilfe der Kollegen aus der Mechanik, unter anderem eine neue 'Wilde-Maus', ein Freifallturm und das 'Jupiter-Riesenrad' mit seinen 4811 Leuchtdioden und somit das Modell mit den meisten LEDs auf der Anlage. Natürlich nicht alle von Hand gelötet. An dieser Stelle einen ganz lieben Dank an Herrn Peter Mayerhofer, der meiner Meinung nach der Einzige ist, der weiß, wie Kirmeslicht in H0 funktioniert und durch seine LED-Objekte (Lichterketten, Schriftzüge) die Kirmes richtig zum Strahlen bringt.

So laufen die Fahrgeschäfte seit vielen Jahren mit sehr geringem Serviceaufwand, von der 'Wilden-Maus' einmal abgesehen, die ein 'Hassobjekt' der Kollegen am Leitstand ist. Diese kleinen Wägelchen scheinen den Staub regelrecht anzuziehen und so kommen täglich Gäste zum Leitstand, weil das mal wieder nicht weiterfahren will. Ein kurzer Schubser oder Austausch des Wägelchens und es geht wieder rrrrrund auf der Kirmes am Mount St.Pauli/ Bad Klosterberg. Ein Problem bleibt aber doch, denn die Plastikschienen der 'Maus' werden mit der Zeit sehr spröde und brechen sehr leicht. Die müssen dann ausgetauscht werden.

Ein kleiner Schubs und die Fahrt in der 'Wilden Maus' kann weitergehen. Das gefällt nicht nur dem Weihnachtsmann.

Irgendwann gegen Ende 2005, ich gehörte inzwischen zur festen 'Besatzung des Raumschiffes Wunderland' und hatte diverse Häuser und Autos mit LEDs ausgestattet, kam Gerrit Braun auf mich zu und fragte, ob ich mir auch die LED-Beleuchtung an den Schiffen zutrauen würde. LED ist LED, nur mit einer anderen Spannung als unter der Anlage, und so sagte ich 'Ja'.

Ich wusste damals nicht, was ich da angenommen hatte, weder mit Schiffen in Realität noch mit Modellschiffen hatte ich bis dato Erfahrung und ferngesteuert habe ich auch bislang nur meinen Fernseher Zuhause, denn nicht nur die LEDs waren anzubringen, auch die Dichtigkeit der Schiffe war nicht wie gewünscht. Also erst einmal Informationen sammeln, erfahrene Modellschipper befragen, Internet Recherche und, ganz wichtig, ausprobieren was funktioniert und was nicht. Irgendetwas ist wohl richtig gelaufen, denn seit der Zeit bin ich nun die 'Werft' des Wunderlandes und kämpfe mit den Tücken der Objekte, oder hat einer von Euch ein Modellschiff schon mal länger als ein paar Stunden im Wasser schwimmen lassen?

Akkuwechsel bei der 'Zimm Caribe' im Schattenhafen

Hier im Wunderland sind die Schiffe so lange wie möglich im Wasser, im besten Fall über ein Jahr. Nur wenn Service ansteht oder Teile defekt sind, kommen die in die Werkstatt und werden repariert.

Kaputte Strahlruder und Wellen, deren Fettung fehlt, sind die häufigsten Fehlerquellen, die auftreten. Auch die Außenhaut leidet natürlich unter der täglichen Belastung. So darf ich dann auch mal den Pinsel ansetzen, um ein paar Schadstellen auszubessern, was dazu führt,

Auf dem Kai, an dem ein großes Containerschiff angelegt hat, wird ein altes Fischerboot in mühevoller Handarbeit von der alten Farbe befreit und neu gestrichen.

dass die Schiffsrümpfe inzwischen echten Schiffen zum Teil sehr ähnlich sehen. Dieses ist aber eher ungewollt. Ab und zu darf ich dann auch mal mit den Schiffchen 'spielen'. Ich habe 'spielen' mal in Anführungsstriche gesetzt, denn wir sollen in Original-Geschwindigkeit die Schiffe durch unsere Nord-Ostsee schippern. Nichts sieht bekloppter aus als Schiffe, die unsere Züge überholen, und so hat der Job des Kapitäns im Wunderland durchaus etwas sehr 'Meditatives'.

Zum Glück haben wir wechselnde 'Kapitäne' im Wunderland, ohne die der Schiffbetrieb nicht funktionieren würde, denn die automatische Schiffsteuerung ist leider noch nicht ganz fertig. Die funktioniert zwar schon, aber es sieht doch immer noch sehr 'ruppig' aus.

Wer im Skandinavien-Teil des Wunderlandes an die Decke guckt, sieht grüne Plexiglas-Gebilde (Platinen mit Infrarot-Dioden), die später die Kommunikation zwischen Schiff und Computer realisieren sollen. Damit ist es dann möglich, mehrere Schiffe gleichzeitig durch das Wasser zu fahren. Bis es soweit ist, fahren wir weiter mit der 'Baggersee-Technik'(Fernsteuerung mit Fahrtenreglern und Servos), die wir aber auch immer weiter verfeinern.

Einen normalen Tag im Wunderland gibt es nicht. Wenn Not am Mann ist, springe ich auch schon mal an die Eingangstür und heiße unsere Gäste willkommen, oder moderiere unsere 'Nacht im Wunderland', in der meine Kollegen und ich sehr viel Zeit haben, unser Wunderland den Gästen ein bisschen näher zu bringen.

Und sollten Sie mal eine 'Führung hinter die Kulissen des Wunderlandes' buchen, kann es passieren, dass Sie mit der 'Werft' den Schatten-Hafen erkunden können.

Bis zur Fertigstellung des Flughafens ist natürlich auch die eine oder andere Stunde für Beleuchtung aller Art (Pushback-Fahrzeuge, Schrebergarten-Häuser, Brücken und diverse Fahrzeuge) ins (Wunder)Land gezogen, aber Spaß ist immer dabei. Wo sonst bekommt man so viele Schulterklopfer unserer Gäste, die durchaus wissen, was wir so am Tag alles machen, um das Wunderland, jeden Tag aufs Neue zum Leben zu erwecken.

Ladestationen für Schiffakkus

Ein Tunnel voller Hoffnung

Fakten zum Weltrekord 2005

***25.11. – 27.11.*2005**

Arbeitsstunden	über 3.000

Strecke:

Länge der Strecke	725,37 Meter (eingleisig)

Zug:

Zuglänge	110,5 Meter
Wagen	889 Wagen
	3 Roco IORE LKAB's (Dreileiter)

einige Fehlversuche am Samstag

Zieleinlauf am Sonntag	ca. 14:30 Uhr

Zuglänge	110,3 Meter
Wagen	887 Wagen
	3 Roco IORE LKABs (Dreileiter)
Zurückgelegte Strecke	614,87 Meter

gegen 14.30 Uhr beim einzigen Versuch am Sonntag

Material:

Holz	250 qm
Kabel	2.500 Meter
Gleisnägel	10.300
Sandsäcke	300
Balken	120 Doka H20 Balken (Länge 5,90 Meter)

einen Lenz Handregler mit zwei Zentralen

8 Massoth Booster (Sonderanfertigung mit 12 Ampere)

2500 Meter Kabel, drei Lokomotiven und (k)ein Glühwein – Die Grenzen der Legalität bei 2°C

Text *Lars Rösenberg, Elektroniker, Schreiberling, Film, Miniatur Wunderland*
Bilder *Miniatur Wunderland*

Es klingelte in meinem Kopf. Ich öffnete die Augen. Nach kurzer Bedenkzeit kam mir das Telefon in den Sinn. Ich saß einigermaßen senkrecht im Bett. Mein Blick fiel auf die Uhr: 02:35. Irgendwie war das kein gutes Zeichen. – „Hallo?" – „Lars?" – „Ja...?" – „Wir brauchen deine Hilfe, kannst du vorbeikommen?" Am anderen Ende identifizierte ich trotz vorangegangener Tiefschlafphase die Stimme von Frederik Braun. Neben mir drehte meine Freundin mir den Rücken zu. „Was ist denn los?", murmelte sie. „Die haben ein Problem, ich muss wieder in den Tunnel", antwortete ich. – „Jetzt? Spinnen die denn?" – „Alles Verbrecher!", entgegnete ich übernächtigt. Ich suchte meine Snowboardhose, die zwei Fleecepullover und meine, einige Stunden zuvor achtlos weggeworfenen, Handschuhe. Kurz danach schnappte ich mir mein Fahrrad und sattelte Richtung Elbtunnel auf.

Wer kommt bitte überhaupt auf die Idee, einen Rekord mit dem längsten Modelleisenbahnzug der Welt aufstellen zu wollen? Was sind das bloß für Menschen? Und dann findet sich jemand, der diesen Rekord bricht. Und weil der überwiegende Teil der Menschheit sich im tiefsten Inneren in dieser Situation wie ein kleines bockiges Kind benimmt, will man die Sandschaufel natürlich zurück und am Liebsten behalten und nie wieder aus der Hand geben. So ist das wohl auch mit einem Rekord! – Um nur einige meiner nächtlichen Überlegungen auf dem Fahrrad wiederzugeben.

Wenn Einzelne des Teams diesen Rekord in wenigen Worten zusammenfassen sollen, trifft man in den meisten Fällen auf den Satz 'Die Nerven lagen blank' im direkten Atemzug mit dem Wort 'spektakulär'. Viel genauer kann es auch nicht beschrieben werden. Ich werde versuchen, einen Überblick der Tatsachen, die sich im November 2005 im und um den alten Hamburger Elbtunnel abspielten, zu geben. Zu einer außergewöhnlichen Idee gehört zu allererst ein ebenso sensationeller Ort. Ein Ort, der genug Platz bietet. Platz für einen über hundert Meter langen und, mit Verlaub, ziemlich unnützen Miniaturzug. Das Superlativdenken des Miniatur Wunderlandes ist dem ein oder anderen vermutlich ein Begriff. Für eine gleichwertige Umsetzung braucht es aber mehr als nur die theoretischen Weiten einer Idee. Somit startete die Vorarbeit für den Rekord des längsten Zuges mit einer Materialbestellung. 250 Quadratmeter Holzplatten, 2.500 Meter Kabel und 800 Meter Schienen. Einer unserer Tischler landete vor laufender Kamera den ersten großartigen Faupax, als er während der Sägearbeiten interviewt wurde. Er gab zu verstehen, dass er nun seit über 10 Stunden ununterbrochen an der Kreissäge stünde. Unsere Arbeitssicherheitsfachkraft schlug die Hände über dem Kopf zusammen. Aber außergewöhnliche Aufgaben verlangen nach Menschen, die die eine oder andere Grenze etwas flexibler gestalten. Heute ist es verjährt.

Die eingleisige Strecke sollte aus 403 Modulen, jedes 1,80m lang, zusammengesetzt werden. An 8 Positionen wurde Strom eingespeist. Wolfgang hämmerte mit rund 10.000 Gleisnägeln die Schienen auf das Holz, während die Elektronik auf Akkord Module verkabelte. Die Streckenlänge musste mehr als 700 Meter betragen, damit ein über 100 Meter langer Zug auch 600 Meter darauf fahren konnte. Der alte Elbtunnel besteht aus zwei Röhren und hat eine Länge von 426 Metern. Nicht genug. So wurde eine 180° Kurve an einem Ende der beiden Tunnelröhren geplant, damit die Strecke durch die andere Seite wieder zurücklaufen konnte. Die Kurve würde also über Erfolg oder Misserfolg eines so langen Zuges entscheiden. 13 Kurvenstücke waren nötig. Dreizehn? Diese Zahl erschien uns zu gefährlich. Es wurde entschieden, ein 14. Kurvenstück zu bauen, mehr aus Prinzip als aus Nutzen. In die Strecke wurde es niemals eingebaut. Fürs gute Omen aber unumgänglich.

Die Strecke sollte auf großen Balken montiert werden, so genannten Dokas. Sie wurden von zwei unserer mutigen und verantwortungsbewussten Mitarbeiter während eines großen Schneetreibens mit einem völlig überladenen LKW (Ladung nicht gesichert) aus einem Vorort Hamburgs abgeholt. Alle kamen überraschend heil am Elbtunnel an. Material und Team waren bereit, Freitagnacht 24 Meter unter die Elbe geliftet zu werden. Da der alte Elbtunnel an Werktagen von vielen Hafenarbeitern und Pendlern genutzt wird, musste er spätestens Montag um 00:00 Uhr wieder befahrbar sein. Uns blieb also ein schmales Zeitfenster von 48 Stunden für diesen aufwändigen Weltrekord. Voller Tatendrang dachten wir, verhältnismäßig gut vorbereitet zu sein. Doch wir sollten eines Besseren belehrt werden.

An dieser kritischen Stelle wendet die Bahn

Die Temperaturen unter der Elbe waren nicht das Härteste, das wir die nächsten Tage zu spüren bekamen, aber zumindest das Intensivste. Zugegeben, +2°C im Tunnel hört sich im ersten Moment nicht so schlimm an, doch über 2 Tage und Nächte mit Werkzeug in der Hand und einem rauen Wind, der von der einen Seite des Tunnels zur anderen zog, war schnell klar, ein Zuckerschlecken wird es nicht. Module und Stützen verteilten wir um Mitternacht auf den gesamten Elbtunnel. In der geplanten Kurve fing man an, die ersten Module zu verbinden. Hier betrug die Streckenhöhe nur 30 cm. Es wäre einfach geblieben, wenn nicht beide Röhren in der Mitte des Tunnels um 1,5 Meter tiefer liegen als an den Eingängen.

Eine Steigung mit diesem wahnsinnswurstlangen Zug zu fahren war technisch kaum möglich. So sollte das Gefälle des Tunnels mit ansteigenden Stützen ausgeglichen werden, damit die Gleisstrecke 'im Lot' bleibt. Diese bis zu 1,80m hohen Stützen mussten wiederum selbst irgendwie gesichert werden. Hier half uns das THW (Technisches Hilfswerk) und beschwerte sämtliche

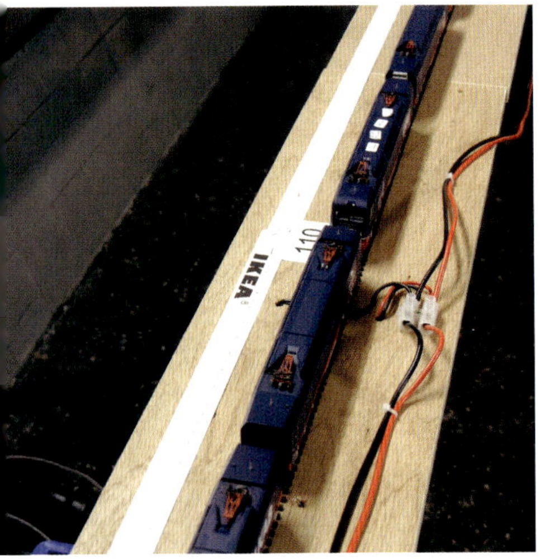

Die Fahrtstreckenlänge stets im Blick

Stützen der Strecke mit 300 Sandsäcken. Zu einer nächtlichen Situation zweier Tischler im Tunnel: Sie waren seit vielen Stunden mit dem Strecke Ausrichten und Verschrauben beschäftigt. Es sind immer dieselben Bewegungen. Schraube aus Box nehmen, Schraube gut festhalten, Schraube mittels Akkuschrauber ins Holz hineindrehen, nachmessen ob die Arbeit 'in Ordnung' ist und weitermachen. Es erforderte höchste Leidenskraft, denn Finger frieren nun einmal bei immer denselben Abläufen und völliger Übermüdung. Als der Akku eines Schraubers, auch wegen der niedrigen Temperaturen, langsam versagte, lief einer von beiden Jungs los, Verstärkung zu holen. Steckdosen und die Ladestationen für Akkus befanden sich nur an den Enden des Elbtunnels. Als dieser Mitarbeiter nach 10 Minuten Fußmarsch an seinen Arbeitsplatz zurückkehrte, war der Kollege achtlos und bibbernd an die Strecke gelehnt eingenickt. So lief es die nächsten Tage häufiger. Hinlaufen, zurücklaufen, hin – zurück – hin – zurück. Das Kamerateam von Pro7 hatte in der ersten Nacht eine Zeitrafferkamera an dem Tunnelende befestigt, wo sich später der Start der Strecke befinden sollte. Die ersten 20 Stunden sollten sie nur flitzende Männchen auf das Aufnahmeband bekommen. Von der ausgerichteten Strecke an dieser Position war nichts zu sehen. Die Arbeiten schritten langsamer voran als geplant.

Am darauf folgenden Tag, gegen 20 Uhr, war die Trasse wider Erwarten fertig und die ersten Tests konnten beginnen. Einige Kollegen, der Erschöpfung nahe und bis auf die Knochen durchgefroren, bekamen Freigang. Ich befand mich unter ihnen. Wir wollten alle nur noch unter warme Decken und schlafen. Im Tunnel entschied man sich, vorab nur die richtige Verkabelung der Strecke zu prüfen, und aus Zeitmangel gegen eine Testfahrt mit einer Lok. Technisch konnte nicht mehr viel schief gehen. 889 Waggons wurden vom restlichen Team aufgegleist und zusammengekuppelt. Darauf folgten drei IORE LKAB (Doppeltraktions-Lokomotiven von Roco), die den Zug ziehen sollten. Zuglänge 110,5 Meter. Auch die letzten Übermüdeten gingen zufrieden über die geleistete Arbeit nach ihrem 16 bis 22 Stunden-Arbeitstag endlich ins Bett. Samstag, 23:30 Uhr. Nun war es Sache des beginnenden Zugfahrtteams, den Rekord in Eiseskälte aufzustellen.

Um 03:01 Uhr kam ich auf meinem Fahrrad wieder am alten Elbtunnel an. Nur eine Liftfahrt hinab und wenige Augenblicke später strahlte mir das grelle Licht einer Fernsehkamera ins Gesicht. 'Jetzt ist hier Tag!' schien sie mir sagen zu wollen! Ich war wach oder schon tot. Zumindest hätte das Zweite gefühlt auch der Fall sein können. Mein Blick fiel in einen hell erleuchteten, endlos-langen Tunnel. Mich begrüßten lauter Michelinmännchen aus einer fernen Galaxie, die tänzelnd auf mich zugehopst kamen. Irre, dachte ich! Unter ihnen hopste, ebenso warm eingepackt wie die anderen, Frederik Braun und führte mich direkt an meinen Arbeitsplatz ca. 300m weiter in den Tunnel hinein. Andere folgten uns. Ich bekam eine rasche Erklärung des Tatbestandes inklusive Fehlerprotokoll und kippte all diese Informationen schleunigst wieder aus meinem Hirn heraus. Sie ergaben überhaupt keinen Sinn! Die Strecke war, wenn auch nicht von mir, von meinem Meister, Vorgesetzten und langjährigem Gefährten, dem Inbegriff der Eisenbahnelektronikväter des Miniatur Wunderlandes, Joachim, geprüft. Der hatte seine Arbeit nach bestem Wissen gemacht und alles kontrolliert, da gab es keinen Zweifel. Was war hier los? Ich war müde. Stimmen aus dem Jenseits redeten auf mich ein. Die Michelinmännchen erzählten, der Zug sei perfekt angefahren und hätte ohne Probleme seinen Weg über die Strecke zurückgelegt.

Dann hielt er abrupt und die erste Lok ging vor laufender Kamera in Rauch auf. Kurzschluss. Soweit so schlecht. Ich reihte innerlich das Wort 'Scheiße' in noch nie da gewesener Länge aneinander. Alle saßen irgendwie auf heißen Kohlen und fühlten sich dennoch bereits ordentlich angezählt. Nach einigen gescheiterten Fehlerbehebungen brachen wir für diese Nacht ab. Alle Michelinmännchen waren traurig. Ich konnte ihnen nicht helfen. Wenn jemand statt seiner Arbeitskollegen schon Michelinmännchen sieht, ist Schlaf wahrscheinlich eh die beste Fehlerbehebung.

Am nächsten Tag war nach einigen Stunden der Fehler klar und das Absurde daran: er war nicht zu umgehen. Ein Scheitern jedoch nicht auszudenken.[1)] Joachim hat die Lösung des Problems vermutlich einige Jahre Lebenserwartung gekostet. Und zwei graue Haare, die sich seither einige Zentimeter über seinem linken Ohr befinden. Ich sehe sie jedes Mal, wenn wir zusammen arbeiten.

Sonntag 14:00 Uhr, Stunde der Entscheidung: Zeitlich war es einer der letzten Versuche, die wir hätten noch unternehmen können. Es gab wieder genug funktionsfähige Lokomotiven, durch Entgleisungen 2 Waggons weniger und einen Rest Mut, die vielen kleinen Desaster und Torturen der letzten Tage doch noch in einen Erfolg umzuwandeln. Keine vorbereiteten Ersatzlokomotiven, anfänglich kaum ordentliche Verpflegung, ein Beinahe-Handgemenge im Team und überall Gefrierbrand führten an die Belastungsgrenze aller Beteiligten. Diverse Alkoholleichen, die am Sonntagmorgen die Tunnelröhren unsicher machten beim Versuch, nach der nächtlichen Kiezparty die andere Elbseite zu erreichen, um von da aus mit ihren Autos nach Hause zu fahren, förderten dieses Empfinden. Und zu guter Letzt ein paar Asiaten, die eine bestialisch stinkende Fischkiste hinter sich her zogen. Wir glauben bis heute, in kurzer Zeit dort unten ziemlich viel erlebt zu haben.

Der Weltrekord ist geschafft!

Als der Zug anfuhr und der Stelle näher kam, an der das letzte Mal alles so grausam für die Lok geendet hatte, hielten sich einige

[1)] *Es war ein Softwarefehler in den Boostern, die von einem anderen Hersteller speziell für die Anforderungen dieses Rekords umgerüstet und geliehen waren. Beim Einschalten polten sie sich wahlweise, je nachdem welche Halbwelle, positive oder negative, einer Wechselspannung sie als erstes traf. Das sind bei einer Netzfrequenz von 50 Hertz, 50 mögliche Verpolungen pro Sekunde der Einschaltung. Das alles hört sich technisch unglaublich an, aber glauben Sie es einfach, wir waren dabei.*

die Augen zu. Das Kamerateam verfolgte das Geschehen. Der Zug passierte dort problemlos. Wir atmeten auf. Zur selben Zeit wurden aber einige Meter weiter Stimmen laut, die einen entgleisten Waggon entdeckt haben wollten. Nochmals Abbrechen? Für Gitta war es undenkbar. Die gelernte Goldschmiedin mit den lockigen roten Haaren eilte herbei. Ihr froren die Hände. Sie begutachtete einige Sekunden den einen ratternden, entgleisten Waggon, dem hunderte folgten, bevor sie entschied einzugreifen. Löste sich eine Kupplung, war es vorbei. Mit zwei Fingern hob sie ihn im richtigen Moment blitzschnell an und setzte den Waggon während der Fahrt wieder auf die Schiene. Niemand holte Luft. Es gelang. Es war perfekt!

Das überwältigende Geräusch, das ein über hundert Meter langer Miniatur Modelleisenbahnzug macht, während er im alten Hamburger Elbtunnel unterwegs ist, lässt bei allen Beteiligten noch heute einen kalten Schauer den Rücken runter laufen. Wir horchten auf die vorbeifahrenden Achsen, lauschten der ungewöhnlichen Tunnelatmosphäre und wagten kaum zu atmen. Nicht so Joachim. Der Elektronikmeister kontrollierte ein paar hundert Meter weiter – nur zur Sicherheit – nochmals die Strecke und traute seinen Augen und Messgeräten kaum. Auf den letzten drei Streckenabschnitten war der Fehler zurückgekehrt! Was tun? Zeit gewinnen! Er griff nach seinem Funkgerät und drückte hastig die Sprechtaste: „Christian, sag Gitta, sie soll langsamer fahren...! Langsamer!" Christian stand in der 180° Gleiskurve an einer der Kopfseiten des Tunnels, um den Zug hier zu überwachen. Der Funkkontakt unter der Elbe reichte nicht durch die massiven Tunnelwände von einer Röhre in die nächste. So war Christian der einzige, der Joachim hörte. Fragend dreinblickend gab er dieselbe Information an Gitta in die andere Röhre weiter: „Äh... Gitta, fahr' mal langsamer." Gitta bekam ein überdimensionales 'P' in den Augen, als sie ihr Funkgerät hörte. Einen so langen Zug anzufahren war das eine, ihn aber wieder abzubremsen war das andere. Riskieren das sich hunderte Waggons aufschoben und durch das Gewicht aus den Schienen hoben? Nach der Schrecksekunde tat sie zum Glück, wie ihr angesagt wurde und stellte ohne zu wissen warum, unauffällig den Geschwindigkeitsregler einige Fahrstufen runter.

Kurz zur Erklärung: Wir sind nicht doof! Dieser Fehler entstand in den technischen Geräten, die für die Stromversorgung zuständig waren. Wir hatten keinen Einfluss darauf. Aber man konnte ihn beheben, sofern man erkannte, wo und wann er auftrat. Joachim war mit Wolfgang und einem zitternden Schraubendreher in der rechten Hand panisch dabei die Verkabelung zu ändern. Sie rannten nur so durch den Tunnel. Vier Meter bevor der Zug die besagten Streckenabschnitte erreichte, ließ Joachim den Schraubendreher fallen. Sein Blick richtete sich auf den Zug. Er fuhr, es war geschafft. Der Zug fuhr ohne zu stocken weiter. Wolfgang und Joachim sahen sich an. Beide kurz vorm Herzinfarkt. Niemand hatte etwas davon mitbekommen. Sie beschlossen schweigend, dass es für einige Zeit dabei bleiben sollte. Das Kamerateam, Gitta, Frederik und alle Beteiligten schritten an ihnen vorbei. Sie waren ausschließlich fixiert auf die Zugbewegung. Die entscheidende Marke von 614 Metern wurde nur Minuten später um ca. 14:30 Uhr geknackt. Sie wurde von einem Notar für das Guinnessbuch der Rekorde bestätigt. In der eigentlich so gefürchteten 180° Kurve der Strecke ist nie etwas passiert.

Vier Stunden später, am Sonntagabend, war der alte Hamburger Elbtunnel wie leergefegt. Beim Abbau funktionierte alles. Das Team konnte wieder lachen und durchatmen. Außerdem wollten alle zurück ins Warme.

Lieber Frederik, Du hast mich gebeten, einen Artikel über diesen Weltrekord zu schreiben, weil ich vieles davon selbst miterlebt habe. Dir schwebte ein Titel vor wie 'Der Rekordversuch im Elbtunnel und wie es fast das Team zerlegte'. Ich habe mit vielen Beteiligten gesprochen. Ob ich etwas übersehen habe. Eventuell nicht gemerkt hätte, dass die Stimmung kippte oder wir beinahe daran zerbrochen wären. Ich bekam immer dieselbe Antwort. Und die lässt mich lächelnd zu dem Schluss kommen: Es war nicht schlimmer als sonst! Ein Rekordversuch, Bauabschnittseröffnungen und vielleicht noch Eure legendären Weihnachtsfeiern sind Ausnahmesituationen – und davon gehen ja mittlerweile einige auf das Konto dieses großartigen Unternehmens. Danach hat man sich in aller Regel wieder gern. So komme ich zu dem weniger spektakulären aber ehrlichen Titel: Für uns war es ein Tunnel voller Hoffnung! Nur ein Glühwein zum Aufwärmen ist uns während der erfrischenden Arbeitsumgebung bei +2°C verboten worden! Und das war wirklich eine ziemliche Gemeinheit.

Bild *Pia Malmus*

3.04.2006

Erstellung des Deckendurchbruchs für den Schweiz-Abschnitt

6.04.2006

Ernennung zu den Unternehmern des Jahres

20.04.2006

Begrüßung des 3.000.000sten Besuchers im Miniatur Wunderland

6.05.2006

Aufstellung der 'Blue Goals' im Hamburg-Abschnitt

11.05.2006

Atze Schröder weiht seine Miniaturbühne im Wunderland ein

19.05.2006

Die Cap San Diego wird bei den Schiffen mit aufgenommen

10.06.2006

Beginn der WM-Aktionen im Wunderland

16.08.2006

5. Geburtstag des Miniatur Wunderlandes

1.11.2006

Frederik und Gerrit sind erneut zu Gast bei 'Johannes B. Kerner'

20.12.2006

Im Schweiz-Abschnitt fährt der erste Testzug

Die Knopfdruckaktion zu Bolle und Ernst bei ihrer Gartenlaube.

Knopfdruckaktion: Lanzenkampf

Knopfdruckaktion: Straßenbaustelle

Knopfdruck-Top 10

Text *Kenneth Mandel, Lars Rösenberg, Miniatur Wunderland*
Bilder *Miniatur Wunderland*

Warum auch immer nur davor stehen? Mitmachen bringt doch viel mehr Spaß! Im Miniatur Wunderland gibt es mittlerweile weit über 150 Knopfdruckaktionen. Der Besucher hat hier die Chance, sozusagen interaktiv in das Leben der Anlage einzugreifen. Diese Knöpfe sind in die Geländer eingebaut oder direkt an der Anlage – wer genau hinsieht, der findet. Winzige und hoch technische Eigenbauten, die Bewegungen in Gang setzen und noch mehr Unterhaltungswert schaffen. Das alles in Miniatur! Nach Jahren des Dauerbetriebes ist auch hier eine gewisse Routine eingekehrt. Ein Team, genannt 'die Drückerbande', schreitet morgendlich zur Eröffnung durch die Anlage, auf der Suche nach nicht funktionierenden Knöpfen, mancher Besucher wird anschließend zum Kind. Die Kinder drücken Knöpfe, so oft sie wollen und machen uns deutlich, welche ihnen am besten gefallen.

Da wir immer wieder erstaunt darüber sind, welche Aktion wie oft betätigt wird, haben wir hier eine Top Ten Liste erstellt. Erklärend muss dazu gesagt werden, dass die einzelnen Laufzeiten der unterschiedlichen Aktionen von wenigen Sekunden bis zu über zwei Minuten variieren. Ein Aktionsknopf mit nur kurzer Dauer kann also häufiger gedrückt werden als eine längere Sequenz.

Atze spielt täglich vor 432 begeisterten Wunderländern. Die Menge tobt!

Auf dieser Bühne im Hamburg-Abschnitt gibt es auf Knopfdruck 'Atze im Wunderland' zu sehen.

Abschnitt	Thema	pro Jahr	Gesamtbetrieb	
1. Knuffingen	Straßenbaustelle	2.020.752	15.285.674	(05/2001)
2. Österreich	Gefängnisausbruch	1.633.613	10.168.292	(05/2001)
3. Harz	'Ariel' TV	1.550.535	11.901.427	(05/2001)
4. USA	Autokino	851.333	5.109.397	(01/2004)
5. USA	Space Shuttle	701.419	4.160.633	(01/2004)
6. Harz	Freilichtbühne *(Romeo & Julia)*	559.383	4.385.327	(05/2001)
7. Hamburg	Großbrand	437.042	2.716.706	(12/2003)
8. Schweiz	Lanzenkampf	409.009	1.833.400	(11/2007)
9. Schweiz	Schokoladenfabrik	349.325	1.654.491	(11/2007)
10. Skandinavien	Strandliebe	340.643	1.931.605	(07/2005)

Auch in unserem neuesten Abschnitt, der HafenCity sind natürlich Knöpfe und Aktionen in Betrieb. Hier eine Übersicht der beliebtesten Drei:

1. HafenCity	Slackline	163.540	203.517	(11/2013)
2. HafenCity	Büroalltag	140.109	174.747	(11/2013)
3. HafenCity	Überleben 8-17	121.089	151.361	(11/2013)

Stand: Februar 2015

Eine Fanfreundschaft verbindet das Miniatur Wunderland mit Atze Schröder – Gerrit und Frederik Braun sind bekennende Atze Schröder Fans! Es wird übrigens berichtet, dass Atze Schröder nach seinem ersten Wunderlandbesuch bei seinen darauf folgenden Auftritten vom Wunderland schwärmte. Ob dies wiederum mit dem Programmtitel des Jahres 2007 'Atze im Wunderland!' zu tun hat, ist nicht bestätigt.

Fest steht auf jeden Fall, dass Atze bereits vor seiner großen Tour im Wunderland auftrat. Im Hamburg-Abschnitt spielt er täglich vor 432 begeisterten Wunderländern sein Programm. Seine Witze bringen nicht nur die kleinen Wunderländer zum Lachen sondern auch viele der großen Besucher.

Alles Atze, oder was?!

Text *Atze Schröder, deutscher Comedian*
Bilder *Miniatur Wunderland*

„Als ich 2006 mit meinem Programm 'Atze im Wunderland!' unterwegs war, kamen die bekennenden Atze-Fans Gerrit und Frederik Braun auf mein Management zu. Ihre Idee: Ich sollte im Miniatur Wunderland ein eigenes Theater bekommen und dort mit einem Auftritt verewigt werden. Da ich bis dahin noch wenig über das Miniatur Wunderland gehört hatte, habe ich mich erst mal schlau gemacht und war sofort beeindruckt. Wie die beiden zielstrebig ihren Traum verwirklicht haben, verdient jeglichen Respekt. Da war es natürlich Ehrensache, dass ich zur Einweihung der Atze-Bühne im Miniatur Wunderland persönlich vorbei kam und mir bei der Gelegenheit gleich die ganze Anlage anschaute.

Was soll ich sagen: Spätestens von da an war ich Fan von Gerrit und Frederik. Und es war auch nicht mein letzter Besuch. Wann immer ich Zeit habe und in Hamburg bin, schaue ich mit Freunden vorbei, die sich dann ebenso beeindruckt zeigen. Und ich selbst entdecke dann auch noch immer etwas Neues.

Ich wünsche den beiden, dem ganzen Team und dem Miniatur Wunderland alles Gute zum Jubiläum. Macht weiter so!"

Gebastelt wird zuhause

Ca. 400 Giraffen, Vuvuzelas und Fussbälle hat Bobby bei der WM 2010 zu einer lebhaften Geschichte gruppiert.

Interview *Michael Bopp, Modellbau, Miniatur Wunderland*
Bilder *Pia Malmus*

Bobby, wie bist Du zum Team des Miniatur Wunderlandes gekommen?

Als Frederik, Gerrit und Stephan noch Betreiber der Diskothek 'Voilà' waren, hatte ich meine Werkstatt im selben Gebäude direkt darüber. Dass ich als Innenarchitekt und Stylist gearbeitet habe, war den Dreien bekannt und eines Tages kam Frederik in vertraulicher Mission zu mir. Er erzählte mir von dem Vorhaben, die größte Modellbahnausstellung der Welt zu bauen und fragte mich, ob ich mir vorstellen könne, dabei zu sein.

Mit Modellbahn hatte ich bisher gar nichts zu tun und da sich das auch in Zukunft eigentlich nicht ändern sollte, lehnte ich erstmal ab. Er hat mich dann aber doch überredet, ihn in ein Modellbahngeschäft zu begleiten und nachdem er Bäume, Figuren und anderen Kleinkram gekauft hatte, konnte er mich auch noch dazu überreden, eine Testlandschaft zu bauen. Hierbei handelte es sich um eine nach Buch gebaute Szenerie in 2x1 Meter Größe.

Und da hast Du plötzlich Spaß daran gefunden?

Nicht direkt. Zuerst hatte ich vor allem das Problem, dass ich immer alles zu groß gebaut habe. Diesen Mini-Maßstab von 1:87 einzuhalten war ein echtes Problem für mich.

Mit welchen modellbauerischen Arbeiten hast Du begonnen?

Ich habe mich zuerst im Bereich der Landschaften und Gebirge ausgetobt. Als es dann an den Bau des Hamburg-Abschnittes ging, habe ich aber den Wunsch geäußert, Hagenbecks Tierpark zu bauen. Das war praktisch die erste große zusammenhängende Szenerie, die ich gebaut habe. Hier habe ich auch meinen Spaß an der Ausarbeitung kleiner Details entdeckt. So richtig austoben konnte ich mich dann aber an den kleinen Dioramen, die vor und in den WC-Räumen hängen. Modellbau ohne Vorgabe – das war ganz nach meinem Geschmack.

Modellbau ohne Vorgabe – ist dies in allen Bereichen möglich?

Nein, das ist es nicht. So habe ich zum Beispiel beim Betriebs-Stellwerk im Hamburg-Abschnitt einen Arbeiter in die Szenerie eingebaut, der bei einem Arbeitsunfall ein Bein verloren hat. Es gab daraufhin eine Beschwerde der Bundesbahn, die uns bat, diese Szene von der Anlage zu entfernen. Selbst das Umbauen der Szenerie und das Errichten eines Sichtschutzes durch Tücher, die von anderen Figuren hoch gehalten werden, ist nicht ausreichend gewesen. Diese Szenerie musste wieder entfernt werden. Auch die berühmte Wasserleiche im Harz-Abschnitt war stark umstritten – sie durfte aber bleiben.

2006

Woher erhältst Du Deine Ideen? Was inspiriert Dich?

Einen Großteil der Szenerien entnehme ich meinem täglichen Leben. Ich habe eigentlich immer einen Block und einen Stift bei mir und wenn ich unterwegs bin, schaue ich genau, was ich noch auf der Anlage wiedergeben könnte. Ich versuche, möglichst wenige Szenerien zu wiederholen,

Wie hat sich Dein Arbeitsmaterial im Laufe der Zeit verändert?

Wir haben heutzutage eine viel größere Auswahl an Modellbauartikeln, als noch vor 10 Jahren, das hilft natürlich ungemein bei der Arbeit. Es gibt aber auch immer wieder Merkwürdigkeiten: So gibt es z.B. eine kleine Szenerie mit Golfspielern zu kaufen, jedoch gibt es keinen Caddy dazu. Den müssen wir uns dann mühsam selber bauen. Ein anderes Beispiel: Es gibt eine Innenausstattung für ein Bekleidungsgeschäft zu kaufen, jedoch hängen und liegen dort in den Regalen überall die gleichen Klamotten. In so einem Fall müssen wir dann für Alternativen sorgen und anfangen zu improvisieren.

Wie meisterst Du Großprojekte, wie z.B. die Besetzung der Fußball-Arena im Hamburg-Abschnitt oder des DJ-BoBo-Konzertes?

Bei der Arena oder auch bei dem großen Sonneblumenfeld im Mitteldeutschland-Abschnitt habe ich eine tolle Unterstützung durch Mitglieder unseres Forums erhalten. Beim Konzert war ich ganz alleine tätig, habe für die Fertigstellung sogar einen Reha-Termin verschoben.

Der aber doch hoffentlich nichts mit Deiner Arbeit zu tun hatte!?

Der Besucher hat immer das Gefühl, als würden wir hier den ganzen Tag nur basteln. Dass Modellbau aber auch mit schwerer körperlicher Arbeit zu tun hat, wird oft nicht gesehen. Es muss aber z.B. bei jedem neuen Bauabschnitt erstmal jede Menge Gips auf die Untergerüste getragen werden und das Arbeiten im Knien, gebückt oder in der Hocke ist auch sehr anstrengend. Gebastelt wird zuhause!

Welcher Abschnitt liegt Dir besonders am Herzen?

Definitiv der Skandinavien-Abschnitt. Ich bin selber begeisterter Schwedenurlauber und liebe den Schnee, der dort im Winter in Massen die Landschaften bedeckt. Genauso wollte ich auch gerne unsere Schneelandschaft aussehen lassen: Bäume und Sträucher, die sich unter den Schneemassen biegen! Es gab zwar sowohl im Team als auch unter den Besuchern viele, die der Meinung waren, dass diese Darstellung übertrieben sei – ich kann aber versichern, dass es dort wirklich so aussieht und für die Ausarbeitung der Landschaft haben wir uns an Originalfotos orientiert.

Besonders toll war es, dort mit gemahlenem Glas zu arbeiten – dadurch kann man das Glitzern des Schnees besonders gut nachbilden. Die Arbeit mit diesem Material war allerdings besonders schwierig und man sollte möglichst nicht ohne Handschuhe arbeiten. Wie schwierig es damit ist, die kleinen Details zu platzieren, kann sich wahrscheinlich jeder vorstellen.

Vielen Dank für das Interview!

Eine Leidenschaft, die Kontinente verbindet

Text *Sebastian Drechsler, Leiter Kreativteam, Miniatur Wunderland*
Bilder *Miniatur Wunderland*

Was im Jahr 2000 ganz klein in Hamburg begann, ist mittlerweile weltweit bekannt. Eine unfassbare Entwicklung, die uns selber häufig erstarren lässt. Mittlerweile gibt es uns bekannte Fanclubs in 54 Ländern der Welt. Ob in London, Jakarta, Manila, Stockholm, Moskau oder Seoul – die Leidenschaft vereint.

Anfangs kam der größte Teil unserer Besucher vor allem aus Deutschland, Österreich und der Schweiz. Mit der Eröffnung des Skandinavien-Abschnittes kamen auch vermehrt Besucher aus Dänemark, Schweden und Norwegen. Mittlerweile aus allen Teilen der Welt. Im Jahr 2010 besuchten alleine 125.000 Menschen aus anderen Ländern als Deutschland das Miniatur Wunderland. So zum Beispiel die Familie Lee aus Korea. Ihre Geschichte ist für uns immer wieder besonders und verwunderlich zugleich. Im Sommer haben wir von der fünfköpfigen Familie eine E-Mail bekommen, in der sie sich für den Besuch bedankten und schrieben, dass sie nun im dritten Jahr hintereinander die 8.230 km von Seoul nach Hamburg geflogen sind, um das Miniatur Wunderland zu besuchen. Außerdem könnten sie es kaum abwarten, im Sommer 2011 wiederzukommen.

Beim Lesen solcher E-Mails überkommt einen ein komisches Gefühl. Auf der einen Seite ist man unglaublich stolz, an einem Werk mitzuwirken, das Menschen aus allen Teilen des Globus begeistert. Gleichwohl fragt man sich aber unweigerlich: Sind wir wirklich so toll? Wieso nehmen Menschen solche Kosten und Strapazen auf sich, um das Miniatur Wunderland zu sehen?

Wenn man die Weiten des Wunderlandes jeden Tag vor sich hat, beginnt man, das Schöne und Einmalige zu übersehen, und entdeckt vor allem Schwächen. Wieso haben wir in Hamburg keinen Platz für die Hafencity gelassen? Warum so wenig moderne Architektur einfließen lassen? Wieso haben wir in Knuffingen noch keine PKWs? Wie könnte man in der Schweiz ein Miniaturfeuerwerk entfachen lassen, oder ganz banal: Wieso klemmt die Schokoladenfabrik?

Man fragt sich, was uns so besonders macht, und wie es dazu gekommen ist, dass es mittlerweile Menschen auf allen fünf Kontinenten gibt, die unsere Leidenschaft teilen. Um ehrlich zu sein – die finale Antwort haben wir selber noch nicht gefunden. Wir tappen im Dunkeln und können nur mutmaßen. Fest steht, dass der Durchbruch irgendwann im Frühjahr 2009 zu suchen ist. Am 12. Februar haben wir bei 'YouTube' ein Video in englischer Sprache online gestellt, dass das Miniatur Wunderland in 4:52 Minuten vorstellt. Um ehrlich zu sein, das Video sieht ein wenig nach Hobbykeller aus und das gesprochene Englisch klingt passagenweise so, als ob Günther Oettinger es persönlich eingesprochen hätte. Sprich: mehr deutsch als englisch. Trotzdem ist genau dieses Video der Grund, wieso wir innerhalb von nur zwei Jahren Millionen Menschen auf uns aufmerksam machen konnten und einige mit dem Wunderland-Virus infiziert haben.

Im ersten Monat wurde das Video hin und wieder angeklickt und lief weder besser noch schlechter als andere Videos auf unserem 'YouTube-Kanal' dem 'Miwula TV'. Nach einigen Wochen muss ein uns unbekannter Held in den USA auf das Video aufmerksam geworden sein und einen Kettenbrief gestartet haben. Ab diesem Moment verlief vieles wie im Märchen. Der Kettenbrief landet bei einem Redakteur des großen amerikanischen Technikblogs 'dvice'. Er schrieb einen Artikel und trat eine Lawine los. Von einem Tag auf den anderen wurde unsere Internetseite von tausenden Amerikanern besucht und die Klickzahlen des Videos schnellten in die Höhe. Mittlerweile haben wir 10.000.000 Klicks.

Durch den Artikel aufmerksam geworden, schrieben immer mehr Blogs über das Miniatur Wunderland und TV-Teams aus allen Teilen der Welt waren in den nächsten Monaten Stammgast. Ob in Neuseeland, in den brasilianischen Hauptnachrichten vor 20.000.000 Menschen, in Russland, der 'Washington Post', etlichen amerikanischen Fernsehsendern oder in zahlreichen englischen Zeitungen. Überall wurde über das Miniatur Wunderland berichtet.

Zurückblickend gehören sicherlich das Internet im Allgemeinen und ein paar anonyme Helfer im Besonderen zu den Hauptverantwortlichen für den internationalen Erfolg. Neben 'YouTube', hat vor allem Facebook eine große Rolle gespielt und ist für uns zu einem wichtigen Instrument geworden, um mit Fans aus dem Ausland zu kommunizieren. Von den gut 200.000 Fans kommt die Hälfte aus Deutschland. Wenn wir uns dort die Statistiken anschauen, sind wir selber erstaunt.

Im Top-20-Ranking der Städte, wo sich unsere Fans ballen, finden sich Städte wie Jakarta, Mumbai, Los Angeles, Paris, Montreal oder erstaunlicher Weise Boulogne-Billancourt. Mittlerweile ist es bei uns schon zur Gewohnheit geworden, wenn man mal einen schlechten Tag hat, sich bei 'Facebook' einzuloggen und direkt mit allen Fans zu kommunizieren. Das ist immer wieder rührend und motiviert einen sofort weiterzumachen. So zum Beispiel die Geschichte von dem elfjährigen Gopal aus Jakarta, der uns über 'Facebook' Fotos seiner eigenen kleinen Anlage geschickt hat. Daraus ist ein Dialog entstanden, in dem er erzählte, dass er sich seit einem Jahr jede Folge von 'Gerrits Tagebuch' mit Untertiteln anschaut, um sie besser zu verstehen. Er lernt Deutsch und spart jeden Cent für einen Besuch im Miniatur Wunderland. Nach solchen Dialogen kann man nicht anders, als jegliche Lethargie abzuschütteln und froh zu sein, dass man das Glück hat, einen Job zu haben, von dem sogar Jungs in Indonesien träumen. Man kann auch nicht anders, als gerührt und demütig zu sein, wenn man bedenkt, dass das Pro-Kopf-Jahreseinkommen in Indonesien bei gerade einmal 1.300 Dollar liegt und Gopal trotzdem für einen Besuch im Miniatur Wunderland spart.

Durch jeden Bericht wurden wir bekannter. Allein im letzten Jahr haben wir von etwa 30 Investorengruppen Anfragen bekommen, ob wir nicht unter anderem ein Miniatur Wunderland in Dubai, Seoul, New York, Kiew oder Tianjin bauen wollen. Wir haben alle Anfragen geschmeichelt abgelehnt, da wir in Hamburg noch so viel vor haben und mindestens bis 2020 mit allen 300 Leuten weiterbauen wollen. Wir wollen lieber die Welt nach Hamburg holen, als unsere Welt nicht mehr überblicken zu können.

Facebook
Über unsere Fangruppe bei Facebook erhalten Sie mehrmals die Woche neuste Informationen, Hinweise über Fernsehsendungen und Wissenswertes aus dem Wunderland. Zudem stellen wir mehrmals im Monat neue Videos und Fotos online, über die Sie mit anderen Fans aus allen Teilen der Welt diskutieren können.

Gerrits Tagebuch
Der Blog Gerrits Tagebuch ist Anfang des Jahres 2009 entstanden. Allein Gerrit hat weit über 100.000 Programmierzeilen in die ganze Software des Wunderlandes gesteckt und so viele kleine raffinierte Details entwickelt, die für die meisten Besucher unsichtbar bleiben. In dem Blog gewährt Gerrit durch wöchentliche Video-, Foto- und Hintergrundberichte einen Einblick hinter die Kulissen des Wunderlandes und in sein tägliches Leben.
http://tagebuch.miniatur-wunderland.de

YouTube
Über unseren Kanal 'MIWULA TV' berichten wir regelmäßig aus dem Miniatur Wunderland. Wir haben drei Hauptsparten: 'Gerrits Tagebuch', das über den Baufortschritt von Gerrits neueste Projekten informiert, 'MIWULA TV-News', in dem wir einmal im Monat über alles Neue aus dem Wunderland berichten und den 'MIWULA TV-Report', wo wir uns regelmäßig detailliert einem Thema aus dem Wunderland widmen. Zudem gibt es unregelmäßig witzige Sonderformate.
www.youtube.com/miwulatv

Zu Gast bei 'Johannes B. Kerner'

Sonntag, 3. Dezember 2006

Jörg Pilawa freut sich immer wieder, wenn er und seine Familie Zeit finden, bei uns vorbei zu schauen. In der TV-Sendung 'Johannes B. Kerner' mit Frederik und Gerrit sprach er völlig fasziniert über die Ausstellung und die Wirkung auf ihn.

Text *Sven Jachmann, Redakteur 'Johannes B. Kerner'*
Bilder *'Johannes B. Kerner'*

Eins vorweg, ich beschäftige mich gerade mit dem Thema 'Denglisch' – Handy, Laptop und Co. An dieser Stelle Gratulation zum Namen Miniatur Wunderland! Der Name klingt so, als wäre nicht eine Sekunde über einen albernen englischen Begriff nachgedacht worden, obwohl Besucher aus aller Welt kommen. Ich weiß zwar nicht, wie ein Chinese, Japaner oder Australier dieses Wort ausspricht, aber ich könnte mir keinen besseren Namen vorstellen.

Ich habe mich im Rahmen der Auftritte in unserer 'Kerner-Sendung' sehr intensiv mit der Biographie der Gebrüder Braun beschäftigt. Und ich habe vor allem eines mitgenommen: Wenn Du einen Traum hast, dann mach es! Und wenn noch so viele fragen, ob der jetzt völlig durchgeknallt ist. Egal. Und wenn es auch nur eine Möglichkeit gibt diese Vision umzusetzen – tu es!

Und noch eines habe ich schmunzelnd zur Kenntnis genommen: Das waren also die Macher der Disko, die einst den härtesten Türsteher Hamburgs hatte und an dem Du – ich gebe es gern zu, ich bin längst darüber hinweg – hin und wieder gescheitert bist. „Zu voll, komm um halb 5 wieder!"

Und genau das passiert einem im Miniatur Wunderland nicht. Hier wird niemand nach Hause geschickt, egal wie voll es ist, egal wie er aussieht, egal wo er herkommt. Hier freut man sich über jeden. Und hier wird sogar die lange Schlange mit Eis versorgt, um die Wartezeit zu verkürzen. Bei einer In-Disko alles uncool und völlig undenkbar. Jedenfalls hier in Hamburg.

Diese Mannschaft, die im Wunderland am Werk ist, macht alles möglich. Das sieht man ja eindrucksvoll an der Anlage. Das merken wir aber auch in der Zusammenarbeit. Für den ersten Auftritt von Frederik und Gerrit Braun bei 'Johannes B. Kerner' haben wir hier gedreht. Die Schranken waren schon lange unten, die letzten Gäste längst gegangen. Wir wollten ungestört die Züge durch die Anlage fahren lassen, um alles in aller Ruhe filmen zu können. Und es war für die Miniatur Wunderland-Mannschaft wie selbstverständlich, uns bis zum Morgengrauen dabei zu unterstützen.

Ich habe keine Ahnung, wie viele Überstunden hier jeder auf dem Buckel hat. Aber diese Wahnsinnigen lassen sich das nicht anmerken. Ich habe selten Menschen erlebt, die so enthusiastisch, so kreativ und so humorvoll mit ihrer Arbeit verbunden sind. Tagelang tausende Sonnenblümchen zu kleben, wird nicht als Strafe empfunden.

Und niemand lässt sich entmutigen. Experten haben gesagt, Schiffe fahren zu lassen, das geht gar nicht. Geht. Autos? Niemals. Inzwischen starten und landen sogar Flugzeuge. Für das Matterhorn wurde die Decke durchbrochen. Würde mich nicht wundern, wenn hier bald das Space Shuttle zum Mond fliegt. Und die ersten Außerirdischen landen natürlich im Miniatur Wunderland. Wo sonst?

In diesem Sinne. Zieht nicht wie alles und jedes in die Hafencity, macht nicht auf Sylt ein zweites Wunderland auf, werdet keine Aktiengesellschaft, kommt nicht auf dumme Gedanken, sondern bleibt weiterhin eine große, verrückte, wahnsinnige, kreative und lustige Familie.

Sven Jachmann

Frederik und Gerrit bei 'Johannes B. Kerner'.

<u>Zum Schluss noch ein kurzer Ausschnitt aus einem Vorgespräch:</u>

Habt ihr zu Hause auch noch jeder eine Modelleisenbahn?

<u>Frederik:</u> Nee, wir haben jetzt eine eigene Große.

<u>Gerrit:</u> Als Kinder hatten wir den Traum, wir werden mal später ein Doppelhaus haben mit einem Durchbruch im Keller, durch den eine große Eisenbahn fährt. Aber das dachten wir mehr so für das Rentenalter. Aber jetzt müssen wir feststellen: Das Doppelhaus, das passt hier nicht mehr drüber.

Bild *Miniatur Wunderland*

15.01.2007

Beginn der Bauland-Auktionen zum wohltätigen Zweck

19.01.2007

Einbau des Lokliftes im Schweiz-Abschnitt

22.03.2007

Richtfest des 'Wohltätigkeitshauses' mit Dana Schweiger

28.03.2007

Erster Flugzeugfahrwerk-Testlauf

13.04.2007

Alle Häuser und Straßenbeleuchtungen der Abschnitte 1-4 sind jetzt auf LEDs umgestellt

13.06.2007

Begrüßung des 4.000.000sten Besuchers im Miniatur Wunderland

27.06.2007

Relaunch der Miniatur Wunderland Webseite

16.08.2007

6. Geburtstag des Miniatur Wunderlandes

20.08.2007

Umbenennung der 'AOL-Arena' in 'HSH-Nordbank Arena'

13.11.2007

Eröffnung des Schweiz-Abschnittes durch Ole von Beust und DJ BoBo

Ein leuchtender Wegbereiter

Text *Vera Falck, Geschäftsführerin Dunkelziffer e.V.*
Bilder *Miniatur Wunderland*

Das Miniatur Wunderland und Dunkelziffer verbindet eine jetzt sehr lange Freundschaft. Beide passen ja auch recht gut zusammen – das Miniatur Wunderland macht Großen und Kleinen Freude und Vergnügen und überrascht mit vielen kleinen Wundern der Technik. Dunkelziffer hilft und schützt die Kleinen und lehrt die Großen Achtsamkeit. Eine schöne Kombination.

Wie das Miniatur Wunderland in den letzten Jahren gewachsen ist, so konnten auch wir unsere Hilfsprojekte stetig erweitern – und das mit großartiger Unterstützung der 'Wunderländer', die sich mit viel Herzblut und Wärme für uns eingesetzt haben. Ob mit dem schon traditionellen Pin-Verkauf oder originellen Spendenaktionen.

Das Wunderland hat nicht nur kräftig in den eigenen Wänden gebaut, sondern auch mitgeholfen, dass wir unsere Projekte kontinuierlich ausbauen konnten. Unvergessen bleibt dabei die Grundstücksversteigerung mit dem großartigen Richtfest des dazugehörigen Hauses in der Schweiz mit Dana Schweigers und Gerrit Brauns Segensspruch im März 2007. Allein mit den außergewöhnlichen eBay-Auktionen zu unseren Gunsten haben die Brüder bzw. Väter des Wunderlandes es uns ermöglicht, einem weiteren Kind einen Therapieplatz zu stellen. Insgesamt haben die 'Wunderländer' schon über 15.000 € für unsere Arbeit gesammelt – eine großartige Hilfe!

Die Tatsache, dass 'unsere Kinder' immer willkommen sind im Miniatur Wunderland und mit leuchtenden Augen von einem Besuch berichteten, zeigt, wie stark Gemeinsamkeiten machen.

Dunkelziffer gratuliert den 'Wunderländern' ganz herzlich zum 10-jährigen Jubiläum und dankt vor allem für die großartige und dauerhafte Unterstützung. Wir wünschen von ganzem Herzen weiterhin ein gutes Gelingen und Freude an der Arbeit, damit das Wunderland auch zukünftig mit dem gleichen Erfolg wachsen kann.

DUNKELZIFFER e.V.

Das malerische Dörfchen 'Beneficenza' liegt im sonnigen und beschaulichen Tessin.

Das teuerste Bauland der Welt

Text *Birte Rüsch, Kreativteam, Miniatur Wunderland*
Bilder *Miniatur Wunderland*

Südlich der hohen Bergmassive, im sonnigen und beschaulichen Tessin, entstand im Juli 2007 ein ganz besonderes Dorf. Hier bauten fünf Auktionsgewinner ihr eigenes Haus und konnten dadurch sogar noch Bedürftigen helfen. Das Miniatur Wunderland stellte fünf Grundstücke zwischen 384 und 782 cm² an exponierter Stelle zur Verfügung und zwischen dem 15. und dem 31. Januar konnte jeder über das Onlineauktionshaus 'eBay' um diese Grundstücke mitbieten. Die Aktion lief sehr erfolgreich an und einen Tag nach dem Start hatten sich schon über 3.000 Leute für das Grundstück interessiert.

Da der Erlös der Versteigerung verschiedenen Hilfsorganisationen zugute kam, konnten Organisationen, wie z.B. 'Ein Herz für Kinder', 'SOS-Kinderdörfer' oder 'Dunkelziffer', insgesamt 29.853,11 € überwiesen werden.

Durch diesen sensationellen Betrag wurden übrigens Rekordquadratmeterpreise erzielt! Makler aus der ganzen Welt würden staunen, wenn sie erfahren, dass der Quadratmeter Bauland im Wunderländischen Tessin mit 154.340 € zu den teuersten Flecken Bauland der Welt gehört.

Die Besitzer der kleinen Häuser haben nun die Möglichkeit, diese jährlich umzubauen, neue Autos in der Garage zu parken oder neue Familienmitglieder in die Szenerie zu integrieren. Außerdem dürfen sie natürlich jederzeit während der Öffnungszeiten gratis in das Wunderland einreisen, um ein paar sonnige Stunden in ihren Ferienhäusern zu verbringen.

Eines der Grundstücke wurde von dem Familienvater Hartmut Villinger aus Waiblingen bei Stuttgart zugunsten von 'Dunkelziffer e.V.' ersteigert. Auf dem knapp 400 cm² großen Grundstück haben die Mini-Zimmermeister des Wunderlandes ab Baubeginn eifrig Latten aneinander gehämmert und der letzte Nagel wurde am 22. März um 9.30 Uhr eingeschlagen. An dem Richtfest nahm eine illustre Gesellschaft teil, und Dana Schweiger, als Patin von 'Dunkelziffer e.V.' sprach den Segen für das Haus aus. Anschließend nagelte einer der zwei Bürgermeister des Schweizer Dorfes, Gerrit Braun, den obligatorischen Birkenzweig an den Dachstuhl.

Miniatur Schweizerland

Text *Markus Gilgen, District Manager Schweiz Tourismus*
Bilder *Miniatur Wunderland*

Im Mai 2007 reiste ich aus einem kleinen, hügeligen Land zwischen Mittel- und Schwäbischem-Meer an, um für Schweiz Tourismus meine Stelle als District Manager Norddeutschland in der schönen Hansestadt zwischen Alster und Elbe anzutreten. Damals hatte ich sicherlich schon von der weltgrößten Modellbauanlage der Welt gehört, jedoch nicht bewusst und ohne genaue Vorstellung. Im Laufe meiner Einarbeitungsphase stolperte ich dann immer wieder über dieses Miniatur Wunderland. Zuerst dachte ich effektiv, dass es sich um eine Art Disney-World für 'Pufferküsser' oder 'Ferophile' handelt, welche in ihrer Freizeit auch gerne einmal das Kursbuch der DB rezitieren. Tja, so ließ mich dieses Wunderwerk der Modellbaukunst erst einmal so kalt wie der majestätische Aletschgletscher.

Dann kam es jedoch Schlag auf Schlag. Ein gewisser Herr Sebastian Drechsler vom Miniatur Wunderland kontaktierte mich und erwähnte etwas von einer Schweiz, von 250 qm, einem 5.982 mm hohen Matterhorn, einer Schokoladenfabrik mit echter Schokolade, dem one-and-only DJ BoBo, dem Schweizer Botschafter aus Berlin, dem ersten Bürgermeister Ole von Beust etc. Da war ich erst einmal baff und konnte mir das alles gar nicht richtig vorstellen. Was machen die da genau? Die bauen eine Schweiz?

Kurz darauf musste ich das Ganze einfach anschauen und besuchte jungfräulich und reinen Herzens den Herrn Drechsler, welcher mich also im Sommer 2007 in den Mikrokosmos Miniatur Wunderland einführte. Es war galaktisch und ist es heute noch. Der Detailreichtum, der Witz, die Technik und besonders die vielen bunten Lichter, welche verschiedene Stimmungen erzeugen können, hatten es mir sofort angetan. Irgendwie hatte ich das Gefühl, das Miniatur Wunderland schon einmal besucht zu haben. Nicht physisch, eher in einem bezaubernden Traum, weit weg in meiner Kindheit. Ich brauchte dann aber erst einmal einen frisch gebrühten Kaffee à la Sebastian Drechsler, um die ersten Eindrücke sich setzen zu lassen und anschließend für seine Anliegen ansprechbar zu sein. Das MiWuLa plante also eine große Presse-Sause zur Eröffnung des 250 qm großen Schweiz-Abschnitts und bat mich, hierzu einen kleinen Auftritt mit Informationen zur Schweiz zu organisieren. Da schon DJ BoBo, der Schweizerische Botschafter Christian Blickenstorfer und Ole von Beust zugesagt hatten, konnte ich natürlich kaum ablehnen.

Zur Eröffnung des Schweiz-Abschnittes am 12. November 2007 bauten wir dann eine kleine Schweiz-Lounge mit knallroten Sofas und Schweizerkreuz-Kissen auf. Das Setting inmitten von 250 qm^2 Schweizer Bergwelt hätte nicht besser sein können und ließ nicht nur in mir etwas Heimweh aufkommen. Dies war die Grundsteinlegung für eine solide und äußerst sympathische Zusammenarbeit mit den vielen, vielen Helfern im Miniatur Wunderland. So gleisten wir jüngst eine Sonderausstellung zum Thema Schweizer Panoramabahnen auf, welche noch eine Weile im MiWuLa zu betrachten ist.

Ein riesengroßes 'Merci' für die gute Zusammenarbeit an die gesamte Belegschaft des MiWuLa. Danke für die vielen Schrauben und Kabelbinder, für die Kaffees und die vielen Gespräche. Und natürlich ein dreifaches 'Hipp, Hipp, Hurra!' auf den sensationellen Geburtstag – lasst die Korken deftig knallen!

Danke, dass es Dich gibt.

Sebastian Drechsler und Markus Gilgen vor der Schweiz-Kulisse im Miniatur Wunderland.

Steinzeithöhle im Verborgenen

„Bleib so magisch wie Du bist und behalte Deinen wundervollen kindlichen Charme.“
Markus Gilgen

Ein besonderes Highlight ist die mittelalterliche Burg mit den Ritterfestspielen auf Knopfdruck.

DIE POST

Schweiz

7. Abschnitt
Eröffnung 11/2007, ca. 250 qm
ca. 110.000 Arbeitsstunden

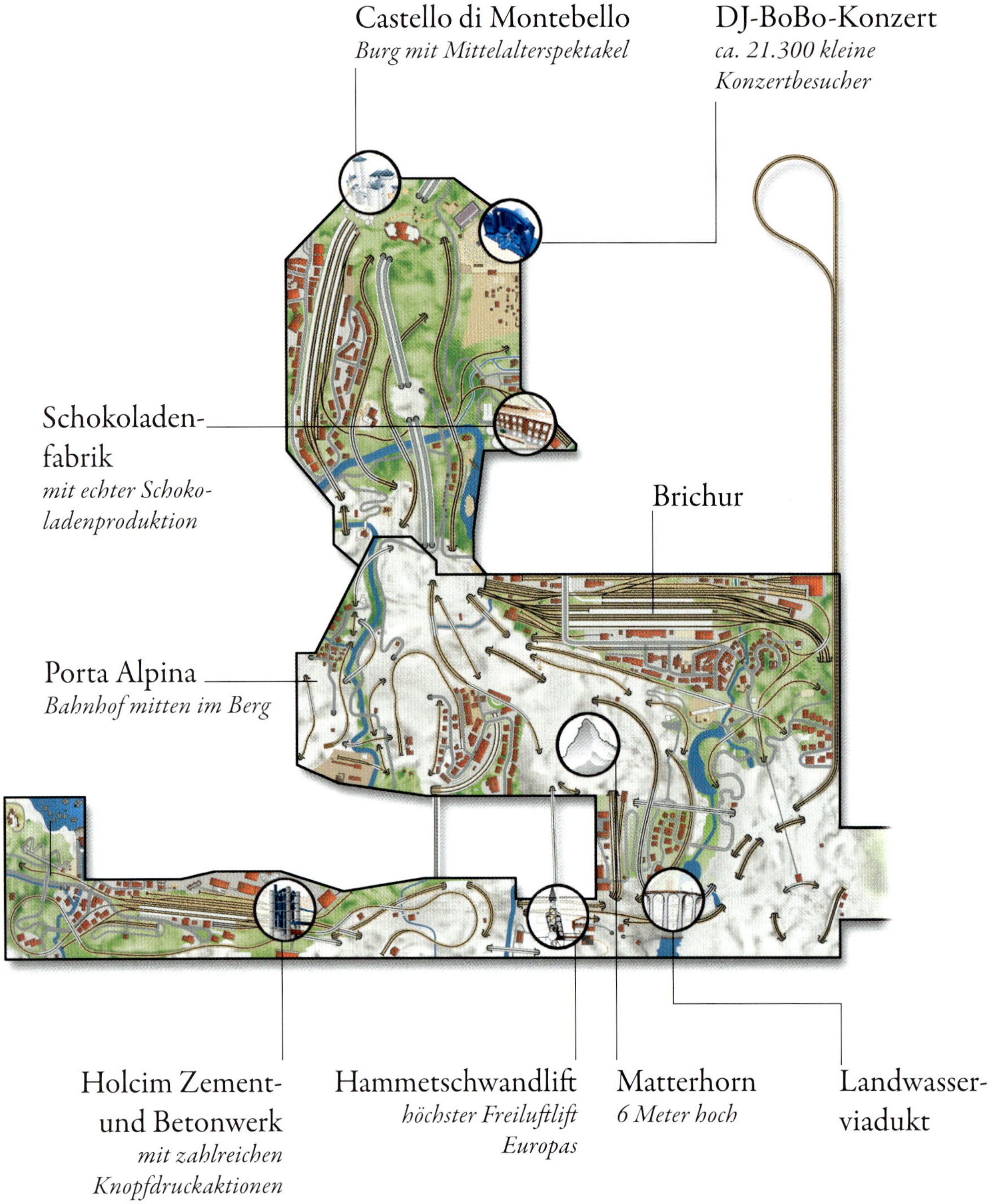

Auch die Brückenpisser haben hier ihren sicheren Platz gefunden.

Graffiti-Sprayer findet man überall.

Ein Schäfer mit seiner Herde zieht über die Höhenwege.

Schweiz

7. Bauabschnitt: Schweiz

Bauphase	25 Monate (10/2005 - 11/2007)
Modellfläche	ca. 250 qm
Arbeitsstunden	ca. 110.000
Gleislänge	3.000 Meter
Züge	180
Waggons	3.500
Signale	300
Weichen	600
Computer	7
Lichter (LED)	ca. 45.000
Häuser und Brücken	700
Figuren	50.000
Autos	1.000
Bäume	50.000

Der Schweiz-Abschnitt erstreckt sich über 250 qm auf zwei Ebenen und kann schon jetzt als das Highlight des gesamten Wunderlandes bezeichnet werden! Bisher wurden im gesamten Abschnitt 4 Tonnen Gips und 15 Tonnen Stahl verbaut. Ein ca. 100 qm großer Deckendurchbruch ermöglicht es dem Besucher, durch den Bergwerkstollen des 5.982 mm hohen Matterhorns zu gehen und vom Berggipfel hinunter auf die Miniatur-Landschaften zu blicken. Weitere Sehenswürdigkeiten sind neben dem Matterhorn mit dem unterirdischen Bahnhof Porta Alpina: Der Glacier-Express, das Open-Air-Festival und als besonderer Leckerbissen die Schokoladenfabrik.

Die Wunderländer Mini-Schweiz besteht aus 3 Kantonen mit jeweils typischen Gebäuden und Landschaften. Im 4. Stock, in rund 4.500 mm Höhe, befindet sich Graubünden mit vielen für diese Region typischen Merkmalen und Highlights, wie z.B. St. Max (in der Realität besser bekannt als St. Moritz).

Das Gebiet am Fuße des Matterhorns ist dem Wallis nachempfunden. Sicherlich eine der atemberaubendsten Regionen in der Schweiz. Und ganz im Süden des Wunderlandes erinnert schon vieles an 'Bella Italia'. Der Kanton Tessin ist mit Attraktionen übersät. Neben dem großen Open-Air-Festival, mit echter Bühnenshow, liegt etwas erhöht eine riesige mittelalterliche Burg mit auf Knopfdruck zu aktivierenden Ritterspielen. In der Nähe der Schokoladenfabrik liegt mit 154.340 € pro m² das teuerste Stück Bauland der Welt.

Das 'Kempinski Grand Hotel des Bains' ist nur eins von zahlreichen Luxushotels in St. Max und ein dem Original in St. Moritz nachempfundener Eigenbau.

Rhätische Bahn
49

Viel zu sehen gibt es bei den Ritterfestspielen rund um die – im Tessiner Baustil errichtete – mittelalterliche Burg 'Montebello'. Den besten Blick auf die einziehenden Ritter und ihr Gefolge haben hier sicherlich der Burgherr und seine Gemahlin, die sich das ganze Spektakel aus der Ehrenloge anschauen. Neben einem Wettbewerb im Bogenschiessen kann man den Edelmännern beim Schwertkampf ums Feuer, während eines Lanzenkampfes zu Pferd (auch Tjost genannt) oder den Falknern bei ihrer Flugshow zusehen. Aber auch der mittelalterliche Markt bietet mit seinen Ständen viele Gründe zum Verweilen. Die nahegelegene Burgruine mit der darunterliegenden Gruft ist übrigens ein Unikat im Wunderland – sie ist das einziges Modell, das komplett aus Gips gegossen wurde.

Ein atemberaubendes Panorama! Über die Vororte der Stadt Brichur fällt der Blick über eine Autobahnbrücken-Baustelle und das beleuchtete Langwieser Viadukt auf die Ausläufer des Bietschhorns.

Zwei Züge mit Lokomotiven der Baureihe Ge 4/4 III sind unterwegs durchs Engadin/Rheintal.

Sowohl neue (Ge 4/4 III) als auch betagte (Ge 6/6) Lokomotiven werden in dieser Halle am Rande des Bahnhofs Brichur gewartet.

Das Matterhorn ist im wahrsten Sinne des Wortes das größte Highlight der Schweiz und bildet den Mittelpunkt des Abschnittes und hat eine 5.982 mm hohe Bergspitze inklusive Gipfelkreuz. Im Inneren befindet sich ein, für Zuschauer begehbarer, Bergwerkstollen, in dem sich die unterirdische Bahnstation Porta Alpina des Miniatur Wunderlandes befindet. 11 Tonnen Stahl stecken in der Unterkonstruktion dieses Abschnittes. Die Statik musste gut durchdacht sein, denn bei Störungen können sich Mitarbeiter teilweise nur auf der Anlage fortbewegen. Übrigens kann man den gleich hohen Gipfel gegenüber dem Wunderländer Matterhorn auch per Zahnradbahn erreichen . Und wer bei Dunkelheit ganz genau hinschaut, kann vielleicht sogar die Lichter einer Wandergruppe auf dem Gipfelgrat erkennen.

Bisher wurden im Wunderland ca. 20 Tonnen Gips (4,5 Tonnen im Schweiz-Abschnitt) verarbeitet.
Die Länge des verklebten Krepp-Klebebandes beträgt 620 km.

In der Schweiz sind die Züge auch auf einigen Schmalspurstrecken unterwegs.

Zutaten für einen Deckendurchbruch

Man benötigt:

- 5 Männer, die in 5 Nächten rund 350 Stunden arbeiten
- 3 Fugenschneider-Sägeblätter (Durchmesser 1.200 mm)
- 1 Presslufthammer (1.000 bar)
- 1,6 Tonnen Stahl zum Einbau der Treppe und des tragenden Unterbaus
- 100 Spezialanker zur Befestigung
- 1 Spezialsäge zum Schneiden der Stahlbetonunterzüge

Ergebnis:

- 63,5 Tonnen Schutt
- 1 Tonne Staub in angrenzenden Räumen
- 25 aufgebrachte Modellbauer und Elektroniker

Text *Thomas Casura, Konsul, Schweizer Botschaft*
Bilder *Miniatur Wunderland*

Was war das für ein Erlebnis, die offizielle Eröffnung des Schweiz-Abschnitts im November 2007 im Beisein von DJ BoBo, des Schweizerischen Botschafters in Deutschland und des Ersten Bürgermeisters Ole von Beust, umschwärmt von hunderten sich drängelnder Journalisten. Selbst für mich, der seit nun 20 Jahren im konsularischen Dienst der Eidgenossenschaft tätig ist, war dies ein einzigartiger Höhepunkt, an den ich immer gerne zurück denke.

Angefangen hatte alles mit einer inspirierenden Besichtigung im MiWuLa, wo mir Sebastian Drechsler die bestehende Anlage und den bereits weit fortgeschrittenen Bau des 5 Meter hohen Matterhorns sowie der weiteren Schweiz-Szenen im Rohbau vorstellte. Ich war begeistert von der verspielten Detailliebe, die jetzt schon erahnbar war, und dem unglaublichen Engagement, mit dem die Gebrüder Braun und das ganze Team am Werke waren. Klar, dass ich die volle Unterstützung durch das Generalkonsulat zusicherte. Viel Hilfe hatte das MiWuLa-Team dann aber eigentlich gar nicht nötig, es hatte bereits sehr gut recherchiert und konnte auf viele Original-Konstruktionspläne zurückgreifen. Als Diplomat selber stets bemüht, Kontakte und Netzwerke zu knüpfen, war ich fast schon ein bisschen neidisch, mit welcher Leichtigkeit und Professionalität das MiWuLa-Team Türen öffnen kann.

Die regelmäßigen Baustellenbesuche waren eine willkommene Abwechslung und ich erlebte Schritt für Schritt die liebevolle Wiedergabe der Schweiz im Kleinformat. Bei einem dieser Rundgänge erklärte mir Sebastian fast entschuldigend, dass die versunkenen Hütten im Stausee eine spontane Idee der Modellbauer gewesen seien und natürlich entfernt werden könnten, falls das nicht der Wahrheit entspräche. Ich versicherte ihm, dass beim Stauseebau auch in der Schweiz zum Teil ganze Siedlungen geflutet wurden und sogar eine Kirchturmspitze bei Niedrigwasser über den Wasserspiegel herausragen würde. Und richtig, schon bei meinem nächsten Besuch hatten die Modellbauer auch dieses kleine Detail eindrücklich in Szene gesetzt.

WER HAT'S ERFUNDEN..?!

Genau wie beim Stausee, freue ich mich insbesondere, dass die Darstellung der Schweiz im MiWuLa weiter geht als die bekannten Postkartenidyllen aus dem Heidiland. Das Open-Air Rockkonzert mit der aktuellen Bühnenschau von DJ BoBo oder auch das große Holcim-Zementwerk sind Teile der real existierenden Schweiz. Selbst das Knacken des legendären Schweizer Bankgeheimnisses ist bildlich umgesetzt und regt zum Schmunzeln an. Natürlich bin ich besonders stolz, dass der meistgedrückte interaktive Schalter der ganzen Anlage bei der Lindt-Fabrik ist, wo man die Schoggimaschinen aktivieren und zuletzt ein echtes Stück süße Schweiz auf der Zunge zergehen lassen kann.

Dass eben nicht nur die Schokoladenseiten des Lebens Platz finden im MiWuLa, ist wohl ein Teil des einzigartigen Erfolgs dieser 'Modelleisenbahn'. Die hoch stehende Technik und die bereits erwähnte Detailvernarrtheit wohl ebenso. Für mich aber noch zentraler ist die Teamleistung der gut 150 Mitarbeitenden, getragen von der fürsorglichen Führung durch die Gebrüder Braun. So war ich tief beeindruckt, wie einer der Zwillinge kurz vor dem Eröffnungsakt, als die Journalisten ihre Kameras bereits auf ihn gerichtet hatten und sämtliche Mitarbeitenden erwartungsvoll auf den großen Augenblick hinfieberten, bei einem letzten Kontrollrundgang auf die offensichtlich nervösen Mitarbeitenden zuging, einzelne spontan in die Arme schloss und Zeit für aufmunternde Worte fand.

Vor diesem Hintergrund erstaunt die unglaubliche Erfolgsgeschichte des MiWuLa kaum. Ich gratuliere daher den Gebrüdern Braun und dem gesamten MiWuLa-Team von Herzen zum 10-jährigen Jubiläum und grüsse alle herzlich aus dem fernen La Paz, meinem aktuellen Einsatzort.

PS: Für den unwahrscheinlichen Fall, dass dem MiWuLa-Team die Ideen für weitere Ausbauprojekte ausgehen sollten: die atemberaubende Hanglage der Millionenstadt La Paz auf 3000-4000 m.ü.M und die ebenso spektakulären Landschaften Boliviens und Südamerikas kann ich wärmstens als weitere Vorlagen fürs Wunderland empfehlen.

Ein weiteres Highlight ist das Open-Air-Konzert von DJ BoBo, mit etwa 21.300 handgeklebten Figuren. Zu sehen gibt es viele typische Impressionen eines Festivals, wie z.B. den angrenzenden Campingplatz, den VIP-Bereich, die GOA-Chill-Out-Zone, die Bier- und 'Fressbuden', oder die Wartenden vor den Dixi-Toiletten. Außerdem findet man natürlich auch hier viele witzige Details, wie den Stand des Vitamin-Dealers oder das Malheur eines Bierlieferanten.

Das größte Gedränge findet natürlich vor der Bühne statt, auf der DJ BoBo ein Konzert im Rahmen seiner Fantasy-Tournee gibt. Hier bewegen sich, neben den Bühnenaufbauten, auch die Tänzer und die Bandmitglieder. Besondere Stimmung herrscht auf dem gesamten Festivalgelände bei Nacht, wenn die Lichter in den Zelten angehen, einzelne Lagerfeuer entflammen und die Menschen vor der Bühne ihre Leuchtstäbe aus den Taschen hervorholen. Der Bau des Areals hat insgesamt übrigens ca. 3 Monate gedauert!

Eröffnung der neuen DJ-BoBo-Show im November 2007.

Die perfekte Inzenierung

Text *DJ BoBo, Schweizer Musiker und Produzent*
Bilder *Miniatur Wunderland*

Zum 10-jährigen Jubiläum möchte ich dem Miniatur Wunderland Hamburg ganz herzlich gratulieren. Ein 10-jähriges Firmenjubiläum ist schon ein richtiger Meilenstein. Mich hat die Konzeption des Unternehmens 'Miniatur Wunderland' total überzeugt und deshalb sind wir schon seit über drei Jahren gegenseitige, höchst zufriedene Partner, die sich durch Freundlichkeit, Zuverlässigkeit und Engagement auszeichnen.

Ihr habt über drei Monate am Modell meiner Open-Air-Konzert-Bühne gebaut und über 20.000 Figuren von Hand aufgeklebt, zudem das Ganze mit vielen witzigen Details ausgestattet. Ich war überwältigt, als ich Euer perfektes Umsetzen eines Open Air Festivals zum ersten Mal gesehen habe: Das Gedränge vor der Bühne, das Bewegen von den Bühnenaufbauten, Tänzern und Bandmitgliedern, sieht total echt aus. Mein großes Kompliment!

Euch und allen Mitarbeitern wünsche ich für die Zukunft alles Gute und zehn weitere erfolgreiche Jahre.

Die Arbeitszeit an der DJ BoBo-Bühne mit ihren 21.300 Festival-Besuchern dauerte ca. 3 Wochen, für das gesamte Areal wurden etwa 3 Monate benötigt.

Der Schweizabschnitt bietet viele interessante Streckenführungen. Die Züge sind sowohl auf der Schmalspur als auch auf der Normalspur unterwegs. In manchem Bahnhof verbinden sie sich sogar zum Dreischienengleis.

Am Rande der Strecke haben sich begeisterte Motorsportfans versammelt, um die Teilnehmer der Oldtimerrallye zu bejubeln.

Unter den teilnehmenden Fahrzeugen der Oldtimerrallye findet sich so manches Schmuckstück.

Die Strecke der Rallye führt an der Wand des Pic Enhancri hinauf. So manche Serpentinen müssen auf dem Weg zum Ziel überwunden werden.

Die Zementproduktion und das Betonwerk der Firma 'Holcim' in der Schweiz.

Ein weiteres Highlight in der Schweiz ist das Zement- und Betonwerk des Schweizer Baustoffkonzerns 'Holcim'. Auf rund fünf Quadratmetern ist hier die größte Industriefläche der ganzen Anlage entstanden. Der gesamte Produktionsablauf ist im Miniatur-Format dargestellt – vom Rohstoffabbau über die Zementproduktion bis hin zum Betontransport per LKW und Bahn. Ganze vier Monate haben die Modellbauer an diesem Meisterwerk gearbeitet.

Im Werk bewegt sich viel: Neben dem Schaufelradbagger in der Abbaugrube dreht sich auch der Drehrohrofen und ein Schwerlastkran zieht am 60 Zentimeter hohen Vorwärmerturm ein Ersatzteil hoch. In der Packerei des Holcim Zementwerkes bewegt sich ein Gabelstapler-Ballett und am Betonwerk drehen sich der Kran für die Zuschlagstoffe und die Trommel eines Betonmischfahrzeugs. Die vielen Miniatur-Arbeiter, die reparieren, verladen, rangieren oder mit dem Fahrrad auf dem Gelände unterwegs sind, erwecken das Werk zum Leben.

Sobald die Dämmerung anbricht, gehen auf dem Werksgelände die unzähligen Lichter an den Gebäuden an und erzeugen eine typische Industriebeleuchtung. Beim Bau dieses eindrucksvollen Komplexes wurden wir von Ingenieuren der 'Holcim' (Deutschland) AG unterstützt. Um einen realitätsnahen Produktionsablauf zu simulieren, stand uns 'Holcim' fachlich beratend zur Seite.

Ein Zementmischer wird gerade befüllt. Daneben lädt ein Zubringer sein Material ab.

Holcim

2008

Bild *Miniatur Wunderland*

20.02.2008

Überarbeitung der Knuffinger Grubenbahn nach über 6 Jahren Dauerbetrieb

22.02.2008

Eröffnung der Jet-Tankstelle in Knuffingen mit realer Preisanzeige

1.03.2008

Alle Monitore des Leitstandes werden gegen neue Modelle ausgetauscht

8.04.2008

Erste Komplettentleerung des Skandinavienbeckens für Reparaturarbeiten

13.04.2008

Fertigstellung der neuen Kinderspielecke

28.05.2008

Greenpeace-Aktion im Wunderland

3.06.2008

Beginn der WM-Aktionen im Wunderland

16.07.2008

Begrüßung des 5.000.000sten Besuchers im Miniatur Wunderland

16.09.2008

Lotto King Karl und Carsten Pape halten Einzug ins Wunderland

30.09.2008

Eröffnung der Sonderausstellung 'Die geteilte Stadt'

ild M. Würtenberg/Greenpeace

2008

Nackte Tatsachen

Text *Angela Pieske, Referentin für Kooperationen und Events, Greenpeace e.V.*
Bilder *Miniatur Wunderland, M. Würtenberg/Greenpeace*

Greenpeace-Aktionen finden überall auf der Welt auf dem Wasser und in der Luft statt. Im Jahr 2008 ist ein neuer Aktionsort hinzugekommen – das Miniatur Wunderland. Eine der großen Herausforderungen des 21. Jahrhunderts ist fraglos der Klimawandel. Schon jetzt sind viele Menschen weltweit vom Klimawandel betroffen. Für den Miniatur Wunderland Gründer Frederik Braun ist die Klimaproblematik schon lange eine Herzensangelegenheit. Von Beginn an wurde das Miniatur Wunderland mit grünem Strom betrieben.
Greenpeace sucht sich seine Kooperationspartner nach aktuellen Kampagnen aus, um die jeweilige Botschaft über neue und andere Wege zu vermitteln. Natürlich muss die Chemie stimmen und ein paar andere Grundvoraussetzungen, wie in diesem Falle z.B. das gemeinsame Verständnis zum Thema Energieversorgung, müssen ebenfalls übereinstimmen.

Der US-amerikanische Fotokünstler Spencer Tunik hatte 2007 eine Installation auf dem Aletschgletscher in der Schweiz präsentiert, um mit dieser ungewöhnlichen Aktion auf die Verletzbarkeit der Gletscher durch den weltweiten Klimawandel aufmerksam zu machen. Die Installation war sehr eindrucksvoll, weil hunderte nackter Menschen mitten auf dem Gletscher standen und dort fotografiert wurden. Das Foto ging um die Welt und machte somit auf spektakuläre Weise auf den Klimawandel aufmerksam. Es passte sehr gut, dass 2007 ein Gletscherteil des Wunderlandes überarbeitet wurde und die Fotoaktion dort hervorragend nachgestellt werden konnte.
Bevor dieses neue Element allerdings den Besuchern vorgestellt werden konnte, mussten die rund 600 Figuren von den Modellbauern vorbereitet werden. Circa 100 Stunden dauerte es, bis das Kreativteam des Wunderlandes die nackte Gruppe auf den Gletscher geklebt hatte. Das Problem dabei: Im Modellbau gibt es nur angezogene Figuren – für die Tunik-Szene mussten sie also erst hautfarben angemalt werden. Eine beachtliche Leistung, das Ergebnis kann sich sehen lassen und ist kaum von dem Originalfoto zu unterscheiden. Die Besucher finden diesen Ausstellungsteil immer wieder sehr sehenswert.

Weil die Zusammenarbeit sehr gut lief, wurde im Mai 2009 noch ein weiteres Aktionselement in die österreichischen Alpen integriert – ein Heißluftballon. Hierbei bestand für Greenpeace die Schwierigkeit, die tatsächlichen Abmessungen des Ballons in Erfahrung zu bringen. Nach einigen Telefonaten lagen die Informationen vor und der Bau konnte beginnen. Und nun schwebt ein Heißluftballon mit der Botschaft 'Save the climate' über den Alpen. Und immer noch ist diese Botschaft aktuell, wie auf dem Klimagipfel 2010 in Cancun zu erleben war.

Wir wünschen dem Miniatur Wunderland noch viele Jahrzehnte voller neuer, spannender und herausfordernder Projekte inklusive Bodenhaftung, denn das ist so sympathisch am Wunderland.

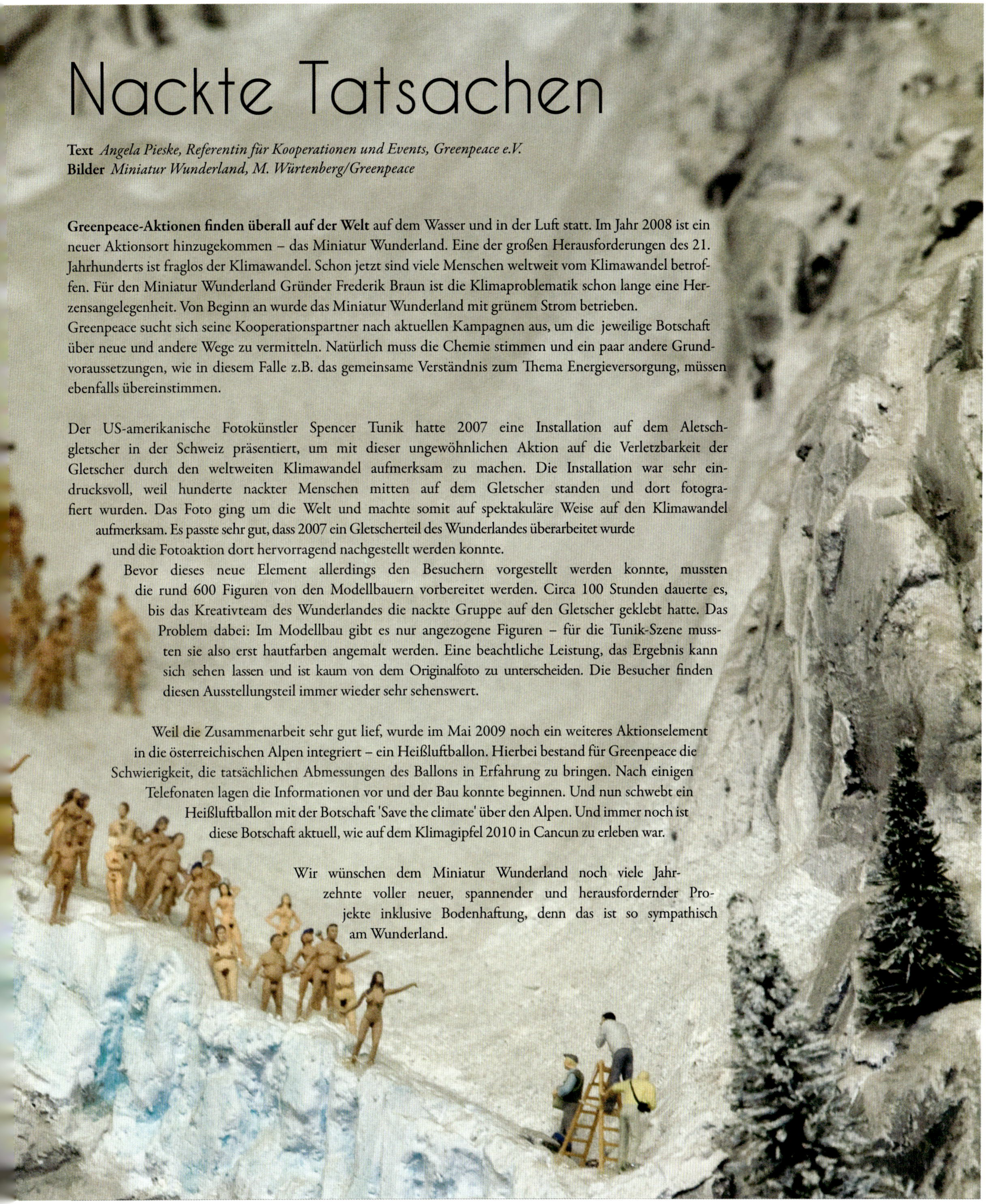

Signale der Illusion

Text *Gerhard Dauscher, Lars Rösenberg, Miniatur Wunderland*
Bilder *Miniatur Wunderland*

Durch andere Länder und unterschiedliche Epochen, gibt es eine Vielzahl von unterschiedlichen Signaltypen.

Die aufleuchtende Zahl zeigt die erlaubte Geschwindigkeit (x 10 multipliziert) an.

Wie kommt es eigentlich, dass eine Glühlampe 6.000 Tonnen rollenden Stahl zum Stehen bringt? Damit sie hier keiner Illusion aufsitzen, gleich zu Beginn: Auf einer von Computern gesteuerten Modelleisenbahn im Maßstab 1:87 rollen keine Tonnen an Stahl, bauen wir nicht mit Glühlampen sondern LEDs und können den Strom ausstellen und unsere Züge bleiben sofort stehen. Die Wirklichkeit jedoch sieht anders aus!

Signale regeln wie Ampeln den Verkehr auf der Schiene. In manchen Bahnhöfen sieht man noch sehr alte Formsignale, bewegte Blechtafeln, die dem Lokführer Informationen geben. Doch moderne Lichtsignale können einem Lokführer viel mehr über seinen voraus liegenden Fahrweg "signalisieren".

Züge benötigen teilweise über 1.000 m zum Bremsen, so gibt es an manchen Orten Vorsignale, die bereits ankündigen, was am eigentlichen Hauptsignal zu tun ist.
Damit auf der Strecke von Hamburg nach Berlin nicht nur ein ICE in jede Richtung unterwegs sein kann, wird die Strecke in viele Einzelstrecken, genannt Blöcke, unterteilt. Vor jedem Block steht ein Signal. Nur wenn ein Block frei ist, darf ein von hinten kommender Zug einfahren. Am Signal erkennt der Lokführer, bei GRÜN ist der nächste Block frei, bei ROT ist er besetzt oder bei GELB, ob der nachfolgende Block noch belegt ist. Mit einer Zahl am Signal (x 10 multipliziert) wird ihm die erlaubte Geschwindigkeit angezeigt. Bei früheren Signalen wird das noch mit kombinierten GRÜN/GELB Lichtern dargestellt. Sobald ein Zug an einem Signal vorbei gefahren ist, schaltet es zurück auf Stellung ROT.

Ein Schaffner gibt Abfahrtsignal

Auch an der Ein- und Ausfahrt eines Bahnhofs stehen grundsätzlich Signale. Sie geben auch Auskunft über bestimmte Zugfahrten, z.B. Züge, die den Bahnhof verlassen, oder Rangierfahrten, das heißt Lokomotiven, die Waggons im Bahnhof hin und her schieben (rangieren).

In anderen Ländern und durch verschiedene Zeitzonen unterscheiden sich die Signale zum Teil erheblich. Beim genauen Hinsehen auf unserer Anlage bemerken Sie es! Was vielen Betrachtern nicht weiter auffällt, wurde genau ausgetüftelt, um Signale maßstabgetreu dem Original und mit allen nötigen Funktions-Eigenschaften nachzubauen. Über die Steuerungssoftware werden die Signale im Betrieb unserer Anlage wie in der Realität geschaltet. Scheinbar leiten sie unsere Züge durch ein Meer von winzigen Lichtern nach

Ein historisches Formsignal mit bewegter Blechtafel im Allgäu.

eigenen Regeln durch das Wunderland. Mittlerweile gibt es vereinzelt sogar Schaffner an den Bahnsteigen, die eine Kelle zur Abfahrt des Zuges heben. Im Schweiz-Abschnitt befinden sich wiederum Signale, die nicht den Lokführer sondern die Fahrgäste am Bahnsteig vor ein- und ausfahrenden Zügen warnen. Sie nennen sich Perronlichter.

Es wurde also an allen Ecken der Anlage mit ungeheurem Aufwand eine komplett funktionierende Signalsteuerung entwickelt. In diesem Zusammenhang sei nur nebenbei erwähnt, dass eine digital gesteuerte und von tausenden Rückmeldern kontrollierte Modelleisenbahn auch ganz ohne ein einziges mühevoll aufgestelltes Signal funktionieren würde. Die reine Illusion ...!

Perronlichter machen die Fahrgäste am Bahnsteig auf ein- und ausfahrende Züge aufmerksam.

Fakten zur EM im Wunderland

Umgestaltete Abschnitte:	Österreich, Schweiz sowie einzelne Szenen in Knuffingen und Hamburg
Investierte Arbeitszeit:	1.200 Stunden
Autoflaggen:	600 Fähnchen
Häuserfahnen:	600 Flaggen
Angefertigte Fußballfans:	1.000 Figuren
Angefertigte Fußbälle:	50 EM-Bälle
Public-Viewing-Stätten:	10 Leinwände mit Live-Bildern
Vertretene Mannschaften:	Schweden, Spanien, Niederlande, Deutschland, Österreich, Italien, Schweiz

Sogar der Hamburger Michel wurde feierlich verhüllt.

WM-Höhenflug im Wunderland

Text *Birte Rüsch, Kreativteam, Miniatur Wunderland*
Bilder *Miniatur Wunderland*

Da wir das Miniatur Wunderland nicht als eine statische Ausstellung betrachten und immer wieder auf wichtige aktuelle Ereignisse Bezug nehmen, haben wir uns natürlich auch zur WM 2006 ganz spezielle Aktionen einfallen lassen.

So wurden beispielsweise die Zuschauer in der Imtech-Arena mit hunderten von Fahnen ausgestattet und natürlich auch die Trikots der Spieler den jeweiligen Teamformationen angepasst. Auf Großbildschirmen und -leinwänden (Bilddiagonale zwischen 40 und 80 Millimeter!) konnten unsere kleinen Einwohner die WM verfolgen. Den großen Besuchern bot sich die Möglichkeit, in unseren Kinos und auf Bildschirmen im Bistrobereich das Sportereignis live zu verfolgen.

Nach der erfolgreichen Beendigung eines Spiels, das viele Fans in und um Hamburg verfolgt haben (Deutschland, Türkei, Italien, Griechenland etc.), gab es dann selbstverständlich auch im Miniatur Wunderland die obligatorischen Autokorsos. Ebenso installierten wir die legendären 'Blue Goals' von Michael Batz – sobald es Nacht wurde, beleuchteten 22 Stück Miniatur Hamburg.

Noch etwas spektakulärer ging es zur EM im Jahre 2008 zu. In den Wochen vor dem sportlichen Großereignis haben die Modellbauer hunderte Stunden damit verbracht, den Schweiz- und Österreichteil umzugestalten, um den Besuchern viele witzige Details und EM-typische Szenen bieten zu können. So wurde die durchschnittliche Größe der deutschen Nationalspieler (2,12 cm) ermittelt, Tore (8,41 cm) und Bälle (3-4 mm) vermessen und erstellt. Bauernhöfe wurden zu Fanfesten umgestaltet, bei denen auf Knopfdruck Laola-Wellen starteten, Straßenzüge wurden durch beflaggte Autokorsos blockiert und in Städten und auf Almen 'große' Leinwände für die späteren Live-Übertragungen der Fußballspiele aufgebaut.

Aber auch alle Eigenheiten der einzelnen Mannschaften sollten möglichst plakativ wiedergegeben werden: Die deutsche Mannschaft posierte ganz korrekt und für die EM gestählt vor dem Mannschaftshotel, die Mannschaft der Spanier und der Schweden befand sich derweil im extremen Höhentrainingslager bei der Bergdorf EM und die Italiener bereiteten sich in einem geheimen Trainingslager hinter hohen Zäunen, trainiert von Pipo Inzaghi, auf ihre ganz eigene Art und Weise auf die EM vor. Die schauspielerischen Fähigkeiten spielten dabei übrigens eine große Rolle und konnten von den Besuchern per Knopfdruck aktiviert werden.

Es gab auch immer wieder Reaktionen auf die aktuellen Geschehnisse während der EM – so wurde nach dem Sieg der deutschen Mannschaft über die Türkei die Hamburger Hauptkirche St. Michaelis ganz nach Christo-Manier schwarz-rot-gold verhüllt

Höhepunkt war aber sicherlich die Besteigung und Verhüllung des Matterhorns mit dem Deutschland

Unsere Sonderausstellung:

Die geteilte Stadt – ein Gesellschaftsmodell

Text *Gerhard Dauscher, Modellbauchef, Miniatur Wunderland*
Bilder *Miniatur Wunderland*

Dass Modellbau mehr ist als nur ein anschauliches Handwerk, wurde uns noch mal deutlich, als wir an der Sonderausstellung 'Die geteilte Stadt' arbeiteten. Am 3. Oktober 2008 fanden die Feierlichkeiten zum 'Tag der Deutschen Einheit' in Hamburg direkt vor unserem Gebäude statt. Die Vorbereitungen der Hansestadt Hamburg zu diesem Ereignis haben uns inspiriert, das Thema von der Modellbauseite her anzugehen. Schnell wurde uns klar, dass die Szenen nicht nur eine Momentaufnahme darstellen, sondern Erlebnisse und Assoziationen hervorrufen. Wie bei der längeren Betrachtung eines Fotos: Erinnerungen werden wach und Bilder entstehen im Kopf, die weit über das dargestellte Motiv hinausgehen.

Bezogen auf die Feierlichkeiten hatten wir die Idee aufzuzeigen, wie sich nach Kriegsende die Teilung Deutschlands vollzog, dargestellt insbesondere anhand des Aufbaus und Falls der Mauer. Wir wollten Szenen darstellen, hinter denen sich lebendige Geschichte verbirgt, in denen jedes Formstück seine Rolle spielt. 65 Jahre Zeitgeschichte, mit weit reichenden politischen und wirtschaftlichen Veränderungen, mussten ins Bild gerückt werden. Dabei sollte das alltägliche Leben der Bürger auf beiden Seiten der Grenze im Mittelpunkt stehen.

Die Ausstellung entstand in Zusammenarbeit mit der Zentrale für politische Bildung und war vom 30.09.08 – 10.03.09 bei uns ausgestellt. In 7 Dioramen wurde die Geschichte der Deutschen Teilung und Wiedervereinigung dargestellt und Geschichte dadurch auf eine ganz neue Art und Weise erlebbar gemacht.

Eine Fülle an geschichtsträchtigem Material galt es zu sortieren und zu verarbeiten. Viele Fragen tauchten auf: Welche Ereignisse sind wichtig, um die Entwicklung Deutschlands zu verstehen? Welche Motive wählen, um die allgemeine Stimmung und Atmosphäre, aber auch die Einschränkungen und gelebten Ängste darzustellen? Wie stellt man das typische Alltagsleben der Menschen dar? Welche Rolle spielt darin die Grenze? Kann man überhaupt ein Sozialsystem, kulturelles Leben oder den sogenannten 'Zeitgeist' im Modell einfangen und abbilden? Und welche Rolle spielt die Architektur in dem politischen System?

Beginn der Montage von Betonblöcken im Jahr 1961

Der Fall der Mauer am 9. November 1989

Fragen über Fragen, mit denen wir uns an die Landeszentrale für Politische Bildung wandten. Frau Dr. Bamberger-Stemmann hat daraufhin mit uns ein Konzept erarbeitet, das die Geschehnisse in sieben Zeitschritten dokumentiert. Diese verschiedenen Stationen würden wir anhand von sieben Modulen darstellen. Unsere Räumlichkeiten ließen Modellbauszenen von einer Fläche von knapp 1m² pro Modul zu, beginnend mit Kriegsende im Jahr 1945, über die Teilung Deutschlands in Zonen bis hin zum Mauerfall im Jahr 1989. Und das alles anhand eines einzigen Schauplatzes, um die Veränderungen im Stadtbild deutlich zu machen. So können die Betrachter von Station zu Station gehen und die Entwicklungen nicht nur gut beobachten, sondern auch gut vergleichen. Die Wahl des Schauplatzes fiel auf die Bernauer Straße in Berlin. Dort verlief die Demarkationslinie an den Häusern entlang, die Mauer trennte Ost- und Westberlin.

Wie wird nun aus den vielen Gedanken, Empfindungen, Gesprächen, Dokumenten und Recherchen ein Modell? Wir hatten genug Informationsmaterial gesammelt, um konkrete Situationen darstellen zu können. Städtebauliche Veränderungen ließen sich gut in den jeweiligen Zeitabschnitten im Modell aufzeigen, während sich die Hintergrundereignisse, wie Arbeitslosigkeit, Kapitalismus, Konsumverhalten oder diverse Einschränkungen, im Alltag etwas schwieriger abbilden ließen, aber wir haben es versucht.
Das politische Zeitgeschehen und die wirtschaftliche Entwicklung zeigen sich ganz deutlich in architektonischen und infrastrukturellen Veränderungen, die wir anhand verschiedener Szenen auf der folgenden Seite dargestellt haben.

1945
Nach dem Krieg werden die zerstörten Häuser aufgebaut. Mit der Schließung der Grenze werden die Anwohner zwangsumgesiedelt, Türen und Fenster werden zugemauert. Später schafft eine Abrissbirne Platz für eine neue Betonmauer und den Todesstreifen. *(Bild 1)*

1989
BRD und DDR demonstrieren ihre Ideologien in einem städtebaulichen Wettkampf: Im Osten sprießen hohe Betontürme und Plattenbauten hervor, während im Westen Prestigeobjekte wie das KaDeWe entstehen *(Bild 4)*

1960
Der an der Grenze gelegene Sophien-Friedhof wird 'zwangsversetzt' um 'freies Schussfeld zu haben', wie es in einem damaligen Schriftstück hieß. Für die Erweiterung der Grenzanlagen wird 1985, die an der Grenze stehende, Versöhnungskirche dem Erdboden gleichgemacht. *(Bild 2)*

1969
Eine S-Bahnlinie verband die beiden Zonen miteinander, schnell wurde die Bahnlinie aus den Trümmern wieder aufgebaut. Die abgeriegelte Grenze beendet jäh den Personenverkehr, später weicht die Trasse dem antikapitalistischen Schutzwall. *(Bild 3)*

Bild 1

Bild 2

Bild 4

Bild 3

Mit den Figuren, gerade einmal zwei Zentimeter groß, haben wir konkrete Alltagsereignisse inszeniert:

Der Schmerz der Trennung: Eine Frau, die auf einer Telefonzelle steht und auf ihren Schultern ein kleines Kind trägt, winkt über den Grenzzaun hinweg einer älteren Dame im Osten zu. *(Bild 1)*

Die Furcht vor Überwachung: Ein Stasioffizier macht aus einem verborgenen Winkel heraus Fotos von Passanten. *(Bild 2)*

Der Drang nach Freiheit: Ein flüchtender NVA-Soldat springt über den Stacheldraht in den Westen. *(Bild 3)*

Die Angst vor Militarisierung: Im Westen demonstrieren Studenten gegen die Wiederbewaffnung *(Bild 4)*

Die große Liebe: Ein Mann repariert im Hinterhof mit Liebe und Hingabe seinen Trabi. Wer bis zu 15 Jahre auf sein Auto warten musste, der wird sich nie mehr davon trennen. *(Bild 5)*

Ein Leben ohne natürliche Feinde: Im Grenzstreifen führen Kaninchen ein sicheres Dasein *(Bild 6)*

Die Überwindung des Schreckens: Jubelnde Massen klettern nach der Grenzöffnung auf die Mauer. *(Bild 7)*

Die Vorteile des Kapitalismus: Mit Baumaterial beladene Trabis eilen ihrem neuen Wohlstand entgegen. *(Bild 8)*

Der Genuss des freien Güterverkehrs: Bananen erobern als Luxusartikel den Osten, am Straßenrand werden Bananen zum Kauf angeboten. *(Bild 9)*

Bild 1

Bild 2

Bild 3

Bild 4

Bild 5

Bild 6

Bild 7

Bild 8

Bild 9

Für jede Zeitspanne wurden Fahrzeuge, Nummernschilder, Verkehrszeichen, Werbeschilder, Briefkästen, Uniformen der Behörden sowie zeitgemäße Kleidung der Figuren erstellt. Auch die Natur haben wir uns genau angeschaut. Im Laufe der Zeit wurden aus kleinen Bäumen große. Und wer jetzt behauptet, wir seien kleinlich, der soll Recht behalten! Wie sonst sollen wir erklären, warum wir für nicht ganz einen Quadratmeter drei Monate Bauzeit benötigten.

Politische Bildung und das Miniatur Wunderland

– wie geht das denn?

Text *Dr. Sabine Bamberger-Stemmann, Leiterin der Landeszentrale für politische Bildung, Hamburg* **Bilder** *Miniatur Wunderland*

Das Telefon klingelt – eine Stimme meldet sich aus dem Miniatur Wunderland. Nun kennt man das von Besuchen mit den Kindern, mit Freunden – aber was wollen die von der Landeszentrale für politische Bildung? Die Idee, die ein freundlicher und offensichtlich jüngerer Herr am Telefon vortrug, klang ebenso überraschend wie abenteuerlich und bestechend: zum Jubiläum des Mauerfalls eine Präsentation zusammenzustellen, die Geschichte und Entwicklung der Mauer und damit der Teilung Deutschlands illustrieren sollte – natürlich auf typisch wunderländische Art: mit Augenzwinkern und Ernsthaftigkeit, mit dokumentarischer Genauigkeit und mit freier Interpretation von Kleinstszenen. Politische Bildner sind eine Menge ungewöhnlicher Ideen gewohnt, aber diese übertraf alles bisher Gehörte – und sie war so ungeheuer überzeugend.

Das erste Treffen der Landeszentrale mit den Miwula-Machern verlief unterhaltsam, man stellte fest, eine Zusammenarbeit könnte trotz höchst unterschiedlicher Arbeitsstile ('Ist eine Landeszentrale denn keine Behörde – wieso sind Sie so schnell?') rasch und intensiv angegangen werden und auch – so viel stand fest – erfolgreich sein. Projekte, die so starten, sind zumeist beglückend, so auch dieses.

In einer Reihe von Gesprächen, sehr schnell am Objekt Bild, Erstaufbau, Suche nach den richtigen Motiven und dem passenden Schauplatz, wurde man sich einig: eine Serie von sieben sogenannten Tischdioramen, also unter Glas gesetzten statischen (eben nicht die mit fahrendem Gerät ausgestatten) Szenen, sollte es werden, gebaut anhand einer fiktiven Straßenkreuzung in Berlin (ein bisschen Bernauer Straße, ein bisschen viele andere Stellen, viel Fiktion). Die erste Idee, auch die innerdeutsche Grenze abzubilden und damit auch für Hamburg einen deutlicheren Bezug zu setzen (Berlin ist weit!?), wurde rasch wegen Undurchführbarkeit fallengelassen.

2008

Wieder Reklame an den Hauswänden

Baubewegungen im Grenzgebiet

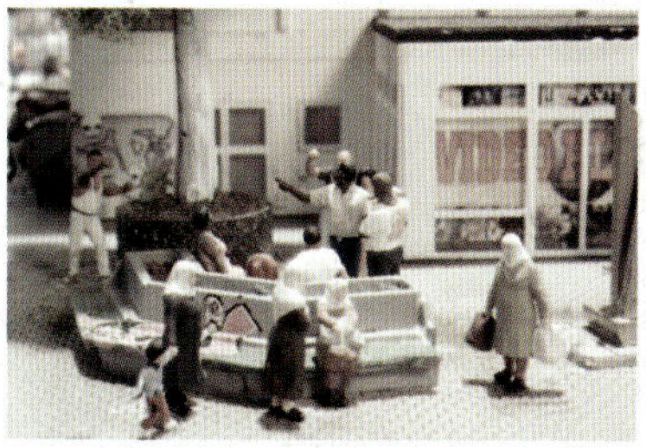

Erste Gastarbeiter prägen das Straßenbild

Das Team war großartig – wer als Nicht-Modellbauer kann es sich ausmalen, mit Modellbauern solch einen Heidenspaß zu haben? Es hatte den Anschein, als sei ein professioneller Caster am Werk gewesen: im Team waren Jüngere und Ältere, 'Ossis' und 'Wessis', Tüftler und Analytiker, Kreative und Puristen – und dazwischen zwei Hamburger Nicht-Modellbauerinnen (der Landeszentrale) mit der 'Lizenz zur historischen Begutachtung'.

Drei Begebenheiten mögen den Weg dieses letztlich erfolgreichen Unternehmens illustrieren: Es gab immer wieder kurze Anrufe bei der Autorin: Können Sie mal bald, schnell und möglichst sofort und eigentlich umgehend vorbeikommen, wir haben da ein paar offene Punkte. Die Autorin schwang sich in Auto oder U-Bahn – um vor einem niedlichen Modell-VW-Käfer zu stehen, der eigentlich gar nicht Thema des kurzen Meetings war, aber mitten unter einer Brücke prangte – in total falschem Rosa: wer hat denn bitte in den 1970er Jahren rosafarbene VW-Käfer gefahren? Orange musste er sein. Also sauste einer der Kollegen des Bauteams davon und kam kurz drauf mit orange wieder, d. h. mit einer Palette von mehr als 10 Orange ('Welches soll's denn sein?'), das nennt man Perfektion.

Eine Darstellung der Mauer und ihrer Grenzbefestigungen beinhaltet nahezu logischerweise auch Stacheldraht. Jeder und jedem, der die Dioramen zukünftig betrachtet und bewundert, sei versichert: alles handgedreht. Tatsächlich traf man öfters eine junge Dame an, die mit ebenso großer Leidenschaft wie Geduld dünnen Draht zu Stacheldraht und Stacheldrahthaufen verdreht – an einem Bleistift.

Und was ist der dickste Fehler? Man schaue auf die Bekleidung der Menschen im letzten, dem Diorama 'Fall der Mauer': sie sind fröhlich sportlich, in Bewegung, motiviert – und überwiegend sommerlich gekleidet. Wie sich das mit dem 9. November verträgt? Gar nicht! Aber wer, bitte, will tausende Männerchen und Frauchen von der Trägerschicht lösen und neu kleben und ihnen Plätze und Leben und Funktion zuweisen? Wir nehmen es gemeinsam als kleines Ratespiel für die Besucherinnen und Besucher.

Und was macht man mit sieben Dioramen, die man in einer kleinen, feinen, von Schulklassen gut gebuchten Ausstellung gezeigt hat? Man nimmt sie und zeigt sie ein weiteres Mal, nun kombiniert mit dpa-Fotos der jeweiligen Epochen und mit Texten der Landeszentrale, anlässlich einer Ausstellung zu zwanzig Jahren Wiedervereinigung im Rathaus.

Herzlichen Glückwunsch Miwula – viel Erfolg, viele Besucherinnen und Besucher, viel Mut zu ungewöhnliche Ideen und natürlich ein Tipp aus der Landeszentrale: Es gibt tolle Themen, die man noch umsetzen könnte!

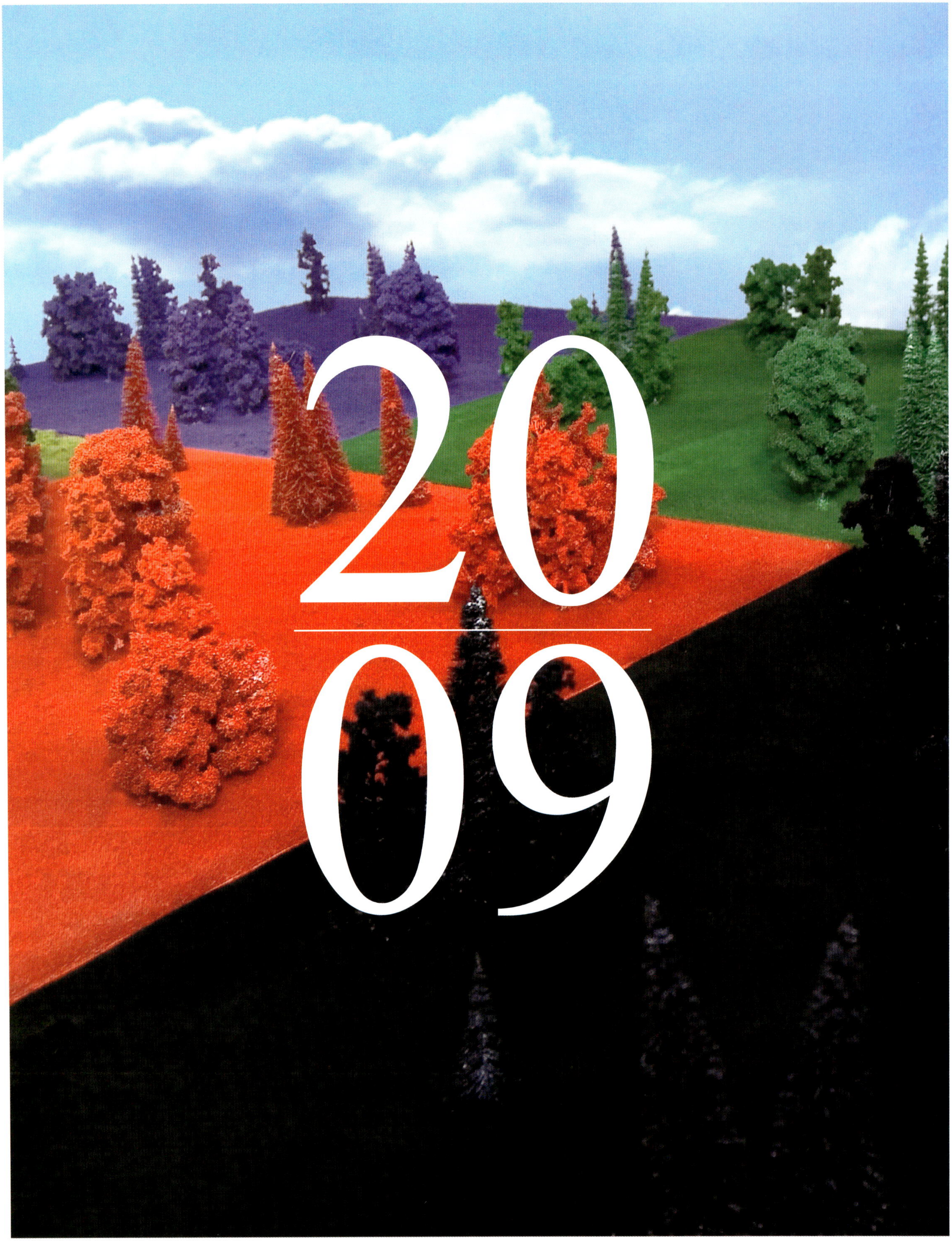

Bild *Miniatur Wunderland*

25.02.2009

Das 'Kleinste Konzert der Welt' wird auf dem
Miniatur-Michel von Simone Young eröffnet

9.03.2009

Beginn der Sonderausstellung '150 Jahre Märklin'

10.05.2009

Das Landwasserviadukt im Schweiz-Abschnitt wird Instand gesetzt

21.06.2009

Die neue DJ BoBo-Bühne wird eingeweiht

25.06.2009

Begrüßung des 6.000.000sten Besuchers

19.08.2009

Basteln mit Renate Künast und Krista Sager im Wunderland im Zuge der 'Utopia-Modelle'

30.08.2009

Besuch von Dirk Niebel von der FDP

3.09.2009

Ole von Beust bastelt am 'Utopia-Modell' der CDU

5.09.2009

Olaf Scholz und Frank Müntefering kommen zur Endabnahme des SPD-Modells

9.09.2009

Eröffnung der 'Utopia-Sonderausstellung'

Auftakt im Wunderland

Text *Simone Young, Generalmusikdirektorin und Intendantin der Staatsoper Hamburg*
Bilder *Miniatur Wunderland*

„Ein bisschen verrückt war unsere Idee schon."

Am 2. März 2009 gaben die Philharmoniker Hamburg das 'größte Konzert der Welt'. Dafür spielten 100 Musiker verteilt auf 50 Orte in ganz Hamburg die 2. Sinfonie von Johannes Brahms.

Ein bisschen verrückt war unsere Idee schon: Ich habe vom Turm des Hamburger Michel aus dirigiert, per TV-Bild wurde mein Dirigat zu den Musikern übertragen. Das Zusammenspiel konnte man dann im Internet anhören. Mit unserer Aktion wollten wir die Musik in die Stadt hineintragen und die Philharmoniker Hamburgs zu den Menschen schicken. Es war ein überwältigender Erfolg: Über das Konzert wurde weltweit berichtet, 10.000 Menschen haben sich die Musiker an den verschiedenen Spielorten angehört, zum Beispiel im Tennisstadion am Rothenbaum, an der Kennedybrücke, in der Fischauktionshalle oder im alten Elbtunnel. An dem Abend hatte ich eine Gänsehaut – nicht nur wegen der Kälte und des Schneeregens auf dem Michel.

Simone Young erhebt den Taktstock ..

Die 'Generalprobe' für dieses Ereignis fand im Miniatur Wunderland Hamburg statt. Fünf Tage vorher haben wir das 'Konzert' dort im Hamburg-Abschnitt visualisiert: Mit winzigen Figuren von Orchestermusikern und einer Miniatur-Dirigentin auf dem Michel. Ich war sofort fasziniert und absolut begeistert von der detailgenauen Arbeit der Modellbauer, die in über 200 Arbeitsstunden 75 kleine Orchestermusiker samt ihren Instrumenten und kleinen Notenpulten angefertigt hatten! Die Kreativität der Modellbauer hat mich ebenso begeistert wie die Präzision, mit der die Figuren hergestellt wurden: Es gab z. B. Geiger, Hornisten und Cellisten, und alle waren genau zu erkennen. Für mich persönlich war es dann ein ganz besonderer Moment, als ich meine eigene kleine Figur auf den Turm des Michel stellen konnte – die Mini-Dirigentin hatte lange Haare und natürlich einen winzigen Taktstock in der Hand.

.. und das größte Konzert Hamburgs beginnt.

Zu zehn Jahren Miniatur Wunderland gratuliere ich Frederik und Gerrit Braun, Stephan Hertz sowie ihren Mitarbeitern ganz herzlich. Ich wünsche allen weiterhin so viel Phantasie, Engagement und Enthusiasmus bei ihrer Arbeit und würde mich natürlich freuen, wenn Kunst, Theater und vorallem natürlich die Musik auch weiterhin im Miniatur Wunderland einen Platz bekämen. Wir wären auf jeden Fall sofort mit dabei!

Radspannwerke sorgen bei Temperaturschwankungen für den nötigen Ausgleich der Fahrdrähte.

Oberleitung wider Willen

Text *Gerhard Dauscher, Lars Rösenberg, Klaus Dieter Störmer, Miniatur Wunderland*
Bilder *Miniatur Wunderland*

Für jede Abzweigung in Weichenbereichen werden einzelne Oberleitungen gespannt.

Im Bereich einer sehr tiefen Brückenunterführung sind spezielle Bauformen der Oberleitung nötig.

Zu Beginn muss einfach erwähnt werden: Ohne Oberleitung wäre auf einer Modelleisenbahn vieles leichter. Nicht schöner – aber leichter! Das Aufgleisen von Zügen, das Aufstützen auf den Schienen, um an die schwer erreichbaren Stellen zu kommen, das Verletzungsrisiko dabei wäre geringer und vor allem würde der ein oder andere Besucher nicht eigenhändig unsere Oberleitung auf Stabilität und Elastizität prüfen. Nur sind wir bemüht, ein Abbild der Wirklichkeit zu konstruieren und kommen so im Eisenbahnbereich um hunderte Oberleitungsmasten, Fahrdrähte, Tragseile, Radspannwerke, Pantographen und tausende Arbeitstunden beim Aufbau nicht drum herum.

Es gibt sie also, die Oberleitung im Miniatur Wunderland. Filigran und original nachgebaut von einem Profi, der früher bei der Deutschen Bahn mit selbigen zu tun hatte. Da Diesellokomotiven einen wesentlich niedrigeren Wirkungsgrad haben, wurde im Jahr 1881 die Oberleitung für die Elektrolokomotiven entwickelt, hoch über der Schiene, um sie mit Elektrizität zu versorgen. Die Loks haben einen Pantographen, einen Bügel auf dem Dach der Lok, der hochgeklappt die Verbindung zur Oberleitung herstellt.

Damit der Oberleitungsdraht keine Kerbe in den Pantographen der Lok schleift, wird er grundsätzlich von Mast zu Mast im Zickzack verlegt. Doch die Oberleitung besteht genau genommen aus zwei Drähten. Dem Fahrdraht, an dem der Pantograph anliegt, und einem Tragseil, das den Fahrdraht so nach oben spannt, dass er nicht durchhängt. In Weichenbereichen müssen für jede Abzweigung einzelne Oberleitungen gespannt werden, deshalb herrscht hier oft ziemliches Kuddelmuddel. In der Wirklichkeit liegt zudem an der Oberleitung eine Wechselspannung von 15.000 Volt und 16 2/3 Hertz an.

Die Fahrdrähte sind in 1.500 m lange Segmente unterteilt. Eines der Drahtenden ist fixiert, das andere wird von einem Radspannwerk selbst gespannt, um z.B. Temperaturschwankungen ausgleichen zu können. Einzelne Segmente lassen sich abschalten, falls dort ein Problem auftaucht. In diesem Fall liegt nicht gleich die komplette Strecke lahm. Im Winter kann es wegen Vereisung oder kurzfristigem Kontaktverlust zu sehr hellen blauen Funken zwischen Oberleitung und Pantograph kommen. Vögel können aber ohne weiteres auf dem stromführenden Fahrdraht Platz nehmen, denn sie haben keine Verbindung zur Erde bzw. Schiene. Die Oberleitung im Vorbild ist trotzdem eine sehr gefährliche Anlage. Es ist nahe liegend, dass unsere Oberleitung im Modell keinen Strom transportiert, sondern nur zur Show da ist.

500 Arbeitsstunden hat alleine das Aufstellen der 900 Masten und komplizierte Verlegen der Oberleitung im Hamburg-Abschnitt gedauert. Sie besteht aus verkupferten Stahldrähten und ist komplett verlötet. Die Masten sind in der Grundplatte verschraubt. Wenn wir in einem solchen Dauerbetrieb wie im Wunderland mit der Oberleitung fahren würden, müssten wir durch den Abrieb des empfindlichen Materials ca. einmal im Monat die Oberleitungen der kompletten Anlage austauschen. So liegen die Pantographen an den Loks an.

Auf lange Sicht werden sie ein wenig angehoben und mit einem Draht festgesetzt. Sie werden so die Oberleitung nicht berühren, aber zumindest den optischen Eindruck erwecken. In stiller Hoffnung, dass sich nicht zu viele Pantographen verhaken und die einige zehntausend Euro teuren Oberleitungen wieder zerlegen.

UTOPIA

Das Miniatur Wunderland spendet Parteien Land

Text *Sebastian Drechsler, Leiter Kreativteam, Miniatur Wunderland*
Bilder *Miniatur Wunderland*

Eine Modelleisenbahn ist ein statisches Abbild eines Momentes. Das zumindest denken viele, die das Miniatur Wunderland nicht kennen. Das Gegenteil ist bei uns der Fall. Wir versuchen, das Miniatur Wunderland stets zeitgemäß zu halten und aktuelle Strömungen, Tendenzen und Ereignisse einfließen zu lassen. So dekorieren wir zum Beispiel zur Weihnachtszeit oder lassen uns für jede Fußballweltmeisterschaft etwas einfallen oder lassen auch bei uns die Schaffner streiken.

So stand für uns im Frühjahr 2009 schnell fest, dass wir uns etwas Besonderes zur anstehenden Bundestagswahl ausdenken wollen. Nach einigen Kreativrunden war die Idee geboren. Damals hörte man von allen Parteien etliche Slogans und Forderungen, konnte durch die ausführliche Lektüre der Wahlprogramme tiefer in die Seele der jeweiligen Partei eintauchen. Aber was würde es eigentlich konkret für Deutschland bedeuten, wenn die Politiker frei gestalten könnten? Wie würde das ideale Land der jeweiligen Partei aussehen? Genau diese Frage stellten wir den fünf im Bundestag vertretenen Parteien in einem offenen Brief.

In dem Brief schrieben wir, dass wir jeder Partei einen Quadratmeter Land zur Verfügung stellen würden, den wir nach den genauen Vorgaben der Partei gestalten würden. Wir forderten sie auf, den Menschen zu zeigen, wie Deutschland ausschauen würde, wenn sie es selber gestalten könnten. Die Resonanz war überraschend. Wir bekamen nicht von fünf, sondern von sechs Parteien Antwort. Die CSU bestand darauf, nicht mit der CDU in einen Topf geworfen zu werden und einen eigenen Quadratmeter zu gestalten.

Erstaunlich war auch, dass die kleinen Parteien sofort reagierten und relativ klare Vorstellungen hatten, wie ihr ideales Deutschland ausschauen würde, und es ein wenig länger dauerte, bis sich die Motoren der großen Parteien in Bewegung setzten. In den kommenden Wochen hatten wir fast täglich Delegationen aus Berlin zu Gast, die gemeinsam mit unserer Modellbauabteilung das Konzept für den jeweiligen Quadratmeter entwickelten, bei den anderen Parteien spionierten und schließlich den Bau überwachten.

Die Wochen des Baus waren sicherlich mit die spannendsten in der Geschichte des Wunderlandes. In der Zeit wurden wir unter anderen von Olaf Scholz, Renate Künast, Franz Müntefering, Ole von Beust und Dirk Niebel besucht, die mit uns ihr Diorama diskutierten, uns einen ganz privaten Einblick ins politische Leben ermöglichten und uns relativ offen erzählten, was sie von den anderen Parteien hielten. In Erinnerung ist die liebevoll geführte Auseinandersetzung zwischen Der Linken und der FDP.

Der erste Schuss kam von der Linken. Hoch oben auf einem Glaspalast schauten sich die 'oberen 10.000', geschützt von hunderten Polizisten, mit einem Glas Champagner eine Demonstration der Unterprivilegierten an. Ein Mann, der dank blauen Anzugs und gelber Krawatte klar der FDP zuordbar war, hielt den Demonstranten ein FDP-Plakat mit der Aufschrift 'Arbeit muss sich wieder lohnen' entgegen. Diese Provokation ließ sich die FDP nicht bieten und antwortete prompt. Nun wollten sie in der Ausstellung direkt neben der Linken stehen und am äußersten Ende, der Linken zugewandt, einen Paragrafenwald und Schildersumpf und an der Grenze zur Linken ein Schild mit der Aufschrift: 'Sie verlassen jetzt den demokratischen Sektor' entstehen lassen.

Nach gut 2.000 Arbeitsstunden eröffneten wir am 12. September die Ausstellung unter dem Titel 'Utopia – Parteivisionen im Modell'. Jede Partei hatte Vertreter entsandt und es waren rund 50 Journalisten anwesend, die in den kommenden Wochen über unsere Ausstellung berichteten. Sogar in den russischen Hauptnachrichten lief ein Beitrag. Neben den Dioramen und den Begleitmaterialien haben wir noch eine Wahlkabine gebaut, in der die Besucher der Ausstellung wählen konnten, welche Parteivision sie am besten fanden. Das Ergebnis war ungewöhnlich. Die FDP gewann, die CSU war deutlich stärker als CDU und SPD, Grüne und Linke fast gleich auf.

Rückblickend steht für uns wohl fest: So gut vorbereitet werden wir wohl nie wieder in eine Wahl gehen.

Die riesige Willy Brandt-Statue ist nach dem Vorbild der Statue aus der Berliner Parteizentrale gebaut.

In Grünland haben Aktivisten einen Fingerabdruck mit Schäuble-Konterfei an die Wand gesprüht.

Hier ist der Paragrafenwald und Schildersumpf zu sehen aus einer Zeit, als die FDP noch nicht gestalten durfte.

Im CDU-Diorama sind 10.000 Figuren aufgestellt. Im Vordergrund sieht man ein Auto der CDU-Wahlhelfer.

Vor einem Copyshop stehen Angela Merkel, Frank Walter Steinmeier und Claudia Roth, um die Ideen 'der Linken' zu kopieren.

In Grünland soll es Platz für jede Subkultur geben. Punks und Polizisten unterhalten sich entspannt bei einer 'Apfelschorle'.

Durch das Diorama der Linken ziehen Demonstranten, die für mehr Gerechtigkeit und gegen Hartz IV sind.

Deregulierung ist ein zentrales Thema der FDP. Überflüssige Schilder werden vor trauernden Bürokraten abmontiert.

Am Flußufer der SPD-Utopie sieht man alternative Lebensformen und eine symbolträchtige Brücke, die vereint.

Die Farben 'Schwarz Rot Gold' stellen die zentrale Botschaft der CDU dar; die einzige Kraft, die Deutschland einen kann.

Dieses Schild soll symbolisieren, dass die CDU für die Schuldenbremse einsteht.

Hier greift 'die Linke' die anderen Parteien an. Josef Ackermann verteilt Koffer voller Gold an alle anderen Parteien.

Miniatur Wunderland

Miniatur Wunderland I Kehrwieder 2, Block D I 20457 Hamburg

Miniatur Wunderland Hamburg GmbH
Kehrwieder 2, Block D
20457 Hamburg
T: +49(0)40-300 6 80-0
F: +49(0)40-300 6 80-99
M: info@miniatur-wunderland.de
www.miniatur-wunderland.de

An:
CDU/CSU – Dr. Angela Merkel, Horst Seehofer, Ronald Pofalla, Joachim Koschnicke
SPD – Dr. Frank Walter Steinmeier, Franz Müntefering, Kajo Wasserhövel
Bündnis 90 die Grünen – Claudia Roth, Cem Özdemir, Rudi Hoogvliet
FDP – Dr. Guido Westerwelle, Hans-Jürgen Beerfeltz
Die Linke – Oskar Lafontaine, Prof. Dr. Lothar Bisky, Mark Seibert

17. Juni 2009

Land für Ihre Visionen

Sehr geehrte Damen und Herren,

mit großer Sorge haben wir die niedrige Wahlbeteiligung bei der Europawahl zur Kenntnis genommen. Gewiss ist der Stellenwert der Europapartei bei vielen Bürgern nicht so hoch wie die Bundestagswahl. Die Gründe für das große Desinteresse sind unserer Meinung nach aber deutlich vielfältiger.

Eine wichtige Ursache hierfür ist sicherlich die Orientierungslosigkeit vieler Bürger, die kaum noch Unterschiede zwischen den einzelnen Parteien ausmachen. Am liebsten hätte jede Partei glückliche Bürger, eine starke Wirtschaft, eine gesunde Umwelt, gut versorgte Alte und hoch gebildete Junge. Wo liegen denn nun die Unterschiede und wie würde Deutschland aussehen, wenn Ihre Partei Ihr Traumland kreieren könnte?

Um den Bürgern Ihr 'Utopia' näher zu bringen, möchten wir Ihrer Partei kostenlos ein Stück Land zur Verfügung stellen. Genau genommen handelt es sich um einen Quadratmeter Modelland im Maßstab 1:87, das bislang komplett unbesiedelt ist. Dieses Stück Land werden wir genau nach Ihren Vorstellungen gestalten. Ob urban oder ländlich, ob emotional oder sachlich – wir setzen Ihre Visionen um.

Wir sind der Überzeugung, dass wir mit diesem Projekt gemeinsam einige Bürger bei Ihrer Wahlentscheidung unterstützen können. Aus der Vergangenheit wissen wir, dass vom Miniatur Wunderland gestaltete Inhalte – sowohl bei vielen Bürgern, als auch bei den Medien – gut ankommen. So haben wir zum Beispiel im letzten Jahr in Kooperation mit der Landeszentrale für politische Bildung eine Ausstellung zur deutschen Nachkriegsgeschichte konzipiert. Die sieben Dioramen zeigen eine Berliner Straßenkreuzung im Wandel der Zeit. Oberflächlich vermitteln die Dioramen dem Besucher ein Gefühl für die Zeit. Beim genaueren Betrachten konnten die Besucher etliche Szenen entdecken, die symbolisch für Ereignisse der jeweiligen Epoche standen. Die Ausstellung wurde in den drei Monaten von rund 250.000 Besuchern gesehen und Bilder der Ausstellung dienten in über 50 Tageszeitungen der Illustration von Inhalten.

Geschäftsführer: Frederik Braun, Gerrit Braun, Stephan Hertz
tz: Freie und Hansestadt Hamburg

Amtsgericht: Hamburg HRB 78633
Hamburger Sparkasse: BLZ 200 505 50
Konto: 1 236 126 221

FA: Hamburg-Mitte-Altstadt
Steuer-Nr.: 48/709/02021
Ust-ID-Nr.: DE 213604364

Sonnendeck

Die sozialdemokratische Stadt der Zukunft ist eine Stadt der Freiheit. Sie ermöglicht den Menschen, so zu leben und sich zu entwickeln, wie jeder Einzelne es sich wünscht. Und sie ist eine Stadt der Gemeinschaft. Denn erst durch das Miteinander ergeben sich die Bedingungen für eine persönliche Entfaltung, aber auch für Glück und Zufriedenheit. Wir Sozialdemokraten sind der Meinung, dass sich Politik nicht überschätzen darf. Dennoch bestimmen politische Entscheidungen unseren Alltag in einem höheren Maße, als viele Menschen glauben.

Unsere Lebensqualität steigt und fällt mit der Beteiligung an demokratischen Prozessen. Deshalb möchten wir mit unserem Beitrag zur Ausstellung Anregungen zum Weiterdenken geben und würden uns freuen, wenn die Besucher diesem Aufruf folgen. In unserer sozialdemokratischen Stadt der Zukunft liefern wir Anregungen durch verschiedene Szenen und Motive. Diese lassen sich im Wesentlichen in drei Themenblöcke gliedern: Fortschritt spielt in der sozialdemokratischen Stadt eine wesentliche Rolle. Wissen, Bildung und Ökologie werden groß geschrieben. Unsere Stadt ist bunt und lebendig. Kulturelle Vielfalt und die Förderung von Meinungspluralität prägen die Szenen des zweiten Themenblocks im SPD-Diorama. Die sozialdemokratische Stadt ist eine Stadt für alle – gerecht und integrativ. Gleichstellung und ehrenamtliches Engagement sind ebenso selbstverständlich wie gebührenfreie Bildung.

2009

Wir haben die Kraft – das ist unsere zentrale Botschaft.

Gemeinsam haben wir die Kraft, Deutschland gestärkt aus der Krise herauszuführen. Mit Zusammenhalt und Optimismus können wir viel für Deutschland erreichen. Die Menschen in unserem Miniatur-Projekt symbolisieren diese Gemeinsamkeit – schwarz, rot, gelb und weiß gekleidet, bilden sie die Deutschlandfarben und einen weißen 'WIR'-Schriftzug. Die CDU spricht als große Volkspartei der Mitte alle Bevölkerungsgruppen in Deutschland an – in den Städten wie in den ländlichen Regionen. Das ist und bleibt unser Anspruch: Volkspartei für ganz Deutschland zu sein. Dafür setzen wir zehn Schwerpunkte, die an verschiedenen Stellen der Gesellschaft ansetzen. In unserem Miniatur-Projekt sind diese Schwerpunkte an verschiedenen Orten auf den Bannern der Menschen zu sehen.

2009

Was unser Land jetzt braucht: Ein starkes Bayern in Berlin.

Mit diesem Motto zieht die CSU in den Bundestagswahlkampf – und in das Miniatur Wunderland. Der bundespolitische Anspruch der CSU, mit Ideen aus Bayern Politik für ganz Deutschland mit zu gestalten, soll durch die Szenerie um das mit weiß-blauen Rauten bemalte Brandenburger Tor zum Ausdruck gebracht werden. 'Wir färben Berlin weiß-blau' und geben ihm somit einen 'bayerischen Anstrich' – so die Kernbotschaft des Dioramas. Dabei darf ein Augenzwinkern, gepaart mit der nötigen Portion Selbstironie nicht fehlen. Das Idealland der CSU ist jedoch nur auf den ersten Blick ein 'bayerisches Biergartenidyll rund ums Brandenburger Tor'. Auf den zweiten Blick sind klare politische Botschaften und Inhalte christlich-sozialer Politik zu erkennen. Von Zukunftsprojekten, wie Elektromobilität und dem Dienst am Menschen, bis hin zu einem starken Mittelstand, Förderung von Familien, einer starken bäuerlichen Landwirtschaft und guter Bildung zeigt das Idealland der CSU eine klare politische und gesellschaftliche Vision für unser Land.

2009

Oase der Freiheit

Die liberale Welt zeigt eine urbane Marktszenerie in Freiheit. Den Menschen öffnen sich in dieser Geschichte einer nicht allzu fernen Zukunft neue Horizonte. Leistung lohnt sich hier: Die Menschen genießen ihren hart erarbeiteten Wohlstand und das Leben in der Bürgergesellschaft, befreit von bürokratischen Zwängen. Auch die Straßennamen spiegeln liberale Ziele und Erfolge wider, zum Beispiel 'Mehr-Netto-Allee' und 'Große Freiheit'.

Aktive Bürger haben eine einst öde Politiklandschaft durch Initiative und Eigenverantwortung in eine Oase der Freiheit verwandelt. Hauptträger dieser freien, bürgerlichen Gesellschaft ist eine entlastete Mitte, die dank liberaler Politik die Grundlage für ein wirtschaftlich florierendes Gemeinwesen schafft. Die 'Oase der Freiheit' präsentiert sich als eine weltoffene Gesellschaft, die Raum schafft für Vielfalt: Zahlreiche mittelständische Unternehmen, wie ein Blumenhaus, eine Brauerei, ein Internetcafé oder Sportstudio, zeigen, dass sich Eigenverantwortung lohnt. Eine barrierefreie Stadtplanung, das Miteinander der Kulturen und die gleichgeschlechtliche Ehe beweisen, dass alle integriert werden. Die Bewohner hier wissen: Mit einem hohen Maß an Toleranz und individueller Freiheit lebt es sich am besten.

2009

Alles verändert sich!

DIE LINKE.

Die Modellwelt der Partei DIE LINKE ist kein Traumland, kein Utopia. Sie ist im Hier und Heute verortet, bildet die politischen Themen und Auseinandersetzungen ab und zeigt, wo DIE LINKE aktiv ist: auf der Straße, mitten im Leben. In einer Stadt, in der die Glaspaläste der Finanz- und Bankenwelt ebenso angedeutet sind wie sozial durchmischte Wohngebiete mit kleinen Geschäften, Grünanlagen, alternativen und selbstbestimmten Lebenswelten, gibt es einen großen und bunten Demonstrationszug, in dem verschiedene Akteure ihre Forderungen friedlich und kreativ zum Ausdruck bringen. Angeführt wird der Zug von einem roten Transparent mit der Aufschrift 'Wir fordern Gerechtigkeit'. Es gibt Fahnen von Gewerkschaften, der Friedens- und Bürgerrechtsbewegung und natürlich von der Linken. Dazwischen tauchen immer wieder Plakate und Transparente mit verschiedenen Forderungen auf, für die es eine Mehrheit in der Bevölkerung gibt, die aber von den anderen Parteien ignoriert werden: für den gesetzlichen Mindestlohn, gegen Hartz IV und für den Truppenabzug aus Afghanistan. Im Demonstrationszug fährt ein roter VW Bulli. Aus den Lautsprechern ist die Musik von Rio Reiser und 'Ton Steine Scherben' zu hören: „Alles verändert sich / wenn Du es veränderst / doch Du kannst nicht gewinnen / so lange Du allein bist." Wir danken den Kolleginnen und Kollegen vom Wunderland und ganz besonders Sönke!

2009

Auf nach Grünland!

Politische Konzepte für jedermann anschaubar und erlebbar machen: Das ist eine großartige Idee, die uns sofort begeistert hat. Unter dem Motto 'Auf nach Grünland!' bildet unser Diorama unterteilt in einen ländlichen und einen städtischen Bereich die Kernpunkte Grüner Politik auf einem Quadratmeter ab. Im 'Grünen Neuen Gesellschaftsvertrag', unserem Wahlprogramm zur Bundestagswahl 2009, geben wir Antworten auf die Krisen unserer Zeit – und blicken nach vorn! Klima, Arbeit, Gerechtigkeit und Bildung gehören für uns zusammen. So wollen wir leben und wirtschaften.

Das Grüne Diorama zeigt unsere Vision von einer Welt, in der es anders zugeht als heute – gerechter, freiheitlicher, (klima-) freundlicher. Was wir Grünen hier entworfen haben ist aber kein Utopia! Deshalb gibt es in unserer Zukunft z.B. auch um bedürftige Menschen, denen wir aber Lösungen anbieten, um sich aus ihrer Situation zu befreien.

Sie werden sicherlich schon die eine oder andere originelle Szene bemerkt haben. Gehen Sie auf Endeckungsreise. Machen Sie sich 'Auf nach Grünland!'.

2009

Umfrage-Ergebnisse der Utopia-Wahl

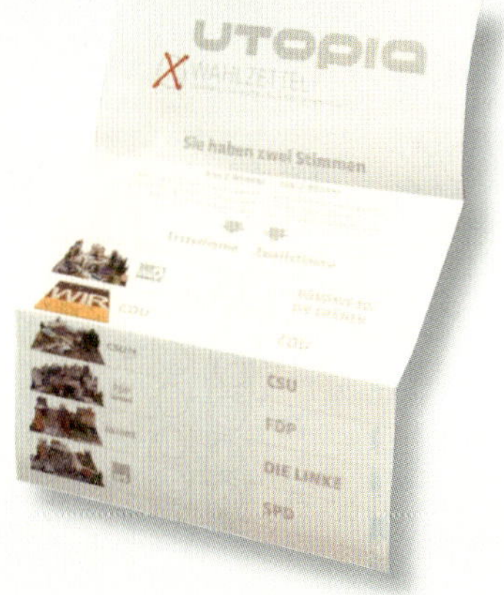

Schon über 20.000 Besucher haben die Ausstellung 'Utopia 2009 – Visionen der Parteien im Modell' gesehen. Natürlich haben auch wir eine Wahl durchgeführt. Dabei gab es zwei Wahlzettel, einen für Erwachsene und einen für Kinder.

Erwachsenenwahl:

Welche Partei würden Sie anhand der im Modell gezeigten Visionen wählen?

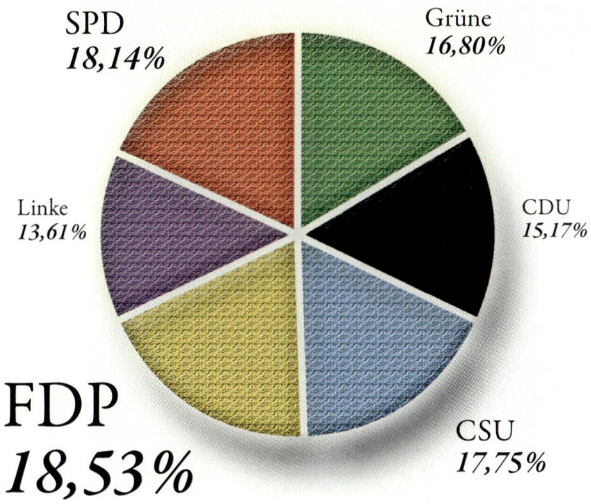

Kinderwahl:

Welche Partei würdest Du anhand der Modelle wählen:

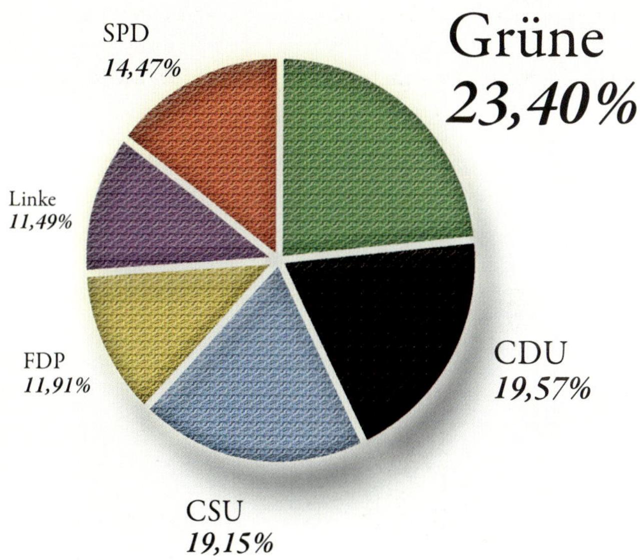

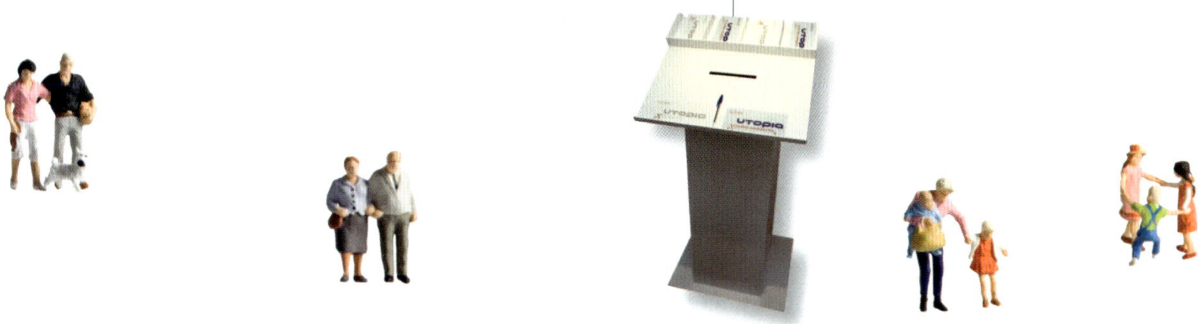

'Wetten dass..?' im Wunderland

Text *Mario Ziarno, Redakteur bei 'Wetten dass...?'*
Bilder *'Wetten dass...?', Miniatur Wunderland*

Hunderte von Wettangeboten erreichen uns nach jeder Sendung 'Wetten dass..?' Einige davon gab es schon, so oder so ähnlich, einige lassen sich aus verschiedenen Gründen nicht umsetzen. Aber, ein kleiner Teil klingt interessant – unter der Voraussetzung, der Wettanbieter ist in der Lage, das Angebotene auch umzusetzen.

Die Frage stellte ich mir, als ich das Angebot von Jürgen Seliger aus Kempten auf den Schreibtisch bekam. Vom Miniatur Wunderland hatte ich gehört und auch schon entsprechende Beiträge gesehen. Eine unglaubliche Anlage mit allein über 300.000 Figuren. All das, jedes Detail, jede Szene behauptete der Wettanbieter zu kennen und anhand von Fotos zuordnen zu können. Das klang nach 'Wetten dass.. ?', war aber schwer vorstellbar. Nach einem vielversprechenden Telefonat mit Jürgen und einem anschließenden Test vorort in Hamburg war allerdings klar, das könnte funktionieren. Auch die Frage der Umsetzung war schnell geklärt. Das muss eine Außenwette werden, d.h. Jürgen Seliger wird die in Hamburg installierten Kameras von Bremen aus durch die Anlage steuern.

Am 8. Dezember 2009 wählte Thomas Gottschalk aus 1.000 Detailfotos fünf Fotos aus, vier dieser Szenen musste Jürgen mit Hilfe der von ihm live geleiteten Kameras finden. Um es kurz zu machen: Jürgen meisterte seine Wette mit Bravour und wurde für diese fantastische Leistung mit dem Titel des Wettkönigs belohnt.

Sich einen Traum zu erfüllen und damit auch noch Millionen Menschen eine Freude zu machen, gibt es etwas Schöneres? Auch die Zusammenarbeit mit euch während der Produktion zu 'Wetten dass..?' hätte nicht schöner und harmonischer verlaufen können. Mit dem Miniatur Wunderland habt ihr etwas ganz Besonderes und Einzigartiges geschaffen.

Wir wünschen euch für die Zukunft weiterhin viel Erfolg und vor allem noch viele Ideen, die euch aber, und da bin ich mir sicher, nicht ausgehen werden.

Bild *Miniatur Wunderland*

1.01.2010

Das Wunderland erhält 800 m^2 neue Fläche – Ausbau gesichert

4.01.2010

Kompletter Aufbau des Flughafen-Untertisches

10.02.2010

Beginn der Allgäu-Gipsarbeiten im Flughafen-Abschnitt

24.02.2010

DJ BoBo präsentiert seine neue Wunderland-Bühne

29.03.2010

10.000 reale Kilometer hat der ABX Gliederzug (LKW) in Knuffingen seit seiner Inbetriebnahme am 20.08.2001 absolviert

6.05.2010

Auslieferung und Taufe des ersten A380 am Knuffinger Flughafen

25.05.2010

Der 500. Wochenbericht geht online

4.06.2010

Begrüßung des 7.000.000sten Besuchers im Miniatur Wunderland

26.08.2010

Umbenennung der 'HSH-Nordbank-Arena' in 'Imtech-Arena'

16.11.2010

Auftakt-Pressekonferenz zum 100jährigen Jubiläum des Hamburger Flughafens

Zutiefst erschüttert

Text *Birte Rüsch, Kreativteam, Miniatur Wunderland*
Bilder *Miniatur Wunderland*

Am 12. Januar 2010 um 21.53 Uhr wird der Inselstaat Haiti von dem schwersten Erdbeben in der Geschichte Nord- und Südamerikas getroffen. Weite Teile des Landes werden zerstört, mehr als 222.500 Menschen kommen ums Leben. Über 300.000 Menschen werden verletzt und rund 1,85 Millionen Haitianer obdachlos. Insgesamt sind etwa 3,2 Millionen Menschen und damit ein Drittel der Bevölkerung Haitis von der Katastrophe betroffen. Die Menschen benötigen dringend Medikamente, Zelte, Lebensmittel und Wasser – einfach jede erdenkliche Art von Hilfe.

Auch das Team des Miniatur Wunderlandes ist von den Bildern, die in den Stunden nach dem Beben durch die Presse gingen, stark betroffen und es war schnell klar, dass eine Beteiligung an der Hilfe von allen gewünscht ist. Aus diesem Grund wurden in den nachfolgenden 5 Tagen jeweils ein Flugzeug, ein Schiff, eine Lok, ein fahrender LKW und sogar ein ganzer Berg versteigert. Sowohl Flugzeug, als auch Schiff, Lok und LKW durften nach eigenen Wünschen gestaltet werden und drehen nun Tag für Tag ihre Runden im oder über dem Wunderland und werden von Millionen Besuchern bestaunt. Beim Berg verhielt es sich etwas anders – hier konnte man die Benennung des Berges ersteigern und sein ganz persönliches Gipfelkreuz aufstellen.

Zu den Spendengeldern aus den Auktionen kommen noch die Erlöse aus dem Verkauf des Spenden-Pins vom April 2010 in Höhe von 2.900 €, die gesamten Einnahmen eines Öffnungstages, aber vor allem auch viele kleine und große Spenden der Wunderlandbesucher. Insgesamt kamen 75.000 € zusammen, die zu 100% den Menschen auf Haiti zu Gute kommen sollen. In Zusammenarbeit mit Frau Manuela Rossbach von 'Aktion Deutschland hilft e.V.' erhält das Team erste Informationen darüber, wo das Geld am nötigsten gebraucht wird, und somit konnte ein Teil der Spendengelder sofort genutzt werden, um das Dach des Krankenhauses von ADRA im Stadtteil Carrefour wieder aufzubauen.

Der Wunsch des Wunderlandes ist aber, ein Projekt zu finden, das langfristig, direkt und ohne Reibungsverluste unterstützt werden kann. Aus diesem Grund flogen Frederik Braun und Sebastian Drechsler (Leiter Marketing) im September 2010 nach Haiti und waren sich nach kurzer Zeit einig: Die Spendengelder sollten an ein Flüchtlingslager am Rand der haitianischen Hauptstadt Port-au-Prince im Viertel Croix-des Bouquets gehen. Hier haben rund 16.000 Menschen ihre Häuser durch das Erdbeben verloren und leben nun unter prekären Bedingungen. Neben den fehlenden Nahrungsmitteln macht den Menschen vor allem auch der Mangel an sauberem Wasser und sanitären Einrichtungen zu schaffen.

Vor Ort kämpft Dr. Joseph Hoblas gemeinsam mit der AWO International für die Beseitigung dieser Missstände. Der haitianische Arzt engagiert sich seit mehr als 20 Jahren für die Bedürfnisse der Menschen aus Haiti und seine Organisation Centre de Santé et de Dévelopment Intégre (CSDI) hat unmittelbar nach dem Erdbebeben begonnen, Flüchtlingslager für die Betroffenen zu bauen. Zusammen mit der Arbeiterwohlfahrt hat er Großes bewegt und konnte innerhalb von neun Monaten Unterkünfte für 10.000 Menschen in vier Flüchtlingslagern errichten. Deren medizinische Grundversorgung ist nun gesichert und der erste Teil einer Schule wurde ebenfalls bereits gebaut.
Trotzdem fehlt es natürlich an allen Ecken und Enden und an dem Punkt will das Miniatur Wunderland ansetzen. Herr Dr. Foblas und Nicole Bergmann, als Vertreterin für Aktion Deutschland hilft e.V., stellten eine Liste mit dringend benötigten Materialien zusammen, die das Wunderland dann von den Spendengeldern kaufen möchte. Über die Webseite des Wunderlandes *(http://www.miniatur-wunderland.de/news/aktionen/meldung/artikel/die-letzte-station-zu-gast-bei-dr-foblas/)* kann man die Dinge aussuchen, für die man eine Patenschaft übernehmen möchte. Man kann aber natürlich auch direkt Geld spenden, welches dann an den jeweils wichtigsten Stellen eingesetzt wird. Übrigens leben immer noch 1,3 Millionen Menschen in Notlagern!

Unser aller Verantwortung

Text *Manuela Roßbach, Geschäftsführerin 'Aktion Deutschland Hilft'*
Bilder *Miniatur Wunderland*

Ich bin sehr froh, dass es mir gelungen ist, im Jahre 2007 Frederik Braun für die Veranstaltung 'Dialog mit der Wirtschaft – Soziale Verantwortung von Unternehmen' auf den Petersberg bei Bonn zu gewinnen. Zusammen mit dem Mittelstandsnetzwerk der Region Bonn-Rhein-Sieg, BonnSoir, führte 'Aktion Deutschland Hilft' das Bündnis der Hilfsorganisationen, diese Veranstaltung durch. Wir suchten für unsere Podiumsdiskussion einen Unternehmer mit ideenreichem sozialem Engagement. Jemanden, dessen Ausführungen andere motivieren konnten, über die Grenzen zu denken – und danach zu handeln. Und da fielen mir die Macher des Miniatur Wunderlandes ein, die sich in kreativer Weise sozial engagieren, sei es in Hamburg, sei es überregional oder weltweit.

Frederik Braun war bereit, nicht nur über sein soziales Engagement zu sprechen und Fragen nach seiner Motivation für dieses Thema zu diskutieren. Er brachte auch ein witziges Video zur Einstimmung mit und stellte sich der Frage, ob gerade die mittelständischen Unternehmen als Teil dieser Gesellschaft in Bezug auf Corporate Social Responsibility (CSR) in besonderer Weise verpflichtet sind. Wie steht es mit dem Profit auf der einen Seite und der Humanität auf der anderen? Sind dies nicht zu vereinbarende Gegensätze oder können sie im Unternehmen für Inhaber, Anteilseigner, Mitarbeitende und Kunden sinnstiftend eingesetzt werden?

Nach dieser Veranstaltung gab es weitere Treffen, bei denen wir uns unter anderem über die aktuellen Einsatzfälle bei Katastrophen austauschten. In der Planung ist auch, ein ähnliches Dialog-Format in Hamburg anzubieten.
Besonders gefreut hat mich im letzten Jahr, dass kurz nach Bekanntwerden des tragischen Erdbebens in Haiti die 'Miniatur Wunderländler', wie wir Sie in unserem Aktions-büro liebevoll nennen, sofort eine unglaubliche Spendenaktion ins Leben gerufen haben, bei der die großartige Summe von 75.000 € zusammen kam. Frederik Braun und Sebastian Drechsler konnten sich dann im September 2010 selbst von der Arbeit unserer Hilfsorganisationen vor Ort ein Bild machen. Ich habe es sehr bedauert, bei der Reise nicht dabei sein zu können.

Wenn ich an das Miniatur Wunderland in Hamburg denke, denke ich an engagierte Mitarbeiterinnen, Mitarbeiter und Chefs. Unser Team und ich wünschen allen am und im Miniatur Wunderland Beteiligten alles Gute für den 10. Geburtstag. Wir wünschen aber auch weiterhin viel Energie und viele gute Ideen, die rund um die Miniatur-Eisenbahn ins Leben gerufen werden können. Wir hoffen, dass wir uns auch in den nächsten Jahren, die das Miniatur Wunderland als Teenager begeht, nicht aus den Augen verlieren. Jedenfalls haben Sie hier im Rheinland viele Fans.

Gemeinsam schneller helfen
Aktion Deutschland Hilft
Das Bündnis der Hilfsorganisationen

Traumjob Bahnfahrer *oder:* „Guck mal, die spielen hier den ganzen Tag!“

Text *Gitta Ahrndt, Bahntechnik und -steuerung, Miniatur Wunderland*
Illustrationen *Miniatur Wunderland*

Die Arbeit am Leitstand stellen sich viele Gäste total anders vor, als sie es in Wirklichkeit ist. Uns werden täglich jede Menge Fragen gestellt und viele davon können nicht pauschal beantwortet werden, so z.B. wie viele Unfälle denn im Miniatur Wunderland so pro Tag passieren. Meine Lieblingsantwort ist daraufhin meistens: Es gibt gute und es gibt schlechte Tage! Hier nun ein Einblick, wie so ein schlechter Tag aussehen kann:

Ein Tag als Bahnfahrer im Wunderland mit Katastrophen und anderen Dingen. Die Frühschicht (3 Bahnfahrer und ein Carsystemfahrer) ist spätestens eine halbe Stunde vor Öffnung des Wunderlandes am Leitstand – wir teilen uns auf und jeder geht in einen Anlagenabschnitt, um vor Ort die Rechner zu starten. Dann kommt das Allerwichtigste: Erstmal müssen alle mit Kaffee versorgt werden. Sonst läuft hier gar nichts! Zurück am Leitstand wird dann die gesamte Anlage hochgefahren und die Züge und Autos werden auf die Strecke geschickt.

Ich sage immer: Züge sind wie kleine Kinder; morgens wollen sie nicht aus dem Bett und abends nicht wieder hinein! Es dauert morgens nämlich immer ein wenig, bis die Anlage gut läuft. Einige Züge fahren nicht los, weil sie vielleicht stromlos stehen oder abends nicht ordentlich eingeparkt wurden – dann muss man erstmal los laufen und sie anschubsen. Mit all diesen kleinen Baustellen hat man in der ersten Stunde immer gut zu tun. Beim zweiten Kaffee läuft es dann meistens besser und man kann sich den täglichen Störungen widmen. Die Software meldet uns zwar Kurzschlüsse und Züge, die nicht fahren, aber was und wo genau der Fehler nun ist, das muss man dann doch selbst herausfinden.

Aha, die Schmalspurbahn hat einen Kurzschluss – also mal schauen, was passiert ist. Ich schaue auf das Gleisbild und sehe, dass ein Zug nur zu weit in eine Weiche gefahren ist. Kein großes Problem, die Weiche am Rechner richtig schalten, Zug per Hand zurück fahren und schon geht es weiter. Dann ist ein Güterzug im Hamburg-Abschnitt verschwunden, wo ist er hin? Erstmal mit einer von unseren knapp 200 Kameras die Strecke absuchen - ich finde ihn nicht. Also ab in den Hamburgteil und vor Ort schauen. „Was macht eigentlich der ICE hier im Güterbereich?“, denke ich noch, als ich auch schon den vermissten Zug in vielen kleinen Teilen auf dem Fußboden finde! Wie konnte das passieren? Eine Weiche hatte nicht geschaltet und damit den ICE auf die falsche Strecke geleitet, wo er dann in einer Kurve den Güterzug getroffen und von der Anlage geschubst hat! Ich greife mir also eine von unseren Kisten, in denen wir die Züge transportieren, sammel alle Teile auf und dann ab damit in die Lokwerkstatt.

Zurück am Leitstand ist die Verstärkung eingetroffen, denn ab Mittag sitzen wir hier immer mit 5 Personen. Ein Gast fragt, wann das Schloss denn wieder brennt und bekommt die Info: „So in ca. 10 Minuten ist es dran.“ Schon kommt der nächste Gast und fragt: „Wann und wo ist die Aida zu sehen?“ Ich funke also den Schiffefahrer an, frage ihn und bekomme die Antwort, dass sie gerade unterwegs ist – also schicke ich den Gast in den Skandinavien-Abschnitt. „Wo stehen denn die Brückenpinkler?“, fragt der nächste und ich sage ihm, dass er in die Schweiz gehen muss – zur Brücke über der Treppe. Die nächste Frage:„Wo fährt denn der längste Zug?“ Ich schicke ihn nach Amerika, mit dem Hinweis, dass es ein Kohlezug ist. Aufgeregt kommt ein Gast und ruft: „Dahinten ist ein Zug entgleist!“ „Wo ist denn dahinten?“, bekommt er von uns zu hören. Er ist sich nicht sicher – „Irgendwo in der Schweiz“, meint er. Also gehe ich mit ihm zur Unglücksstelle und stelle dort fest, dass zwei Züge gleichzeitig über eine Weiche wollten. Das passt aber gar nicht und es verursacht auch noch einen Kurzschluss! Ich räume das Mini-Unglück schnell auf und melde dem Leitstand anschließend über Funk, dass sie den Strom wieder einschalten können. Nun ist alles wieder gut.

Auf dem Rückweg zum Leitstand bitte ich noch einen Vater, sein Kind nicht auf den Handlauf des Geländers zu stellen (ist zu gefährlich und schmutzige Schuhe gehören da ja sowieso nicht rauf). Nebenbei sehe ich, dass ein Zug an einer Stelle in Knuffingen steht, an der er nicht anhalten sollte. Ich frage über Funk nach, ob es dort ein Problem gibt? „Jawohl, ein Kurzschluss!“ Außerdem soll 'Thomas die Lokomotive' auf einer Weiche entgleist sein. Ein kurzer Blick und ich sehe den Übeltäter, natürlich wieder an einer Stelle, an die man nur ganz schlecht heran kommt. War ja klar! Also hole ich mir eine von den Stangen, die wir als Armverlängerung benutzen, und schiebe ihn damit ein Stück zurück. Ich habe Glück, er rutscht wieder richtig auf das Gleis, und es kann weiter gehen. Zurück am Leitstand erzählt mir ein kleines Mädchen, dass die Druckknopfaktion 'Wilde Maus' nicht funktioniert, der Wagen ist aus den Schienen gesprungen und liegt nun neben der Achterbahn. Skandal! Das muss natürlich sofort behoben werden, ich stelle den Wagen wieder auf und das Mädchen freut sich. Schon wieder jemanden glücklich gemacht!

Ein Mann fragt mich, ob der Metronom auch irgendwo fährt, aber ich muss ihm leider mitteilen, dass dieser sich gerade zur Reparatur in der Lokwerkstatt befindet. Dann fragt er nach einem bestimmten Loktyp – den kenne ich aber nicht. Das kann er überhaupt nicht verstehen, wir als Modellbahner müssen den doch kennen! Moment mal, wir sind doch keine Modellbahner!

Das Herzstück des Wunderlandes – der Leitstand

Die zur Steuerung der gesamten Anlage, also des Bahnbetriebes, des Carsystems und der Beleuchtung, erforderlichen Computer befanden sich in der Anfangsphase des Wunderlandes innerhalb des jeweiligen Anlagen-Abschnittes. Besonders bei starkem Besucherandrang war es jedoch schwierig, bei einer Betriebsstörung schnell einzugreifen. Erschwerend kam hinzu, dass es keinen Überblick über das betriebliche Geschehen auf der Anlage gab.

Nach langer Planung wurde daher ein zentraler Leitstand eingerichtet, von dem aus die gesamte Anlage gesteuert und überwacht wird. In vielerlei Hinsicht haben wir dafür technisches Neuland betreten, denn eine Überwachungszentrale für eine Modellbahn hat es bis dahin in der Form nicht gegeben.

Neben 41 Computerbildschirmen findet man hier noch 29 Videomonitore. An 8 Arbeitsplätzen haben die Bahnfahrer des Miniatur Wunderlandes direkten Zugriff auf alle Steuerungscomputer und Überwachungskameras Davon gibt es inzwischen übrigens 230 Stück – 15 davon sind sogenannte DOME-Kameras.

Neben seiner Bedeutung für die Anlage ist der Leitstand aber auch eine Attraktion für alle Wunderland-Besucher. Der bisher schönste Kommentar (in einem amerikanischen Modellbahnforum gepostet) lautete: „It looks like something from the NASA...“

„Modellbahn ist nicht unser Hobby“, erkläre ich ihm und habe damit wahrscheinlich gerade sein Weltbild zerstört! Sorry, aber es ist eine Tatsache, dass so gut wie keiner unserer Bahnfahrer privat etwas mit Eisenbahnen zu tun hat! Damit hatte er nicht gerechnet, lobt uns aber trotzdem für die tolle Anlage und will nun wissen, ob wir denn ein Krokodil kennen? Jawohl, das kennen wir und ich erzähle ihm, dass es sogar mehrere bei uns gibt. Vor allem in der Schweiz sollte er mal schauen und er macht sich sofort auf den Weg. Nun setze ich mich vor die Monitore und schaue die Gleisbilder durch, um zu sehen, ob alles in Ordnung ist. Sieht gerade ganz gut aus. Aber schon nach kurzer Zeit ist der Strom auf einer Strecke im Amerika-Abschnitt ausgefallen. Ich schaue mir das Gleisbild genauer an, und über eine der Kameras kann ich die Wagen sehen, die für den Kurzschluss verantwortlich sind – selbstverständlich stehen sie in einem Schattenbahnhof, und dafür muss man unter die Anlage. Alles andere wäre ja auch zu einfach! Also ab hinter den Amerika-Abschnitt, runter auf den Rollwagen und mit Schwung unter die Anlage gerollt. Aua! Einmal kurz nicht aufgepasst und schon ist man mit dem Schienbein gegen einen Metallpfosten gerasselt. Schön, wenn der Schmerz nachlässt!

Aber was soll's, ich hatte ja noch eine Mission: die Wagen wieder aufzugleisen. Gesagt, getan: ein Wagen war das Problem – die Kupplung ist kaputt und er muss in die Werkstatt. Nun fährt in Amerika wieder alles. Ich rolle also (diesmal mit mehr Vorsicht) wieder unter der Anlage heraus und bin gefangen. Führungen 'Hinter die Kulissen' und davon gleich zwei Stück, eine vor mir und eine hinter mir. Nun heißt es also, mit Geduld abzuwarten, bis die vordere Führung fertig ist, dann den Teilnehmern aus dem Servicegang hinausfolgen und schnell wieder zurück zum Leitstand. Hier höre ich dann, dass mal wieder ein Gast den 'brennenden LKW' vom Carsystem in Knuffingen zum Leitstand gebracht hat, um ihn zu retten. Jaja, das Brandflackern sieht einfach zu realistisch aus – und dabei kommt doch immer gleich die Feuerwehr wenn er brennt. Eine Dame hat unsere Unterhaltung mit angehört und möchte nun wissen, wie das mit den Autos so funktioniert. Standardantwort von uns: „Danke, gut!“ Sie bekommt dann aber natürlich auch die richtige Erklärung dazu. Plötzlich sehe ich auf unseren Monitoren, dass auf einer Strecke in Skandinavien ein Stau entstanden ist, weil ein Zug nicht mehr fährt. Alle Versuche, den Zug vom Leitstand aus wieder zum Fahren zu bringen scheitern. Also mache ich mich auf den Weg nach Skandinavien. Der Zug steht auf der Rückseite der Anlage in einer Kurve, die unter die Berge führt, und hat sich da auf die Seite gelegt. Anscheinend, weil ein entgleister Wagen an einem Baum hängen geblieben ist. Es ist einer der längsten Züge in Skandinavien und hat ja auch 'nur' 52 Wagen, die nun alle wieder aufgestellt werden müssen! Toll! Natürlich wird es auch gerade wieder Nacht in der Anlage, und ich habe meine Taschenlampe am Leitstand vergessen – das macht ja wieder Spaß hier!

Aber nach einer gefühlten Stunde (in Wirklichkeit waren es nur 10 Minuten) sind alle Wagen wieder auf der Anlage und die Fahrt kann weiter gehen. Bevor ich mich auf den Rückweg machen kann, sagt der Leitstand mir über Funk, dass in einem Schattenbahnhof in meiner Nähe ein Zug nicht losfahren will und ich gehe mal schauen. Es sind heute wieder ziemlich viele Gäste hier und ich drängle mich durch die Massen, um an die Anlage zu kommen. Mit einem freundlichen: „Darf ich da bitte mal ran“, versuche ich an die Anlage zu kommen und bekomme als Antwort: „Ich hab hier auch bezahlt, um etwas zu sehen!“ „Und ich werde hier bezahlt, damit Sie etwas zu sehen bekommen!“, erwidere ich. Nach einem kurzen Blick bin ich nun als Mitarbeiterin erkannt worden und man lässt mich sofort an den Schattenbahnhof. Die Lok, die dort nicht losfahren will, macht keinen Mucks mehr und stinkt zum Himmel. Da ist der Decoder abgeraucht, sie muss also in die Werkstatt. Wieder zurück am Leitstand, ist erst mal alles ruhig und man kann eine Runde mit den anderen Bahnfahrern quatschen.

Nebenbei habe ich natürlich immer ein Auge auf die Gleisbilder, um eventuelle Fehler zu sehen. Später gehe ich in die Lokwerkstatt und schaue, was man denn so an reparierten Loks wieder auf die Strecke bringen kann. Ich nehme mir zwei Schmalspurloks und gehe in die Schweiz, um die beiden dort wieder aufzustellen. Dabei komme ich am Loklift vorbei, sehe, dass ein Zug zu weit gefahren ist und damit den Nothalt des Lokliftes ausgelöst hat. Ich öffne die gesicherte Scheibe und schiebe den Zug zurück, anschließend aktiviere ich den Lift manuell, und schon ist er wieder in Betrieb. Die zwei Schmalspurloks sind auch schnell aufgestellt und somit sind wieder zwei Züge mehr unterwegs. Auf dem Weg zum Leitstand sehe ich einen Gast, der ausführlich die Berge betastet. Also erkläre ich ihm, dass so etwas der Anlage schadet und Kinder seinem Beispiel folgen könnten – das wäre doch nicht so schön. Er ist einsichtig und verspricht, es nicht wieder zu tun. Als ich am Leitstand ankomme, ist die Spätschicht schon da und ich kann Feierabend machen. Puh, das langt aber auch für heute – war ganz schön was los in den letzten 6 Stunden. Am Leitstand ist man einfach alles: Bahnfahrer, Polizist, Informant, Seelsorger, Erklär-Bär usw. Ich verabschiede mich von den anderen Bahnfahrern, und beim Rausgehen höre ich noch wie jemand sagt: „Oh, guck mal, die spielen hier den ganzen Tag.“

Bolle und Ernst – Im Fußballrausch des Wunderlandes

Text *Lars Rösenberg, Jens Körner, Miniatur Wunderland*
Bilder *Miniatur Wunderland*

Eigentlich war es mal eine schräge Idee: Kurzfilme im Maßstab 1:87. Winzige Kunststofffiguren bei ihren Abenteuern in der Welt des Miniatur Wunderlandes. Wie klein ein solches Filmset dann wirklich ist und was es für Schwierigkeiten vor einer Kamera mit sich bringt, war gänzlich unterschätzt.

Schon zur WM 2006 und EM 2008 hatte das Wunderland mit Eventflächen auf der Anlage, kleinen Mini-Fanmeilen mit LaOla-Wellen, Mini-Leinwänden mit Live-Übertragung der Spiele, der Besteigung des Matterhorns mit Deutschland Trikot und anderen Sonderaktionen medial auf sich aufmerksam gemacht. Kurz vor der WM, Mitte des Jahres 2010 erschuf eine verrückte Gruppe zwei Plastik-Kameraden die eine Verbindung herstellen sollten zwischen dem WM-Fieber und dem Wunderland, gleichzeitig humoristischer Gegenpol, aber auch Ergänzung zur WM-Berichterstattung. Anzusehen im Internet. Zwei schräge männliche Passivfußballer mit ebensolchen Eigenarten. Die Charaktere Bolle und Ernst.
Um die Filme, die meist im Abstand von wenigen Tagen entstanden, schnell online zu bringen, hatten die Team- Mitglieder alle Hände voll zu tun. Schließlich sollten die einzelnen Folgen der Serie einen tagesaktuellen Hintergrund haben. Bis zu sieben Kollegen saßen morgens kurz zusammen, feuerten sich Ideen um die Ohren, sprachen über die Spiele vom Vortag.

Danach zogen wir beide uns zurück und schrieben ein neues Mini-Drehbuch zusammen. Sönke Freitag war währenddessen schon dabei, die Miniatur-Requisiten zusammen zutragen, Gebäudekomplexe oder einzelne Zimmer auszubauen. So erschuf er in Nullkommanix einen Torwart mit Riesenhänden, einen im Wasser versenkbaren niederländischen Fußballplatz, einen spanischen Torero und vieles mehr. Mit Spezialeffekten half uns Stefan Dombrowski. Er brachte ein 87mal verkleinertes Grill- Schwein dazu, sich auf einem zweckentfremdeten Müllcontainer in der Glut zu drehen.

Angefangen bei den eigentlich starren Figuren, denen Sönke versuchte, die wichtigsten Gliedmaßen beweglich umzugestalten, kämpften wir anschließend damit, vor der Kamera den Figuren das Äußerste abzuverlangen. Wie sehr ein abgefallener Arm oder Kopf ein Miniaturfilmset in allen Positionen zerstört, war zum Haare raufen. Mit Pinzetten versuchten wir immer wieder Herr der Lage zu werden. Friedel Meyer schnitt währenddessen schon die ersten Szenen des fertigen Produktes. Und schnitt und verzweifelte und schnitt weiter und verzweifelte erneut. Ein Computerabsturz und das Chaos war perfekt. Die Regie und die Aufgabe, sämtliche Aufnahmen, Vertonung, Nachvertonung, Nachfilmen bis zum geplanten Veröffentlichungstermin – vor 3 Stunden – noch zu organisieren, ließ uns in dieser Zeit merklich altern.

Bolle | Bürgerlich heisst 'Bolle' Jürgen Bohlens. Er steht ordentlich unter dem Pantoffel seiner Frau Heike. Meist hat er gute Ansätze, leider äußert er sie nicht. Von Fußball versteht er eine Menge, ist aber mit wirren Ideen wunderbar beeinflussbar.

Ernst | Er ist für die sinnbefreiten Äußerungen zuständig und heisst mit richtigem Namen Dieter Petersen (warum wusste hier niemand). Er verfügt über nichts weiter als gefährliches Halbwissen, was ihn dennoch nicht behindert. Besondere Merkmale: Ernst hat einen drei Jahre älteren Zwillingsbruder und mit seinen 45 Jahren sieht er aus wie 44.

Doch mit den Stimmen von Hans-Werner Dahlheim alias Ernst und Jens Körner alias Bolle wurde die Vertonung immer mehr zum amüsanten gemeinsamen Rollenspiel. Den Höhepunkt erreichten wir, als die ARD einzelne Szenen einer Folge in ihrer Vorberichterstattung ausstrahlte. Uns blieb das schöne Gefühl, ein wenig mitgehalten zu haben bei der Weltmeisterschaft 2010. Über 11 Folgen erheiterten die Mini-Stars die Zuschauer, die mitfiebern konnten bei allerhand Skandalträchtigem rund ums Fußballgeschehen.

Von den gekauften koreanischen Fans, dem sportlichen Spiel-Kartenhagel oder den dominierenden Vuvuzelas, bis hin zu Maradona und der beheizten Klobrille. Nur Bolle und Ernst mussten fliehen, als ihnen schlussendlich Bolles Frau Heike auf die Schliche kam.

Wer die Geschichten noch einmal sehen möchte: Es gibt sie noch unter: *www.bolle-und-ernst.de*

2011

Bild *Miniatur Wunderland*

11.01.2011

Das erste Knopfdrucktableau wird im Flughafen-Abschnitt eingebaut

16.02.2011

Das Miniatur Wunderland begrüßt den 1.000.000sten Hamburger Besucher

3.03.2011

Die Verkleidung der Tarnung am Knuffingen Airport ist fertig

10.03.2011

Die Horizont-Wandmalereien beginnen

4.05.2011

Der Flughafen-Abschnitt wird eröffnet

4.05.2011

Jungfernflug des Thai Airways A380

16.08.2011

10. Geburtstag des Miniatur Wunderlandes

30.11.2011

Internationaler Launch des MiWuLa-Youtube-Videos

AIR SYS

Flughafen/Bayern

8. Abschnitt
Eröffnung 05/2011, ca. 150 qm
ca. 130.000 Arbeitsstunden

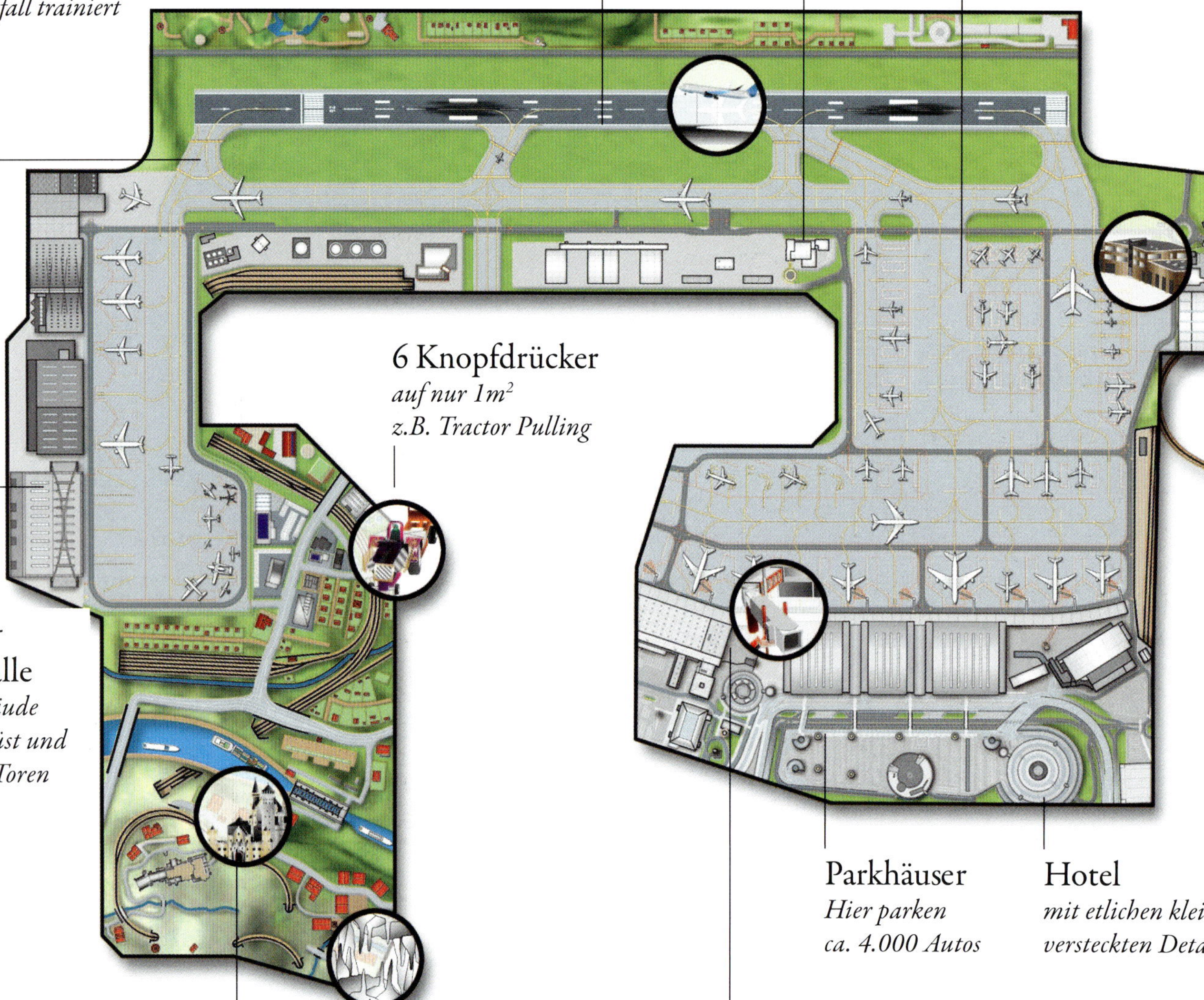

Feuerwehr-Löschübung
hier wird der Ernstfall trainiert

Start- und Landebahn
ausgestattet mit 3.000 LEDs
ca. 100 Starts und Landungen pro Tag

Tower
mit 32 beleuchteten Radarmonitoren

Rollfeld/Vorfeld
Stellplätze für bis zu 40 Flugzeuge

6 Knopfdrücker
auf nur 1m²
z.B. Tractor Pulling

Lufthansa-Technikhalle
einziges Gebäude mit Stahlgerüst und beweglichen Toren

Parkhäuser
Hier parken ca. 4.000 Autos

Hotel
mit etlichen kleinen versteckten Details

Schloss Neuschwanstein
Maßstab 1:120
ca. 2.600 Einzelteile

Tropfsteinhöhlen
in vielen hundert Arbeitsstunden in Gips modelliert

Terminals
mit kompletter Innenausstattung, im Untergrund: großer Bahnhof des Knuffingen Airport

Im Straßengeschehen darf eine Großbaustelle natürlich nicht fehlen.

Ob dieses beladene Fahrzeug wohl heil die Parkhausrampen hinunter kommt?

Keep smiling!

Flughafen/Bayern

Knuffingen Airport

„Nicht der Weg ist das Ziel, sondern das Ziel ist das Ziel!" So sagte es Gerrit zumindest einmal über den Bauabschnitt Knuffingen Airport. Nach einer Unmenge neuer Herausforderungen und einer Rekordbauzeit von 5 Jahren, kann man diese Aussage sehr gut nachvollziehen. Etwas Derartiges hatte es noch nie gegeben: jegliches Zubehör, technische Elemente und außergewöhnliche Neuerungen – alles musste von uns konstruiert werden. Nicht nur realistische Starts und Landungen sollten hier die Besucher verzaubern, es war ein langjähriger Traum, den täglichen Betrieb eines großen Verkehrsflughafens für Laien und Profis eindrucksvoll simulieren zu können.

Im Gegensatz zu den bisherigen Anlagenabschnitten musste bei dem Flughafen im Miniaturformat weit mehr Technik in den Unterbau integriert werden: die Technik für die Pushback-Fahrzeuge, die Fluggastbrücken, die Eisenbahn und nicht zu vergessen die gesamte Steuerungstechnik für Flugzeuge und Bodenpersonal. All das musste vor dem Baubeginn geplant und in der Unterkonstruktion beachtet werden.

Die Idee zum Bau eines Flughafens im Miniatur Wunderland bestand seit 2003. Die ersten Tests mit Flugzeugen fanden dazu bereits im Jahr 2004 statt. Doch zu dieser Zeit gab es im Bezug auf die Technik noch andere Ansätze, so sollten z.B. ein Rad in der Mitte des Flugzeuges für den Antrieb sorgen und die Flugzeuge über eine Rampe starten und landen. Ein Flugzeug landet aber nicht mit der Nase nach unten, sondern leicht nach oben gerichtet. Andere Lösungen mussten gefunden werden!

8. Bauabschnitt: Flughafen/Bayern

Bauphase	ca. 6 Jahre und 9 Monate (Juli 2004 - Mai 2011)
Modellfläche	ca. 150 qm
Arbeitsstunden	ca. 150.000 Stunden
Gleislänge	1.000 Meter
Züge	40
Waggons	600
Signale	70
Weichen	150
Computer	6
Lichter (LED)	ca. 40.000
Gebäude	75
Figuren	15.000
Autos	4.500, davon 4.000 in den Parkhäusern
Bäume	6.000
Kosten	3.500.000 €

In diesem Servicegebäude werden die Enteiserfahrzeuge gewartet.

Eine Boeing 757-300 und eine Boeing 737-300 warten in ihrer Parkposition.

Bei Nacht wirkt das beleuchtete Kerosinlager besonders schön.

Der Treibstoff wird aus den ankommenden Zügen über Rohranschlüsse direkt in die vier Tanks des Kerosinlagers gepumpt und zwischengelagert. Die Tanklastzüge holen sich dann den Treibstoff aus den Tanks und fahren ihn direkt zu den Flugzeugen auf das Rollfeld.

Hier sieht man einen standardisierten Übungseinsatz der Flughafenfeuerwehr.

Die Start- und Landebahn

Im Jahr 2007 wurde damit begonnen, eine 18m lange Aluminiumkonstruktion aufzustellen, die Unterkonstruktion der heutigen Start- und Landebahn. Auf der gesamten Länge des Gestells fährt ein rollengelagerter Schlitten hin und her, dessen Herzstück zwei Linearantriebe bilden und über den zwei Metallstangen unabhängig voneinander hoch und runter fahren. Auf diesen Metallstangen sollten später die Flugzeuge stecken. Bei einem Start fassen die beiden Stangen von unten in das Flugzeug und durch Beschleunigung des Schlittens und das gleichzeitige Heben oder Senken der Stangen, wird der Start oder die Landung simuliert. Diese Konstruktion wird seitdem Katapult genannt.

Sobald das Flugzeug nach dem Start hinter einem Sichtschutz und damit für den Zuschauer verschwunden ist, wird es auf sehr kurzer Strecke abgebremst und in dem so genannten Schattenbereich abgesetzt. Bei einer Landung hingegen wird es im nicht sichtbaren Bereich der Anlage von den Stangen angehoben, beschleunigt und taucht dann zur Landung auf. Ist diese erfolgt, so ziehen sich die Stangen aus dem Flugzeug heraus und es fährt aus eigener Kraft in Richtung Rollfeld.

Schlitzschließer

Der Schlitten des Katapultes brachte allerdings ein neues Problem mit sich: Für Flug- und Fahrzeuge bestand an dem verhältnismäßig breiten Schlitz, durch den die Metallstangen in der Startbahn geführt werden, die Gefahr des Steckenbleibens oder Entgleisens. Die Lösung lag nahe – war aber leider technisch sehr kompliziert! Hierbei handelt es sich um Klappen, die entlang des Schlitzes in der Start- und Landebahn montiert wurden und ihn geschlossen halten. Wenn nun der Schlitten vorbei kommt, öffnet er die Klappen kurz vorher mechanisch, fährt mit den Stangen vorbei und schließt sie gleich wieder. Mit einem Wort gesagt: Schlitzschließer. Diese Schlitzschließer wurden präzise justiert, damit Fahr- und Flugzeuge beim Überqueren nicht mehr entgleisen können.

Das Rollfeld

Nach dem Aufstellen des Anlagentisches und Verkleiden des Katapultes wurden die Bodenplatten für das Rollfeld angebracht und mit den ersten Feinarbeiten begonnen. Das sorgfältige Verspachteln und Abschleifen der Plattenübergänge war immens wichtig und dauerte seine Zeit. Anschließend erfolgte das Einsetzen der Weichen, Stoppstellen und Rückmelder, die zur Steuerung notwendig sind. Da auf dem gesamten Flughafen Fahrzeuge und Flugzeuge unterwegs sein sollten, war nun die Verlegung der Fahrspuren (Magnetbänder) an der Reihe. Diese wurden so in den Rollfeldboden eingefasst, dass auch hier keine Unebenheiten entstanden.

Auf gerader Strecke kam man mit den Magnetbändern noch recht gut voran, doch bei all den großen und kleinen Kurven, Kreuzungen und Abzweigungen war viel Puzzle-Arbeit angesagt. Die Magnetbänder durften sich nicht gegenseitig abstoßen, da ansonsten das Flugzeug entgleisen würde, und gleichzeitig brauchten die unterschiedlichen Flugzeugtypen teilweise eigene Wendekreise. So waren bedingt durch Größe und Radabstand viele spezielle Fahrstraßen nötig.

Eine besonders imposante Maschine ist der zum Start bereite A380 der Thai-Airways.

In der Abfertigung befinden sich ein A319-100 und der A321 im Lufthansa Retrodesign. Im Hintergrund wartet eine Boeing 777-300 von KLM.

Die roten und gelben Linien sind die Mittellinienmarkierungen der Taxiways; die weiße Nummer in dem blauen Kasten bezeichnet die jeweilige Parkposition.

Abnutzungsspuren

Bevor man mit der Beleuchtung des Rollfeldes begann, musste es erst einmal Abnutzungsspuren erhalten, so wie man sie auf dem großen Original vorfindet. Um Spuren von dem Abrieb der Reifen nachzubilden, wurde mit einem Farb-Wassergemisch nachgeholfen. Nachdem der erste Auftrag getrocknet war, wurde der Vorgang so lange wiederholt, bis das Rollfeld 'natürlich' dreckig und benutzt aussah.

Eine Aeroflot Tupolev bei ihrem Flug über Knuffingen.

Beleuchtung des Rollfeldes

Um anschließend mit der Befeuerung des Rollfeldes und der Startbahn anzufangen, mussten sämtliche vorab gebohrten Löcher für die LEDs erst einmal wieder freigelegt werden, da sie durch den 'Schmutzanstrich' und die Aufbringung der Fahrbahnmarkierungen verstopft oder überdeckt waren. Als erstes wurden die Stoppstellen integriert. Hierbei handelt es sich um 5 mm große Infrarot-LEDs, die als Signalgeber der Steuerung der Flugzeuge dienen. Für die Befeuerung wurden 3 mm große LEDs in den unterschiedlichsten Farben, wie z.B. orange oder grün verbaut. Diese mussten absolut präzise und eben in die Fahrbahn integriert werden, damit kein Fahr- oder Flugzeug daran hängen bleibt. Auf dem Flughafen wurden nur für die Befeuerung der Startbahn über 1.500 LEDs verbaut. Insgesamt sind ca. 2.500 Lampen auf Startbahn und Taxiways zu finden.

Die UPS-Frachtmaschine benötigt ein extra flaches Pushback-Fahrzeug. Im Hintergrund sieht man das Stromaggregat, welches die Flugzeuge in ihrer Parkposition extern mit Strom versorgt.

Ausdehnungen zwischen Aluminium und Holz

Im laufenden Testbetrieb mussten wir eine weitere Feststellung machen: das 18 m lange Katapult durfte möglichst nicht direkt mit dem Rest der Flughafenanlage verbunden sein. Zum einen aufgrund der entstehenden Vibrationen im Betrieb und zum anderen, weil es sich hier um ein Aluminiumgestell handelt, das sich im Bezug auf die Ausdehnungen völlig anders verhält als das Holzplattengestell der restlichen Anlage. Im ersten Lösungsversuch erstellten wir einen 4 mm breiten Schnitt zwischen Anlage und Katapult, füllten diesen mit Schaumstoff und legten lediglich eine Folie darüber. Durch diese Konstruktion konnte eine Ausdehnung problemlos stattfinden. Es dauerte allerdings keine drei Tage, da hatte die Folie bereits eine Welle geworfen und aus den 4 mm waren 3,5 mm geworden. Mittlerweile haben wir einen speziellen Keil angefertigt, der als Verbindung beweglich in der Anlage liegt. Wenn sich nun die Anlagenteile etwas senken oder heben, gleicht dieser Holzkeil die Verzerrungen aus.

Einer von insgesamt drei Radartürmen, die für die Überwachung des gesamten Knuffinger Luftraumes, des direkten Flughafen Luftraumes, aller Bodenbewegungen und des Wetters zuständig sind.

Eine kleine Privatmaschine fährt aus dem Geschäftsfliegerterminal heraus.

Auf dem Flugfeld herrscht reger Betrieb. Rechts im Bild sieht man die Servicestation mit der Flotte der Enteiserfahrzeuge.

Die MD-11 der UPS wartet vor einem Hangar

Ein Gepäckförderbandwagen an der wartenden Maschine

Windbrecher schützen vor Luftverwirbelungen

Von vorne nach hinten: A330, A380, 757, 747

Eine MD11 bei der Betankung

Die Flugzeuge

Im April 2009 waren wir endlich mit dem Bau des ersten 'richtigen' Flugzeuges fertig. Der Airbus A319 von 'Hamburg International' war lackiert und mit der kompletten Technik ausgestattet. Dazu gehören vor allem die Bauteile für die Infrarot Sende- und Empfangstechnik. Diese ist notwendig zur Steuerung des Flugzeuges auf der Anlage und zur genauen Positionierung auf dem Katapult.

Eines der größten Probleme war es, das Flugzeug auf dem Carsystem zu bewegen. Über das Bugrad musste jeder Flieger aus eigener Kraft fahren und sich am Magnetband festhalten können. Lange wurde daran getüftelt, denn der Motor sitzt im hohen Flugzeugrumpf und treibt das Bugrad über eine Spindel an. Das Ganze musste natürlich auch drehbar sein.

Kugellager befinden sich in den Rädern der Heckfahrwerke. Die Heckfahrwerke sind sowohl in der Höhe als auch im Drehwinkel einstellbar. So können sie z.B. nach einem Unfall gerichtet werden, damit die Maschine wieder geradeaus fährt. Ein wichtiger Punkt ist auch das unauffällige Hineinfahren der Stangen in das Flugzeug. Hierzu dienen die trichterförmigen Aufnahmen an der Unterseite des Flugzeuges. So wird unnötiges Ruckeln oder ein vorab Anheben vermieden, da der Zuschauer es als störend bemerken würde.

Die Beleuchtung jedes Flugzeuges (Taxiway-Beleuchtung, Runway-Turnoff-Beleuchtung, etc.) ist voll funktionsfähig, dafür sorgen zahlreiche LEDs. Sie sind im Rumpf, Heck und an den Tragflächen eingebaut. Viele weitere sind für die Cockpit- und restliche Kabinenbeleuchtung zuständig. Für eine authentische Akustik ist in jedes Flugzeug ein kleiner Lautsprecher integriert, der von einem externen Soundsystem unterstützt wird. Dadurch sind bei allen Flugzeugen die Beschleunigung, ein Abbremsen, aber auch das An- oder Ausschalten der Triebwerke sowie der Beginn der Startphase oder des Landeanfluges zu hören.

Das zweite fertige Flugzeug war ein A330-300, der mit 640 mm fast doppelt so lang ist wie unser erstes Flugzeug, der A319. Sowohl die Fahrwerke als auch die Platinen für die Steuerung wurden immer weiter optimiert. So sind mittlerweile alle elektronischen Komponenten auf nur einer kompakten Hauptplatine integriert. Insgesamt sind bei uns knapp 40 Flugzeuge der unterschiedlichsten Typen anzutreffen.

Ein A320 beim Start

Eine A319-100 von Hamburg International

Die Aeroflot Tupolev TU 154

Das Abwasserfahrzeug fährt den A380 an

Die Bundespolizei fährt parallel zur A340-600

Boeing 737-800 von Air Berlin auf dem Rollfeld

Schattenparkplatz und Ladestation

Wurde ein Flugzeug am Ende des Schlittens von den Stangen heruntergesetzt, folgt es seinem vorgegebenen Weg auf einen Lift am Ende der Anlage und wird dort auf eine der drei, unter der Anlage befindlichen, verschiedenen Ebenen gefahren:

a) Ladestation / b) Schattenparkplatz 1 / c) Schattenparkplatz 2

Die beiden Schattenparkplätze sind in entgegengesetzte Richtungen ausgelegt. So besteht auch die Möglichkeit in verschiedene Richtungen zu starten bzw. zu landen.

Alle Flugzeuge haben eigene Akkus und müssen wieder aufgeladen werden. Ursprünglich bestand die Idee, die Flugzeuge manuell zu laden, inzwischen haben wir aber eine automatische Ladestation entwickelt: Über den Lift fährt das Flugzeug in die Ladeebene und wird einer von 11 Ladepositionen zugewiesen. Dort angekommen, fahren zwei Kontaktstangen in das Flugzeug hinein, die durch Schrittmotoren gesteuert sind und heben das Flugzeug leicht an. Die trichterförmigen Aufnahmen im Flugzeug sind mit den Akkus verkabelt. Sein Eigengewicht presst es an die Ladestäbe und gewährleistet damit die Kontaktsicherheit während der Ladung. Nun wird es mit bis zu 3 Ampere aufgeladen. Anschließend wird der Flieger wieder abgesenkt und auf die Spur gesetzt. Nach dem Herausziehen der Stangen ist das Flugzeug wieder einsatzbereit.

Der A320 im Design der 'Ärzte ohne Grenzen' in der Ladestation des Flughafens.

Die Erfolgsformel 'Braun'

Text *Michael Eggenschwiler, Vorsitzender der Geschäftsführung des Hamburg Airport*
Bilder *Hamburg Airport, Miniatur Wunderland*

Frederik und Gerrit Braun haben das Miniatur Wunderland mit Phantasie, Leidenschaft und unternehmerischem Fingerspitzengefühl zu einem beeindruckenden Erfolg geführt. Mit ihrer originellen Geschäftsidee, die größte Modelleisenbahn der Welt zu bauen, haben sie uns allen bewiesen, dass es sich als Unternehmer lohnt, auch unkonventionelle, innovative Konzepte zu realisieren. Als Schweizer freut es mich besonders, dass die Gründeridee im Juli 2000 in einem Modellbahnshop in der Zürcher Innenstadt geboren wurde. Wo sonst? Die Schweiz ist als traditionelle Eisenbahnnation bekannt und stolz auf die Vielfalt ihrer pünktlichen Eisenbahnen. Dass die Gebrüder Braun die Schweiz en miniature im Maßstab 1:87 im Jahr 2007 nach Hamburg geholt haben, begeistert mich. Der atemberaubende Blick auf das traumhafte Bergmassiv weckt bei einem passionierten Skifahrer wie mir Heimatgefühle. Details, wie die Schokoladenfabrik mit echtem Schokoladenauswurf, wecken die Suche nach weiteren versteckten Details. Bei der feierlichen Eröffnung hatten wir alle den Eindruck, die Alpen seien umgezogen. Der Schweizer Botschafter Dr. Christian Blickenstorfer sagte mir damals stolz, er sei wohl der erste Schweizer Botschafter, der sein eigenes Land eröffnen dürfe.

Doch nicht zuletzt die Schweiz zählt zu einem meiner Lieblingsabschnitte im Miniatur Wunderland. Meine Bewunderung gilt selbstverständlich auch 'Knuffingen Airport', dem neuesten Schmuckstück. Frederik und Gerrit Braun und ihr Team sind geniale Tüftler, die mit unermüdlicher Liebe zum Detail diese neue Attraktion erschaffen haben. Chapeau! Ihnen ist eine eindrucksvolle Hommage an unseren Hamburg Airport gelungen. Was sie in Anlehnung an die Originalbaupläne von Hamburg Airport gezaubert haben, ist fantastisch. Knuffingen Airport ist auf über 100 Quadratmetern die perfektionistische Nachbildung unserer zwei hochmodernen Terminals und der Airport Plaza bis hin zur Markierung und Beschilderung. Unglaubliches tut sich auf den Pisten von Knuffingen Airport: Ein Zeppelin schwebt durch die Luft, landende und startende Flugzeuge, wie eine knatternde Junkers F13, eine Boeing 707 oder schließlich auch der Gigant der Lüfte, ein A380, lassen Jung und Alt die Faszination Fliegen hautnah erleben. Es war für uns alle eine Ehre, die Auftaktpresseveranstaltung anlässlich des 100-jährigen Jubiläums von Hamburg Airport in dieser einmaligen Atmosphäre zu begehen. Mir persönlich hat es der A350 in Hamburg Airport-Bemalung angetan – das Jubiläumsgeschenk des Miniatur Wunderlandes an den Hamburg Airport –, der bereits jetzt schon ab Knuffingen startet. Damit haben Sie uns ein tolles Jubiläumsgeschenk gemacht.

Gerrit Braun und Michael Eggenschwiler setzen feierlich den ersten 'Hamburg Airport-Flieger' auf die Anlage.

Zur 10-jährigen Erfolgsgeschichte gratuliere ich dem Miniatur Wunderland herzlich. Frederik und Gerrit Braun machen sich mit ihrem Unternehmen musterhaft um Hamburg verdient und bereichern die Hansestadt um eine besondere Sehenswürdigkeit. Die Erfolgsformel 'Braun' ist vorbildhaft und unsere Führungskräfte am Hamburg Airport durften im Erfahrungsaustausch während eines Workshops im Miniatur Wunderland davon lernen. Mögen Sie weiterhin mit so viel Herzblut ihre unternehmerische Vision verfolgen und zu neuen Gipfeln stürmen. Die Gabe, andere Menschen zu faszinieren, ist ein Geschenk, das Sie sich zum 10-jährigen Geburtstag des Miniatur Wunderlandes bereits selbst gemacht haben. Mir wird es stets eine Freude sein, das Miniatur Wunderland als Hamburg-Highlight weiter zu empfehlen.

Bei der 3-strahligen McDonnell DC10 handelt es sich um eine fliegende Augenklinik, die mit einem kompletten Operationssaal ausgestattet ist.

Das Pushback-Fahrzeug hat die Boeing 777 der KLM in ihre Parkposition gebracht.

Neue technische Möglichkeiten

Die neuen Fahrzeuge am Knuffingen Airport sind mit Sensoren ausgestattet, über die alle Daten per Infrarot übertragen werden. Dadurch ist ein dynamischeres Fahren möglich und es können Lampen, Blinker und Fahrstufen während der Fahrt geschaltet werden. Außerdem ermöglicht die Infrarot-Technik das Fahren mit wesentlich kürzerem Abstand zu anderen Fahrzeugen.

Der Bau der Carsystem-Fahrzeuge auf dem Airport verlangte dem Team oft ganz besondere Herausforderungen ab. In immer kleinere Fahrzeuge immer mehr Technik zu bekommen, gelang nur mit vielen mühseligen Modifikationen. Des Weiteren mussten alle Komponenten austauschbar gebaut werden, um bei Reparaturen Zeit zu sparen.

Es sind unter anderem noch folgende Fahrzeuge auf dem Flughafen zu finden: Innenreinigungsfahrzeuge, Enteiser, Abwassertanklaster, Catering-Fahrzeuge, Müllwagen, Gepäckwagen, Betankungsfahrzeuge, Flughafenbusse (für die Passagiere), Crew-Busse und Schneefräsen. Die Flughafenfeuerwehr und ihre Einsätze sind dabei wieder ein ganz besonderes Highlight.

Doch die gelb-schwarzen Follow-me-Fahrzeuge, die normalerweise auf dem Rollfeld vor den Flugzeugen her fahren und ihnen den Weg zeigen, gibt es in dieser Form auf dem Knuffinger Flughafen nicht. Je winziger die Technik, desto schwieriger wird es, zwei auf gleicher Strecke hintereinander her fahrende Fahrzeuge miteinander zu synchronisieren. Sogar baugleiche Motoren haben hier bereits unterschiedliche Laufeigenschaften. Aus diesem Grund haben wir ein Flugzeugleitsystem entwickelt, das über die Linienmarkierungen funktioniert und dem Piloten darüber den Weg weist. In der Realität werden mittlerweile auf dem Londoner und dem Münchener Flughafen ähnliche Systeme eingesetzt – unsere Idee ist also nicht mehr ganz so abwegig.

Pushback-Fahrzeuge

Ein weiteres wichtiges Detail des Rollfeldes sind natürlich die 'Pushback-Fahrzeuge'. Sie benötigen einen absolut ebenen Untergrund, damit sie das Bugrad der Flugzeuge sauber führen können. Ansonsten besteht die Gefahr einer Entgleisung, das Flugzeug wäre außer Kontrolle und beschädigt womöglich andere Flug- oder Fahrzeuge.

Die 14 Pushback-Fahrzeuge werden durch, unter der Anlagenfläche liegende, Linearantriebe bewegt. Weit über 30 Einzelteile sind pro Antrieb nötig. Jedes Fahrzeug sitzt auf einer Steckleiste, die in einen Transportschlitten integriert ist. Von ihr wird das Pushback-Fahrzeug über die Fläche bewegt und gleichzeitig auch mit Strom versorgt. Dieser wird sowohl für die Fahrzeugbeleuchtung, als auch für die innen liegende Sensorik benötigt. Sie signalisiert die genaue Position des eingefahrenen Bugrades.

Lichttechnik und Spielerei

Im Beleuchtungsbereich hat sich das Team etliche Neuerungen einfallen lassen. So wurden z.B. zwischen den Terminals und den unterirdischen Bahnsteigen funktionierende Fahrstühle installiert. Rolltreppen, Lichtsäulen und Hintergrundbeleuchtung schaffen eine besondere optische Atmosphäre. Hunderte RGB-LEDs sind hier eingebaut worden und führen zu einem außergewöhnlichen Lichtspektakel im Bahnhof Knuffingen Airport.

Winzige elektronische Anzeigetafeln (sogenannte organische LED-Displays) geben den kleinen Reisenden bereits auf den Bahnsteigen wichtige Informationen über die Ankunfts- und Abflugzeiten in den jeweiligen Terminals.

Funktionierende Fahrstühle bringen die Passagiere zum unterirdischen Bahnsteig.

Hunderte RGB-LEDs sorgen für eine beeindruckende Beleuchtung.

Die Lichtsäulen schaffen eine besondere Atmosphäre.

Winzige Anzeigetafeln geben Auskunft über Ankunfts- und Abflugzeiten.

Die Züge verkehren regelmäßig zwischen Knuffingen und dem Airport.

Am Fahrkartenautomat erhält man die nötigen Bahntickets.

Die ersten Lichtmasten für die Vorfeldbeleuchtung sind bereits aufgestellt.

Ein Beispiel hierfür ist das Löschfahrzeug 'Simba 8x8'

Der A350 wird von einem Fäkalienfahrzeug sowie Gepäckwagen angefahren.

Die Beleuchtungsprofis aus dem Wunderland

Text *Sascha Bechmann, Marcel Bartonek, Modelltechnik, Miniatur Wunderland*
Bilder *Miniatur Wunderland*

Wir beginnen unseren Arbeitstag morgens zwischen 7 und 8 Uhr. Neben der Anfertigung von Speziallampen, Fahrzeugbeleuchtungen und Ausstattung der Flugzeuge mit Elektronik, steht gleich morgens die Reparatur der Anlage an, damit für die Gäste von Anfang an gleich alles in Ordnung ist. Wenn die 'Drückerkolonne' von ihrer Runde nichts an Arbeit mitbringt, gehen wir zu unserem Tagesgeschäft über.

Um eine originalgetreue Nachbildung der Beleuchtung zu gewährleisten, orientieren wir uns an Film- und Fotomaterial. Gute Eindrücke erhalten wir aus dem Internet oder durch Besichtigungen vor Ort. Nach eingehender Überprüfung der Vorlagen einigen wir uns auf die Mach- und Durchführbarkeit. Anschließend bereiten wir die LEDs vor und zerlegen das Fahrzeug vorsichtig in seine Einzelteile. Danach werden die zahlreichen Löcher und Aussparungen vorsichtig in das Modell eingebracht. Anschließend erfolgt die Montage der LEDs an die vorgesehenen Positionen. Mit Sekundenkleber werden diese nur fixiert, damit eine spätere Reparatur möglich bleibt. Danach überprüfen wir die LEDs auf Funktion und markieren die Plus- und Minus-Leitungen. Dies ist immens wichtig, damit die LEDs in Reihe geschaltet werden können und wir Anschlussleitungen einsparen. Nach erfolgreicher Überprüfung bestimmen wir deren Leuchtstärke mithilfe entsprechender Widerstände. Diese werden selbstverständlich an das Original adaptiert, so strahlen z.B. Xenon-Scheinwerfer bei uns heller als normale Halogen-Scheinwerfer,welches wir durch die Verwendung verschiedener Weißtöne der LEDs erreichen.

Um die Spannungsversorgung der verschiedenen LED-Gruppen (Fahrlicht, Blinker, Rundumleuchten, etc.) sicher zu stellen, verwenden wir verschieden farbige Leitungen, die nach unten aus dem Fahrzeug heraus geführt werden. Als nächstes setzen wir das Fahrzeug vorsichtig wieder zusammen und fixieren es mit Sekundenkleber. Die nun fertige Beleuchtung besteht aus sage und schreibe 44 LEDs.

Gerade fertig, steht schon das nächste Problem an: Der A350 hat einen Defekt. Die Flugzeuge, die mechanisch wie auch elektronisch eine komplette Eigenentwicklung sind, bedürfen momentan noch eines unglaublichen Wartungsaufwandes, da leider immer mal wieder unerwartete Fehler auftreten. Hier stört der Antriebsmotor gerade die höchst empfindliche Elektronik. Nach eingehender Untersuchung und Besprechung mit der Entwicklungsabteilung, bauen wir einen Entstörfilter ein. Das Problem scheint erst einmal behoben.

Nun widmen wir uns wieder der Fleißarbeit. Es müssen noch hunderte Lampen in Sonderbauform hergestellt werden, die es, so wie wir sie benötigen, nicht zu kaufen gibt. Die Lampen werden nach Vorbild per Hand aus Messing oder Polystyrol gefertigt und dann einzeln beleuchtet. Eine solche Vorfeldbeleuchtung mit Scheinwerfern, Anti-Collision-Light und Unwetterleuchten besteht z.B. aus sechs ansteuerbaren Gruppen mit insgesamt 18 LEDs.

Wie die Zeit vergeht. Bei all den Aufgaben und Herausforderungen haben wir fast den Feierabend verpasst. Morgen geht es dann damit weiter, die Anlage ins rechte Licht zu rücken und sich neuen Aufgaben zu stellen. In einer so großen, kleinen Welt gibt es ja schließlich immer genug zu tun.

Das Kofferkulirennen hat sich in den letzten Jahren zu einer beliebten Freizeitbeschäftigung auf den Parkdecks entwickelt.

An den Abfertigungsschaltern im Terminal herrscht geschäftiges Treiben.

Der gesamte Anfahrtsbereich, die Straßenführung, Parkhäuser und andere Gebäude wurden dem Hamburg Airport nachempfunden.

Wie beim Original, verbinden kleine Brücken die Parkdecks mit den Terminals.

Im gesamten Flughafenabschnitt gibt es unheimlich viele tolle Details zu entdecken. Sämtliche Gebäude des großen Vorbildes, dem Hamburger Flughafen, sind natürlich auch bei uns zu finden. Aufgrund unserer Räumlichkeiten ist die Anordnung aber teilweise verschieden. Das größte zusammenhängende Modell, das je im Miniatur Wunderland gebaut wurde, ist das originalgetreu nachempfundene Parkhaus P4. Hier parken rund 4000 Autos, die natürlich nicht einfach nur alle aufgeklebt wurden, sondern in unterschiedlichste Szenerien eingebunden sind und viele kleine Geschichten erzählen. Die Parkhausbeleuchtung wurde übrigens auch hier dem Original abgeschaut und unter viel Arbeitsaufwand eingebaut und verkabelt. Sogar Miniatur-Leuchtstoffröhren, bestehend aus zwei LEDs und einem halbrunden matten Plexiglasstab, sind extra dafür konzipiert worden.

Ein Golfplatz befindet sich ganz in der Nähe des Knuffingen Airport.

Auf Hochregalen werden in der Lufthansa-Technikhalle Ersatzteile und anderes Material bis zum Einbau gelagert.

In der Schrebergartensiedlung werden die Flugzeuge mit dem Hissen der Landesflagge begrüßt.

Auf dem Reitplatz findet gerade ein Pferdespringen statt.

In der Kleingartensiedlung wird gute Kinderbetreuung groß geschrieben.

Der Verkehrsübungsplatz ist ähm ja ... er ist zum Üben da!

Ein künstlerischer Gartenpark ist, sehr zur Freude der Besucher, mit Heckenskulpturen übersät. Die farbenfrohe Bepflanzung regt auch die eigene Phantasie an und befreit vom Alltagsstress.

Der große Lufthansa-Technik-Hangar im Cargo-Bereich des Flughafens ist natürlich komplett mit Werkzeugen, Hochregalen, Ersatzteilen und übrigem Material ausgestattet. Hierbei war zu beachten, dass er keine Säulen zum Abfangen des Daches haben durfte, damit auch die ganz großen Flugzeuge dort hinein fahren können. Aus diesem Grund besitzt es als einziges Gebäude einen Stahlrahmen als Grundgerüst. Die Rolltore sind automatisch fahrbar, zum Öffnen und Schließen der Halle.

Zum Flughafen gehören weiterhin Terminals, große und kleine Hangars, eine Flugzeugausstellung mit Oldtimershow, ein Depot für Verkehrsfahrzeuge, die Cateringhalle, das Gebäude der Flughafenfeuerwehr, die Geschäftsfliegerhalle, das Radisson Hotel, das Gebäude der Flugsicherung mit Tower und das Frachtterminal.

Jenseits des Flughafenzaunes findet man übrigens eine Kleingartensiedlung, einen Reiterhof mit Turnierplatz, ein Gewerbegebiet mit großem Baumarkt (und natürlich mit Gartenmarkt) sowie ein Erlebnisbad.

Plane-spotting ist eine beliebte Freizeitbeschäftigung – offensichtlich auch im Tierreich verbreitet.

Auf der Suche nach dem schönsten Motiv wird der ein oder andere erfinderisch.

Und auch das Miniatur Wunderlandes hat ihre Außenstelle auf dem Parkdeck des Flughafengeländes eingerichtet.

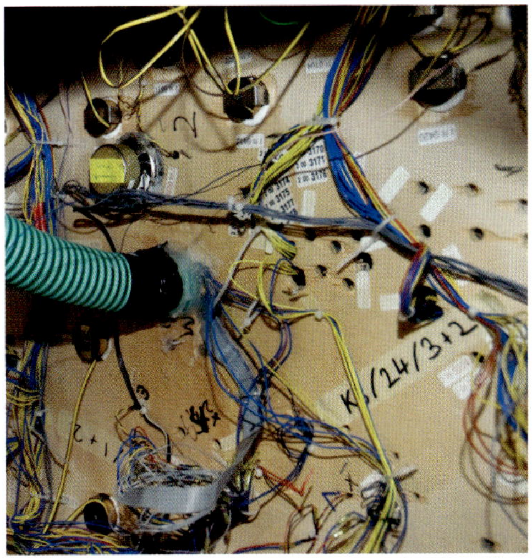

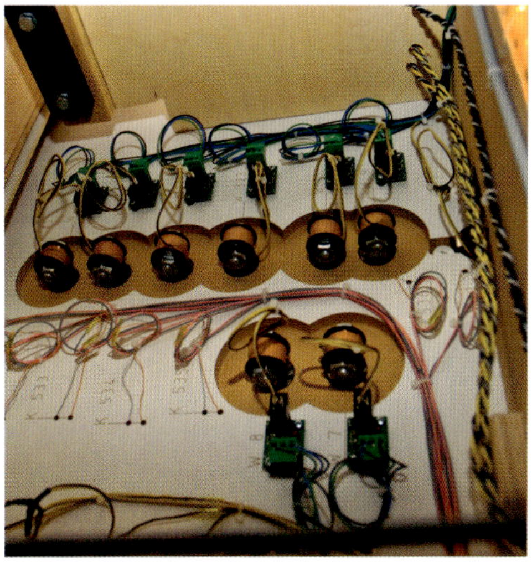

Im Vergleich: Totales Kabel-Chaos unter den bisherigen Bauabschnitten und der neuen Verdrahtungsstandard unter dem Flughafen-Abschnitt

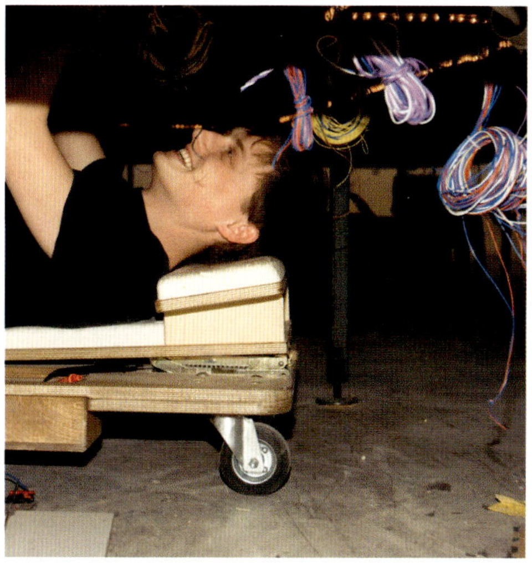

Der Rollwagen = bequemes Arbeiten

Auf Reisen mit dem Rollwagen

Text *Kenneth Mandel, Mathias Stamm und Lars Studer, Elektronik, Miniatur Wunderland*
Bilder *Miniatur Wunderland*

Den größten Teil des Tages sieht man uns nicht, da wir auf Rollwagen unter der Anlage für den Besucher unsichtbar unserer Arbeit nachgehen, es sei denn, es ist an der Zeit, fertig gestellte Teilabschnitte in die Lichtsteuerung einzupflegen und zu programmieren.

Unsere Aufgabe im Team der Elektronik besteht darin, die Verdrahtung der bestehenden Anlagenabschnitte zu pflegen und eventuelle Schäden zu reparieren, bevor der Gast die Anlage betritt. Dies geschieht im Zuge der so genannten 'Morgenrunde', in der wir vor Publikumseinlass vorhandene Knopfdruckaktionen sowie das Licht- und Carsystem auf Funktion prüfen und eventuelle Fehler beheben. Des Weiteren sind wir für die Verdrahtung und Inbetriebnahme der aktuell im Bau befindlichen Projekte zuständig. Unser Team besteht aus Kenneth, Mathias und Lars.

Im Normalfall beginnt unser Tag gegen acht Uhr. Nach Abschluss der Morgenrunde und dem Beheben kleiner Fehler widmen wir uns dem aktuellen Bauabschnitt. Meist ist es nicht möglich, ununterbrochen daran zu arbeiten, da die bestehenden Anlagenbereiche auch während des Betriebes Ausfälle haben können. So kommt es manchmal vor, dass wir von der einen Minute zur anderen die Tätigkeitsfelder wechseln oder aber Gerrit im Testbetrieb des Flughafens zur Seite stehen beziehungsweise selbst neu entwickelte Komponenten vor der Übergabe testen.

Beim aktuellen Flughafen-Projekt liegt das Augenmerk auf der Erschaffung eines soliden, nachhaltigen und durchweg strukturierten Bauabschnittes, der die zukünftige Pflege vereinfacht und den Wartungsaufwand minimal halten wird. Dafür ist ein bis ins Detail durchdachter Verdrahtungsstandard unerlässlich, da sonst, bei geschätzten 40.000 Verbrauchern und ungefähr 600 km Kabel, totales Chaos herrschen würde. Auf Grundlage der Erfahrungen aus den bisherigen Bauabschnitten haben wir ein ausgefeiltes System entwickelt, das die Verdrahtung des technisch aufwendigsten Bauabschnitts des Wunderlandes auf den bisher höchsten Stand aller Anlagenabschnitte hebt.

Dieser Verdrahtungsstandard beinhaltet die strikte Trennung von Schutzkleinspannung, Spannungsversorgung, 230 Volt und Datenleitungen sowie die logische Platzierung von zentral aufgebauten Steuer-, Rückmelde- und überwachten Spannungsversorgungseinheiten. Auf der untersten Ebene des Standards ist selbst jeder Bogen und auch jede Zug entlastende Kabelschlaufe standardisiert und sieht überall unter dem Flughafen gleich aus. Jeder Spant hat definierte Zonen für die verschiedenen Leitungsarten. Dadurch ergibt sich eine Ordnung, die die Fehlersuche stark vereinfacht. All dies dient der Übersicht, Wartungsfreundlichkeit und leichten Reproduzierbarkeit und führt zu einem nachhaltig funktionierenden Dauerbetrieb des Flughafens.

Zukünftig werden wir den neu entwickelten Verdrahtungsstandard auch in der bestehenden Anlage umsetzen. Im Zuge dieser Modernisierung werden wir unter anderem die Umrüstung von Glühlampen auf Leuchtdioden abschließen, neue Steuertechnik nachrüsten, die Spannungsversorgung aufstocken und die Verdrahtung überbauen.

Unsere Form der Problemlösung

Text *Peter Müller, Mitglied im Miniatur-Wunderland-Forum*
Bilder *Miniatur Wunderland*

Meinen zweiten Besuch im Miniatur Wunderland Anfang 2005 hatte ich versucht, über das Internet als Gruppenreise vorzubereiten. Es war mir nicht gelungen, aber ich war nun im Forum als Mitglied angemeldet und entdeckte die Diskussion um den neu geplanten Flughafen. Als Jugendlicher hatte ich mich für die Fliegerei interessiert. Später hatte ich mir dann einen kleinen Traum erfüllt und die Privatpilotenlizenz erworben. Ich erweiterte zum Berufspiloten, flog nebenberuflich Geschäftsleute, wurde Fluglehrer und trat eine Festanstellung an. Schließlich wechselte ich zu einer Verkehrsfliegerschule.

Als ich mich erstmals mit Flugzeugen beschäftigte, nahm ich die Dinge, wie sie sind. Es gab viele Fragen, die mir unbeantwortet blieben. Noch als ich selber das Fliegen lernte, war mir nicht alles klar. Aber wenn man beharrlich ist, offenbaren sich einem irgendwann die Geheimnisse. Und als Fluglehrer hatte man plötzlich die Aufgabe, anderen die Zusammenhänge zu erklären. Warum ein Flugzeug fliegt, erfährt man in jedem Physikbuch. Wenn man aber wissen will, warum manche Landungen gelingen und man andere Landungen lieber wieder vergisst, dann wird es dünn mit den verfügbaren Quellen. Ich konnte als frisch

gebackener Pilot jede theoretische Frage beantworten, aber handelte nicht immer danach. Ich hatte die Erklärungen nicht verinnerlicht. Als Fluglehrer erfuhr ich dann, dass es meinen Flugschülern genau so erging. Ich bemühte mich, ihnen die Antworten zu geben, nach denen ich so lange gesucht hatte.

Warum hebt ein Flugzeug beim Startlauf den Bug (jetzt ist es zum Fliegen noch zu langsam) und beginnt dann erst den Steigflug (weil es jetzt schnell genug ist) und warum hebt es bei der Landung den Bug ohne zu steigen (weil es wieder langsamer wird)? Gerrit hatte im Forum geschrieben, dass er genau diesen Bewegungsablauf darstellen wollte. Das musste ungewöhnlich anmutige Bewegungen ergeben. Ich war begeistert!

Ich habe mich an den Diskussionen beteiligt und Gerrit hat mich zu einem Gespräch eingeladen. Dadurch fühlte ich mich ermutigt und habe mich noch mehr engagiert. Wir Forumanen haben uns fortan gedanklich viele Stunden mit dem Flughafen beschäftigt und so manchen Geistesblitz zusammengetragen. Die Wunderländer konnten ihre eigenen Einfälle damit abgleichen und Rückschlüsse ziehen, was gewünscht sein würde, was vermutlich ankommen würde und was auf jeden Fall umgesetzt werden sollte. Das war schon eine besondere Art der Mitwirkung über große Entfernungen mit teilweise unbekannten Beteiligten. Mit dem eigentlichen Baubeginn nahmen die Aktivitäten im Forum naturgemäß wieder ab. Die grundlegenden Entscheidungen waren gefallen und weitere Diskussionen wären kontraproduktiv gewesen. Jetzt begann der mühsame Weg der Realisierung, auf dem Ideen und Lösungen nicht mehr offen zur Diskussion gestellt wurden.

Anfang des Jahres habe ich den Beruf des Fluglehrers an den Nagel gehängt. Ich bin jetzt im so genannten New Business beschäftigt und leite ein Projekt, das moderne Methoden der Zusammenarbeit im Unternehmen noch weiter fördern soll. Da fallen Begriffe wie 'Enterprise 2.0', 'Online-Collaboration' oder 'Social Software' und es werden Computerprogramme eingeführt, die ausdrücklich auf Zusammenarbeit über die Unternehmensgrenzen hinweg ausgerichtet sind.

Mehr als einmal musste ich in der letzten Zeit an einen Thread von Alexander alias @ssilk denken, der bereits im Mai 2006 auf einen Artikel von heise.de verlinkte, wo es um die kollektive Intelligenz in einer Gruppe ging. Was der modernen Welt derzeit wie eine Morgendämmerung erscheint, hat das Miniatur Wunderland bereits vor vielen Jahren durchexerziert.

Feinarbeit der Feinmechaniker

Text *Tobias Lietz, Klas Pikull, Feinmechaniker bzw. Mechatroniker, Miniatur Wunderland*
Bilder *Miniatur Wunderland*

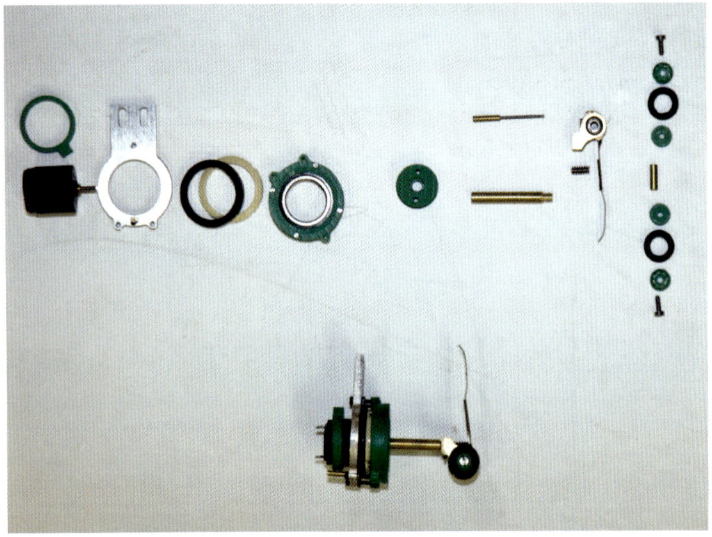

Ein Bugrad in Einzelteilen

An der Drehmaschine wurden die Buchsen und Blätter hergestellt.

Das Feinmechaniker-Team im Wunderland hat sich in den vergangenen Jahren überwiegend mit dem Flughafen beschäftigt. Dazu gehörte eine umfassende Entwicklungsphase für die Flugzeugteile. Es mussten sich Gedanken gemacht werden, um den Antrieb der Flugzeuge, die Haltbarkeit der einzelnen Komponenten, die durch das hohe Gewicht der Flugzeuge stärker als bei den Carsystem-Fahrzeugen beansprucht werden.

Des Weiteren mussten wir ein System entwickeln, mit dem die Flugzeuge jeden Anstellwinkel mitmachen, damit sie wie die großen Vorbilder abheben. Mehrere Anläufe waren für die richtige Lösung notwendig, doch schon bald war sie gefunden. So wurde 2-Komponenten-Kunststoff bestellt und wir mussten die Messsingteile für die Aufnahmen fräsen.

Als eines der letzten großen Projekte vor Beendigung des Bauabschnittes ist die Tarnung in den Vordergrund gerückt. Hinter der Tarnung wird das Flugzeug auf die Stangen, die das Flugzeug anheben, gefahren und landet im Knuffingen Airport bzw. wird nach dem Start dort abgesetzt. Da jedes Flugzeug eine andere Höhe beim Starten und Landen hat, muss die Tarnung in der Höhe verstellbar sein. Dieses setzt einen leistungsfähigen Motor voraus, da sich die sogenannten Fenster, durch die die Flugzeuge fliegen, bei jeder Bewegung der Stangen mitbewegen.

Das Gestell und das Fenster wurden aus 4-Kant-Aluminium-Profilen gebaut, die stabil, aber dennoch nicht schwer sind. Ein Beispiel für die Übernahme von Automatisierungskonzepten aus der Fertigungsindustrie. Diese wurden als Modulbauweise von der Firma Rexroth mit Servomotoren der Firma Danaher für uns konstruiert. Damit eine hohe Positionierungswiederholgenauigkeit gewährleistet ist (ca. 1/10 mm) wird es mit Reglern Typ 'Servostar' von 'Kollmorgen' angesteuert. Unsere Leistung hierbei bestand in der Montage und Inbetriebnahme sowie der anschließenden Optimierung.

Damit der Start der Propellermaschinen realistisch aussieht und sich die Propeller drehen können, wurden kleine Motoren eingebaut. Die Blätter sind aus Messingfrästeilen zusammen gelötet. Dieses Material wurde aufgrund seiner Stabilität verwendet und auch, damit die kleinen Teile nicht aus Versehen abgebrochen werden. Auch die Buchsen müssen mit der Drehmaschine gedreht werden. Somit kann man die Motoren, wenn sie einmal kaputt gehen sollten, leicht für die Reparatur herausziehen.

Linearantriebe werden mit Zahnriemen und Schrittmotoren als Antriebe für die Pushbackerfahrzeuge unter die Platte geschraubt. Linearmodul, E-Kette und der Motorflansch sind von der Firma Igus. Die Schrittmotorsteuerung sowie das Fahrzeug oben auf der Platte sind selbstentwickelt. Diese Steuerung ermöglicht, dass das Fahrzeug auf der Platte nach hinten geschoben wird. Auch hier sieht man, wie bei so vielem im Wunderland, dass es eine große Planungszeit in Anspruch genommen hat.

Das rechte Bild zeigt den aufgeklappten A 350 mit seiner ganzen Technik. Vorne liegt das Bugrad, dann folgen Bugradhalter, Batteriehalter, Trichterhalter, Trichter mit Trichteraufnahme aus Messing und einem Magneten, danach ein weiterer Trichterhalter. Im Anschluss sitzt das Lautsprecherrohr, wieder eine Trichterhalterung mit Trichter, nur ohne den Magneten und eine weitere Trichterhalterung. Ganz zum Schluss befindet sich der Ein- und Ausschalter des Flugzeuges.

Oben im Deckel ist die grüne Platine versteckt, auf der ein Mikrocontroller das Flugzeug steuert. Ebenso natürlich auch die Cockpitfenster-Beleuchtung und die Passagiersitzbeleuchtung. Im Cockpit befindet sich darüber hinaus noch eine Bleinase, damit das Flugzeug beim Start nicht die Balance verliert. Dieses Unglück ist leider bereits einmal beim A380 passiert, als er vom Transportschlitten abgeworfen und vom Flugzeuglift zerquetscht wurde. Zum Glück konnte das Flugzeug in mühseliger Kleinarbeit zusammengeflickt werden.

Die Propeller sind aus Messing gefertigt.

Ein A350-Flieger offenbart seine raffinierte Technik im Inneren.

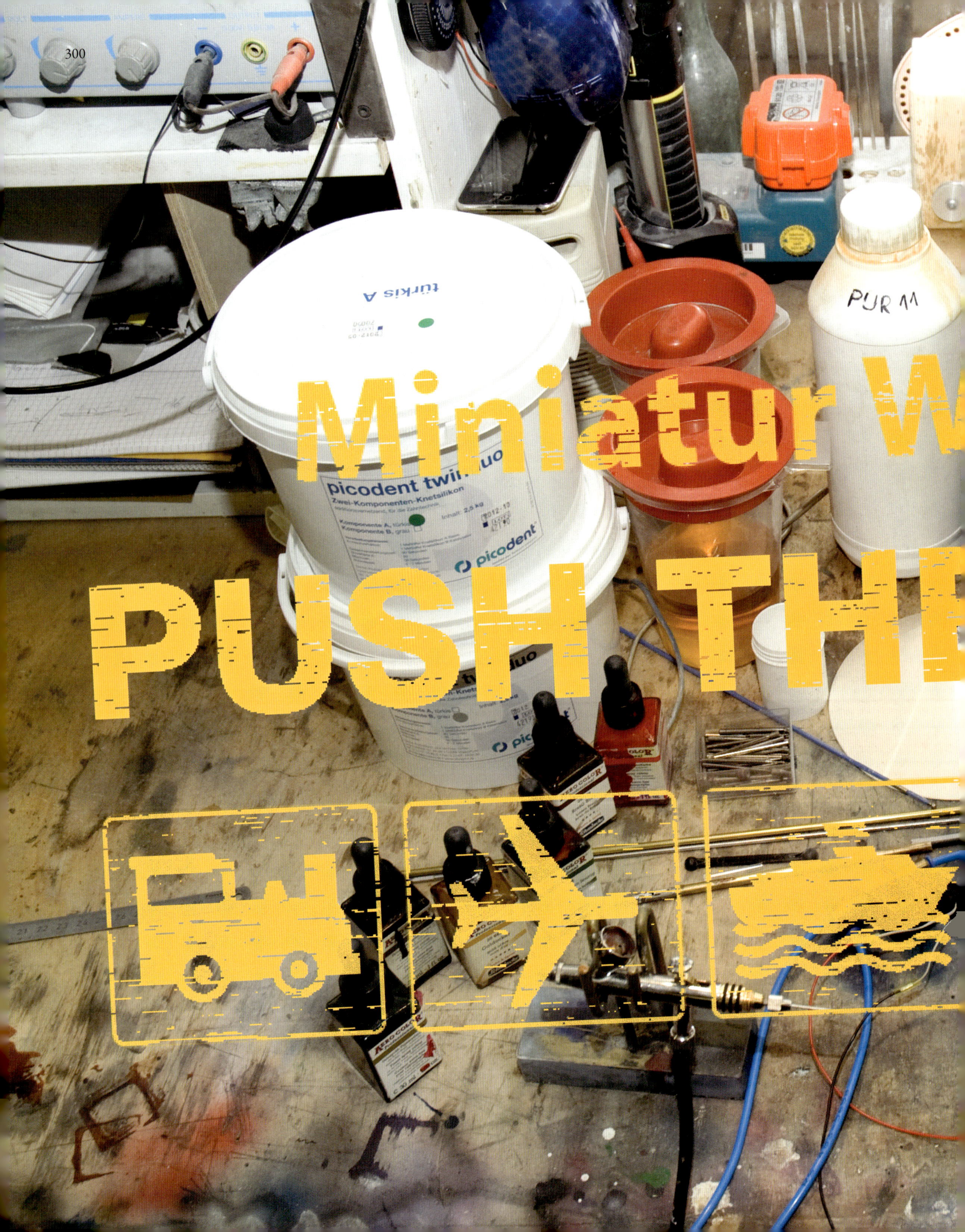
Miniatur W
PUSH TH
türkis A
PUR 11
picodent twin
Zwei-Komponenten-Knetsilikon
picodent

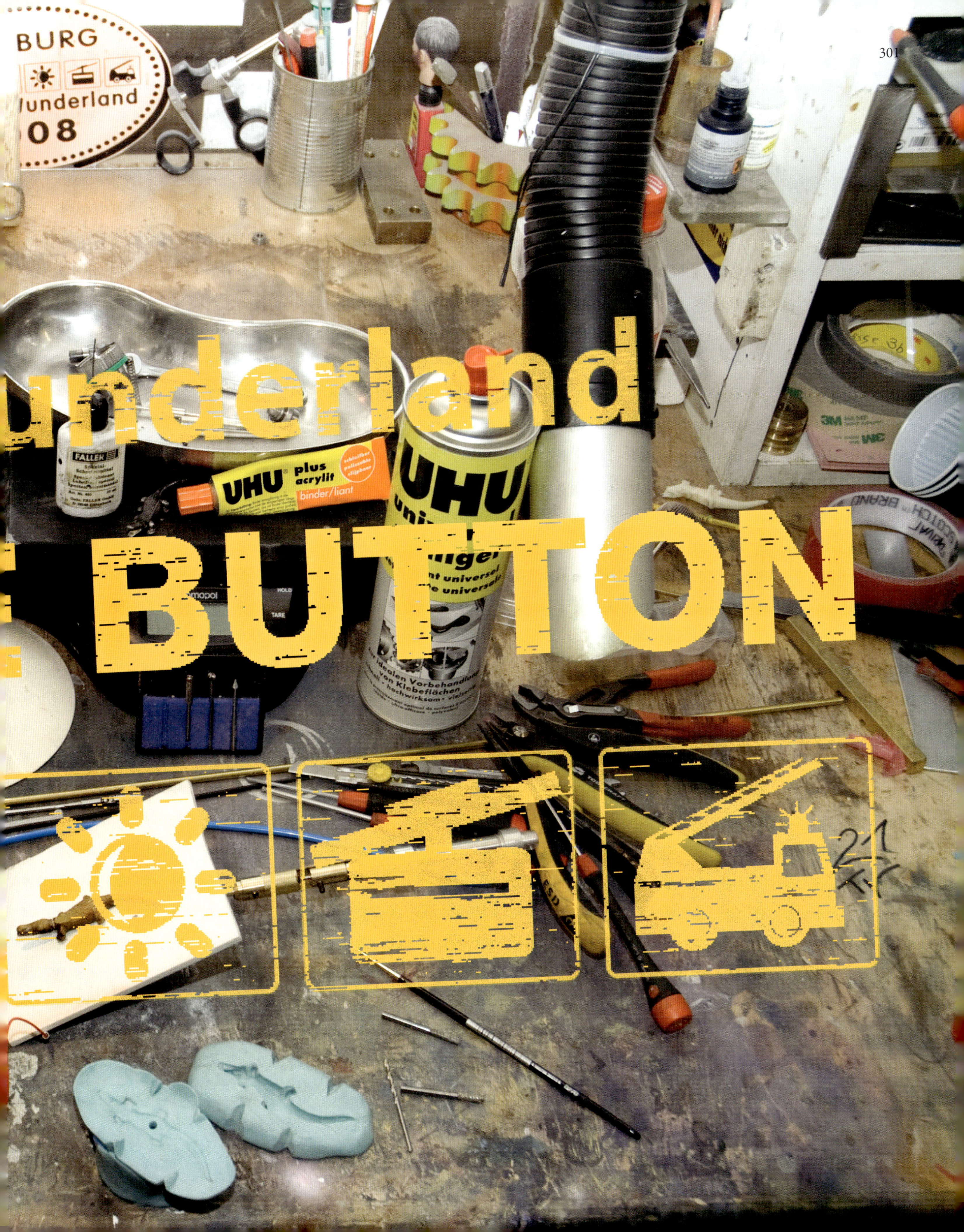
BURG
Wunderland
08
underland
BUTTON
UHU plus acrylit
binder/liant
UHU
FALLER
3M
SCOTCH BRAND

Die Krokodil-Knopfdruckaktion

Die Geschichte der Kroko-Knopfdruckaktion für den Knuffingen Airport. Die fantastische Geburt exklusiv erzählt in 21 Bildern.

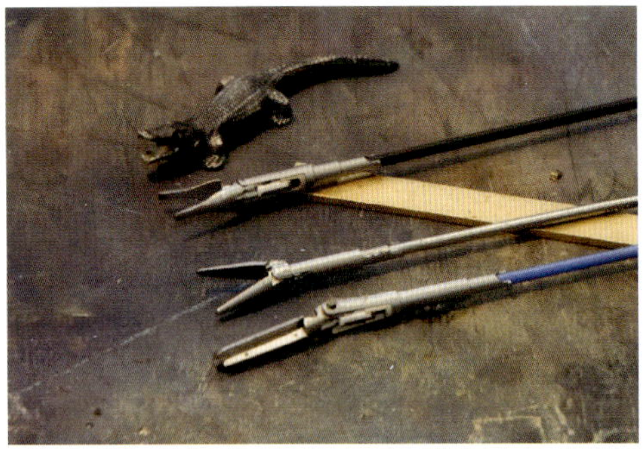

1. Diese Mechanik[1] stammt aus der Endoskopietechnik und wurde von Stefan aus einem Schrottplatz-Container voll Krankenhausbedarf gefischt.

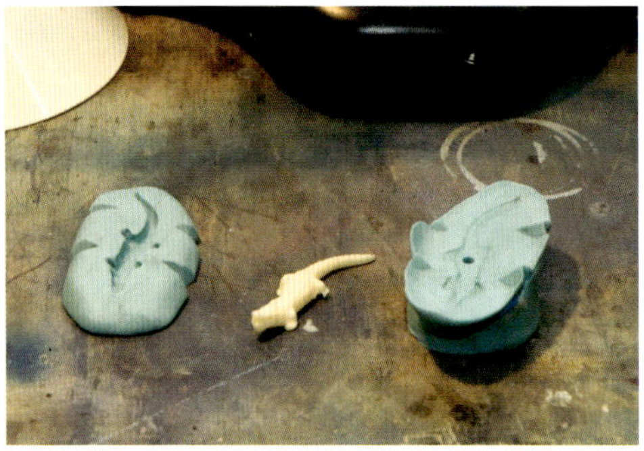

2. Zuerst einmal wird mit Hilfe einer Gussform von dem Originalkrokodil aus Metall ein Knetsilikon[2]-Duplikat erstellt.

3. Damit genug Platz für die Mechanik ist, wird als nächstes der Kopf der Figur abgefräst.

4. Die Mechanik wird nun als Ersatz für das Krokodilmaul an das vordere Ende der Figur gesetzt.

5. Dann klebt Stefan ein Messingröhrchen mit einem 2-Komponentenkleber[3] als Verlängerung an die bestehende Stange.

6. Damit beim nächsten Arbeitsschritt keine Klebemasse in die Mechanik gelangt, bekommt das Krokodil einen Schutzkragen aus rosa Tesafilm.

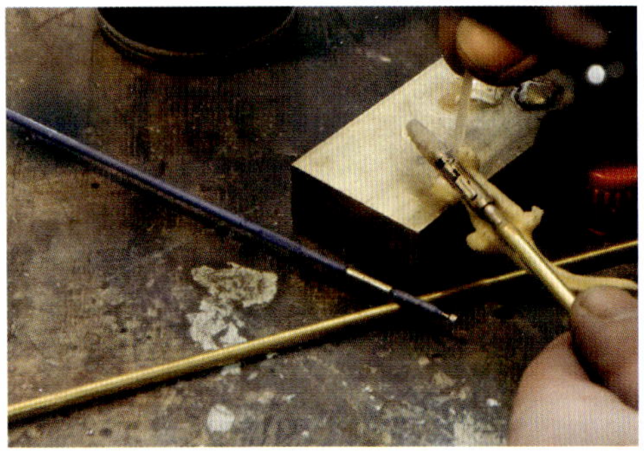

7. Nun beginnt Stefan, den Kopf des Krokodils aus einem Sekundenkleber- und Füllstoff-Gemisch neu zu modellieren.

8. Anschließend muss die Strukur des Kopfes neu aufgebaut und zurechtgeschliffen werden.

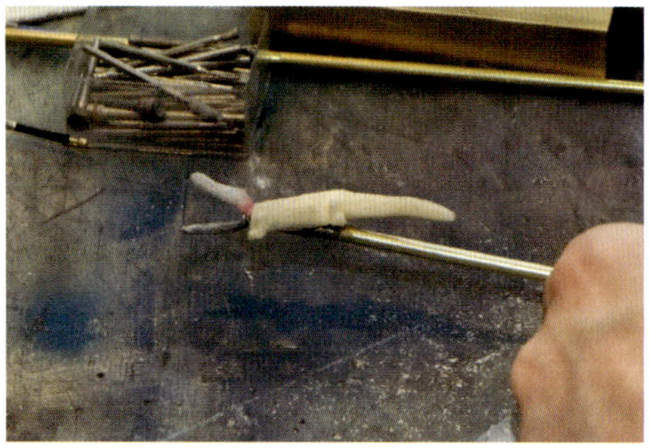

9. Fertig ist das Rohmodell des Krokodils.

[1] Die Ähnlichkeit zu einem schnappenden Krokodilmaul ist wirklich verblüffend. *[2] aus der Zahntechnik* *[3] ein Gemisch aus UHU Acrylit und einem Binder, Trocknungszeit: ca. 10 min*

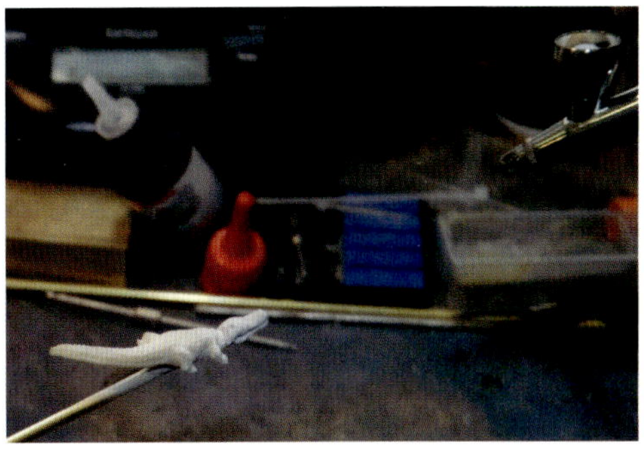

10. Dann trägt Stefan mit der Airbrush-Pistole eine weiße Grundierung auf.

11. Anschließend sprüht er die Haut des Krokodils aus verschiedenen Farben. Wichtig bei Lasurfarben ist, dass man mit der hellsten Farbe beginnt.

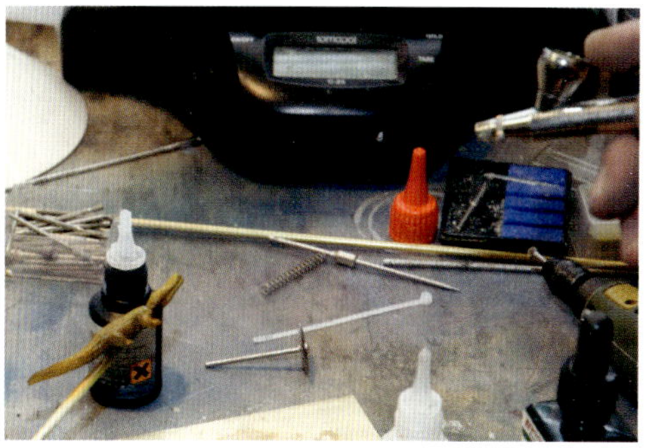

12. Und so langsam verfärbt sich das Silikon-Krokodil in seine Originalfarbe.

13. Damit unser Krokodil auch kraftvoll zubeißen kann, dürfen die kleinen Beißerchen natürlich nicht fehlen.

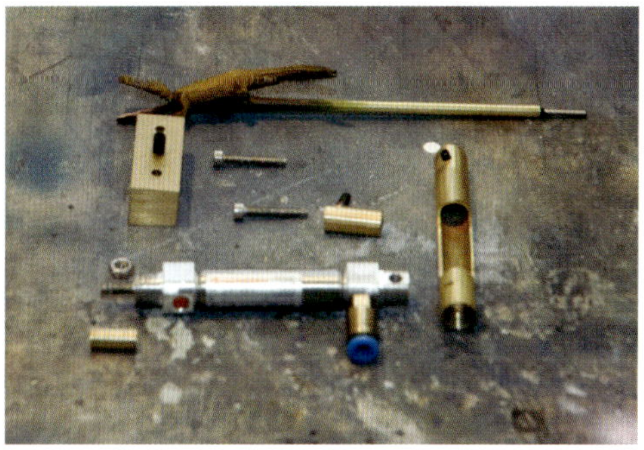

14. Nun wird die Figur mit der Schnapp-Technik zusammengesetzt. Stefan nutzt für diese Knopfdruckaktion einen Pneumatikzylinder.

15. Stefan befestigt die Technik provisorisch auf dieser Platte. Später wird es dann direkt an seinem Ort auf der Anlage eingepasst.

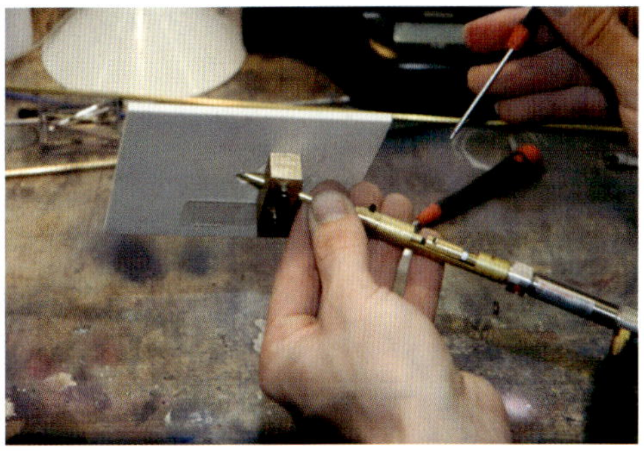

16. Dieser Hubzylinder ist gekauft und kommt ursprünglich aus einem Röntgenbildgerät.

17. Jetzt haucht diese Mechanik einem kleinen Krokodil Leben ein.

18. Noch muss Stefan manuell die Aktion ansteuern.

19. Doch nach dem Einbau auf der Anlage kann das Krokodil per Knopfdruck sein Maul auf- und zuschnappen lassen.

20. Nach zwei Stunden Basteln, Werken und Feinschliff ist die neue Knopfdruckaktion bereit für den Einbau.

21. Ab sofort hat das Krokodil seinen neuen Platz in der Veterinär-Station des Flughafens in Knuffingen.

Wer die Nähe Gottes sucht, muss nicht gleich in den Himmel. Man findet sie auch hier in der kleinen Kapelle. Übrigens stehen auf den Biertischen die weltweit ersten flackernden Teelichter im Maßstab 1:87. Finden Sie hier im Bild auch die kleinste Eule der Welt?

Das Allgäu, bei uns zwischen dem Knuffingen Airport und dem Übergang in die Alpen zu finden, symbolisiert eine verträumte Gebirgsregion. Als romantisches Gegengewicht zum Flughafen sollte hier ein kleiner Teil Bayerns entstehen, da der einst bayerische Abschnitt des Wunderlandes, durch den Anbau der Schweiz im Jahr 2007, zu Österreich geworden ist.

Vom Flachland des Airports bis ins Hochgebirge entstand hier auf verhältnismäßig wenig Platz trotzdem viel sehenswerter Modellbau. Eine einfache Nahverkehrsstrecke mit alten bayerischen Formsignalen, auf der historische Schienenfahrzeuge unterwegs sind. Traditionelles Leben mit dem Schwerpunkt Landwirtschaft, welches sich um das Schloss Neuschwanstein sammelt. Nach originalen Plänen der bayrischen Schlossverwaltung ist es von uns aus Platzgründen in einem etwas kleineren Maßstab (1:120) nachgebaut worden.

Durch das höher gelegene, teils steile Bergmassiv schlängelt sich ein über Jahrhunderte entstandener Flusslauf. Auf den saftig grünen Almen kann man per Knopfdruck zufriedene, mit dem Kopf wackelnde Kühe beim Grasen beobachten.

Noch heute erreicht man mit den historischen Triebfahrzeugen den Berg-Bahnhof Freienstein am Fuße Neuschwansteins.

Diese Freiensteiner Burschenschaft kommuniziert nach wie vor, anstatt mit Mobiltelefonen, mit ihren Alphörnern. Aber weil die Mädels im Tal nur über Handy zu erreichen sind, stehen sie noch immer alleine da.

Die Marienbrücke verbindet die beiden steilen Felswände der Pöllatschlucht. Der Hirsch folgt dem Brunftgebaren der Hirschkuh und nimmt die Abkürzung.

Und es werde Licht

Ralf Müller, Sveno Erhorn, Elektronik, Miniatur Wunderland
Text *Ralf Müller, Sveno Erhorn* **Bilder** *Miniatur Wunderland*

Unsere Hauptaufgabe im Wunderland besteht darin, die von den Modellbauern fertig gestellten Modelle zu beleuchten. Das können Häuser, Hallen, Autos, LKW oder die Augen einer Eule sein, die in der Realität nicht leuchten, aber denen wir ein besonderes Flair verleihen möchten. So wirkt die Illusion der Miniaturwelt beinahe perfekt und die Besucher haben, auch wenn es im Wunderland Nacht ist, vieles zu entdecken. Früher benutzten wir dafür Glühlampen. Doch heute steht uns durch die vielen Vorteile der Leuchtdioden, wie lange Lebensdauer, der geringe Stromverbrauch, die minimale Bauform und die Farbvielfalt, eine beinahe unendliche Vielfalt an Möglichkeiten zur Verfügung.

Im Modell verwenden wir meist dünne isolierte Leitungen und Kupferlackdraht, deren Querschnitt zwischen 0,1 und 0,25 mm^2 liegt. Man beachte, dass die Drähte fast so dünn wie ein menschliches Haar sind. Vorteilhaft, da die Leitung unauffällig verlegt werden kann. Bei der Verarbeitung muss sehr sorgfältig und genau gearbeitet werden, da die Drähte sehr empfindlich sind und somit schnell beschädigt werden können. Anhand der verschiedenen Aderfarben können Mathias und Kenny erkennen, um welche Art von Beleuchtung es sich handelt. Um die Intensität des Lichtes anzupassen und das Anklemmen an unsere Standard-Spannung von 15 Volt zu ermöglichen, verwenden wir Vorwiderstände. Für sehr kleine Modelle greifen wir auf SMD-Widerstände zurück. Diese lassen sich leichter im Modell verstecken. Ist das Modell groß genug, kommen auch einfache Kohleschicht- oder Metallschichtwiderstände zum Einsatz.

Für die Beleuchtung der Modelle orientieren wir uns an den Originalen. Dazu recherchieren wir geeignete Bilder und Videos im Internet oder verschaffen uns, wenn es möglich ist, einen Eindruck vor Ort, wie es z.B. beim Hamburger Flughafen der Fall war. Wenn es aber darum geht, ein Ufo zu beleuchten, können wir unserer Kreativität freien Lauf lassen.

Ist die Beleuchtung im Modell gesetzt und unsere Arbeit erledigt, übergeben wir das fertige Modell wieder dem Modelbauer, der es an seinem endgültigen Bestimmungsort einsetzt. Dort wird es dann final von Mathias und Kenny angeschlossen und programmiert. Das individuelle Einschalten der jeweiligen Lampen erweckt den Eindruck, es handele sich um unterschiedliche Lampentypen. So werden z.B. Leuchtstoffröhren flackernd eingeschaltet und eine Straßenbeleuchtung wiederum erreicht erst nach einiger Zeit ihre volle Leuchtkraft.

Ein weiteres Aufgabengebiet sind anstehende Reparaturen, Instandsetzungen und Modernisierungen auf der Ausstellungsfläche. Sei es, dass eine alte Glühlampe ihren Dienst quittiert hat und durch eine LED ersetzt werden muss, oder dass ein ganzer Gebäudekomplex neu errichtet werden muss, da sich ein Leitstandmitarbeiter beim Züge Aufgleisen wie Godzilla durch Tokio über die Ausstellungsfläche bewegt hat.

Die leuchtende Eule im Maßstab 1:87 ist kleiner als ein Cent-Stück.

Der gestresste Großstädter findet in diesem Gotteshaus einen Ort der Entspannung und Abgeschiedenheit von der Hektomatik-Welt.

Die Roller-Gang düst auf ihren alten Vespas mit wenig PS den Bergpfad nach Neuschwanstein hoch.

Entspannte Fotopause in der Pöllatschlucht. Dieses Motiv befindet sich an der Anlagenkante: Passen Sie also auf, wenn Sie hier einmal stehen, es könnte sein, dass sie in einem Urlaubsalbum dieses Wanderes zu sehen sind.

In dieser Höhle sieht man eine detailreiche Nachbildung von Stalaktiten, Stalagmiten und formschönen Sinterbildungen. Aus dem Hartschaum wurden in mühevoller Handarbeit zwei Tropfsteinhöhlen mit vielen kleinen Details gefertigt. Da diese Tätigkeit sehr viel Erfahrung und Wissen über die Art von Höhlen erfordert, hat uns die Firma Modellbau Luft diese Höhlen angefertigt. Als Baumaterial wurde Styrodur verwendet, das mit Gips überzogen wurde. Anschließend wurden dann die Steinformationen eingraviert.

Diese Höhlen sind nun im Besuchertunnel des Aufganges zum Schweiz-Abschnitt eingebaut. Diese Höhle ist so gestaltet, dass die Preiserleins sie durchwandern können. Dafür wurde sie mit LEDs ausgeleuchtet. Mit viel Fantasie können sogar kleine Figuren in den Gesteinsformationen gedeutet werden.

Das riesige Schiffshebewerk in einem bayerischen Kanal ist ein gewollter Kunstgriff. Der Wunsch nach einem eher typisch norddeutschen Bauwerk spaltete anfangs die Geister und führte schließlich doch zu diesem Kompromiss. Nach dem Vorbild des Schiffshebewerks Niederfinow ist es in komplettem Eigenbau entstanden und ziert nun die Landschaft der bergigen Region.

Per Knopfdruck lässt sich der Schiffstrog mit kleinen Motoren bewegen und so auf unterschiedliche Hubhöhen bringen.

Das Schloss Neuschwanstein ist hinter dem Schiffshebewerk am Berg sichtbar. Übrigens wurde es exklusiv für uns von Kai Brenneis nach Originalplänen der bayerischen Schlösserverwaltung gezeichnet und im Modell konstruiert. Die ca. 3.000 gelaserten Einzelteile werden von Gaston Burkhardt zu einem eindrucksvollen Gebäudekomplex zusammen gebaut.

Der Rohbau des Schlosses Neuschwanstein. Aus über 3.000 Einzelteilen wurde es zusammengesetzt.

Die Hochzeitsgesellschaft findet sich bei sommerlichen Temperaturen im Schrebergarten ein. Der Storch hat die Flughafenlandebahn verfehlt und macht hier einen Zwischenstopp.

Beim Kindergeburtstag im Gartenverein messen sich schon die Kleinen in unterschiedlichen Wettkampf-Disziplinen.

Mit speziellen Maschinen werden die Gleise an der Neubaustrecke für die Fertigstellung des Gleisoberbaus bearbeitet und können per Knopfdruck aktiviert werden.

Besonders in Bayern wird Brauchtum und Tradition gepflegt. So wird beim 'Tanz in den Mai' traditionell der Maibaum errichtet.

Zu den weiteren Highlights zählt eine riesige Gleisbaustelle mit bewegten Handwerkern und Schienenschweißern, ein Tractor-Pulling-Wettbewerb und ein bayerisches Volksfest mit Maibaum und traditionellem Umzug.

Beim Tractor-Pulling treten Treckerliebhaber mit ihren traditionellen oder frisierten Schmuckstücken gegeneinander an. Ein Kräftemessen um Ehre und Pferdestärken.

2011

Knuffingen – Bangkok nonstop

Text *Birte Rüsch, Kreativteam, Miniatur Wunderland*
Bilder *Miniatur Wunderland*

Am 1. April 2011 war es soweit – der Motor röhrt, die Räder setzen sich in Bewegung, der erste Airbus A 380 von 'Thai Airways' beschleunigt und saust über die Startbahn des Knuffinger Airport. Bei dieser Maschine handelt es sich in keinster Weise um einen Aprilscherz, sondern um ein besonders aufwändiges Modell. Für diesen besonderen Termin der Flugzeugtaufe kam der Präsident von 'Thai Airways', Piyasvasti Amranand, extra aus Bangkok angereist.

Mit einer Länge von rund 73 Zentimetern und einer Spannweite von knapp 80 Zentimetern ist diese Miniaturausgabe exakt der großen Schwester angepasst und eine detaillierte Kopie des ersten Airbus A380 von 'Thai Airways'.

In mühevoller Kleinarbeit wurde das Flugzeug nachgebaut – bis hin zur Originalbeleuchtung und sich drehenden Turbinen mit realistischem Triebwerksgeräusch ist alles zu finden.

Wobei noch zu erwähnen ist, dass der A 380 zuerst im Wunderland und erst anschließend in der Realität seinen Jungfernflug hatte. Das war auch der Grund dafür, warum sich dutzende thailändische Journalisten dieses Event nicht entgehen ließen und begeistert berichteten. Übrigens fliegt 'Thai Airways' mehr als 70 Ziele auf 5 Kontinenten an und deshalb sind wir umso stolzer, dass auch der Knuffingen Airport dabei ist!

Your film on Guinness World Records: OMG!

Text *Oli White, Guinness World Records: On The Road!*
Bilder *Miniatur Wunderland*

Der Moderator Oli White bemalte zusammen mit Sonja eine Figur, die am Ende so aussah wie er selbst. Gar nicht fassen konnte er, wie Sonja ein derart winziges Stück Plastik so detailliert bemalen kann!

I was invited to Miniatur Wunderland to present a video for Guinness World Records YouTube channel. I didn't really know what to expect when I heard we were going here, I originally thought there was just going to be a couple of trains and buildings in a room but I was wrong. The place was huge, I didn't even have time to look round at everything! It was definitely one of the most amazing places I have ever been to, the detail and time gone into creating this model world is unimaginable! One of my favourite places in Miniatur Wunderland was definitely the airport, I found it incredible how all of the vehicles are controlled by an operator and just ran freely around the airport as if someone was actually driving them. I had such a fun time in the workshop creating a mini model of myself. I'm privileged to now be a part of Miniatur Wunderland.

Thanks, Oli White

Ich wurde ins Miniatur Wunderland eingeladen, um ein Video für den Guinness World Records YouTube Kanal zu präsentieren. Ich wusste nicht wirklich, was mich erwarten würde, als ich hörte, dass wir dorthin gehen. Ich dachte ursprünglich, da wären einfach ein paar Züge und Gebäude in einem Raum – weit gefehlt! Es war ein riesiger Ort, ich hatte nicht einmal Zeit mir alles anzusehen! Es war definitiv einer der erstaunlichsten Orte, die ich bisher besucht habe. Die Details und der Zeitaufwand, die in diese Modellwelt gesteckt wurden, sind einfach unvorstellbar! Einer meiner Favoriten im Miniatur Wunderland war definitiv der Flughafen. Ich fand es unglaublich, wie all diese Fahrzeuge gesteuert wurden und einfach frei auf dem Flughafen herumfuhren als würde wirklich jemand drin sitzen und sie fahren. Ich hatte so einen Spaß in der Werkstatt, wo ich ein Miniaturmodell von mir selbst gebastelt habe. Ich fühle mich privilegiert, nun ein Teil des Miniatur Wunderlandes zu sein.

Danke, Oli White

Wunderlandfilm wird zum weltweiten YouTube-Erfolg

Text *Birte Rüsch, Kreativteam, Miniatur Wunderland*
Bilder *Miniatur Wunderland*

Ende des Jahres 2011 veröffentlichten wir nach monatelanger Arbeit endlich den neuen Imagefilm des Miniatur Wunderlandes. In diesem Video zeigen wir in 5 Minuten neue spektakuläre Bilder und tolle Detailaufnahmen der Anlage. Der offizielle Startschuss fiel zwar bereits am 29. November 2011, aber mit einer Veröffentlichung in der Huffington Post, einem der wichtigsten Leitmedien der USA, kam dann am 1. Dezember 2011 der weltweite Durchbruch.

Das Video verbreitete sich rasend schnell und nach nicht einmal einem Tag folgten weitere Veröffentlichungen auf den anderen Kontinenten. Wichtige Blogs und Medien, wie z.B. 'Gizmodo' in Australien, die 'Daily Mail' in England oder 'Next Media' in Hongkong berichteten begeistert von dem Video und sorgten für einen explosionsartigen Anstieg der Zuschauerzahlen. Innerhalb kürzester Zeit wurde dieses Video somit zum weltweiten YouTube-Hit und bereits in der ersten Woche stand der Wunderland-Film für zwei Tage auf Platz 1 der deutschen YouTube-Charts. Mittlerweile sind die Video-Fans insbesondere in den USA, in Kanada und Großbritannien zu finden – diese Länder belegten übrigens die ersten drei Plätze unter den Aufrufen, dicht gefolgt von Australien und Frankreich. Und sogar bis nach Hollywood schaffte es unser Imagevideo!

Sogar der US-amerikanischer Schauspieler Neil Patrick Harris hat unser Imagevideo getwittert!

Stars wie Elijah Wood und Neil Patrick Harris haben das Video und das Miniatur Wunderland in höchsten Tönen gelobt und ihren Twitter- und Facebook-Fans weiterempfohlen. Und Kirsten Dunst, deren Vater in Hamburg lebt, erzählte bei einem Talkshow-Besuch ebenfalls begeistert von unserer Miniaturwelt. So war es nur eine Frage der Zeit, bis am Samstagmorgen des 19. Januar 2013 irgendwo auf der Welt jemand den fünfminütigen Film schaute und wir den nächsten 10.000.000sten feiern konnten – nämlich den 10.000.000sten Viewer unseres Imagevideos! Wir sagen herzlichen Dank und freuen uns, so viele Menschen auf der ganzen Welt begeistern zu können!

*Stand 23. Februar 2015

Bild *Miniatur Wunderland*

26.04.2012

Start der Sonderausstellung 'Geschichte unserer Zivilisation'

Juni 2012

Das Klimamodell wird an die Uni Kiel ausgeliefert

16.07.2012

Der große Umbau beginnt

September

300.000 Spendenpins sind für einen guten Zweck verkauft worden

September

Die Technik der Klimasteuerung wird eingebaut

14.11.2012

Grundsteinlegung der Elbphilharmonie im Wunderland

5.12.2012

Das Miniatur Wunderland begrüßt den 10.000.000sten Besucher

DIE GESCHICHTE UNSERER ZIVILISATION

Text *Sönke Freitag, Modellbau, Miniatur Wunderland*
Bilder *Miniatur Wunderland*

Viele Geschichten beginnen mit den Worten: 'Es war einmal ...' – so auch diese. Die 'Geschichte unserer Zivilisation' begann mit der Idee, das was sonst vorrangig in Büchern geschrieben steht in Modellbau-Dioramen bildlich darzustellen. Ein solches Projekt beginnt eigentlich immer mit dem Festlegen der Dioramen-Größe. 1x1 Meter – wir waren uns ziemlich sicher, dass es schwierig werden würde diese Fläche zu füllen. Doch da sollten wir uns ganz gewaltig täuschen

Der zweite Schritt war die Zusammenfassung der benötigten Informationen. Natürlich gibt es Bücher und Filme, aber ist das ausreichend? Sie vermitteln uns eine vage Vorstellung davon, wie es z.B. im ersten und zweiten Weltkrieg gewesen sein könnte. Weitaus spannender und spekulativer wird es, wenn man sich gedanklich in die Zeit des 16. bis 18. Jahrhunderts begibt. Aus der Zeit der Revolutionen und des Adelprunks gibt es zumindest noch vereinzeltes Bildmaterial. Viel interessanter wird es dann im späten und frühen Mittelalter – auch hierzu hat man sofort einige Bilder im Kopf. Von der Jungsteinzeit hingegen wird sich kaum einer ein Bild machen können ...

Wir mussten also schnell feststellen, dass diese Informationsquellen nicht ausreichen und begannen damit, Expertenmeinungen einzuholen. Doch auch hier herrschte keine Einigkeit und kaum einer wollte sich so recht festlegen und damit vielleicht angreifbar machen. Uns halfen diese Treffen jedoch, um zumindest unseren Horizont zu erweitern und das geschichtliche Puzzle Stück für Stück zusammenzufügen.

Am intensivsten und dauerhaftesten war letztlich die Zusammenarbeit mit Frau Dr. Bamberger-Stemmann von der Landeszentrale für politische Bildung. Nach der gemeinsamen Entscheidung, eine Art 'Setzung' zu machen, also eine Zusammenfügung von vielen Informationen und der Darstellung der in unseren Augen bestmöglichen Variante, konnten wir endlich mit dem praktischen Modellbau beginnen. Zudem war unser Ziel, Geschichte mit stehenden Bildern zu erzählen, ohne diese großartig erklären zu müssen.

Das inzwischen doch geballte Wissen um die verschiedenen Epochen wurde nun zu unserem Problem – der eine Quadratmeter Platz war plötzlich viel zu klein! Als Lösung überlegten wir uns die Entwicklung und Darstellung einer Stadt, sowie deren Veränderung, in Kombination mit der Darstellung von Religion (Kultstätte und später Kirche), Landwirtschaft aber auch verschiedenen Machtverhältnissen und der Entwicklung des Menschen an sich.

Im Laufe der Bauphase wurden wir oft gebremst und zahlten einiges an Lehrgeld. Und immer wieder stellten sich die unterschiedlichsten Fragen wie z.B.: Ab wann gab es Fensterglas und wer konnte sich dieses überhaupt leisten? Welches Material verwendeten die anderen Bürger? Ab wann wurde welcher Straßenbelag für den Straßenbau verwendet? Wie ging man mit den Themen Hygiene und Sauberkeit um? Was tat man zur Vorbeugung von Krankheiten? Und wie sah die Entwicklung der Fortbewegungsmittel aus? Schwierig war auch, dass wir keinerlei Fertigbausätze verwenden konnten. Ein Grossteil musste selber gebaut und an vielen Stellen experimentiert werden. Eine solche Herausforderung war z.B. die Erstellung der vielen kleinen Figuren. Jede einzelne musste gebaut werden, was oft Tage gekostet und zu Spitzenzeiten 11 Leute beschäftigt hat. Ein ganz besonderer Dank geht an dieser Stelle noch einmal an all die Modellbauer, die dieses einzigartige Werk erschaffen haben.

Die Zeit der Revolution: 1789–1848 (Diorama 5)

Für mich persönlich war es ein tolles Projekt in dem man auch über sich selber viel dazu gelernt und die ein oder andere neue modellbauerische Herausforderung gemeistert und Fähigkeit entwickelt hat.

Ein weiterer Dank geht an Frau Dr. Bamberger-Stemmann, die uns mit ihrer ganz besonderen Art von Begeisterung immer wieder zu Höchstformen angetrieben hat. Nicht nur durch die ein oder andere Currywurst ist hier eine kleine Freundschaft entstanden!

Der Staat reagiert restriktiv durch Zensur demokratischer Ideen.

Durch die Industrialisierung gibt es immer mehr Proteste, wie z.B. die Weberaufstände.

Erste erfolgreiche Gleitflüg finden statt.

MiWuLa goes politische Bildung II

Landeszentrale für politische Bildung Hamburg

Text *Dr. Sabine Bamberger-Stemmann, Leiterin der Landeszentrale für politische Bildung, Hamburg*
Illustrationen *Miniatur Wunderland*

Nachdem die Landeszentrale für politische Bildung und das Miniatur Wunderland bereits 2009 in einem sehr erfolgreichen Projekt zusammengearbeitet hatten, wurde 2012 eine Wiederholung aufgelegt, allerdings ganz anders, denn genau dasselbe wäre langweilig! Wir erinnern uns: 2009 wurden sieben Tischdioramen gebaut, gläserne Schaukästen ohne rollendes Material, in denen unter dem Titel 'Die geteilte Stadt' die Geschichte der deutschen Teilung von 1945–1989 dargestellt worden war.

Warum also sollte man nicht auch andere historische Epochen in ähnlicher Weise im wahrsten Sine des Wortes auf den Tisch bringen können – und warum sollte nicht die bewährte Zusammenarbeit fortgesetzt werden können? Das fragten sich nicht nur die Macher des MiWuLa und die Landeszentrale für politische Bildung in HH, sondern auch ProSieben, besser gesagt: Das Wissenschaftsmagazin 'Galileo'. Dort wollte man eine 'Geschichte der Welt' auflegen, bunt präsentiert, aber historisch so genau wie möglich – offen verständlich für Alle, aber zugleich nicht Disneyland oder Comicwelt.

Also fanden sich diesmal drei Partner in einem Boot. Und daraus wurde: 'Die Geschichte unserer Zivilisation. 7.000 Jahre in acht Dioramen' – der Titel sagt eigentlich alles. Doch so einfach war es nicht: wollte man die ganze Weltgeschichte erfassen, so hätte man Macchu Picchu mit den Ming-Kaisern der Chinesen, die ägyptischen Pyramiden mit den steinzeitlichen Kunstwerken der im heutigen Afrika lebenden frühmenschlichen Künstler unter einen Hut bringen müssen. So beschieden sich die Macher des Projektes zumindest regional auf Mitteleuropa.

Die Entwicklung menschlichen Zusammenlebens sollte dargestellt werden, also entwarf man als erstes eine Landschaftsarchitektur, die in Mitteleuropa, also in unseren Breitengraden, für eine solche Ansiedlung üblicherweise genutzt wurde: Ein Berg zum Schutz und als Heiligtum; ein Fluss als Nahrungsquelle und zur Verteidigung gegen Angreifer von allen Seiten sowie als Möglichkeit, das Siedlungsgebiet über eine Furt oder auf dem Gewässer selbst zu verlassen; ein Wald, der zugleich Wildnis war, aber auch Nahrungsquelle und Grenze zu anderen Siedlern; sowie eine Siedlung auf fruchtbarem Gebiet. Diese Vorteile eines Ortes wurden über das Mittelalter, die Frühe Neuzeit, das 19. Jahrhundert bis hin ins Jahr 1942 fortgeschrieben.

Immer wurden bestimmende Umstände menschlichen Lebens dargestellt: Ernährung, Familie, Gesundheit und Krankheit, Glaube, Verteidigung, Bildung, Recht, Herrschaft, Krieg und Frieden – um nur einige zu nennen. Immer wurden die passenden zeitgetreuen Kostüme, Bauten, Utensilien, Fortbewegungsmittel, Ernährungsquellen, die Natur dargestellt. Die Figürchen wurden in lebendige Beziehungen gesetzt, denn es sollten nicht starre Fotos sein, sondern lebensechte Szenen. Kleine Szenen ersetzen lange Erklärungen: so wird der Verbrecher in der menschlichen Frühzeit 2.500 v. Chr. über den Fluss in den Urwald gejagt – sein Todesurteil. Die Bäuerin legt im Mittelalter ihr Kind auf die Stufe vor der kleine Kirche im ärmlichen Dörflein – die Familie kann keinen weiteren Esser gebrauchen, so arm wie sie ist. Dagegen tafelt der Fürst im 18. Jahrhundert mit seinem Gefolge prächtig kostümiert im Innern seiner glänzend ausgestatteten Residenz: Eine Ananas zeigt die Eroberung fremder Kolonien (die Unterdrückung der dort lebenden Menschen mag man sich dazu denken) und eine Gabel zeigt Fortschritt durch die Überwindung von Aberglauben (die Gabel gilt nicht mehr als Werkzeug des Teufels). Im 19. Jahrhundert demonstrieren die Menschen für Freiheit und Demokratie – eine Welle von Aufständen geht durch Europa: so hält der Dichter flammende Reden in der Stadt und die Gescheiterten eines Aufstandes taumeln in die Stadt auf der Suche nach Asyl. Gerade im 20. Jahrhundert neigen sich die Dioramen immer mehr zur deutschen Geschichte: So enden sie 1942 in einem Jahr, in dem der Nationalsozialismus und der Zweite Weltkrieg das Leben der Menschen grundstürzend beeinflusst und vielfach zerstört hatten.

Doch gerade hier setzten die schwierigsten Punkte des Projektes an: Darf man die Vertreibung von jüdischen Menschen durch die ortsansässige Bevölkerung und die Schergen des Regimes so einfach darstellen und wie weit darf man gehen, wenn man das unsägliche Leid von Zwangsarbeitern zeigen will?

5500 – 2200 v.C.
Die Menschen leben zunehmend von Ackerbau und Fischfang

770 – 1330
Am Fluss entstehen die ersten Hafenanlagen und Handelsschiffe können anlegen.

1300 – 1600
Ein Reformator in der Tradition Martin Luthers fordert das Verbot des Ablasshandels.

1600 – 1789
Die Landbevölkerung leidet unter verschiedenen Söldnerheeren, die von der Bevölkerung Abgaben erpressen.

1910 – 1933
Es herrscht eine starke Militarisierung in Deutschland.

1933 – 1942
Nur wenige Menschen trauen sich, eine jüdische Familie vor der Verfolgung zu verstecken.

Realismus gegenüber Rücksichtnahme und Respekt – das waren die entscheidenden Fragen. Letztlich lösten die beteiligten Partner diese Frage an manchen Stellen doch auch durch Texte: 'Galileo' in seiner Reportage, die im April 2012 gezeigt wurde, durch Kommentierungen und eine Vielzahl von Interviews; das MiWuLa und die Landeszentrale über eine Videoführung, die bei der Präsentation für jedes Diorama angefertigt und mit Film und Text ausgestattet wurde. Eine DVD der Landeszentrale macht weitere Zugänge auch für Lehrerinnen und Lehrer möglich.

Eine gelungene Zusammenarbeit? Ja – mal wieder! Und die Nominierung in die Endausscheidung des Europäischen Museumspreises verdeutlicht den Erfolg!
Auf bald also.

Ein Klimapavillon für Kalifornien

Ein Modell des Miniatur Wunderlands ist jetzt auch in Kalifornien zu besichtigen. Was mag es damit wohl auf sich haben?

Text *Sandra Enderwitz, Christian-Albrechts-Universität zu Kiel, Projektkoordinatorin „Klimapavillon"*
Bilder/Illustrationen *Christian-Albrechts-Universität zu Kiel/Miniatur Wunderland*

Kalifornien, so heißt nicht nur der sonnige Bundesstaat an der US Westküste, Kalifornien, so nennt sich auch ein (manchmal sonniger) Badestrand an der Ostsee. Genauer gesagt handelt es sich um einen Ortsteil der Gemeinde Schönberg in Schleswig-Holstein. Dank des Miniatur Wunderlands ist dieser Ort nun um eine Touristenattraktion reicher: Seit September vergangenen Jahres kann man dort den ersten Klimapavillon an der deutschen Ostseeküste besuchen.

Dieser ist das Ergebnis einer gelungenen Zusammenarbeit zwischen Wissenschaft und Kultur, zwischen den Bundesländern Hamburg und Schleswig-Holstein: Dem Miniatur Wunderland in Hamburg und der Christian-Albrechts-Universität zu Kiel. Das dort am Geographischen Institut angesiedelte Projekt *Klimabündnis Kieler Bucht* stand vor der schwierigen Aufgabe, den Menschen die Auswirkungen des Klimawandels an der Ostseeküste zu erklären. 'Wie aber kann man ein so komplexes Thema anschaulich und vor allem interessant präsentieren?' fragten wir uns. Der Chefmodellbauer im Miniatur Wunderland, Gerhard Dauscher, hatte da so seine Ideen: Ein über das abgebrochene Steilufer hinausragendes ehemaliges Wohngebäude, darunter am Strand spielende Kinder zwischen herabgestürzten Eichen, Haustrümmern und Geschiebemergel der letzten Eiszeit. Ein Stückchen weiter in einer überfluteten Niederung schwimmen verlassene Campingwagen. Schaufelbagger verteilen neu herbeigeschafften Sand dort, wo die letzte Sturmflut den vorhandenen Strand weggespült hat ... Diese und andere durchaus realistischen Szenen wurden Teil des Modells, das auf sechs Quadratmetern die Veränderungen an der Küste der schleswig-holsteinischen Probstei (Region nordöstlich von Kiel) zeigt. Denn der steigende Meeresspiegel und die höher auflaufenden Sturmfluten setzten der Küste schon heute sichtbar zu und werden sich künftig noch gravierender auswirken.

Die Modellbauer zeigen aber auch, dass wir nun nicht den Kopf in den Sand zustecken brauchen sondern uns aktiv an den Klimawandel anpassen können: Wir sehen schwimmende Ferienhäuser, neue Küstenschutzmaßnahmen wie künstliche Riffe. Auch der Klimaschutz kommt nicht zu kurz: Windenergieanlagen, Fahrradtouristen und die Anreise mit öffentlichen Verkehrsmitteln zeigen, wie wir unseren CO_2-Ausstoß senken und so den Klimawandel bremsen können.

Und damit das alles nicht zu langweilig und wissenschaftlich ist, sorgen die Wunderländer wie immer mit einfallsreichen Details eines typischen Ostseebadeortes für Aufmerksamkeit und Unterhaltung. Für die wissenschaftliche Korrektheit erhielten sie dabei Unterstützung von den Kielern rund um den Klimafolgenforscher Professor Horst Sterr. Der Schönberger Bürgermeister Wilfried Zurstraßen überwachte bei seinen Besuchen in der Speicherstadt die politische Korrektheit: Dafür musste auch schon mal eine Kirche wieder abgerissen und der Bahnhof verlegt werden, weil der Bürgermeister Proteste unter den Einwohnern Schönbergs befürchtete. Sicher ist Herrn Zurstraßen gewiss eines: Der Neid anderer Bürgermeister(innen) entlang der Ostsee. 'Was man den tun müsse, um auch so einen Klimapavillon samt Modell vom Miniatur Wunderland zu bekommen?' fragten einige bereits.

Die Klippe ist ein fiktiver Nachbau, Vorbild: Hubertusberg bei Hohenfelde und die Steilküste bei Travemünde.

Dr. Andreas Wasielewsi (Ministerium für Energiewende SH), Prof. Dr. Horst Sterr (Uni Kiel), Wolfgang Vogel (Direktor Landesamt für Landwirtschaft, Umwelt und ländliche Räume), Bürgermeister Wilfried Zurstraßen (Schönberg), Sönke Körber (Vorsitzender Aktivregion Ostseeküste).

Wir freuen uns und sind mächtig stolz, dass wir das Miniatur Wunderland Hamburg für dieses einmalige Projekt gewinnen konnten. Die Kooperation ermöglicht, dass sich sehr viele Menschen mit dem Klimawandel auseinandersetzen und über Anpassungsmöglichkeiten nachdenken. Dafür herzlichen Dank!

Der große Umbau Teil I

Text *Dirk Rahe, Architekt, Miniatur Wunderland*
Bilder *Miniatur Wunderland*

Die Geschichte des Wunderlandes ist auch eine Geschichte des Wachstums und nach wie vor investieren wir immer weiter in den Ausbau der Anlage, um unseren Gästen immer wieder neue Abschnitte präsentieren zu können. Wie schon oft gesagt, haben wir uns diesen enormen Erfolg wirklich nicht träumen lassen. Im Laufe der Jahre stellte sich heraus, dass die vorhandenen Flächen die Großzügigkeit, die wir sie uns eigentlich immer für alle unsere Gäste erhofft haben, nicht zulassen. Der gesamte 3. Boden, also der Eingangs- und Wartebereich, der Shop und das Restaurant mit Küchenflächen hätte im Jahr 2010 rund 1/3, also 750 m², mehr an Fläche benötigt. Eine Vergrößerung über andere Flächen war aber nicht möglich. Bereits zu dem Zeitpunkt nahmen die Arbeitsplätze unserer Mitarbeiter über 1.000 m² in Anspruch. Zudem liegen selbst diese Flächen schon auf den zukünftigen Bahnerweiterungen ab 2016 und müssen in absehbarer Zeit zurückgebaut werden.

Ohne neue Flächen wird eine zukünftige Erweiterung also kaum möglich sein. Weitere 3.000 m² hätten wir gerne, 1.500 m² sollten es mindestens sein. Und wie der Zufall so spielt: Es boten sich unerwartet sehr interessante Möglichkeiten in angrenzenden Baukörpern an, sodass wir erst einmal den Umbau weiter planen können, ohne uns zukünftige Flächen direkt zu verbauen.

Eine mögliche Option könnte allerdings auch immer noch eine Brücke sein, die im dritten Boden von dem Frankreich-Abschnitt aus in das Gebäude auf der anderen Fleetseite führt und die Bahn dort hinüber führt. Hier könnte zum Beispiel ein England-Abschnitt über zwei Etagen entstehen, aber das ist natürlich noch Zukunftsmusik.

Vorerst bleibt der Platz für die auszubauenden Flächen knapp bemessen. Die aktuellen Fragen lauten somit: Wo kann gekürzt und wo neu hinzugewonnen werden? Zuerst und wohl auch am einfachsten galt es, den Lagerplatz neu zu definieren. Eingang und Shop sind flächenmäßig auf Grund der Lage innerhalb festgelegter Brandschutzsegmente nicht zu verändern. Es blieb also nur noch unser Restaurantbereich. Dieser sollte keinen 'Kantinencharakter' mehr haben und auch die Speisekarte sollte um deutlich mehr und vor allem noch viel mehr frisch zubereitete Gerichte erweitert werden.

Einen Großteil der Fläche nimmt natürlich auch die Bestuhlung ein. Hier hatten wir das große Glück, dass gerade zu dieser Zeit der ICE 2 modernisiert wurde. In Berlin wurden die ICE 2-Waggons entkernt und anschließend nach Nürnberg gebracht, um dort eine neue Bestuhlung zu erhalten. Über das Betriebswerk in Lokstedt bekamen wir den Kontakt nach Berlin und eine unglaubliche Unterstützung in unserem Vorhaben, noch nutzbare Sitze aus den insgesamt 32 ICE 2 für unser Restaurant auszusortieren. Insgesamt 5 Container mit über 300 Sitzen haben wir so nach Hamburg bringen können. Knapp 200 Sitze wurden eingebaut, der Rest aussortiert und als Ersatzteillager für den kommenden Verschleiß ausgelagert. Den im alten Bistro im Kleinen angedachten 'Speisewagen-Gedanken' konnten wir damit also großzügig aufnehmen. Nun können unsere Gäste die Fahrt über den Hindenburgdamm nach Sylt und durch die Schweizer Alpen genießen oder verborgene Plätze im Miniatur Wunderland ansteuern.

Unser ICE-Bistro vermittelt eine ganz besondere Atmosphäre

Die neuen und großzügig gestalteten Flächen bieten vielen Gästen Platz!

Der große Umbau Teil II

Umwelt- und Ressourcenschutz bei der Planung von Lüftung, Klima und Elektroinstallationen im Miniatur Wunderland

Text *Dirk Rahe, Architekt, Miniatur Wunderland*
Bilder *Miniatur Wunderland*

Wie bereits gesagt ist die Geschichte des Wunderlandes auch eine Geschichte des Wachstums. Zum einen gab es immer wieder den Bedarf an neuen Flächen und es war schnell klar, dass weitere Einsparpotenziale nur noch durch die Verlagerung von Technikflächen und Serviceschächten erreicht werden konnte. Die kontinuierliche Vergrößerung des Miniatur Wunderlandes brachte aber ein weiteres Problem mit sich: Durch die immer wieder erweiterten Flächen konnte unsere Technik, speziell die Lüftungs- und Klimaanlage, nur Stück für Stück darauf angepasst werden. Die Effizienz geriet wegen der dringend benötigten hohen Luftmengen etwas in den Hintergrund und dazu kam noch, dass in unserem denkmalgeschützten Gebäude Wand- oder Dachöffnungen nur in enger Abstimmung mit dem Denkmalschutz möglich sind. Und dieser strebt verständlicher Weise eher den Erhalt des ursprünglichen Zustandes an.

Diese Gesamtsituation führte dazu, dass die Leistungsangaben auf den Typenschildern der Lüftungsanlagen in der Entstehungsphase nicht ganz den tatsächlichen Leistungen entsprachen. Was natürlich im Widerspruch zu einer effizienten und umweltgerechten Installation steht. Die Möglichkeiten, die sich durch die Übernahme weiterer Flächen im 2. Boden im Jahr 2010 ergaben, ließen allerdings zum ersten Mal eine wirklich langfristige Planung zu. Hierbei stellte sich aber im Schwerpunkt die folgende Frage: Wie kann der Umbau der nahezu gesamten Haustechnik im laufenden Betrieb erneuert und in den energetisch optimalsten Zustand gebracht werden?

Das Miniatur Wunderland verbrauchte 2011 jährlich 1.650.000.000 (1,65 Milliarden Watt), das entspricht dem Verbrauch von fast 400 Haushalten oder einem Dorf mit fast 1.500 Einwohnern. Über ein Drittel der Leistung – 650.000.000 Watt – verbrauchte dabei die Klima- und Lüftungsanlage. Eine Erweiterung der bestehenden Technik für die geplanten Ausbauziele hätte den Verbrauch auf über 1 Millionen Kilowattstunden erhöht, was derzeit rund 180.000 Euro jährlich an Stromkosten verursacht, aber auch 422,5 Tonnen CO2, die dafür in die Atmosphäre geblasen werden.

Allein unsere Küche verbraucht so viel Strom wie die Modellbahnanlage, alle Computer und die gesamten Beleuchtung zusammen. Induktionsfelder und mikroprozessorgesteuerte Heizungen konnten den Verbrauch zwar bereits um knapp 10% senken, dies reichte uns aber noch nicht aus! Deshalb haben wir uns dazu entschlossen, die gesamten Kälteerzeuger der Küche (Kühlschränke, sowie Kühl- und Gefrierzellen) über eine Verbundanlage zusammen zu schließen. Deren Abwärme können wir zur Warmwassererzeugung in der Küche und der Spülküche, sowie für die Geschirrspülmaschinen nutzen. Die Stromeinsparung von weiteren 25% deckt zwar nicht die Investitionen, hat aber einen zusätzlichen erheblichen Vorteil. Die benötigten 25 KW Kälte verursachen herkömmlich über 60 KW Wärme, die in den Raum abgegeben wird. Davon haben wir allerdings durch unsere Gäste reichlich (1.000 Personen in der Ausstellung bringen über 100 KW an Wärme ein, das ist so viel wie 5 Heizungen von Einfamilienhäusern im Volllastbetrieb. Aus diesem Grund beginnen wir bereits bei Außentemperaturen oberhalb von 14° C mit der Kühlung).

Um der Abwärme von konventionellen Einzelkühlungen entgegenzuwirken, also den Raum zu kühlen, hätten wir jährlich über 12.500 Euro Stromkosten, ohne die Abschreibung der nötigen Technik hierfür. Somit lohnt sich die Investition über den zweiten Weg: der Einsparung von Raumkühlung. Die zusätzliche Investition von 100.000 Euro für die Verbundanlage war also gut angelegt. Die Abwärme der Küchengeräte wiederum können wir im Winter gut gebrauchen. Hierzu haben wir eine neue Technik in die Küchenabluft eingebaut. Die fetthaltige Luft wird mit Hilfe von UVC-Licht 'kalt verbrannt'. Der klebrige Anteil der Abluftschwaden wird zu einem trockenen weißen Pulver oxidiert, welches von einem Filter aufgefangen werden kann. Der warmen Luft wird dann die Heizenergie entzogen und mit dieser die kalte Luft im Winter erwärmt.

Ähnlich funktioniert es auch mit der gesamten Abluft in der Ausstellung, also rund 100.000 m^3 Luft pro Stunde. Unterm Strich benötigen wir dadurch im Winter sehr wenig Heizleistung und verbrauchen zeitgleich nur wenige fossile Ressourcen. Um die Effizienz der Lüftung weiter zu verbessern haben wir die Steuerung aller 10 Lüftungsanlagen neu entwickelt und vereinheitlicht. Vernetzt über ein BUS System und ein eigenes Darstellungsprogramm haben wir nun jederzeit die Kontrolle über einzelne Anlagenteile.

Alle Lüftungsanlagen befinden sich, ebenso wie die Kältetechnik zur Raum-

Massive Stahlträger stützen die Decke vor dem Gewichtkoloss.

Ein großer Kran wird für den Einbau der Klimaanlage im 5. Stockwerk benötigt.

kühlung, im 5. und 7. Boden des Gebäudes, den Flächen in denen auch die Kältetechnik installiert werden soll. Herkömmliche Kälteerzeuger arbeiten bei den von uns geforderten Lastwechseln sehr uneffektiv. Deshalb entschlossen wir uns, einen Blick auf die neuen Hightech-Kälteerzeuger zu werfen. Seit einigen Jahren gibt es solche Hightech-Entwicklungen, die sich in der industriellen Anwendung sehr bewähren. Wir haben uns diese Anlagen angeschaut und nach längerem Abwägen für solche Maschinen entschieden. Die Fa. KAS installierte einen doppelten Turbo Core Verdichter mit 600KW Kälteleistung. Die Rückkühlleistung übernimmt ein 8 m hoher Edelstahlkühlturm, der unter dem Dach installiert wurde. Sollte es einmal sehr heiß werden, wird zusätzlich Wasser eingeblasen und dem System über die Verdunstung zusätzliche Wärme entzogen. Aus Sicherheitsgründen wurde der gesamte Boden doppelwandig ausgelegt, um im Falle einer Leckage auslaufendes Wasser aufzufangen, bevor es im Hamburg-Abschnitt anfängt zu regnen. Die gesamte Wassermenge in diesem Bereich beträgt immerhin fast 50.000 Liter.

Um noch weiter einzusparen und um die Effizienz dieser Installation optimal auszulegen, wurden Parameter und Auslegungen an den Lüftungsanlagen geändert. Die ersten aussagekräftigen Daten konnten wir bereits auf dem Stromzähler ablesen. Es wird ganz klar bestätigt, dass der Turbo Core die ideale Kältemaschine bei unseren Lastwechseln ist und somit für uns die sparsamste Möglichkeit der Kälteerzeugung. Die Einsparung zu herkömmlichen Spiralverdichtern, die wir bisher einsetzten, liegt bei über 50% (reine Maschinenleistung). Die Kosten des erhöhten Wasserverbrauchs, ca. 800 m^3 im Jahr (4.000 €), sind geringer als die Stromkosten der Ventilatoren, die im herkömmlichen Fall die Wärme abtransportiert müssen.

Die alten Anlagen mit insgesamt knapp 400 KW Kälte verbleiben als Reserve, könnten aber bei einer Hitzewelle oder einem Defekt zusätzlich in den Kälteverbund eingespeist werden. Die Lüftungsanlage ist insgesamt für Luftmengen von 100.000 m^3 Außen- und Fortluft ausgelegt.

Festzustellen ist bereits jetzt, dass der gesamte Stromverbrauch trotz zusätzlicher Flächen und Leistungen nicht steigen wird. Da hilft letztendlich auch die neue Technik der Raumbeleuchtung. Im Sanitärbereich, Shop und Restaurant kommen vorwiegend LED Schienenstrahler und Einzelleuchten zum Einsatz. Neue T5 Neonröhren in den Gängen gibt es in einer 28 Watt Energiesparversion, die den LED-Varianten mindestens ebenbürtig ist. Im Vergleich zu herkömmlicher Technik und 50 Watt Niedervoltstrahlern konnte über 70% an Strom eingespart werden. Dass unser Strom aus nachhaltiger Erzeugung kommt, muss wohl nicht mehr erwähnt werden. Da dieser aber auch oft zweifelhaften Ursprungs ist, bestehen wir zusätzlich auf nachvollziehbare und geprüfte Nachweise.

Seit 2000 wird im Miniatur Wunderland ständig umgebaut. Und so wird es auch noch mindestens die nächsten 25 Jahre weitergehen, wenn alles so gut weiterläuft. Ständig neue Aufgaben und Herausforderungen machen unseren Arbeitsplatz wohl zu einem der abwechslungsreichsten und vielseitigsten in Hamburg. Und darüber freue ich mich jeden Tag aufs Neue!

Nervennahrung! Beim Entspurt eines großen Wunderländer Bauvorhabens gibt es immer Zucker fürs Gehirn.

Bauvorhaben Elbphilharmonie

Interview *Sven Friedrich, Modellbau, Miniatur Wunderland*
Illustrationen *Miniatur Wunderland*

Es ist ja nun wirklich nicht das erste Mal, dass ihr euch mit der Konstruktion eines Gebäudes beschäftigt habt. Was waren die besonderen Herausforderungen bei der Miniatur Elbphilharmonie?

In diesem Fall sind der obere und untere Gebäudekörper nicht direkt, sondern lediglich durch Stützpfeile miteinander verbunden. Auch bei dem großen Vorbild, der Elbphilharmonie in der Speicherstadt, sieht es dadurch so aus, als würde der obere Gebäudeteil auf dem unteren 'schweben'.

Bei unserer Miniversion soll sich auf Knopfdruck die vordere Fassade teilen und öffnen – was übrigens auch eine Premiere ist – und die dafür verwendeten Kabel sollen natürlich möglichst nicht zu sehen sein. Das soll dem Besucher dann einen Einblick in den Konzertsaal und einige Innenräume geben.

Zusätzlich entstand hier das Problem, dass die bewegliche Fassade Verwindungssteif sein muss und nicht zu schwer sein darf. Weder das Bewegen, noch Temperaturunterschiede dürfen das Öffnen und Schließen nicht beeinflussen, damit nichts klemmt und wir das Spaltmaß möglichst klein halten können. Die Verwendung von Kunststoff liegt nahe, dieser kann sich aber verziehen. Wir haben uns dann letztlich für ein Gestell aus Aluminium entschieden. Das gesamte Gebäude wird nach der Fertigstellung ca. 70 kg wiegen.

Habt ihr Baupläne oder andere Vorlagen für die Erstellung des Gebäudes gehabt?

Wir haben eine tolle Unterstützung von Herrn Löper von Herzog & de Meuron erhalten und konnten zusätzlich drei Baubegehungen machen. Das hat uns auch bei der Umsetzung sehr geholfen. Wir konnten im großen Gebäude zum Beispiel sehen, wo Kabelschächte verlegt wurden und dass dort z.B. unter anderem auch Fahrstuhlschächte genutzt werden konnten. Dies ist bei uns nicht der Fall und wir müssen gut schauen, wo unsere Kabel versteckt werden. Das Highlight – die Öffnung der Fassade – hat natürlich auch den Nachteil, dass man wenig Platz hat um Dinge zu verstecken.

Wie wird die Fensterfront der Miniversion aussehen? Bei dem Original handelt es sich hier ja um teure Sonderanfertigungen.

Auch für unsere kleine Elbphilharmonie müssen die Fenster natürlich speziell angefertigt werden. Wir hoffen dass wir da jemanden finden, der unsere Ansprüche umsetzen kann. Vermutlich werden die kleinen Scheiben aus Gieshartz angefertigt.

Übrigens hat uns auch die Dachkonstruktion Sorgen bereitet. Um die Wölbung zu erzeugen haben wir verschiedene Formmöglichkeiten ausprobiert. Unter anderem mit Luftballons und Sand in einem Rahmen und sind schließlich bei einer Pappschablone die wir mit GFK (glasfaserverstärkter Kunststoff) ablaminiert haben gelandet.

Dein Fazit zu diesem Bauprojekt?

Im Nachhinein kann man zumindest im Ansatz verstehen, wieso sich die Kosten des Originalbaus so verändert haben – auch wir haben während des Baus immer wieder neue Überraschungen erlebt und mussten ordentlich nachdenken.

Vielen Dank für das Interview! Das Interview führte Birte Rüsch.

Wohn- und Bürogebäude H2O, HafenCity

China Shipping Agency Gebäude, HafenCity

Arbeitsmodell der Elbphilharmonie

Columbus Haus, HafenCity

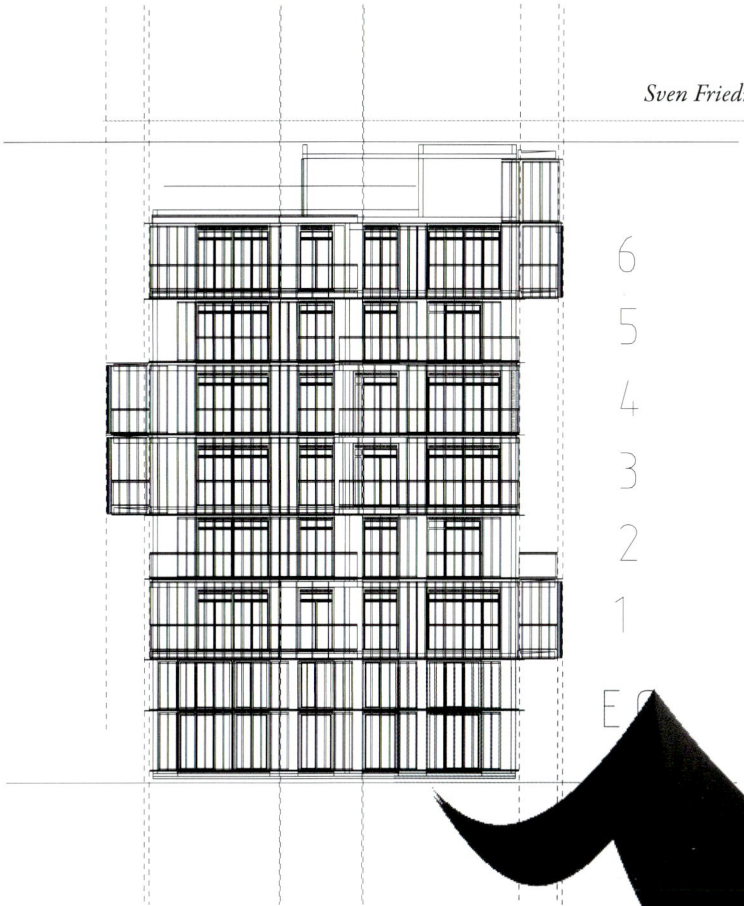

Seitenansicht des Hauses Nr. 45a in der HafenCity

Volumenkörper vom Dach (links) und die daraus resultierende Pappschablone (rechts).

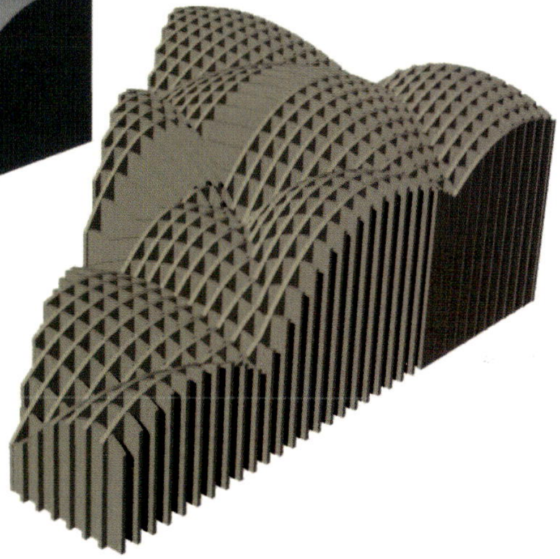

Aufbau der Dachform der Elbphilharmonie zum Laminieren.

Modellskizze der Elbphilharmonie Tube, die später zur Plattform mit dem großen Panoramafenster führen wird.

Planungsvisualisierung der geöffneten Elbphilharmonie

Die Elbphilharmonie – ein Miniaturmammutprojekt

Text *Christoph Lieben-Seutter, Generalintendant Elbphilharmonie Laeiszhalle Hamburg*
Bilder *Miniatur Wunderland*

'Das fertige Gebäude oder die Baustelle?'. Dies war meine erste Reaktion auf die Nachricht des Baus einer Mini-Elbphilharmonie in der Speicherstadt. Es ist natürlich naheliegend, die Sehenswürdigkeiten im Miniatur Wunderland um eine Kopie des Konzerthauses im Kleinformat zu bereichern. Und das nicht nur wegen der unmittelbaren räumlichen Nachbarschaft zur Elbphilharmonie in der HafenCity. Das Miniatur Wunderland bewältigt als hochkarätige Touristenattraktion rund eine Millionen Besucher pro Jahr mit Bravour, da können wir für den Betrieb der Elbphilharmonie noch Einiges lernen.

Die Frage, ob es nicht zu früh ist, das fertige Gebäude bereits Jahre vor der Eröffnung mit einer Präsenz im Miniatur Wunderland zu ehren, stellt sich nicht wirklich. Schließlich ist die Elbphilharmonie wie kaum ein zweites Bauprojekt bereits längst Realität, wenn auch erst virtuell in den Köpfen der Hamburger und ihrer Gäste aus aller Welt. Kaum ein Gebäude ist bereits Jahre vor der Fertigstellung weltweit so bekannt wie die Elbphilharmonie. Ihr Bild ziert Reiseführer und Kulturmagazine, sie ist in Stadtplänen eingezeichnet, Restaurants und Läden in der HafenCity führen ihren Namen. Und schließlich bereichern die Elbphilharmonie Konzerte bereits seit fünf Jahren das Hamburger Musikleben. Mit über 100 Konzerten pro Jahr in der ehrwürdigen Laeiszhalle und an vielen anderen Spielorten in ganz Hamburg geben sie einen Ausblick auf das zukünftige Konzertprogramm der Elbphilharmonie.

Mit Freuden habe ich daher die Einladung der Brüder Braun angenommen, gemeinsam mit Kultursenatorin Barbara Kisseler die Grundsteinlegung der 'Mini-Elbphilharmonie' durchzuführen. Außerdem war ich sehr interessiert, einmal ein wenig hinter die Kulissen des Miniatur Wunderlandes blicken zu können, dessen Besuch ein Pflichttermin für meine Familie ist, wann immer wir Gäste von auswärts erwarten. Ich habe auch eine große Affinität zu allem Technischen und bin familiär vorbelastet, was Modelleisenbahnen betrifft. Mein Vater und seine Brüder waren große Sammler von Märklin-Modellen. Als Zwölfjähriger habe ich mit meinem Vater monatelang an großen Schienenanlagen mit Spurweite 0 gebaut. Diese liefen durch die ganze Wohnung und auch durch den Kleiderschrank meiner Mutter, wo eines Tages eine spiritusbetriebene Dampflok entgleiste und einige Kleider ansengte. Der anschließende Ehekrach machte schließlich eine Streckenverlegung notwendig.

Mir gefallen auch die vielen augenzwinkernden Details und die fantasievollen Szenerien, die im globalen Wunderland 'en miniature' abgebildet sind. Die technische Umsetzung durch die verantwortlichen Tüftler ist einfach

Das Glasmonster ernährt sich Steuerzahler.

großartig – da sollte auch die Mini-Elbphilharmonie in guten Händen sein. Man hat sich allerdings mit der 'Drunter und Drüber AG' als Bauunternehmen einen Vertragspartner mit ins Projekt geholt, der von der Komplexität des Projektes etwas überfordert zu sein scheint. Erste Verzögerungen und Kostenüberschreitungen mussten bereits bekanntgegeben werden. Es soll Probleme bei der Dachkonstruktion, Pfusch am Modellbau und sogar schon Kündigungen der ersten Modellbau-Mitarbeiter gegeben haben! Trotzdem ist zu erwarten, dass die Mini-Elbphilharmonie Jahre vor dem Original eröffnet werden wird, wohl mit einem gebührenden Festakt. Der Andrang von Medienvertretern, Fotografen und Kamerateams war ja schon bei der Grundsteinlegung überwältigend.

Der Humor, mit dem das Team des Miniatur Wunderlandes das Projekt umsetzt und kommuniziert, ist jedenfalls sehr erfrischend – erst recht für mein Team und mich, die wir auch in humoristischen Betrachtungen geübt sind, wenn wieder einmal die Wogen der Empörung über das Bauprojekt die Aufmerksamkeit von unseren Konzertprogrammen ablenken.

Ich freue mich nicht nur auf die Eröffnung der Mini-Elbphilharmonie, sondern auch auf eine zukünftige gute Nachbarschaft zweier Hamburger Besuchermagneten in der HafenCity.

Sehr geehrte Bauherren, lieber Herr Lieben-Seutter, meine Damen und Herren,

Kultursenatorin Professor Barbara Kisseler, 14. November 2012

zu den am meisten unterschätzten zeitgenössischen amerikanischen Denkern zählt der englischstämmige Autor und Architekt Bob the Builder, der sich im Grenzbereich von Architektur, Philosophie und Politikwissenschaften einen Namen gemacht hat. Seine Schriften sind in mehr als 100 Ländern erschienen, und zwar aus marketingtechnischen Gründen jeweils unter einem landeseigenen Pseudonym. Für seine deutschen Schriften wählte Builder den Namen 'Bob der Baumeister'. In seinen Veröffentlichungen lässt Builder seine Mitarbeiter mit einer an das Sokratische Gespräch erinnernden Technik die immer gleiche Frage stellen: 'Can we fix it?' Die Schlagkraft seiner Antwort wurde zuerst von den Politstrategen Barack Obamas erkannt und für den vorletzten Wahlkampf verwendet. Sie lautet: 'Yes, we can.'

Meine Damen und Herren, was kaum einer weiß: atmosphärisch geht diese so überaus griffige Formel auf einen Hamburg-Besuch von Bob the Builder zurück. Als renommierter Baupraktiker und -theoretiker wurde 'Bob the Builder' schon 2006 über die Baustelle der Elbphilharmonie geführt. Das bei der Gelegenheit geführte Gespräch ist protokolliert worden, es liegt dem Parlamentarischen Untersuchungsausschuss vor.

Frage: 'Könnt Ihr eines der besten Konzerthäuser der Welt bauen, ohne einen abgestimmten Zeitplan zu haben?'
Antwort: 'Yes, we can.'
Frage: 'Könnt Ihr das auch, ohne das Bausoll fertig definiert zu haben?'
Antwort: 'Yes, we can.'
Frage: 'Könnt Ihr zusätzlich zu drei Konzertsälen auch noch ein Hotel und 45 Wohnungen auf einen vorhandenen Kaispeicher setzen?'
Antwort: 'Yes, we can.'
Frage: 'Schafft Ihr das Ganze auch in ungefähr drei Jahren Bauzeit?'
Antwort: 'Yes, we can.'

Von diesem Optimismus, nein: Enthusiasmus beseelt, flog Builder in die USA zurück, schrieb seinen Bestseller 'Yes, we can' und sorgte damit dafür, dass Obama Präsident wurde. Bob the Builder kehrte später nach Hamburg zurück und wurde technischer Berater beim Bau der, ... ach, Sie wissen schon! Und Sie wollen nun dieses gewaltige Experiment wiederholen? Ich will Ihnen den Mut nicht nehmen, aber ich kann Ihnen schon heute sagen, was passieren wird: Die anwesende nationale und internationale Presse wird begeistert über die mutige Idee und das herausragende Konzept schreiben.

Frederik Braun legt mit Kultursenatorin Professor Barbara Kisseler, dem Generalintendanten der ersten Elbphilharmonie Christoph Lieben-Seutter sowie Gerrit Braun den Grundstein der Elbphilharmonie.

In wenigen Wochen werden die ersten Spekulationen einsetzen, dass der Zeitplan nicht gehalten werden kann. Sie werden notgedrungen dementieren und auch von Kostensteigerungen nichts wissen wollen. Sie werden dann feststellen, dass an den Gerüchten vielleicht doch etwas dran sein könnte.

Sie, lieber Herr Bürgermeister Braun, müssen Ihre Bürgerschaft um mehr Geld bitten. Machen Sie nicht den Fehler, in dem Moment die Eintrittspreise zu erhöhen. Sonst heißt es schnell: 'Alles wird teurer, und Schuld ist die Elbphilharmonie.' Das gilt übrigens auch für den Fall, dass der Meeresspiegel steigt, die Wohnungen im Miniatur Wunderland knapp werden oder das Gängeviertel in Knuffingen abgerissen werden soll: die Elbphilharmonie ist schuld.

Falls Sie frühzeitig und weitsichtig einen Generalintendanten verpflichtet haben, müssen Sie mit weiteren Umbauten an anderer Stelle rechnen. Sie müssen dann nämlich die Reeperbahn so herrichten, dass an ganz vielen Stellen schon vorab Elbphilharmonie-Konzerte möglich sind.

Übrigens: auch wenn Sie noch so häufig nachgewiesen haben, dass die Statik des Saaldachs hält, irgendjemand wird behaupten, dass das nicht stimmt, irgendein Journalist wird darüber schreiben und – zack – steht Ihre Baustelle ein Jahr lang still. Aber am Ende, meine Damen und Herren, werden Sie das Haus vollenden, Sie werden die besten Miniatur-Orchester der Welt spielen lassen, die Touristen werden Ihnen die Bude einrennen, und die Hamburger werden das Haus lieben. So wird es kommen, meinen Sie nicht auch?

Meine Damen und Herren, wenn Sie bei Wikipedia über Bob the Builder nachschlagen, heißt es da: Bei seinen Arbeiten stehen Konfliktauflösung, Teamarbeit, soziales Verhalten und verschiedene Lernfähigkeiten im Vordergrund. Ich wünsche Ihnen eine gute Portion dieser Fähigkeiten und gutes Gelingen!

Vorsteinzeitliche Bau- und Transportmittel

Rolltreppe ins Nichts

Exorbitant überteuertes Baumaterial

Hipp, Hipp, Hurra – unser 10. Millionster Gast ist da

Text *Birte Rüsch, Kreativteam, Miniatur-Wunderland*
Bilder *Miniatur Wunderland*

Manfred Wittkowski hatte sich schon seit längerer Zeit auf den Betriebsausflug mit seinen Kollegen gefreut und betrat am 5. Dezember 2012 dementsprechend aufgeregt das Miniatur Wunderland. Es war nicht sein erster Besuch und somit wusste er bereits, was ihn erwartete. Zumindest dachte er das. Um 10:02 Uhr befand er sich plötzlich inmitten eines Konfettiregens, mit einem Sektglas in der Hand, bekam von Frederik und Gerrit Braun eine überdimensionale Geburtstagstorte überreicht, wurde von Blitzlichtern geblendet und blickte in Fernsehkameraobjektive.

Er war der 10millionste Besucher des Miniatur Wunderlandes! Aber nicht nur Ruhm und Ehre wurde Manfred Wittkowski zuteil, sondern auch eine Eintrittskarte auf Lebenszeit, eine am Glücksrad erspielte Reise in die Schweiz und – das absolute Highlight – eine Besitzurkunde für ein 742 cm² großes Grundstück mit Meerblick an der Amalfiküste im Italien-Abschnitt!
Doch nicht nur die Presse und die 'großen' Wunderland-Mitarbeiter hatten in den letzten Tagen dem Millionengast entgegengefiebert, auch die kleinen Wunderland-Besucher versammelten sich im Hamburg-Abschnitt, um an den Landungsbrücken ein großes Fest zu feiern.

Die 'kleinen' Frederik und Gerrit begrüßten Manfred Wittwkowski auf einer Bühne und feierten mit tausenden Miniaturbewohnern die Ankunft des Besuchers mit schwenkenden Fahnen und Feuerzeugen. Und bei näherem Hinsehen entdeckte man, dass die kleinen Flammen eine 10.000.000 bildeten!

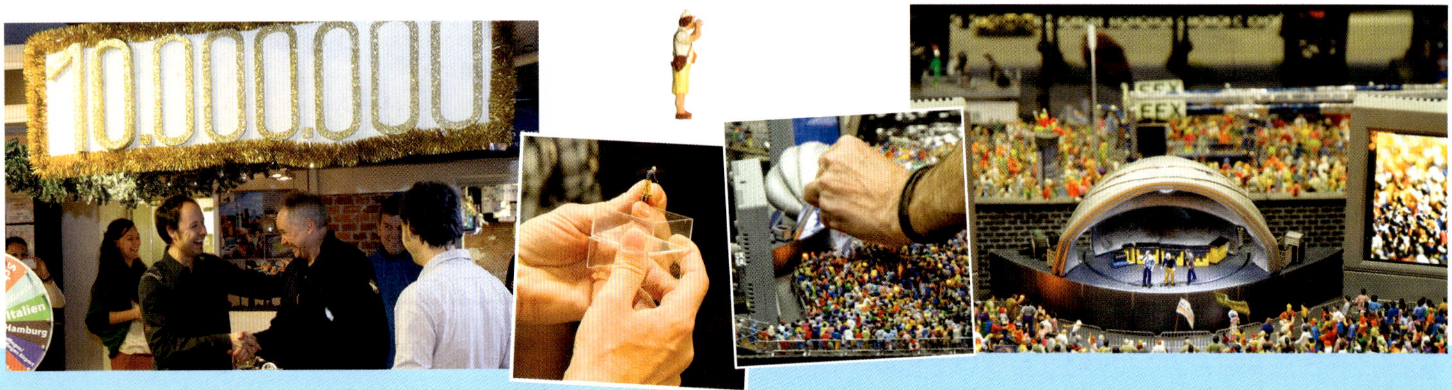

12 Jahre in 1:87

Text *Thomas Magold, Hamburg Tourismus*
Bilder *Miniatur Wunderland*

Vor zwölf Jahren war ich ziemlich neu in Hamburg, neugierig auf die Stadt und meine Entdeckertour führte mich in die Speicherstadt. Beim Dungeon war die Schlange zu lang und so ging ich nebenan in den dritten Stock, obwohl mich Modelleisenbahnen eigentlich nicht so interessierten. Aber dann ...

Schon damals wurden alle Erwartungen übertroffen und ich war begeistert, was aus diesem vermeintlich verstaubten Thema alles gezaubert wurde und was für winzige, witzige Details sich fanden. Seitdem bin ich immer wieder mit meinen Gästen auf diesen wunderbaren Böden der Speicherstadt und immer wieder finde ich etwas Neues oder etwas, das ich in der fast unendlichen Vielfalt bisher nicht bemerkt habe. Seit sechs Jahren bin ich nun ehrenamtlicher Vorsitzender des Tourismusverbands Hamburg; die Brüder Braun sind inzwischen engagierte Mitglieder unseres Verbands und Vorbilder beim Thema Servicequalität. Sympathische Vorbilder sind sie mit ihrem Team vor allem, weil sie, unabhängig vom kleinen Maßstab 1:87, ganz neue Maßstäbe für die Tourismusqualität in Hamburg gesetzt haben.

Weil Sie ...

- ... immer unterwegs sind, um zu verbessern und Neues zu erproben
- ... Mut und Begeisterung für ihr Thema zeigen, sich selbst aber auch nicht zu ernst nehmen
- ... jedes Detail wichtig nehmen und immer neue Anlässe schaffen, mal wieder im Wunderland vorbei zu schauen
- ... dankbar für Ihren Erfolg sind, den Sie sich hochverdient erarbeitet haben, ihn aber auch professionell und niemals überheblich weiter ausbauen.

Ich wünsche mir, dass der überwältigende Erfolg weiter anhält, der tolle Spirit der Mannschaft auch bei weiterem Wachstum trägt und einige Museumskollegen in Hamburg mal vom hohen Ross herunterkommen und sich ansehen was dabei herauskommen kann, wenn man mit Begeisterung und Detailliebe die Kundenbrille aufsetzt. Persönlich freue ich mich als Bewohner der Hafencity auf die Eröffnung der Elbphilharmonie im Wunderland in 1:87 und dann, nur kurz darauf, am Kaiserkai im Maßstab 1:1. Mal sehen, was mehr für den Hamburg-Tourismus bringt.

Eine Abbildung unserer Welt

Text *Reinhold Beckmann*
Bilder *Miniatur Wunderland*

Das Miniatur Wunderland kann man eigentlich keinem erklären, der noch nicht dort war. Es ist einmalig, fast magisch! Wenn man sich in die Details der kleinen Welt vertieft, ja sogar verliert, entdeckt man immer wieder aufs Neue die getreuen Abbildungen unserer großen Welt. Was in den letzten zwölf Jahren in dem alten Kaffeespeicher in mühevoller Kleinstarbeit geschaffen worden ist, beeindruckt nicht nur mich immer wieder aufs Neue, sondern Groß und Klein aus der ganzen Welt. Das Miniatur Wunderland ist Hamburgs größtes touristisches Wunder der Neuzeit.

Stephan Hertz und die Brüder Frederik und Gerrit Braun haben aus etwas ganz kleinem Großes vollbracht. Als echte Hanseaten engagieren sie sich zudem auch in verschiedenen sozialen Bereichen unserer Stadt. Damit sind sie als Unternehmer für viele ein Vorbild geworden. Ich finde es beeindruckend zu sehen, wie im Miniatur Wunderland nicht nur die schönen Aspekte des Lebens gezeigt werden, sondern auch die komplizierten und manchmal auch mühsamen Facetten unseres Alltags ihren Platz finden. Insofern ist das Miniatur Wunderland keine 'heile Märchenwelt'", sondern eine Abbildung unserer echten Welt. Auch die Jamliner, die rollenden Musikbusse der Jugendmusikschule und von NestWerk e.V., haben ihren Platz in der Hamburger Stadtansicht gefunden. Die Jamliner fahren in die benachteiligten Viertel Hamburgs und bieten ein musikpädagogisches Angebot für Jugendliche. Ich freue mich, dass unser Verein NestWerk e.V. mit seinen Initiativen in dieser Modellbaulandschaft verewigt ist.

Herzlichen Glückwunsch an das Miniatur Wunderland zum zwölfjährigen Jubiläum, den Chefs und Mitarbeitern weiterhin alles Gute und eine ruhige Hand beim weiteren Gestalten der kleinen Wirklichkeit!

Das Wunderland sagt Danke!

Text *Birte Rüsch, Kreativteam, Miniatur Wunderland*
Bilder *Miniatur Wunderland*

Seit 2007 gibt es die Spendenpins des Miniatur Wunderlandes, durch deren Verkauf wohltätige Organisationen der unterschiedlichsten Art unterstützt werden. Die Idee zur Entwicklung der Pins kam Frederik Braun bereits im Jahr 2004, als er von dem verheerenden Tsunami erfuhr. Innerhalb von nur 10 Tagen verkaufte er unter den wartenden Wunderland-Besuchern 4.000 Pins, deren Erlös den Opfern zu Gute kam. Da es ihm immer schon ein Anliegen war, neben der Erfolgsgeschichte des Wunderlandes die Menschen nicht zu vergessen, die vom Schicksal hart getroffen wurden und ihnen im Rahmen des Möglichen zu helfen, entschloss er sich dazu, Pins (und seit 2010 auch Magnete) mit unterschiedlichsten Wunderlandmotiven zu entwerfen. Deren kompletter Umsatz – inklusive Herstellungskosten, die von uns übernommen werden – wird jeden Monat zu 100 Prozent an eine von den Besuchern gewählte Wohltätigkeitsorganisation gespendet. Jeder Pin kostet 2,90 Euro und beim Kauf eines kompletten Pinsatzes mit zwölf verschiedenen Motiven gibt es einen Pin gratis dazu. Bisher konnten rund 40 verschiedene Organisationen mit den Erlösen der Spendenpins unterstützt werden. Der Schwerpunkt liegt im Bereich der Hilfen für Kinder und deren Familien wie z.B. Hospizvereine, Kinderdörfer, Organisationen der Kindersuchthilfe, Kinderkrebszentren, Hausaufgabenhilfen oder Mittagstische für Kinder aus benachteiligten Familien. Auch der Verein 'NestWerk e.V.', der sich um Hamburger Kinder und Jugendliche aus sozial benachteiligten Familien kümmert, war bereits Pinpate. Gründer der Initiative, Reinhold Beckmann: "Die Spendenpins des Miniatur Wunderlandes sind eine wunderbare Aktion. Damit in sechs Jahren über 320.000 Euro für gemeinnützige Einrichtungen zu sammeln, ist eine großartige Leistung. Im Namen von NestWerk e.V., die wir auch immer wieder von den Einnahmen der Spendepins profitieren durften, sage ich herzlichen Dank. Auf die nächsten 100.000 Pins!" Weitere Organisationen die bereits Pinpaten waren: die Obdachlosenzeitung 'Hinz und Kunzt', die Deutsche Knochenmarkspenderdatei, die Hilfsorganisationen 'Viva con Agua' und 'Ärzte ohne Grenzen'. Es gab übrigens auch Monate, in denen wir uns aufgrund eines erschütternden Ereignisses – wie dem Zyklon 2008 in Birma, den schweren Erdbeben in Japan und Haiti, der Flutkatastrophe in Pakistan oder der Hungerkatastrophe in Ostafrika, spontan dazu entschlossen, die gesamten Einnahmen an die 'Aktion Deutschland hilft' zu spenden. Wir freuen uns unendlich über die insgesamt mehr als 320.000 Euro, die bisher an die unterschiedlichsten Hilfsorganisationen gespendet werden konnten.

2013

Bild *Miniatur Wunderland*

14.02.2013

100 Jahre DLRG

13.03.2013

Der Kirchentag im Miniatur Wunderland

16.04.2013

Eröffnung des größten kleinsten Gartens im Miniatur Wunderland

09.05.2013

Startschuss zum Baubeginn des Italien-Abschnittes

September

Eröffnung der neuen Utopia-Ausstellung

100 Jahre DLRG

Text *Heiko Mählmann, Präsident DLRG Landesverband Hamburg e.V.*
Bilder *Miniatur Wunderland*

Dass die DLRG 100 Jahre alt wird, ist für die DLRG hier in Hamburg, einer Stadt am Wasser, ein bedeutsames Ereignis. Es ist schön, dass eine der ersten Jubiläumsveranstaltungen der DLRG in Hamburg im Miniatur Wunderland stattgefunden hat.

Für die Freie und Hansestadt Hamburg sind wir als DLRG Hamburg ein zuverlässiger Partner. In den letzten Jahren wurden erhebliche Anstrengungen unternommen, die Wassersicherheit von Kindern und Jugendlichen zu erhöhen. Nachdem es sich statistisch erhärtet hat, dass die Schwimmfähigkeit der Grundschüler lokal sehr unterschiedlich und insgesamt deutlich zu schwach ausgeprägt ist, haben wir mit allen Akteuren des Schwimmens in Hamburg, darunter natürlich auch der DLRG, seit 2010 unter Federführung der Behörde für Inneres und Sport die Initiative 'Ab ins Wasser aber sicher!' ins Leben gerufen. Ziel dieser Initiative ist es, bereits Kinder im Vorschulalter zu erreichen, um ihre Eingangsvoraussetzungen für das spätere Schulschwimmen zu verbessern.

Es ist ein langfristiges Ziel der DLRG Hamburg zusammen mit den Kindertagesstätten und ihrem Personal, alle Kinder frühzeitig und optimal auf den Schwimmunterricht in der Schule vorzubereiten.

Grundlage für den im Miniatur Wunderland dargestellten DLRG-Einsatz ist deshalb auch die Ausbildung. Schon die Gründungsväter der DLRG prägten vor 100 Jahren auch das heute noch geltende Motto: 'Jeden Nichtschwimmer zu einem Schwimmer machen, jeden Schwimmer zu einem Rettungsschwimmer'.

Die Aufnahme der Wunderland-Mannschaft in die DLRG am 14.02.2013 bedeutet, dass Knuffingen – die Hauptstadt des Miniatur Wunderlandes – nun eine offizielle DLRG-Gliederung ist. Dieser neue Ortsverband 'Knuffingen' im DLRG Landesverband Hamburg ist heute bereits so stark, dass er viele Facetten unserer täglichen DLRG-Arbeit widerspiegeln kann.

Zu sehen sind verschiedenste Einsätze, die von unseren ehrenamtlichen Wasserrettern im gesamten Hamburger Stadtgebiet durchgeführt wurden. Eine Ausnahme muss ich allerdings eingestehen, unsere Hamburger Strömungsretter wurden bislang noch nicht im Hochgebirge eingesetzt, wie im Schweiz-Abschnitt des Miniatur-Wunderlandes dargestellt. Aber mit Seiltechnik umgehen können unsere Helfer trotzdem, man muss sich lediglich den Berg wegdenken und ihn durch eine Brücke ersetzen. Erst kürzlich haben sich unsere Strömungsretter bei einer Übung von der Süderelbbrücke bei Schnee und Eis in die stark strömende Elbe abgeseilt.

Daher freue ich mich, dass wir in Zusammenarbeit mit dem Miniatur Wunderland unser Leistungsspektrum in kleinen Szenen unter Beweis stellen können. Ich habe übrigens in Erfahrung gebracht, dass die Feuerwehr in Knuffingen extrem ausgelastet ist, alle 15 Minuten müssen die Einsatzkräfte dort ausrücken. Umso mehr wurde es höchste Zeit, dass wir hier unseren Partner – die Feuerwehr – ehrenamtlich am und im Wasser unterstützen.

Ich möchte mich hier ausdrücklich bei den Mitarbeitern des Miniatur Wunderlandes bedanken, die in vielen Arbeitsstunden die DLRG-Szenarien in ihrer Ausstellung realisiert haben. Nicht ohne Grund kommen so viele Menschen hier in die Speicherstadt, weil das Wunderland sie immer wieder mit neuen kreativen Ideen in ihren Bann zieht. Wir freuen uns, als DLRG ein Teil davon sein zu dürfen.

Herzliche Grüße,
Heiko Mählmann *(Präsident DLRG Landesverband Hamburg e.V.)*

Olaf Scholz, Erster Bürgermeister der Freien und Hansestadt Hamburg, bewacht ab sofort als Miniatur-Rettungsschwimmer des neu gegründeten DLRG-Kreisverbandes den Strand in Knuffingen.

Hier sind DLRG-Taucher im Einsatz, um einem Verbrechen auf die Spur zu kommen.

Soviel du brauchst

34. *Deutscher Evangelischer* **Kirchentag**
Hamburg 1.–5. Mai 2013

Text *Pastor Ekkehard Maase, Evangelisch-Lutherische Kirche in Norddeutschland*
Bilder *Miniatur Wunderland*

Ganz klein fing es an mit der Zusammenarbeit des Miniatur Wunderlandes und dem Deutschen Evangelischen Kirchentag. Aber vielleicht muss das so sein, wenn man sich auf eine Welt im Miniaturformat einlässt. Am Anfang war eine einfache Anfrage, ob wir nicht eine Pressekonferenz für den Kirchentag im Wunderland abhalten dürften. Während wir vom Kirchentag über den Eröffnungsabend, den 'Abend der Begegnung' berichten würden, könnten – mit dem Michel im Hintergrund - sehr schöne Bilder entstehen. So war der Plan. Entstanden ist etwas ganz anderes, viel Größeres.

Die Wunderland-Mitarbeiter wurden neugierig auf den Kirchentag. Ein Straßenfest für 300.000 Menschen gestaltet von Ehrenamtlichen aus der ganzen Nordkirche, davon – so sagten sie – kann man ja nicht nur erzählen, das kann man auch im Miniaturformat nachstellen. Wir kamen ins Gespräch, überlegten, ließen uns begeistern von der Begeisterungsfähigkeit der Modellbauer und stimmten freudig dem unerwarteten Plan zu, den Abend der Begegnung in das Miniaturgeschehen zu integrieren.

Während in den Gemeinden der Nordkirche die Ehrenamtlichen in liebevoller Kleinarbeit ihre Stände für das Straßenfest vorbereitet haben, saßen die Modellbauer in ihrer Werkstatt und haben das gleiche getan – nur eben etwas kleiner. Mit Sorgsamkeit und Witz waren beide am Werk, weshalb es dann auch für alle überraschend gut gelungen ist, die Atmosphäre eines Abends der Begegnung im Wunderland einzufangen. So waren Stände aus den unterschiedlichen Regionen zu sehen, vegetarische Verpflegungsstände, Pfadfinder, in die Gemeinschaft aufgenommene Rollstuhlfahrer, internationale Gäste und über Miniatur-LED-Leinwand die Kurzform des Eröffnungsgottesdienstes unserer Bischöfin.

Und als wenn das alles nicht schon großartig genug wäre, wurden wir überrascht von der Idee, während des Kirchentages auch einen Gottesdienst im Miniatur Wunderland zu feiern. Da das Wunderland den Abend der Begegnung ohnehin mit einer 24-Stunden-Öffnung unterstützen wollte, bot sich ein Mitternachtsgottesdienst an: Abendstimmung über der Anlage, nur fünf ausgewählte Kirchen sind angestrahlt, der Gottesdienst wird zentral aus dem Leitstand geleitet, gleichzeitig sind auch fünf Sprecherinnen an den Kirchen und übernehmen einzelne Teile der Liturgie, während die Musik mit Gitarren und Querflöte im Mittelgang entsteht. Hunderte Menschen sind gekommen, um sich mit der Kirchentagslosung 'Soviel du brauchst' auseinander zu setzen im Angesicht einer Wunder-Welt, in der auch die Probleme, die uns

Der Auftakt zum 34. Kirchentag in Hamburg fand am Mittwoch, 13. März 2013, im Miniatur Wunderland statt. Propst Matthias Bohl und Pastor Ekkehard Maase eröffneten die vier großen Szenen auf der Anlage.

drücken, kleiner wirken als in unserem Alltag. Viele Menschen sind gekommen und haben diesen Gottesdienst zu einem vorläufigen Höhepunkt der Zusammenarbeit von Miniatur Wunderland, Nordkirche und Kirchentag werden lassen.

Ich wünsche dem Miniatur Wunderland weiterhin das Gespür und die Offenheit, neue Entwicklungen und Strömungen wahr- und aufzunehmen; und ich wünsche mir, dass es eine Fortsetzung dieser wunderschönen Zusammenarbeit gibt.

Einblick in die Vielfältigkeit der Region bietet der 'Abend der Begegnung'.

Auch die Dresdner Ruderer besuchen den Kirchentag in Hamburg.

Wegen Überfüllung gibt es eine Live-Übertragung vor dem Michel.

Der Kirchentag bietet musikalische Highlights aus aller Welt.

Der größte kleinste Garten der Welt

Text *Birte Rüsch, Kreativteam, Miniatur Wunderland*
Bilder *Miniatur Wunderland*

Am 16. April 2013 war es soweit: Rund 10 Tage vor der Eröffnung der großen internationalen Gartenschau Hamburg (igs 2013) wurde der kleinste Garten im Miniatur Wunderland eröffnet. Heiner Baumgarten, Geschäftsführer der igs, und Frederik Braun drückten gemeinsam den blumigen Knopf, um die winzige Gartenlandschaft zu enthüllen.

Das Motto 'In 80 Gärten um die Welt' hatte unsere Miniatur-Gartenarchitekten dazu inspiriert, eine Gartenlandschaft der ganz besonderen Art in liebevoller Handarbeit zu kreieren. Rund **5.500 Arbeitsstunden, 43.900 Sommerblumen, 29.600 Tulpen, 22.800 Dahlien, 19.000 Mohnblumen, 17.800 Rosen, 10.300 Lupinen, 6.100 Sonnenblumen, 140 Bäume und 3 kg Gras** brauchte es, um alle detailverliebten Szenarien und ein farbenfrohes Blumenmeer fertig zu stellen. Auf einer Fläche von 3 Quadratmetern wurde spielerisch und symbolisch das Bild von typischen Prozessen umgesetzt, die es bedarf, um einen Garten entstehen zu lassen.

Tatkräftige Unterstützung gab es übrigens von vielen freiwilligen Helfern, die sich nach einem Aufruf in unserem Forum zum Kleben und Stecken vieler winziger Pflanzen bereit erklärt haben. Übrigens erhielt Heiner Baumgarten als kleines Geschenk von Frederik Braun eine Miniatur-Version seiner selbst, sodass sich der Geschäftsführer der igs 2013 in dem größten kleinsten Garten der Welt verewigen konnte.

43.900 Sommerblumen

3m² Fläche

19.000 Mohnblumen

5.500 Arbeitsstunden

22.800 Dahlien

ca. 170.000 Euro Kosten

29.600 Tulpen

Frederik Braun eröffnet zusammen mit Heiner Baumgarten den kleinsten Garten der igs 2013.

3 KG Gras

6.100 Sonnenblumen

20 Mitarbeiter

10.300 Lupinen

140 Bäume

17.800 Rosen

Was wäre das Wunderland ohne große Umbauaktionen

Text *Dirk Rahe, Architekt, Miniatur Wunderland*
Bilder *Miniatur Wunderland*

Warteschlangen von Besuchern gehörten von Anfang an zum Wunderland. Die beengten Räumlichkeiten ließen nur wenige Möglichkeiten zu, diese Situation zu entspannen. Seit mehreren Jahren versuchen wir, die Besucher mittels Infoboxen über die Möglichkeiten zu informieren, einen Eintritt zu späterer Stunde fest zu buchen, um dann ohne Wartezeit Eintritt zu erlangen. Dennoch werden immer Besucher verbleiben, die bis zu einer Stunde Wartezeit in Kauf nehmen müssen. Ab einer bestimmten Anzahl von Besuchern wird es einfach zu eng und man kann die Anlage nur noch aus der zweiten Reihe bestaunen. Ist die von uns gesetzte Besuchergrenze erreicht, müssen wir den Einlass verzögern. Das führt zu den erwähnten Wartezeiten von bis zu über eine Stunde.

Der Wunsch nach einem festen Wartebereich, der den Besuchern das Warten verkürzen soll, stand schon lange auf unserer Wunschliste. Jedoch waren keine freien Räume vorhanden. Somit hatten wir nur eine Möglichkeit zur Lösung des Problems: neue Räume schaffen! Im Ostflügel neben dem Eingangsbereich lagen die Kinos, die Arbeitsplätze der Mechatroniker und das Planungsbüro. Diese Fläche war die einzige, die als Wartebereich in Frage kam. Dazu mussten aber die Arbeitsplätze und die Büros in den Westteil im dritten Boden verlegt werden. Diese Flächen waren aber eigentlich für zukünftigen Bahnausbau vorgehalten. Dies war ein Risiko, da wir noch immer nicht wissen, ob die von uns gewünschten weiteren 3.000 qm im gegenüberliegenden Gebäude auf der anderen Fleetseite zum Wunderland hinzu kommen. Auf die Kinos mussten wir leider ganz verzichten, weil einfach kein Platz mehr im Hause war.

Mit Gottvertrauen und Mut haben wir dann den Umzug gewagt und im gleichen Zug die Arbeitsplätze dem wachsenden Personalbestand und den neuen Aufgaben angepasst. Und als dann noch der Wunsch auftrat, eine Küche mit Restaurant zur Versorgung der wartenden Besucher mit einzubauen, zeigten sich wieder alt bekannte Probleme: Woher die Luft und die Abluft führen? Die Anlagen im Dach waren nur zu einem geringen Teil zu vergrößern. Die einzige Möglichkeit, die nötigen Luftmengen zu bekommen, bestand darin, in die Klimasteuerung ein spezielles Luftmanagement zu integrieren, um effizienter zu werden. Die Küche haben wir aus den überarbeiteten Beständen älterer Küchen sehr gut aufgearbeitet bekommen. Hier war es schon wichtig, ein vorgegebenes Budget einzuhalten. Gerade bei Restaurants, hier mit über 100 Gästen, sind besondere Auflagen der Behörden zu erfüllen, die hohe finanzielle Investitionen mit sich bringen. Dennoch entschieden wir uns, die Warteschlange mit einem Restaurant zu versehen. Um der gewünschten Anzahl an Besuchern Platz zu bieten, musste die Bestuhlung besonders genau geplant werden. Das Ergebnis stieß auf gute Resonanz.

Es verblieb sogar noch eine kleine Fläche für einen ungestörten Spielbereich. Profit wird und soll der Wartebereich nicht machen. Die Baukosten und die Betriebskosten sollen aber in gewissen Grenzen bleiben. Es ist aber auch weiterhin selbstverständlich, dass Getränke kostenlos gezapft werden können und es keinen Verzehrzwang gibt. Gerne können sich die wartenden Besucher selbst versorgen.

Ich denke, alles in allem ist uns der Umbau mal wieder gut gelungen! Natürlich musste der Umzug der Arbeitsplätze sowie der eigentliche Umbau zum Restaurant bei laufendem Betrieb durchgeführt werde. Es wurden große Wanddurchbrüche gestemmt und wieder geschlossen, viel Staub und Dreck gemacht und einige Nächte durchgearbeitet.

Im neuen Wartebereich laden bequeme Sitzgruppen zum Verweilen ein.

Ein riesiger Vorteil war es, den Umbau mit dem eigenen Bau-Team machen zu können. Das geht in einem so unübersichtlichen Gebäude mit komplizierter Technik, anspruchsvoller Logistik und ohne die sonst geforderte Baufreiheit auch nicht anders. Dazu braucht es engagierte und fähige Mitarbeiter, die sich für die Bauzeit auch privat zurücknehmen können. Und die hatten und haben wir.

Danke dafür!
(Bis zum nächsten Umbau!)

Elbphilharmonieeröffnung – Krönung eines Miniatur-Mammutprojektes

Text *Sebastian Drechsler, Leiter Kreativteam, Miniatur Wunderland*
Bilder *Miniatur Wunderland*

5.500 Arbeitsstunden und 350.000 Euro für gerade einmal sechs neue Quadratmeter Wunderland. Das klingt erst einmal so, als ob wir uns kräftig verkalkuliert haben. In gewisser Weise haben wir das auch. Statt ursprünglich geplanten sechs Monaten Bauzeit und knapp 200.000 Euro Baukosten hat sich die Bauzeit für die Elbphilharmonie verdoppelt. Gemessen an der großen Schwester ist dies aber noch ziemlich harmlos und außerdem wäre es ja auch unglaubwürdig eine Elbphilharmonie ganz ohne Fehler und Verzögerungen zu bauen.

Im Nachhinein kann man aber sagen, dass sich jeder Euro gelohnt hat. Die Elbphilharmonie mit HafenCity ist zu einem der meist fotografiertesten Orte im Miniatur Wunderland geworden. Noch nie zuvor haben wir unsere Modelle so detailliert gebaut. Wenn Sie das nächste Mal im Wunderland sind, schauen Sie doch einmal genau hin. Sogar die Kaimauern und Fassaden an den Promenaden in der HafenCity sind dem Original nachempfunden. Hier stimmt bis ins letzte Detail fast alles. Für alle kommenden Abschnitte haben die Modellbauer damit die Latte ziemlich hoch gelegt!

Besonders in Erinnerung geblieben ist uns allen aber der Tag der Eröffnung – eine der größten Veranstaltungen in der Geschichte des Wunderlandes. Aus einer Spinnerei heraus ist die Idee entstanden, die Elbphilharmonie mit einem echten Konzert zu eröffnen. Und was läge da näher, als direkt das zukünftige Residenzorchester (NDR Sinfonieorchester) anzufragen. Wir konnten uns zwar nicht vorstellen, dass ein weltweit gefeiertes Orchester mit ausgesprochen guter Reputation sich für so eine Spinnerei hergibt aber wir wollten es zumindest versuchen. So riefen wir den Leiter des NDR Sinfonieorchester an, erzählten unsere Idee und erwarteten danach ein „Tut mir leid, das passt nicht zu uns“. Nach einer kurzen Pause kam aber völlig unerwartet der Satz: „Das klingt interessant, lassen Sie uns doch einmal zusammensetzen“.

In den nächsten Wochen und Monaten saßen wir in großer Runde regelmäßig zusammen und entwickelten die Idee zum größten Miniaturkonzert der Welt. Das Eröffnungskonzert aus unserer Elbphilharmonie sollte weltweit im Internet zu sehen sein und für jeden Zuschauer sollte es so wirken, als ob die großen Musiker in unserer Miniatur-Elbphilharmonie spielen. Die Umsetzung stellte uns aber erst einmal vor eine ziemliche große Herausforderung: Wie bekommt man die großen Musiker in den kleinen Konzertsaal geschrumpft? Die Lösung war ein kleiner Trick. Unsere Modellbauer haben von jedem Orchestermusiker ein Foto bekommen und anschließend eine kleine Figur samt Instrument gebaut. Das Konzert unter der Leitung von Chefdirigent Thomas Hengelbrock sollte 45 Minuten vor der offiziellen Eröffnung im Kehrwieder Theater neben dem Miniatur Wunderland aufgenommen werden und dann live zu den Bewegungen der kleinen Musiker in der Miniatur-Elbphilharmonie abgespielt werden.

Die Einladung zum Konzert haben wir auf einer Vinylschallplatte drucken lassen.

Am 13. November war es dann endlich soweit. Schon innerhalb von wenigen Tagen waren die 300 Tickets ausverkauft. Neben den Besuchern kamen außerdem über 70 Journalisten. Es war rappelvoll und wir alle unendlich nervös. Mit allen Musikern und Technikern waren über 100 Leute im Einsatz und alles musste auf die Minute genau passen. Um 20 Uhr dann endlich die Erlösung. Nach den Reden von Prof. Barabara Kisseler (Kultursenatorin Hamburg), Christoph Lieben-Seuter (Intendant Elbphilharmonie & Laeiszhalle), Thomas Hengelbrock (Chefdirigent NDR Sinfonieorchester) und Gerrit und Frederik Braun, wurde die Elbphilharmonie mit einem Miniatur-Feuerwerk eröffnet. Das Signal funktionierte und der Stream lief auf die Sekunde passend hinaus in die Welt. Später haben wir erfahren, dass über 25.000 Leute aus allen Kontinenten die Eröffnung live mitverfolgt haben. Zudem schrieben am nächsten Tag fast alle deutschen Zeitungen über das Spektakel. Was für ein Erfolg.

Seitdem erfreuen wir uns Tag für Tag an unserer fertigen Elbphilharmonie. Wir wünschen unseren Nachbarn, dass Sie ohne Verzögerung auch bald in den Genuss einer fertigen Elbphilharmonie kommen und sind gespannt. Mal schauen, wie lange es die fertige Elbphilharmonie nur exklusiv bei uns im Miniatur Wunderland zu bestaunen gibt.

Eröffnung und erstes Konzert in der Elbphilharmonie im Miniatur Wunderland

https://www.youtube.com/watch?v=s1tH9au0Ypc

Das Mini-Elbphilharmonie-Orchester.

Abenddämmerung in der HafenCity.

Von Höhen und Tiefen

– Wie Orkantief Xaver uns keine Flutschäden sondern den PR-Bild Award bescherte

Text *Frederik Braun, Mitbegründer des Miniatur Wunderlandes*
Bild *Miniatur Wunderland*

Ende 2013 prallte das Orkantief Xaver mit ungebändigter Kraft auf die Nordseeküste und löste drei Sturmfluten hintereinander aus. Für Gerrit und mich war die Folge eine schlaflose Nacht und glücklicherweise ein Happy End. Das Wunderland und die Speicherstadt liegen im hochwassergefährdeten Gebiet und wir fürchteten um die Folgen einer verheerenden Sturmflut. Die Nachrichten und Prognosen überschlugen sich und wir beschlossen deshalb die Nacht mit mehreren Wunderländern im Wunderland zu bleiben, um unsere Keller zu schützen, in denen sich unter anderem auch die Traforäume befinden.

Im Laufe des Abends wurden die Prognosen stetig nach oben korrigiert und es folgten dramatische Stunden. Auf Hamburg traf die zweithöchste Sturmflut seit Beginn der Aufzeichnungen im Jahr 1825. Das Wasser stieg und stieg. Irgendwann trat es über die Kaimauern und lief unerbittlich weiter in Richtung Wunderland. Wir sicherten das Treppenhaus wie üblich mit Hochwasserschotten, doch das Wasser war nicht zu stoppen und strömte mit aller Gewalt in unseren Keller. Unsere Sorge galt in dem Moment zudem der Stromversorgung, die eigentlich gegen Sturmfluten geschützt ist. Aber diese Höhe und der daraus resultierende Wasserdruck waren neu. Das Wasser und die Anspannung stiegen Zentimeter um Zentimeter. Durch Kabeltrassen drang immer mehr Wasser in den Traforaum ein. Am Ende meinte es das Schicksal aber gut mit uns. Als der Scheitelpunkt erreicht war, fehlten nur noch ein paar Zentimeter. Wir konnten unser Glück kaum fassen und entschieden vollkommen euphorisiert, das Beste aus der Situation zu machen. Kurzer Hand holten wir die AIDA aus dem Skandinavienbecken und ließen sie auf dem Parkplatz fahren. Was dann folgte, war unfassbar.

Ein Foto, welches uns beim Spielen zeigte, verbreitete sich innerhalb von wenigen Stunden millionenfach im Internet und wurde von etlichen Zeitungen und Medien verbreitet. Fast ein Jahr später, im Oktober 2014, wurde dieser Schnappschuss zum besten PR-Bild des Jahres in der Kategorie „Unternehmenskommunikation" gekürt. Die Abstimmung war öffentlich und wir sind begeistert von dem großen Zuspruch, den wir von allen Seiten erhalten haben. Es zeigt uns doch wieder einmal, dass gute Pressebilder nicht immer von langer Hand planbar sind, sondern dass manchmal auch eine scheinbar beiläufige Momentaufnahme sich zu etwas Großem entwickeln kann. Somit hatten wir doppelten Grund zur Freude: Die Freude über die nicht eingetretenen verheerenden Folgen vom Orkan Xaver und die Freude über die Auszeichnung zum PR-Bild des Jahres!

Die Speicherstadt meldet "Land unter".

Die tonnenschwere Müllpresse hat am Kassenhäuschen auf dem Parkplatz angedockt.

Das Wasser hat sich seinen Weg gebahnt. Unser Eingang steht unter Wasser.

Bild *Miniatur Wunderland*

Februar

Unser neuer Blog „Bella Italia 2.0“ zum Bau des neuen Italien-Abschnittes ist online.

30.03.2014

Senator Michael Neumann und Polizeipräsident Wolfgang Kopitsch weihen die Davidwache im Hamburg-Abschnitt ein.

April

Der „Bunker der Verschwörung“ wurde im Bereich Schweiz unterm Matterhorn eingebaut.

Video zum Bunker der Verschwörung

14.04.2014

Wir hatten Besuch von unserem ersten Gast aus Mikronesien. Nun sind wir sehr gespannt, wann wir auch die letzten beiden weißen Flecke – Osttimor und Saint Lucia – auf unserer Besucherlandkarte entfernen werden.

02.06.2014

Der DT5 der Hamburger Hochbahn fährt ab sofort im Hamburg-Abschnitt. Das Besondere: Die Passagiere sind Nachbildungen echter HVV-Mitfahrer.

Juni/Juli

Im WM-Fieber! Wir sind Weltmeister!

September

Unsere Schnitzeljagd führt die Teilnehmer an 30 Orte in Hamburg, wo sie mit etwas Geschick kleine Szenen im Wunderland-Stil finden konnten.

19.11.2014

Das Wunderland startet in Hamburg seine Olympiaaktivitäten.

04.12.2014

Mit einer feierlichen Einweihungszeremonie steht nun das Musicalzelt von König der Löwen bei uns auf der Anlage.

08.12.2014

Das Olympiastadion in der Europa Passage sorgt für große Emotionen.

Italien: Auch in klein ganz groß

Bella Italia 2.0 – unser neuer Blog für unseren neuen Abschnitt

Text *Sebastian Drechsler, Leiter Kreativteam, Miniatur Wunderland*
Bilder *Miniatur Wunderland*

Im stillen Kämmerlein hinter verschlossenen Türen zu bauen, war noch nie unser Ding. Unsere Besucher, Fans und treue Begleiter konnten bislang immer die Konzeption und den Bau eines neuen Abschnittes hautnah miterleben. Und auch bei unserem nächsten Abschnitt werden wir mit diesem Brauch nicht brechen. Auch wenn ihr nicht zufällig jede Woche das Miniatur Wunderland besucht, habt Ihr die Möglichkeit, den Baufortschritt von zu Hause aus mit zu verfolgen. Seit Anfang 2013 sind wir am tüfteln, planen und konstruieren. Seit Anfang 2014 gibt es auch wirklich etwas zu sehen und hier kommt diese kleine aber feine virtuelle Italien-Welt ins Spiel, die sich zur Aufgabe gemacht hat, die große Kreativität unserer Modellbauer und Techniker zu erfassen: Bella Italia 2.0
Italien... ein Land zu dem wohl jedem hunderte Assoziationen einfallen. Keine leichte Aufgabe diese Ideenvielfalt mit dutzenden Gebäuden und Landschaften auf 190 qm Modellfläche zu reduzieren. Allein die Planung für Italien hat fast ein Dreivierteljahr gedauert. Ob die Darstellung gelungen ist, könnt Ihr wahrscheinlich ab Ende 2015 / Anfang 2016 im Wunderland begutachten. Wir sind auf jeden Fall guter Dinge, dass der Italien-Abschnitt in Sachen Modellbau noch einmal neue Maßstäbe setzen wird.
Bis es soweit ist, werden wir euch auf dem Bella Italia 2.0-Blog mit vielen Geschichten rund um den Bau Mini-Italiens versorgen. Geplant ist es einmal im Monat ein Video zu veröffentlichen, das jeweils ein Projekt und den jeweiligen Erbauer porträtiert. Außerdem wird es viele Hintergrundberichte und Interviews von unseren Abteilungsleitern und wöchentliche Instagram-Kurzberichten von unserem rasenden Pizzabäcker Luigi Miwuletti geben.

Forza Italia!

Interview mit Gerhard Dauscher – Modellbausenator von Mini-Italien: Träumen, Planen, Umsetzen

Text *Gerhard Dauscher, Modellbauchef, Miniatur Wunderland*
Bilder *Miniatur Wunderland*

Wie ist die Idee entstanden?

Die Idee ist schon vor etlichen Jahren entstanden. Genau genommen stand nach der Eröffnung von Skandinavien im Jahr 2005 für uns fest, dass wir uns nicht nur gen Norden, sondern natürlich auch in den Süden Richtung Mittelmeer ausweiten wollten. Für Italien speziell haben wir uns entschieden, da uns die Mixtur aus einmaliger Vegetation, historischen Bauten und wuseligem Leben besonders gefiel. Zudem hatten viele von uns schöne Urlaubserinnerungen, die wir im Modell überdauern lassen wollen.

Und wann hast Du konkret mit der Planung des Abschnitts begonnen?

Ziemlich genau vor zwei Jahren – Anfang 2012. Die ersten Monate bestanden vor allem aus Recherche. Ich habe extrem viel über Italien gelesen und gesehen und bin anschließend als Tourist durch Italien gereist. Anfangs bestand die größte Herausforderung darin, all die Bilder und Eindrücke halbwegs sinnvoll zu sortieren und in den Gleisplan zu übertragen. Damit habe ich Mitte 2012 begonnen und etliche Monate darüber gebrütet. Die Fragen nach dem was man baut, was nicht, wie man es schafft, alles geografisch stimmig miteinander zu verbinden, und wie man gleichermaßen den Blick eines deutschen Touristen und den eines echten Italieners befriedigt, waren in der Zeit meine ständigen Begleiter.

Im Laufe der Planung hat sich der Abschnitt von 90 auf 190 qm vergrößert. Wie kam es dazu?

Wir haben festgestellt, dass wir mit den 90 geplanten Quadratmetern nur Platz an der Wand entlang haben, quasi wie eine lange Schnur, die am Ende nur für Rom, Venedig, die Amalfiküste und den Vesuv genügt. Der Schlüssel zur Erweiterung war der Wunsch für Rom einen Platz zu haben, um den die Gäste herumgehen können, um so in alle Gassen zu schauen und die ganzen baulichen Meisterwerke aus verschiedenen Perspektiven zu sehen. Das hat dazu geführt, dass wir einen zweiten Raum benötigten.

Wie genau können wir uns denn die geografische Aufteilung der 190 qm Modellfläche vorstellen?

Anfang und Ende, je nachdem aus welcher Richtung man kommt, wird der Vesuv sein, an dessen Fuße sich Pompeji ausbreitet. Dieser Vulkan übt seit Langem eine große Faszination aus, ist Teil von Mythen und Sagen und lockt Touristen aus aller Welt an. Darum wollen wir uns auch der Geschichte widmen. So wird es bei uns auch die alte Standseilbahn „Funicolare vesuviana" geben, deren Dienst Anfang des vergangenen Jahrhunderts eingestellt wurde. Auch in Pompeji wird nicht nur die Gegenwart behandelt. Wir planen eine zweigeteilte Stadt: Auf der einen Seite wird es das antike und auf der anderen

Seite das neuzeitige Pompeji zu sehen geben. Nur wenige Schritte von Pompeji entfernt, direkt an der Anlagenkante, wird das miniaturisierte Dorf Alberobello zu finden sein. Dieses apulische Dorf ist weltbekannt für seine „Trulli-“ (Kegel-) Häuser. Diese wurden von einem findigen Grafen im 17. Jahrhundert erdacht, um lästige Steuern vom Königreich Neapel zu umgehen. Nicht weit von Alberobello mündet das Mittelmeer, das sich in diesem Bereich von der „Grotta della Madonna“ bis zur Gebäudeende an der Fleetseite des Wunderlandes erstreckt. Von den Felsformationen und der Architektur her wird dieses Gebiet stark an die Amalfiküste erinnern. Etwa auf der Höhe von Bellinzona in der Schweiz wird vis-à-vis die Ortschaft Atrani entstehen.

An Felsen und Klippen erstreckt sich das 841 Seelen-Dorf um die Mündung des Dragone-Baches. Ein kleiner Strand wird Heimat sonnenanbetender Preiserfiguren. Nur ein paar Mini-Seemeilen entfernt, erhebt sich die kleine Felsinsel Trachyt mit dem imposanten Castello Aragonese, das in einer Blickachse mit dem Bergdorf San Severino di Centola und dem höchsten Berg Mini-Italiens liegt. Dieses Ensemble könnte nach der Eröffnung zu einem der beliebtesten Fotomotive avancieren.

Am anderen Ende des Mittelmeeres entsteht etwas im Wunderland bisher noch nicht dagewesenes. Ein Miniaturpark in einer Miniaturwelt. Italien ist so reich an imposanten Gebäuden, Skulpturen und Kunstwerken. Leider fehlt uns die Fläche all dieses abzubilden und so kam die Idee den Freizeitpark „Piccola Italia“ zu bauen, in dem unsere Mini-Touristen die Highlights Italiens geschrumpft bewundern können. Eine Art Wunderland im Wunderland. Neben aufwendig gestalteten Landschaften und handgefertigten Gebäuden darf die Bahn natürlich nicht zu kurz kommen. Dieser Teil Italiens wird von drei Trassen geprägt sein. Die erste Trasse wird die Bergbahn, die sich zwischen Schluchten und Tunneln durch die Anlage zieht. Die zweite Trasse wird unsere Hochgeschwindigkeitstrasse und auf der dritten Strecke werden sich historische Züge zwischen Meer und Bergen durch die Landschaft arbeiten. Allein in diesem kleinen Bereich wird es darüber hinaus noch etliche andere Details und Dörfer geben.

Dann geht es weiter von Murano bis an die Schweizer Grenze: La Serenissima, oder einfach nur „Venedig“ genannt, bildet zweifelsohne das Herz dieses Teil-Abschnittes. Für alle Bahnfans gibt es allerdings einen kleinen Dämpfer. Den Bahnhof "Santa Lucia" wird es bei uns nicht geben. Das Wunderländer-Venedig wird von spektakulärem Modellbau regiert. Neben dem Markusdom sind die Rialtobrücke, der Markusplatz und etliche Palazzos gesetzt. Am östlichen Ende der Lagune, mit einem idyllischen Blick auf Venedig, liegt Murano. Auch im Wunderland werden die Inseln typisch bebaut und über den Wasserweg mit Venedig verbunden sein. Auf der Rückseite der Lagune erstrecken sich die Hügel und das Gebirge Abruzzen, durch dessen felsige Landschaft sich zwei Trassen entlang schlängeln.

Die Landschaft zwischen Venedig und der Schweiz wird oberflächig an der Oberfläche industriell und im Verborgenen mystisch geprägt sein. Fest geplant ist schon ein Marmorbruch, in dem es auf Knopfdruck eine Verladung von ganzen Blöcken zu bestaunen gibt. Was genau im Industriegebiet gebaut wird, steht noch nicht fest. Von einer Pasta-Manufaktur, über ein Hochlager, bis hin zur Textilfabrik wird gerade in alle Richtung gedacht und recherchiert.

Rückblickend auf die letzten beiden Jahre der Planung: Was war bisher die größte Herausforderung?

Ganz klar das Verkleinern und Kürzen. Auf 190 Quadratmeter komprimiert so viele Seiten Italiens zu zeigen und trotzdem alles halbwegs sinnvoll und nicht zu überladen zu halten, hat mich zeitweise an den Rand der Verzweiflung getrieben.

Und gibt es auf dem Weg dorthin noch Dinge, vor denen Du richtig Respekt hast?

Was mir wirklich Sorgen bereitet, ist die Felsgestaltung. Die Felsen müssen farbenprächtig und intensiv wirken, am besten so, als ob es gerade Sonnenaufgang oder Sonnenuntergang wäre. Zudem soll man die Hitze richtig spüren. Dafür die richtigen Farben zu wählen, wird auf jeden Fall noch viel Tüftelei und Experimente erfordern.

Und abschließend, worauf können sich unsere Besucher am meisten freuen?

Die Gebäude. Noch nie zuvor haben wir so viele Gebäude aufwendig von Hand gefertigt. Wir planen momentan rund 500 Bauten vom Fundament bis hin zum Dach selbst in unseren Werkstätten nachzubauen. Das wird modellbauerisch die Messlatte noch einmal höher legen.

Ein kleiner Ausschnitt der italienischen Küste wurde bereits fertig gestellt. Hier kann man schon einen ersten Eindruck von dem im Bau befindlichen Abschnitt bekommen.

http://italien.miniatur-wunderland.de

Hier gibt es weitere Informationen zu Highlights wie Rom und dem Vesuv sowie viele technische und modellbauerische Hintergründe.
Schauen Sie einfach einmal auf unserem Blog vorbei.

Mein Fußballweltmeisterschaftsabenteuer 2014 im Miniatur Wunderland

Text *Das Bo*
Bilder *Miniatur Wunderland*

Jaaaaaaaa, wir sind Weltmeister!!!!!!! Wir haben Brasilien mit einem historischen 7:1 im Halbfinale deklassiert!!!!! UND wir waren mit einem eigenen Song dabei. Was für eine WM 2014. Was für ein FANFEST. Doch fangen wir von vorne an. „Habt Ihr Bock für uns, mit uns, einen Song zur WM zu produzieren?“ So kam die Anfrage eines Tages von Sebastian Drechsler, der für die Miniaturzwillinge das Marketing betreut und mit dem wir das ein oder andere Mal am Tresen bei Veranstaltungen vom Miniatur Wunderland, die wir als DJs mit Musik bespielten, angestoßen hatten. Wir, das ist die Hängergäng aus Hamburg. Wir waren also keine Unbekannten im Miwulakosmos. Es gab also nicht viel zu überlegen und so war „Auf jeden Fall!“ die kurze und knappe Antwort. Wir sind immer offen für Neues und Herausforderungen.

Die Mini-Leinwand auf der das Video zu sehen war, natürlich auch mit einer Figur von Bo auf der Bühne.

Die Aufstellung der Hängergäng für die WM wurde früh bekannt gegeben. Der Kader war tief und die vier Leistungsträger standen fest. Darko Beats ist unser musikalischer Spielmacher, DJ Plazebo sichert in der Defensive ab und sorgt für Ruhe im Team, unser Regisseur, der das Spiel leitet, war Roman Schaible und ich mit meiner Erfahrung und Übersicht war der Allrounder und das Gesicht der Mannschaft.

Unser Team stand und jetzt galt es einen Spielplan zu entwickeln um das Ding nach Hause zu fahren. Wir setzten uns mit allen zusammen und besprachen, wie wir in das Spiel aufziehen wollten. Fußball, Miniatur Wunderland und Spaß waren die Schlagworte die wir umsetzen und einbringen wollten. Da ich selber noch nie auf der Anlage war, hatte ich mit meinem Team erst einmal das Vergnügen die unglaublich große und vielfältige Welt zu erkunden und nach möglichen „Drehorten“ zu suchen und zu überlegen was wir wie in das Video einbauen können.

In all der Zeit, die wir auf der Anlage verbringen durften, hat sie nichts von ihrer Magie verloren und bleibt für mich ein ganz besonderer und beeindruckender Ort in Hamburg, der zeigt was das Kind im Manne in der Lage ist zu erschaffen. Es war dann auch das Kind in uns, das uns zu der Idee brachte im Video zwei Kinder diese Welt spielerisch erleben zu lassen. Der Song an sich war die schwierigste Herausforderung bei diesem Projekt. Auftragsarbeiten mit Vorgaben sind immer etwas komplizierter als eine freie Produktion, wo man machen kann, was und wie man will. Es sollte ja kein prolliger Mitgröhlsong werden, sondern zum familiären Vibe vom Miwula passen und Spaß machen. Nach verschiedensten Entwürfen stand die finale Version irgendwann und alle waren zufrieden. Wir hatten etwas Besonderes geschaffen und waren bereit für den Videodreh.

Als der Drehplan stand, hieß es dann drei Tage Nachtdreh, da das Miwula tagsüber geöffnet bleiben musste. Immer wenn die letzten Gäste ihre Runde gedreht hatten, konnten wir mit dem Team und den Darstellern auf die Anlage und bis morgens um halb acht drehen. Bis die ersten Gäste wieder vor der Tür standen. Da wir mit unseren Hauptdarstellern zwei Kids hatten, mussten wir die Szenen, in denen die beiden vorkamen, immer als erste drehen, damit die Jungs ins Bett konnten. Vielen Dank an dieser Stelle auch noch mal an Karim und Kamal und ganz besonders auch an die Mutter. Ich war immer als letztes dran aber das nahm ich gerne in Kauf. Guten Morgen.

Eine Person aus dem Miniatur Wunderland Team möchte ich noch mal ganz besonders hervorheben, da er immer da war und alles möglich gemacht hat, was nötig war um diesen Dreh umzusetzen. Lutz war unsere gute Miwulafee. Einfach ein geiler Typ! Immerhin musste er helfen ein Huhn auf dem Flughafen, zwei nackte Swinger, einen Panzerknacker, einen Fußballjongleur, einen Breakdancer und Spiderman von Miniaturfiguren zum Leben zu erwecken und es hieß Licht und Anlage für uns zu koordinieren. Nach drei langen Nächten Dreh und unzähligen Stunden im Schnitt hatten wir unsere Arbeit getan – einen tollen Song und ein passendes Video dazu.

Die WM konnte beginnen. Zu jedem Spiel der Deutschen Elf hatten wir die Möglichkeit den Song auf dem Heiligengeistfeld beim Fanfest vor 50.000 Menschen zu performen und waren so immer bestens eingestellt für die Spiele. Ein Auftritt im Fernsehgarten zur Eröffnung der WM wurde überraschenderweise mit Standing Ovations und Zugabe-Rufen honoriert. Strange. Aber geil. Ein weiteres Highlight war auch noch, dass von DJ Plazebo und mir zwei naturgetreue Miniaturfiguren in der Werkstatt gestaltet wurden, die auf der Bühne des nachgebauten Fanfestes während der WM vor einer Leinwand, auf dem das Video lief, auftraten.

Ich möchte mich hier bei meinem Team und auch im Namen meines Teams bei allen Beteiligten vom Miwula herzlich bedanken für dieses einmalige Erlebnis. Wir sind Weltmeister.

Vielen Dank
DAS BO & Die Hängergäng

Ich bin Ernst

Text *Jens Körner, Modellbau, Miniatur Wunderland*
Bilder *Miniatur Wunderland*

Nee, mich hat keiner gefragt. Natürlich nicht. Wer nimmt schon die Bedürfnisse von nicht einmal 2 cm großen Plastikfiguren ernst? Natürlich gingen alle davon aus, dass ich und mein Kumpel Bolle wieder mitspielen. „Lustige Filme zur Fußballweltmeisterschaft“ wollten sie drehen, die Verrückten aus dem Wunderland. Schon Monate vorher haben sie sich getroffen und beraten und während der WM haben sie sich stundenlang eingeschlossen und über Ideen und Drehbüchern gebrütet. Die Geschäftsleitung, der Drehbuchschreiber und weitere kreative Köpfe aus unterschiedlichen Abteilungen. Witzig und viral sollte es werden. Dass ich nicht lache... Es muss alles noch lustiger und noch besser werden. Und alles in HD gefilmt für die gestiegenen Ansprüche.

In der Praxis bedeuten die Filme für uns Darsteller stundenlanges Rumsitzen und höchste Konzentration. Und dann wird mit Pinzetten an uns herumgefummelt. Aus Metall. Hart und kalt ist das, kann ich Ihnen sagen. So sollten wir den ganzen Tag Fußball kommentieren und „lustige“ Abenteuer erleben. Naja gut zugegeben: Es gibt Schlimmeres, als in einer Ostseestrandkulisse zu sitzen, immer genug Bier dabei zu haben und die ganze Zeit einen blauen Himmel über sich zu sehen. Aber ob das so witzig für die Zuschauer ist?

Um ganz ehrlich zu sein, war die Stimmung des Teams von Friedel Meyer (Filmheini), Arne Trienes (Figurensteller) und Jens Körner (Drehbuchfritze) oft ganz schön angespannt. War wohl doch ´ne ganze Menge Arbeit und Stress für die kurze Zeit. Aber egal. An den Stress der Darsteller hat schließlich auch keiner gedacht. Immerhin, die Hauptfigurenbauer Sönke Freitag und Tina Fischer haben wenig gemurrt. Die haben uns ja auch super hinbekommen. Irgendeinen gibt´s halt immer, der unzufrieden ist. Findet der Drehbuchfritze das Ganze lustig, sind andere Kreativexperten aus der Runde gelangweilt; schlagen diese was vor, gähnt der Drehbuchschreiber. Und mitten in diesem Spannungsfeld: Bolle und ich. Natürlich gab es die Highlights: Leuchtende Schuhe, geklaute Tore, Super-Müller, den heulenden Ronaldo, den 7:1 Sieg gegen Brasilien, die lustigen Freistoßtricks und, und, und. Wenn ich jetzt so darüber erzähle, bekomme ich echt Lust, noch mal in die Stop-Motion-Filme reinzuschauen.

Wissen Sie, wie so ein Film gedreht wird? Er besteht aus ganz vielen Einzelbildern, die einzeln fotografiert und dann im Schnitt aneinandergereiht werden. Teilweise dauert es einige Stunden, bis so ein Set fertig eingerichtet ist, und jedes Bild dann noch einmal ein paar Minuten. Für einen flüssigen Filmablauf braucht man aber dann bis zu 10 Bilder pro Sekunde oder auch noch mehr. Während der Aufnahme darf Arne nichts Anderes berühren, als das zu bewegende Ding, zum Beispiel meinen Arm. Kommt er irgendwo anders gegen, muss alles nochmal gedreht werden. Und man kommt oft irgendwo anders gegen... Sie können sich vorstellen, wie anstrengend das für uns Schauspieler ist. Teilweise können wir über Stunden nicht weg vom Set. Stellen Sie sich mal vor, Sie müssten mal auf Klo und müssen trotzdem stillhalten!

Wir dürfen ja noch nicht einmal selbst sprechen. Unsere Stimmen seien zu piepsig. Wenn also der Film fertig gedreht ist, wird dann noch einmal einen halben Tag lang synchronisiert. Dabei sollen alle richtig Spaß haben, sagt man. Natürlich sind Bolle und ich da nicht dabei. Mich spricht dieser allgegenwärtige Drehbuchfuzzy. Bolle wird von Hans-Werner Dahlheim synchronisiert. Der hat vielleicht ´ne klasse Stimme! Unsere Gage? Zum Leben zu wenig, zum Sterben zuviel. Man hat uns in der Hand, buchstäblich gesagt. Riesig ist das Angebot jedenfalls nicht für Schauspieler mit einer Körpergröße von ca. 1,9cm. Also blieb Bolle und mir auch nichts anderes übrig, als wieder mitzuspielen. Sie können unsere Abenteuer ja einmal anschauen.

Liebe Grüße,
Ihr Ernst (Jens Körner)

„Bolleeeee und Ernst“ Der Einspieler der YouTube-Videos ist ein richtiger Ohrwurm!

Einige der "Bolle und Ernst"-Folgen wurden bei YouTube schon über 200.000 Mal angesehen.

BOLLE UND ERNST VIDEOS

www.bolle-und-ernst.de
(von unten nach oben schauen)

www.youtube.com/user/MiWuLaTV
(nach Bolle und Ernst suchen)

Schauen Sie am besten die Folgen in der Reihenfolge von 1-9. Und zappen Sie auch mal ins Musikvideo und ins „Making of“ rein.

Vor dieser Kulisse verbrachten Bolle und Ernst die meiste Zeit während der Videodrehs.

Wenn die kleinen Wunderland-Bewohner auf Reisen gehen...

Text *Theresa Sander, Kreativteam, Miniatur Wunderland*
Bilder *Miniatur Wunderland*

... dann ist das Miniatur-Chaos nicht nur auf die 1.300 qm Modellfläche in der Speicherstadt begrenzt. Es weitet sich aus auf 755 km² Hamburger Stadtfläche. Und plötzlich ist überall Wunderland! Die kleinen Bürger mischen sich unter ihre großen Vorbilder und bringen so manch einen zum Staunen, zum Grübeln, zum Suchen, zum Schlendern, zum Entdecken, zum Innehalten, zum Lachen oder auch zum Verzweifeln.

Die Idee, unsere Mini-Einwohner hinaus in die große Stadt zu schicken und eine Schnitzeljagd der besonderen Art zu inszenieren, reifte schon seit Langem in unseren Köpfen. Im September 2014 war es dann endlich soweit. 30 kleine Szenen wurden für 30 Tage von unseren Modellbauern in Geschäften, Restaurants, Sehenswürdigkeiten, auf der Straße und auf Baustellen versteckt. Die 1.100 Schnitzeljäger haben über eine Internetseite Hinweise bekommen, mithilfe derer sie die Position der Szenen ausfindig machen konnten. Den erfolgreichsten Jägern winkten Partner-Preise im Gesamtwert von 20.000 Euro.

Die Angst vor zahlreichen Entführungen der Wunderländer war groß – wie sich aber zum Glück herausstellte, in den meisten Fällen unbegründet. Lediglich kleine Baustellenarbeiter sind auf wundersame Weise verschwunden. Vermutet wird weniger ein Kidnapping: Wir schätzen, dass die kleinen Arbeiter sich eher mit ihrem Feierabendbier an schönere Orte verzogen haben ... vielleicht an den Elbstrand oder nach Planten un Blomen.
Sehr viele Suchende haben uns gesagt, wie viel Spaß die Touren durch Hamburg gemacht haben. Die nächste Schnitzeljagd wird definitiv ein oder zwei Schwierigkeitsgrade höher angesetzt, da überraschend viele fleißige Sucher alle kleinen Wunderland-Bewohner gefunden haben! Wir haben uns sehr gefreut, dass unsere Mini-Einwohner auch außerhalb der vertrauten Modellbau-Umgebung in der Speicherstadt so großen Anklang gefunden haben.

In unserem Bildband "Kleine Wunderländer auf großer Reise durch Hamburg" entdecken die Wunderländer die Stadt Hamburg.

Sie finden versteckte Winkel und geheimes Leben, das sich sonst nur im Verborgenen abspielt.

De lütte Lüüd zeigen die Welt aus einer neuen Perspektive. Das Kleine wird groß und was wir zu kennen glauben, enthüllt, was wir zuvor nie bemerkt haben.

Wenn Kritik Freude bereitet – TripAdvisor und die 96-prozentige Zufriedenheit der Wunderland-Besucher

Text *Frederik Braun, Mitbegründer des Miniatur Wunderlandes*
Bilder *Miniatur Wunderland*

Die Welt hat sich verändert! Früher kaufte man sich einen Reiseführer und hoffte, dass der Autor die Stadt, die er beschrieb auch wirklich besucht hat. Am Ende ist aber alles, was man in einem Reiseführer findet meist von einem einzigen Menschen verfasst. So objektiv dieser Mensch auch sein mag, es bleibt subjektiv.

Heute planen viele Reisende ihren Urlaub online. Der gute alte Reiseführer kommt noch mit, aber die wichtigsten Dinge hat man sich vorher im Internet angeschaut. Ich persönlich schaue mir immer Seiten wie „TripAdvisor" oder „HolidayCheck" an, um eine möglichst breite Meinung über „Must-Sees" zu bekommen oder coole Geheimtipps zu finden.

Diese moderne Art der Reiseplanung kommt allen Attraktionen zugute, die es schaffen ihre Gäste mindestens zufrieden nach Hause zu schicken. Jeder, der sich auf seinen Lorbeeren ausruht, bekommt ziemlich schnell die rote Karte seiner Gäste gezeigt. Wertvoll für die Reisenden, großer Druck für die Anbieter und einfach nur toll für das Miniatur Wunderland.

Nahezu überall haben wir mit dem Wunderland das große Glück, dass wir fantastische Bewertungen von Ihnen bekommen. Jeden Morgen schaue ich mir zuerst die neuen Bewertungen an. Es ist jeden Tag ein Genuss in den verschiedenen Portalen die neuesten Kritiken über das Wunderland zu lesen. Es ist immer wieder aufs Neue Ansporn für weitere Kreativität. Und wenn man mal schaut, wer überhaupt fünf Sterne bei TripAdvisor hat, dann muss man sich manchmal zwicken, um zu realisieren, in welcher Liga das Miniatur Wunderland weltweit angekommen ist. Platz 1 bei TripAdvisor in Hamburg; bei dooyoo Platz 7 in Europa. Vor uns die Uffizien und hinter uns der Louvre. Berühmte Museen und Ausstellungen wie das MoMA (Museum of Modern Art) in New York oder das Tate Modern (Tate Gallery of Modern Art) in London haben deutlich schlechtere und vor allem weniger Bewertungen als wir. Wir haben bei TripAdvisor derzeit eine Zufriedenheit von 96 % bei über 4.000 Bewertungen. Suchen Sie einmal, ob Sie auf der Welt viele Ausstellungen finden, die mehr als 1.000 Bewertungen haben und trotzdem bei 96 % oder mehr Prozent liegen. Ich habe nur Wenige gefunden. Dagegen haben Tate 74 %, Moma 85%, Louvre 92 % und das Disneyland Paris nur 73 %!

Diese moderne Form der Meinungsbildung hat aber auch Nachteile. Ich bin sehr emotional und sensibel. Nicht immer freue ich mich über Kritik und muss erst einmal schlucken, wenn jemand öffentlich seinen Unmut äußert. Wir werden immer versuchen alle Kritiken anzunehmen und uns weiterhin zu verbessern. Es gibt aber auch Menschen, die benutzen diese Medien als Plattform. Da wird man beschimpft, weil man Wartezeit vor der Tür hat. Da spielt es auch keine Rolle, dass der Kritiker sich nicht vorher informiert hat und bei uns gemütlich im Warteraum gratis Getränke und je nach Jahreszeit auch noch Eis oder Glühwein bekommt. Ich glaube, bei einer Freizeitattraktion ist das noch immer einzigartig. Wir sind pauschal Schuld. Schuld für den Stau auf der Autobahn, für das schlechte Frühstück im Hotel und natürlich auch für das Wetter. Den Streit mit der Ehefrau und den Kindern im Auto haben wir übrigens auch angefangen. Das macht mich manchmal wirklich traurig.

Trotzdem freue ich mich schon, auch Ihre Bewertung eines Morgens irgendwo zu lesen. Und nicht vergessen, Sie entscheiden damit über meine Tageslaune ;)

Wir haben uns entschlossen den Text von Volker Ludwig als Beispiel der Herangehensweise der Parteien zu nehmen, da er als Agentur etwas neutraler ist als die Parteien direkt. Das Wunderland ist politisch neutral und möchte das auch bleiben.

Felix und Utopia – Bundestagswahl im Wunderland

Text *Volker Ludwig, geschäftsführender Gesellschafter DiG/Plus GmbH*
Bilder *Miniatur Wunderland*

Als ich klein war, hatte ich eine Schildkröte und eine Modelleisenbahn. Karl-Marx-Stadt, DDR, Mitte der Siebziger Jahre. Wir hatten ja sonst nichts. Die Schildkröte hieß Felix und die Bahn hatte Spurweite TT. Mehr Platz war in der Neubauwohnung Typ IW73 nicht. Die Anlage hatte mein Vater heimlich im Keller zusammen gebaut und irgendwann stand sie zum Weihnachtsfest in meinem Zimmer. Dort nahm sie den halben Raum ein und zum Schlafen musste ich die Beine darunter stecken, ohne die elektrische Verdrahtung abzureißen, was einer akrobatischen Meisterleistung glich. Fortan wurde das »Brett« Jahr für Jahr in der Vorweihnachtszeit aus dem Keller geholt und ich erinnere mich an abendliche Stunden voller Behaglichkeit, wenn ich im Dunkeln die Lichter der Häuser und Bahngleise erglimmen lies und auf zwei Strecken unablässig rangierte.

Im Juli 2013 erhielt ich eine E-Mail aus der Parteizentrale. Im Anhang befand sich ein Anschreiben aus dem Miniatur Wunderland mit der Anfrage, ob sich unser Kunden an einem Ideenwettbewerb beteiligen wolle. Die Bundestagswahl stand im Herbst an und die PR-Leute aus der Speicherstadt hatten alle Bundestagsparteien eingeladen. Ein ganzer Quadratmeter sollte mit Ideen, Figuren, Fahrzeugen und Gebäuden gefüllt werden. »Utopia« hieß das Projekt und es ging darum, eine Welt zu schaffen, in der das jeweilige Wahlprogramm komplett umgesetzt würde. Keine Kompromisse, sozusagen. Echt nordisch. Natürlich sagten wir zu.

Irgendwann im Sommer 2013 fuhr ich dann zum ersten Meeting. Zugegeben kenne ich mich in Hamburg nicht besonders gut aus und vom Miniatur Wunderland hatte ich Jahre zuvor mal einen Beitrag auf Spiegel TV gesehen. In der Speicherstadt angekommen, empfing mich Sebastian Drechsler, der für solche Projekte zuständig ist. Wir betraten die Anlage durch den Shop, also genau da, wo der geneigte Besucher sie eigentlich verlässt. Von da an verlor ich die Orientierung. Es war eine Geschäftigkeit wie in einem Ameisenbau. Vormittags und unter der Woche waren schon so viele Gäste im MiWuLa, die zielstrebig durch die verschiedenen Etagen und Bereiche der Anlage zogen, dass mir dieser Vergleich sofort in den Sinn kam. Ein kompliziertes System aus Gängen und Verzweigungen, dass ich – im Unterschied zu allen anderen – nie durchschauen würde. Sebastian zog mich in den Besprechungsraum. Ich war erleichtert. Wir sprachen über die Idee und die Möglichkeiten des Projektes. Seinen Enthusiasmus versuchte ich mir mit seinem Job zu erklären. Klar, der macht hier den Verkäufer. Später kam Frederik Braun hinzu. Oder war es Gerrit? Noch mehr Verwirrung. Er sprach über das Miniatur Wunderland: Fläche, Gleismeter, Arbeitsstunden, Besucherzahlen, Rechenleistung. Und ich verstand: Die haben ihren Kindheitstraum wahr gemacht und alle um sie herum, Mitarbeiter und Besucher teilen diese Begeisterung, zu der wir offensichtlich und vor allem in unseren ersten Lebensjahren fähig sind. Ich ließ mich anstecken – spätestens als ich Sönke kennen lernte. Den Modellbauer, der für unseren Quadratmeter zuständig war und den besten, den man sich vorstellen kann. Eigentlich sei er Zahntechniker erzählte er mir irgendwann. Wie passend dachte ich. Über Wochen tüftelten und bastelten wir und er versuchte mir zu erklären, wie das mit dem Modellbau so funktioniere, wie die Emotionen in den Szenen entstünden. So schufen wir Wiesbaden und Fiesbaden. Und siehe da, es ward sehr gut.

Im letzten Jahr hat mein Vater meine alte Modelleisenbahn für meine Kinder aufgebaut. Fassungslos stand ich davor. Die war doch früher viel größer? In diesem Jahr fahre ich mit den Jungs ins Miniatur Wunderland, verspochen!

UTOPIA

Mehr Informationen in Form von Texten, Fotos und Videos finden Sie in unserem Utopia-Blog.
http://utopia.miniatur-wunderland.de

Weitere Informationen zu den einzelnen Dioramen finden Sie auch in unserem digitalen Begleitheft zu Utopia 2013.
http://www.miniatur-wunderland.de/mobil/diorama/utopia-2013

Sechs Quadratmeter Zukunft – ein Auszug der Dioramen-Szenen

Für den Inhalt der Texte zu den einzelnen Dioramen sind die Parteien verantwortlich.

Solide Finanzen
CDU-Diorama

Banken
SPD-Diorama

Gerichtsgebäude (Fiesbaden)
DIE LINKE-Diorama

Energiewende in BürgerInnenhand
BÜNDNIS 90/DIE GRÜNEN-Diorama

Überwachungszentrale (Fiesbaden)
DIE LINKE-Diorama

Bayern schuldenfrei – gegen mehr Steuern, Schulden und Bürokratie
CSU-Diorama

Gleiche Rechte – Gleiche Pflichten
FDP-Diorama

Fluch der Karibik
SPD-Diorama

Heuschrecke
SPD-Diorama

Vollbeschäftigung und tariflicher Mindestlohn
CDU-Diorama

Baumhaus (Wiesbaden)
DIE LINKE-Diorama

Sicheres Geld
FDP-Diorama

Massentierhaltung beenden
BÜNDNIS 90/DIE GRÜNEN-Diorama

Neubau statt Mietpreisbremse
FDP-Diorama

Deutschland fit machen für die digitale Zukunft
CDU-Diorama

Energiewende sicher und bezahlbar
CSU-Diorama

Ein neues Logo für das Wunderland

Text *Sebastian Drechsler, Leiter Kreativteam, Miniatur Wunderland*
Bilder *Miniatur Wunderland*

Fast jeder – zumindest in Deutschland – hat den Satz "Never change a running system" schon einmal gehört. Wir natürlich auch und dementsprechend unterschiedlich waren die Meinungen, als wir den Entschluss gefasst haben, ein neues Logo zu entwickeln. Wieso etwas ändern? Das Wunderland ist doch erfolgreich und es hat sich noch nie ein Gast beschwert. Auf der anderen Seite wollen wir uns auch immer weiterentwickeln und nicht nur den Erfolg verwalten. Unser Bauch sagte uns, dass es an der Zeit wäre ein neues Logo zu entwickeln und zudem gab es eine ganze Reihe an Punkten, die uns am alten Logo störten. Um nur ein paar zu nennen: Wir wurden immer häufig falsch geschrieben (Miniaturwunderland statt Miniatur Wunderland). Umfragen haben uns gezeigt, dass viele das Logo als ein Wort empfunden haben. Das Logo funktionierte im Internet nicht gut, da es zu lang und gedrungen war. Zudem funktionierte das Bild nicht ohne das Wort und das Wort nicht ohne das Bild. Außerdem wurde es auch häufig als sehr technisch wahrgenommen. Daher beschlossen wir, bei Facebook und in unserem Forum eine Umfrage mit ein paar groben Alternativvarianten zu starten. Die Reaktionen waren ganz unterschiedlich. Es gibt kaum etwas Subjektiveres als Design. Geschmäcker sind verschieden und das ist gut so. Wie schlimm wäre es, wenn all unsere Modellbauer den gleichen Geschmack hätten. Das Miniatur Wunderland wäre wahrscheinlich ganz schön trist. Trotz all der unterschiedlichen Meinungen war das Ergebnis der Umfrage aber ziemlich eindeutig. Die neuen Varianten kamen in der Mehrheit besser an als das alte Logo. Durch diese Ergebnisse bestärkt, haben wir uns dann endgültig entschlossen, das Logo auszutauschen. Nach gefühlt 100 verschiedenen Varianten, die unsere Grafikerin Alexandra entwickelte, hatten wir dann im Oktober 2014 endlich eine Variante, die uns allen gefiel. Der Weg dorthin war ganz schön holprig. In einigen Designblogs wurde uns vorgeworfen, dass es unprofessionell sei, seine Fans mit einzubeziehen. Rückblickend sind wir sehr dankbar, dass wir es getan haben. Neben extrem viel gutem Feedback haben wir vor allem gemerkt, dass das Wunderland so unterschiedlich wahrgenommen wird, dass es nur schwer und total verkürzt in einem Logo wiedergegeben werden kann. Die einen sehen in uns eine bunte Familien- und Touristenattraktion, die anderen einen verrückten Haufen Tüftler, wieder andere ein Modellbahnmekka. Mal sind wir Museum, mal Ausstellung, mal Freizeitpark. Wir sind glücklich und stolz darauf, dass in uns so viel gesehen wird und dass ganz unterschiedliche Menschen Sympathie empfinden. Bei der Entwicklung unseres neuen Logos haben wir versucht, vieles davon mit einzubeziehen. Die Blau- und Rottöne beziehen sich auf unser altes Logo und stehen auch für unsere Hamburger Herkunft. Züge, Bahnen und Autos umgeben von liebevoll gestalteter Landschaft zeigen das Herz des Wunderlandes. Wir hoffen, das neue Logo gefällt auch Ihnen und bleibt uns zumindest für die nächsten Jahre erhalten. Wenn es dann irgendwann soweit sein wird, dass wir uns mal wieder weiterentwickeln wollen, steht zumindest fest, dass wir trotz Kritik an einigen Designs immer wieder unsere Fans und Freunde mit einbinden werden.

Miniatur
Wunderland
HAMBURG

Hier nur einmal ein paar Beispiele für die vielen unterschiedlichen Themen im Wunderland. Alle diese Facetten in einem Logo unterzubringen, war wirklich eine Herausforderung.

Die Beleuchtung des "König der Löwen"-Zeltes

Oder: Es soll ja schließlich wie im Original leuchten

Text *Holger Ballasch (Leo), Werft(Schiffservice), LED-Beleuchtung, Führungen, Modellbau, Miniatur Wunderland*
Bilder *Miniatur Wunderland*

Als ich den Zeltbau des „König der Löwen" auf meinen Tisch bekam, war mein Kollege Sascha schon mit der Beleuchtung von Schriftzug und Löwenkopf beschäftigt. Ich brauchte „nur noch" den Eingang, Restaurant, Serviceräumlichkeiten und die Lichttraversen zu beleuchten – was ich zu diesem Zeitpunkt als nicht sehr kompliziert empfand. Ich sollte mich täuschen, denn die Beleuchtung der Traversen hat doch sehr viel mehr Zeit in Anspruch genommen, als geplant war.

Zuerst musste das richtige LED-Lämpchen gefunden werden. Ist die richtige LED-Lampe zu groß schaut es blöd aus, ist sie zu klein reicht das Licht nicht aus. Nach einigen Versuchen habe ich mich für eine Top-LED in warm-weiß entschieden. An jeder Traverse sind im Original 10 Scheinwerfer angebracht. Also habe ich meine kleinen Traversenlücken abgezählt und die Positionen bestimmen. Es soll ja schließlich wie im Original leuchten.

Meinen Silberdraht, der für solche Beleuchtungen an Plastikmodellen geeignet ist, konnte ich nicht benutzen, da die Traversen, welche Klaus von Hand gelötet hat, aus Metall sind und ich mögliche Kurzschlüsse auf jeden Fall vermeiden wollte. Kupferlackdraht ging auch nicht, denn die scharfkantigen Metallteile könnten den Lack verletzen und würden einen Kurzschluss erzeugen. Also Litze mit Plastikmantel in grau, damit man diese nachher hoffentlich nicht sieht. Es soll ja schließlich wie im Original leuchten.

Wenn es dunkel wird im Wunderland erstrahlt das "König der Löwen" Zelt im vollen Glanze.

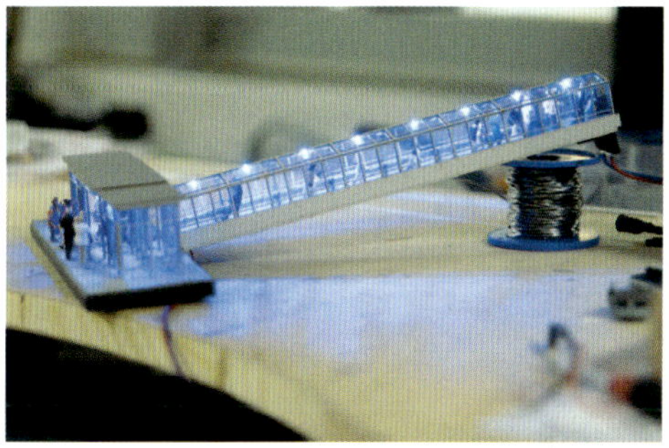

Der Pontonabgang des Anlegers zum Theateraufgang hat auch eine Hamburg BluePort-Beleuchtung.

Dann begann die Friemelarbeit: der graue Draht musste in die Traversen verlegt werden, die LED´s verlötet und alles so gut versteckt werden, dass man die Verkabelung nicht sieht. Für die erste Traverse brauchte ich einen gesamten Arbeitstag. Aber das Ergebnis hat auch unserem Chefmodellbauer Gerhard gefallen („...man sieht ja gar keine Drähte"). Tja, es soll ja schließlich wie im Original leuchten.

Also schnell die anderen vier Traversen bestückt und „schwups", nach nur einer Woche Arbeit waren alle Traversen fertig und mit Steckern versehen, damit man diese auf der Anlage später zum Absaugen herausnehmen kann. Dann wurde noch die restliche Innenbeleuchtung verlötet, der Löwenkopf angebracht, der Schriftzug über dem Restaurant platziert, alles zusammengebaut und in die Anlage eingepasst. Es soll ja schließlich wie im Original leuchten.

Ach, der Ponton, der Aufgang und das Schiff sind ja auch noch da. Aber auch das ist vom Modellbau vor dem Zelt in die Anlage eingebaut worden. Tja und jetzt leuchtet alles wie im Original. Sogar das Schattenspiel der Außenlampen an den Traversen ist wie im Original geworden. Die Erstellung hat mir am Ende am meisten Spaß gemacht.

Es soll ja schließlich wie im Original leuchten.

Bild *Miniatur Wunderland*

Februar

Abriss und Neubau unserer Lokwerkstatt neben dem Leitstand.

25.04.2015

5.000 Tage Wunderland

Sommer

Nach 12 Jahren Testfahrt wird aller Voraussicht nach der Transrapid im Wunderland in Betrieb genommen.

bis Dezember

Geplante erste Teil-Fertigstellungen im Italien-Abschnitt: das Kolosseum, der Vesuv, Venedig und die Amalfiküste.

Der große Ausblick

Text *Frederik Braun, Mitbegründer des Miniatur Wunderlandes*
Bild *Sandrina ven Undin*

'Hätte, wenn und aber' – manche Menschen leben gerne, oder unbewusst auch ungerne, in der Vergangenheit. Was hätten sie in ihrem Leben doch anders oder besser machen können. Wann immer etwas nicht gut gelaufen ist, plagt sie die quälende Frage 'Warum habe ich damals nicht...?' Ich bin überhaupt nicht so. Ich schaue gerne zurück und freue mich über die vielen Aufgaben, die wir in der Vergangenheit bewältigt haben. Aber gut, ich versuche einfach mal, so zu denken: Dann würde ich mich heute immer wieder fragen: 'Warum haben wir damals nicht alle Flächen in unserem Gebäude angemietet, die wir hätten bekommen können?'

... und wir hätten enorme Flächen bekommen können, denn in unserem Block stand im Jahr 2000 um uns herum nahezu alles leer! Nur 1.600 Quadratmeter mieteten wir nach langem Überlegen an. Und trotz großer Verwunderung unseres Vermieters bestanden wir zusätzlich auf die Möglichkeit, die Mietfläche nach fünf Jahren wieder zurückgeben zu können. Zu viele Menschen um uns herum haben uns zumindest nervös gemacht bei dem Gedanken daran, ob das Wunderland wirklich ein Erfolg wird. Hätten wir doch bloß damals ...

Im Laufe der letzten Jahre mussten wir um jeden Quadratmeter Fläche kämpfen. 2001 fiel die Zollgrenze und die Nachfrage an Flächen in der wunderschönen, vorher im Kopf der Hamburger tief schlafenden Speicherstadt stieg rasant. Das Wunderland boomte vom ersten Tag an und mit jedem neuen Bauabschnitt entstand für uns erneut die Frage: Wie viel Fläche können wir in der Zukunft noch bebauen? Jeder Quadratmeter muss bezahlt und vor allem gepflegt werden. Kommen wirklich immer mehr Gäste? Sie kamen! Wenn wir das doch bloß gewusst hätten ...

Die letzten 700 Quadratmeter bekamen wir 2010. Diese Fläche musste schwer erkämpft werden und letztendlich 'verkaufte' unser Nachbar Nordevent uns einen Teil seines Mietvertrages. Nun hatten wir insgesamt bereits über 6.000 Quadratmeter Mietfläche und konnten mit den Planungen für den Italien-Abschnitt beginnen. Doch nach wie vor benötigen wir mehr Platz. Wir hoffen, entweder eine Lösung bei uns im Block zu finden, oder doch noch die vor vielen Jahren einmal angedachte Brücke auf die andere Seite des Fleetes zu bauen.

Wenn wir diese Brücke zusammen mit unserem Vermieter, der Hamburger Hafen- und Logistik AG, realisieren könnten, würden wir unsere Träume so richtig ausleben können. Nach Italien käme Frankreich an die Reihe, vielleicht vorher sogar noch ein kleines Monaco. Die Brücke wäre ein Höhepunkt in der Geschichte des Wunderlandes. Frankreich könnte ca. 200 Quadratmeter groß werden und der nordwestliche Landesteil würde sich über die Brücke erstrecken. So könnten unsere Besucher auf der einen Seite durch das Glas das wunderschöne Fleet anschauen und auf der anderen Seite an der Anlage entlang gehen. Nach ca. fünf Metern könnten die Züge in den Eurotunnel fahren und kurz vor Ende der Brücke in England heraus kommen.

In der Mitte der Brücke würde also dementsprechend der Ärmelkanal modelliert. Allerdings nicht wie in Skandinavien mit echtem Wasser, sondern mit Modellwasser aus Gießharz.

Auf der anderen Fleetseite könnten den Besucher dann fast 3.000 Quadratmeter erwarten. Hier wäre Platz für den größten Abschnitt: Großbritannien auf ca. 350 Quadratmetern. Später hätten wir dann sogar noch Platz für Afrika oder Asien. Oder doch lieber der Mittlere Osten? Es ist aber zum Glück ja noch so lange hin, dass wir uns da noch nicht festlegen müssen.

Und wir hätten darüber hinaus noch viel mehr Möglichkeiten. Wir könnten unsere bisherigen Sonderausstellungen gut in Szene setzen, aber auch interessante und aufregende neue Projekte wären auf diesen Flächen realisierbar. Auch für Workshops oder Kindergeburtstage wäre endlich ausreichend Platz. Wie gerne würden wir all dies realisieren. Und im Moment, da ich diesen Ausblick schreibe, sieht es so aus als ob wir es schaffen könnten. Bevor in einem denkmalgeschützten Bereich aber eine solche Brücke gebaut werden kann, gibt es noch viele Dinge zu klären. Die Kosten dafür sind sehr hoch. So hoch, dass wir noch zögern und uns mit der Entscheidung schwer tun. Kommen wirklich immer mehr Besucher? In den jetzigen Flächen könnten wir zumindest noch ein kleines Frankreich bauen. Und danach könnte man einfach anfangen, die alten Bauabschnitte Stück für Stück neu zu bauen!? Immerhin sind diese dann bereits ca. 17 Jahre alt!

Frederik und Gerrit Braun vor der Speicherstadtkulisse.

Wir warten einfach mal ab – bisher haben wir zum Glück immer ein gutes Händchen gehabt. In ein paar Jahren werde ich dieses Buch sicherlich mal wieder in der Hand haben und dann sind wir alle schlauer. Und wahrscheinlich gäbe es dann wieder die Möglichkeit für ein haderndes '.. hätte, wenn und aber'. In welche Richtung auch immer ...